蠡道

陶朱公范蠡的政商传奇

曾宪清 著

中国财经出版传媒集团
中国财政经济出版社
·北京·

图书在版编目（CIP）数据

蠡道：陶朱公范蠡的政商传奇 / 曾宪清著 .
北京：中国财政经济出版社，2025. 1. -- ISBN 978 -7
-5223 -3357 -1

Ⅰ. F713

中国国家版本馆 CIP 数据核字第 202423RY05 号

责任编辑：彭　洋　　　　责任校对：胡永立
封面设计：周　周　　　　责任印制：史大鹏

蠡道：陶朱公范蠡的政商传奇
LIDAO：TAOZHUGONG FANLI DE ZHENGSHANG CHUANQI

中国财政经济出版社 出版

URL：http：//ckfz. cfeph. cn
E -mail：cfeph@ cfeph. cn

社址：北京市海淀区阜成路甲 28 号　邮政编码：100142
营销中心电话：010 -88191537
天猫网店：中国财政经济出版社旗舰店
网址：https：//zgczjjcbs. tmall. com
中煤（北京）印务有限公司印刷　各地新华书店经销
成品尺寸：165mm ×235mm　16 开　31. 75 印张　421 000 字
2025 年 1 月第 1 版　2025 年 1 月北京第 1 次印刷
定价：89. 00 元
ISBN 978 -7 -5223 -3357 -1
（图书出现印装问题，本社负责调换）
本社质量投诉电话：010 -88190744
打击盗版举报热线：010 -88191661　QQ：2242791300

序◎

翻开中国古代的历史，春秋战国时期引人注目地占据着重要的篇章。乱世出英雄，这是一个枭雄辈出的时代。这个时代，造就了无数的英雄豪杰，熔炼出无数的名人奇才。有一个本不起眼的平民，因他独特的经历、智慧和功绩，而被家喻户晓地流传了几千年，在中国的史册上留下十分精彩的一页，世世代代的人们拜他为智慧的化身，尊他为带给人们财富和幸福的“财神”。他，就是范蠡。

越国，一个地处东南、偏远的蛮族小国，因他而熠熠生辉。

齐国，一片荒无人烟的海滨，因他而车水马龙。

陶地，一处贫瘠的山乡，因他而财源滚滚。

他的一生充满传奇。

他出身贫贱卑微，却在奴隶社会与封建社会交替、世袭等级十分严格的时代，成为国之栋梁，跻身名门望族。

他雄才大略、励精图治、拓展经济，使弱小的越国在短短二十年里富甲诸侯，以至称霸中原。

他驰骋疆场、运筹帷幄，在中国历史上留下了以小胜大、以退为进的典型战例，成为绝代佳话。

他，在越国十年生聚，十年教训，尽忠君主，安抚百姓，使越国国君由受人欺辱的“阶下囚”，成为春秋霸主。

他长袖善舞，在十九年里，三移其居，三致巨富，在中国商业史上首领风骚，堪称中国商业致富的翘楚。

作为越国的大将军，范蠡在正史以及野史里有不少记载，而作为商人的范蠡却寥寥数笔。本书叙述范蠡在为越国报仇雪恨、灭掉吴国后，急流勇退，弃官从商的故事。笔者参考有关史料线索，进行一定的艺术加工整理，创作出本书，若有不妥之处，敬请批评指正。

曾宪清

2024 年 3 月于深圳

目　录◎

引子

公元前512年，即周纪年周敬王八年，在中国的黄土地上爆发了一场规模浩大的战争。

烽火连天，旌旗翻滚，一边是千万匹战马嘶啸奔驰，卷起滚滚黄沙，尘土蔽日，日月无光，吴国骑兵的呐喊声如同炸雷般地从黄土地上一阵接一阵地滚过，回旋不绝。另一边，淮水之上，战船密集，刀枪林立，吴国士兵像蝗虫一般，从战船上冲向淮水岸边的山丘、平原，铺天盖地向徐国攻来，春秋时期的一场生死对决的战役在淮水之滨展开。

这场战争的结果，是一个有着一千六百四十九年历史的国家永远地消失了，这个国家的国号叫“徐”。

徐国，曾经是一个十分富庶而强大的国家，它位于大河（今黄河）之滨、淮水之畔。千里奔腾的大河水、百里流淌的淮水，从西向东流经这里，汇入大海。泗水由北向南在这里与淮水相交。三条江河流到这里速度都明显减慢，沉积下一片肥沃的土地，人们叫它“（大）河、泗（水）、淮（水）金三角”。

这里树木葱茏、六畜兴旺、庄稼茂盛，年年五谷丰登，人民生活殷实，民风朴实，文化底蕴厚重，是中原大地有名的“鱼米之乡”“聚宝盆”。徐国占据着济水、淮水岸边地肥水美的天然优越条件，人民富足，国家富强。历代徐王励精图治，使徐国成为“东夷之首”。

徐国的富裕和财富引来邻国的嫉妒，成了各国君主垂涎欲滴的肥肉。四周的诸侯国都用贪婪的目光盯着徐国，恨不能把徐国一口吞下，据为己有。在群雄争霸的时代，战争频繁地在这块土地上展开，用铁戈和鲜血谱写着历史春秋。公元前668年，周王室联合鲁国、齐国和宋国进攻徐国，使徐国受到重创。徐国国都被迫南移，迁至彭城（今江苏徐州市）。国土面积大为减少，从“河、泗、淮金三角”退踞到淮水北岸。无数徐国百姓远走他乡。

而这仅仅是徐国噩梦的开始，在此后的一百五十多年里，战乱之火从未熄灭过，徐国百姓在战火的阴影中艰难地生活，老夫都披甲上阵，捍卫家园；妇孺人人自危，长年处于紧张的备战状态。就这样，一个号称“东夷之首”的大国、强国，被打得伤痕累累、疲惫不堪。当登位三年、野心勃勃的吴王阖闾指挥装备精良、兵强马壮的吴军再次大规模举兵进攻徐国时，徐国军民虽浴血奋战，但已是寡不敌众、弱不胜强、回天无力了。

后来，吴国在徐国抢掳了无数金银财宝，占领了徐国淮水以南的领土，大胜而归；宋、鲁、齐等国则瓜分了徐国淮水以北的土地。

第一章　早年磨砺与智慧启蒙

一、涂国之殇

距离徐国国都彭城不远处有座山，名叫原武山。山下有个村庄，住着一二十户人家，村里的百姓家家都烧制陶器，因而得名陶庄。徐佚伦的家在陶庄的东头，他的制陶手艺出类拔萃，也是一名医术精湛的中医。他为人正直、乐善好施，一边带领村里的百姓烧窑制陶，一边行医治病，为百姓解除病痛。因此，他在村里德高望重，深得方圆几十里百姓的敬重。其妻子范氏端庄秀丽、勤劳贤惠，做得一手好针线；两个儿子，一个女儿，大儿子十五岁，小儿子十岁，女儿八岁，个个长得眉清目秀。特别是小儿子更是聪明伶俐，深得母亲疼爱，让他跟随母姓，取名范蠡。范蠡自三岁起就开始识字，五岁就能背诵《诗经》，到七八岁时，徐佚伦便给他讲医学、陶艺、文学、美术、音乐、历史、天文、地理、战略、战术等。小范蠡求知若渴、聪明好学，无论父亲讲什么，他都听得津津有味，遇到不懂的地方，常常打破砂锅璺（问）到底。徐佚伦对他特别疼爱，管教得也特别严厉。

在诸侯各国相继进攻徐国的形势下，徐国百姓为保卫国土家园，纷纷参战，男女老少奋力抵抗。徐佚伦和大儿子拿着刀枪上了前线，范氏带着一儿一女拿着武器随时准备自卫。

范蠡永远不会忘记，那是一个月黑风高的夜晚，父亲徐佚伦浑身泥泞地撞进家门，妻子和孩子们都惊喜地迎了上来。徐佚伦深情地看着妻子，嘶哑着嗓子压低声音说："快，你简单收拾一下东西，带上孩子们马上离开这里，越快越好！"

范氏从他的脸色中知道，又要打大仗、打恶仗了。

徐佚伦转身对孩子们说："孩子们，今晚我专程回来和你们说几句话。"

徐佚伦慈爱地摸着孩子们的头，说："孩子们，今天，我要给你们讲一讲我们的祖先。"

范氏在他耳边轻声说："先喝口水，喘口气吧。"

徐佚伦喝了口水，说："我们的祖先，是黄帝。黄帝有一个儿子叫大业，大业的儿子叫伯益。"

"夏朝圣帝大禹临终前，决定把帝位禅让给伯益，可是他坚决辞让，并举荐大禹的儿子启即位，自己则悄悄到箕山（位于今河南省）隐居起来。夏启感念伯益让贤归隐的义举，便把东夷之地分封给伯益的二儿子若木。东夷之地叫'徐'，也被称作'徐方'。若木便在这里建立起'徐国'，这就是我们徐国的起源。"

"徐国的历代国君也一直施行仁政，深受百姓的欢迎。到国君徐偃王时，进朝者达三十六个国家。徐国成为东方最强大的国家，徐国国君也成为了统辖淮水、泗水流域的东夷盟主。"

"徐国的兴起和强盛，让周穆王又嫉妒又愤恨。他便以周王室的名义号令天下，联合鲁、宋、齐等诸侯围剿咱徐国。你想想，徐国再强盛也顶不住啊！此后，徐国的领土大片大片地被他国占领，地盘大大缩小，国都被迫南移到我们现在居住的彭城，国君的地位从一国之君变成子爵，大批徐国百姓不得不流落他乡。从这个时候开始，流落他乡的徐国臣民为纪念自己的国家，便以国号为姓氏，姓了徐。"

徐佚伦又说：“我们徐国人崇尚猛虎，我们的战旗上都印有虎的图腾。一是因为徐国地处东方，这个方位称为‘虎方’。二是因为东夷之地到处是丛林，野兽繁多，而猛虎为众兽之王，徐氏祖先对虎充满敬畏之心。三是因为东夷之地的徐、虎、楚三个字的发音相似，因此徐人以虎作为本族的象征。做一个徐人，就要像猛虎一样刚强、无畏与勇猛。”

范蠡严肃地、懂事地点点头。

“徐国从夏、商、周朝到现在为止，前后历经了四十三代国君，有了一千六百四十九年的历史。相邻的吴国又要来进攻我们了，我们伤痕累累，再也经不起打了。今天，我们还生活在自己的国土上，明天我们也许就成亡国之奴了。”

说到这里，两行清泪从徐佚伦的眼中流出，他拉着范蠡的手说：“你知道为父为什么给你取名范蠡吗？”范蠡摇摇头。

“蠡，即瓢。父亲希望，你虽然只是一只小小的‘水瓢’，却可以用它来测量海水的深浅；你虽然只有一双眼睛，却能观察到世上的风云变幻；你虽然只有一双手，却能干出惊天动地的大事。父亲的希望寄托在你身上，你懂吗？”

“我懂。”范蠡认真地点点头。

徐佚伦压抑着心中的忧伤，说：“你一定要记住，如果有一天，父亲不能保护你了，徐国不能保护你了，你千万要保护好自己呀，不管遇到什么样的困难，都要好好活下去。不管走到哪里，你一定要永远记住：你的祖国是徐国，你的故乡是陶庄。”

范蠡咬住下唇，大人般地点点头：“嗯，我记住了。”

“世上的事千变万化，我没法知道你们以后会遇到什么样的险境，也没法告诉你如何去化险为夷。但是，你一定要有一个坚定的信念，那就是‘活着’！当你坚定地追求‘活着’的时候，你就会知道该怎样做了。”

范蠡看着父亲，使劲地点头。

徐佚伦叹口气，自语般地说：“本来凭借大河和淮水作为天然屏障，想要灭咱徐国不是件易事。但现在地处南方的吴国强大起来，频频侵犯我们徐国。吴国地处大江之南、大海之滨，百姓个个通水性，吴国军队以擅长水战而闻名。他们要进攻我们，作为天然屏障的大河、淮水倒成了他们攻打咱徐国的通道。”

空气变得沉重起来，范氏和孩子们都不说话了。

徐佚伦又说：“如果徐国遭遇厄难，你们要为徐国报仇。现在，你们还小，要把报仇的志向埋在心底，等你们长大了，有本事了，再为徐国报仇。你们可记住了？”

“记住了。”两个孩子异口同声地说。

徐佚伦站起身来，把夫人拉进里屋，悄声说：“现在，吴国大举进攻徐国，水陆两路夹攻，从淮水直逼我国都，来势十分凶猛。这次，看来是凶多吉少、都城难保了，你快快带着孩子离开这里。”

“不，要死，我们一家人死在一起！我们和你一起上战场！”

“不，徐国不能没有后人，咱徐家不能没有后人！妇女和十五岁以下的孩子都必须赶快离开这里！”徐佚伦不容反驳、坚定不移地说，“这是徐王的命令。”

“没了国，没了家，我们能往哪儿去？”妻子的泪水哗哗地往下流。

“到楚国去。你们一直向西南走，投奔楚国。现在楚国战乱较少，比较安全。”

“楚国虽说是我的娘家，但我父母已逝，娘家已经没人了，你让我投奔谁？”

“以后的路，全靠你们自己走了。楚国郢都有我的一个好友，叫公孙叔，不知道他能不能帮助你们。如果我能活下来，就到楚国去寻找你们。”

可一切都来不及了，范氏带着孩子们没走多远，吴国军队就如饿狼般地扑向了徐国。这场战斗杀得天昏地暗、日月无光、血流遍地、尸骨成堆，徐国终因寡不敌众，弱不敌强而彻底败北。

二、楚国宛地

再说范氏带着两个孩子，和村里的妇女儿童一起逃难。没走多远，就听到“得得得”的马蹄声由远及近，吴国骑兵卷着黄沙铺天盖地般地压过来。徐国的士兵拼力挡着吴国大军，护卫着逃难的人群。徐国难民也拿着种地用的锄头、锹、斫等进行自卫。可是吴国的骑兵像潮水一样席卷而至，手持弓弩和大刀，见到徐人就射，遇到徐人就砍，其势所向无敌。瞬间，徐国士兵纷纷倒地，徐国妇孺血流成河。开始，范氏把两个孩子的手紧紧地攥着，护在自己身边。可当吴国大军风驰电掣般地冲过来时，她的女儿在转瞬之间尸首两地。当吴国大军的大刀砍向她的背部、头部而令她倒伏的刹那，她伸出双手抱住范蠡，把他紧紧地压在身下，用自己的身体将范蠡掩得严严实实。

当夜幕重新降临时，范蠡才从范氏冰冷的怀抱里爬出来。他轻轻地呼唤范氏：“母亲，你快醒醒……”可是，无论他怎么呼唤，他的母亲再也没有醒来。范蠡的泪水像河水一样奔流直下。

当他抬眼向四处望去时，满眼都是血腥和恐怖，他整个人被震撼得颤抖起来。大地上，尸首遍地，血流成河。昨天还在一起疯闹嬉耍的伙伴已成残肢僵尸；昨天还在一起吃饭聊天的叔爷嫂姐，如今已是身首两处。远处，陶庄已被夷为平地，战火的残烟在废墟上缓缓飘浮着……他像一只野狼一样悲恸地呜咽，对着天空绝望地哀声嗥叫。

他瘫倒在地上，恐惧、绝望、孤独、无助……

“我要去寻找父亲和哥哥。”他发了疯似的连滚带爬地向父亲扼守的山口跑去。

当晨曦初现之时，范蠡精疲力竭地来到山口。而呈现在他眼前的是：数十支利箭密密麻麻地插在父亲身上，一把长戟深深地扎在哥哥的胸膛中。

他爬到父亲身边，握着父亲冰冷的手，紧挨着父亲躺了下来。他呆滞地望着天空，大脑里一片混沌空白。就在他半昏半迷、似睡非睡时，忽然，他听到了父亲清晰的声音："孩子，你一定要活下去！"

他一激灵坐了起来，四顾无人，只有父亲、哥哥和徐国士兵冰冷的身躯。他的眼泪不禁又奔涌出来。他面对父亲跪下，磕了三个响头，说："父亲，我知道您在梦中来看我了。我听您的话，我要活下去！"

他又想起了父亲在临战前的话："记住，不管遇到什么样的困难，都要好好活下去。不管走到哪里，你一定要永远记住：你的祖国是徐国，你的故乡是陶庄。"

"父亲，"范蠡咬着牙，握紧拳头，对天发誓说，"我永远不会忘记：是吴国毁灭了徐国，杀死了我的亲人。吴国是我不共戴天的仇敌！我一定要灭掉吴国，为徐国报仇，为徐国百姓报仇，让您瞑目九泉！"

范蠡把父亲和哥哥掩埋在山口的松树下，又回到母亲和妹妹遇难的地方，将她们掩埋在一块大石头的旁边，然后按照父亲指引的方向，一路向西南走去。

范蠡逢山过山、逢水过水，渴了就喝几捧河水，饿了就在地里刨点吃食，也不知走了多少天，行了多少路，终于因累饿交加，昏倒在山路上。

那天傍晚，范大牛挑着一大担柴草下山，见一个孩子昏倒在路边，便撂下柴草，背起这孩子就往家里跑。这孩子便是范蠡。

范大牛用手探了探范蠡的鼻息，对范嫂说："看样子这孩子是饿昏了，先给他喂点水，再给他熬点粥吧。"

范嫂一阵忙碌，又是喂水，又是擦洗身子，把脏兮兮的范蠡收拾得干干净净。范蠡醒过来，喝了一碗清粥，就又迷迷糊糊地睡去。

当第二天太阳照进窗户时，范蠡醒了，虽然身体还虚得很，但头脑却十分清醒。他想起父亲的话："活着！"他不知道自己在哪里，不知道是如何来到这里，也不知道自己将面临什么样的人、事和环境。他心里暗暗拿定主意：按父亲说的做。

范大牛端着一大碗粥走进房，见范蠡醒了，笑笑说："小兄弟，快喝粥吧。"

范蠡一听，心中一愣："这地方的口音，与我父亲的家乡话大不一样，却与母亲的口音相同。我是到了楚国吗?!"

范蠡愣愣地看着范大牛，一声不吭，接过碗来不歇气地喝粥。

范大牛看得心疼，问："小兄弟，你叫什么名字？你从哪里来的？家住哪里?"

范蠡埋头喝粥，不吭声。

"你父母呢?"

范蠡抬起头看了看范大牛，两行眼泪刷地流了下来。

范大牛叹了口气，说："可怜的小兄弟，原来是个孤儿，还是个哑巴。"他摸了摸范蠡的头，说，"你要是没去处的话，就住在这里吧。"

范蠡一听，连忙翻身下床，给范大牛磕了三个响头。

范大牛媳妇一进来，范蠡又给她磕头。范大牛媳妇赶忙说："小兄弟，快起来，你要不嫌我家穷，就和我们一起过日子吧。"

就这样，范蠡在这里住了下来，每天上山放牛、砍柴、挑水、收拾房前屋后、下地干活。他干活勤快、手脚利索，哥嫂都喜欢他。慢慢地，范蠡知道这里属楚国，地名叫宛地，心中也多了几分宽慰：总算按父亲的交代，来到楚国落了脚。

宛地的地形是四周高、中间低，好似一个碗，坐落于盆地的中央，犹如置于碗底之上，所以人们称其为"宛地"。它的北部、西部为伏牛山，东部为桐柏山，南部为武当山和大洪山，中部主要为白河的冲积平原。三户是宛地下辖的一个镇，而范庄则是三户下辖的一个村庄。范庄位于伏牛山麓，坐北朝南，离三户五里多路，离宛地城区二十来里地。范蠡渐渐喜欢上了这个地方：有山有水，土地肥沃，哥嫂善良，安静祥和，更重要的是，这里没有战乱杀戮、血腥恐怖，不必担惊受怕。他想：

我要快快长大、等待复仇的机会，这里是再好不过的地方了。

自从范蠡来到范家，范大牛和范嫂对他疼爱有加。范蠡也知恩图报，干活勤快，听话乖巧，但是他也特别贪玩，还有个怪癖：掷石子。他口袋里总是装满石子，有事无事就手攥石子到处掷。空暇时，还跑到河边，捡上一大堆石子，一个人在那儿掷，乐此不疲。

让范大牛不放心的是，这小兄弟常常犯傻发痴。白天干活，他比同龄孩子都干得好，可到了晚上，就与常人不一样了：要么叽里咕噜地念叨着什么；要么在地上画来画去，画了抹、抹了画；要么一个人坐在墙角，面对东北方向发呆，有时还哭得像个泪人。每当这时，谁叫他，他也不理，夜深了拉他回家，也拉不动。还有一次，他不发冷、不发烧，却躺在床上一连两三天不吃不喝，梦呓般地说出些谁也听不懂的胡话。范大牛心里思忖："这兄弟原来不是哑巴，只是有痴病，不开口说话罢了。"范大牛无可奈何地数落他说："你呀，真是个痴儿哟，发起痴来真拿你没办法。"范大牛不知他叫什么名字，便叫他"痴儿"。从此，村里的大人孩子都叫他"痴儿"。

范大牛哪里知道，范蠡掷石子并不是贪玩。小时候范蠡看见大人练武、射箭，他也吵着要练。因他太小，他父亲便让他天天到河边练掷石子，直练得指东打东、指西打西，能用石子打虫、打鸟、打兽，大人孩子都叫他"小神手"。如今，他仍然坚持每天练习，打得更准，发力更猛了。他是在为复国报仇夯实基础，练功夫呢！

那么，范蠡为什么一个人总是叽里咕噜地念叨呢？原来，他是在训练口音。他的家乡话与楚国宛地的发音有着明显的差别。他一张嘴，人们就会发现他是徐国人。因此，他决心练成一口地道的楚音。

当你知道他的来历，就会明白他为什么在夜深人静之时，遥望东北，伤心痛哭了。

转眼间半年过去了。有一天，范大牛在堂屋打草鞋，痴儿在他身旁搓草绳。忽然范大牛听有人叫他“哥”，他四下环顾，只有痴儿一个人，不由大吃一惊，原来开口说话的竟是痴儿。他惊讶地看着痴儿，痴儿睁着一双大眼睛，对他说：“哥，我想读书。”

“哈，痴儿，你终于开口说话了?!”范大牛惊喜地看着范蠡。

“哥，我想读书。”范蠡又说了一遍。

“你是楚国人?”听到范蠡的口音，范大牛兴奋地叫起来。接着，连声说：“好啊好啊，我送你上学堂。”

“我不要上学堂。我想拜山南的计先生为师。”

“计先生？你怎么知道的?”

“听镇上人讲的。”

“哦，计先生，人们都说他才高八斗、学识渊博，但他深居简出、清高孤傲，很少与人交往，也没听说他有学生，不知他肯不肯收你?”

“我一定要他当我的先生。”

“好吧，我可以送你去见计先生，但不知计先生收不收你。”

范蠡抿着嘴，重重地点了点头。他接着说：“哥，痴儿是有名字的。我跟你一个姓，叫范蠡。”

“范蠡，好，好名字!”

“哥知道我的名字就行了，平时还是叫我痴儿吧。”

“行。”

“痴儿，你为什么一个人来到这里?”

“我父母都去世了，到这里来，是想找我父亲的一个朋友，名叫公孙叔。”

“哦，原来如此。哥抽时间帮你打听打听。”

后来，范大牛带着范蠡专程到楚都郢城打听公孙叔，好不容易找到线索，才知道公孙叔曾在衙门任文职，在两年前就辞官离开了这里，据说是投奔齐国去了。

范大牛怕范蠡失望，便对他说：“兄弟，别找那个公孙叔了，就在哥这里。”

范蠡感恩地跪在地上磕了三个响头。

范家有三亩薄地，年成好时勉强度日，年成差时就青黄不接了。范嫂做些女红织绣，换些许微薄收入贴补家用。他俩男耕女织，仍不得温饱。每年的收成交了租子和税赋，便所剩无几。他们曾有过两个孩子，但因得病无钱医治，都先后夭折了。自从范蠡来到他家，他家的生活就有了起色。范蠡每天上山砍柴割草，拿到集市去卖。这里是丘陵地带，没见大的野兽出没，但什么飞禽走兽之类的倒是不少，砍柴时，他经常遇到野鸡、飞鸟、野兔等，他就带些小石子在身上，见到野禽飞鸟，就用石子把它们打下来。他每天满载而归，把猎物带回家改善生活，再把柴草拿到三户的集市上卖了换些米面油盐回家。范家的生活渐渐丰裕起来。

有一天，他又挑着一担木柴到三户的集上去卖。

集上有一个饼铺又小又破，但店铺老板为人善良、手艺独到，烤出的葱香饼又香又脆，让人远远就能闻到饼的香味。店铺的老板姓王，人称“大饼王”。每次赶集，范蠡都从这里经过。大饼王见他人小力薄，心生怜悯，对他特别关照，常常买下他的木柴，还给他一两个大饼带回家。

这天，天气炎热，老板见他汗流浃背、满面通红，便递给他一大碗凉水。他一口气喝完水，觉得浑身凉快多了。老板又拿出一张大饼，夹了些咸菜递给他。他心里十分感激，说：“老板，等我长大了，有了钱，就给你买下一个大店，让你开个大饼铺，做个真正的‘大饼王’。”

大饼王听了，笑笑说：“你自己穷得连饭都吃不饱，还想给我买个铺子？算你有心啦！我这辈子没做过那梦，能混个日子就不错了。”

范蠡眨眨大眼睛，指着街对面远处的一家装饰讲究、门面描金画凤的饭庄，说：“比那家还气派！”

大饼王开心地大声笑起来说：“呵呵，你真会逗我开心，小子，有你这句话我就快活八辈子了。”

饼铺周围有十多个客人，或站或蹲或坐，喝着凉茶，啃着大饼。听了范蠡的话，都哄笑着："小子，你还挺孝顺的，只是大白天里，没睡着就做上美梦啦！"

"这小子心地倒还不错，没准哪天真发达了呢。"也有人感慨地说。

这以后，人们一见到他，就叫："看，那狂小子又来了！"

二十五年后，范蠡再次来到宛城大饼王的饼店，大饼王年岁已高，仍在老地方与儿子一起卖大饼。范蠡在宛城最繁华的地段，为他置下一个最大、最豪华的饭庄，让他一家人从此衣食无忧。这自是后话。

三、深山蓍草

当范大牛和范蠡来到计先生家时，只有计先生的老母亲在家。计母淡淡地说："计先生不在家，已出门十多天了。"

"那计先生什么时候回来？"

"实话告诉你们，他向来行踪不定，我也不知道他去了哪里，什么时候回来。"

范大牛着急了，忙把范蠡执意拜计先生为师求学的事，一一讲给计母听。

可计母回绝说："你们请回吧，计先生不收学生。"

范大牛一时急得手足无措。

范蠡却平静地说："哥，你就先回吧，我在这里等计先生。一天不见到计先生，我一天不回。"

"哥怎能把你丢在这里，一个人回家呢？"说完，范大牛转身跪在计母面前，"老人家，我这兄弟聪明过人，铁了心地要拜计先生为师，您就成全他吧！"

范蠡忙在范大牛身边跪下，央求说："奶奶，留下我吧！"

计母说："别这样，快快起来吧。"

范大牛长跪不起，说：“我家兄弟性情执拗，您不答应，他就不会回家。”

计母说：“读书识字，到学堂、私塾拜先生去吧。”

“我家兄弟认得字。”范大牛道。

“奶奶，我不是要拜认字背书的先生。我要拜懂得治理国家的先生。”

听到范蠡的话，计母不禁心中怦然一动。计母放眼细看范蠡，只见范蠡浓眉大眼，眉宇之间一股英气，眼睛里闪耀着渴望的光芒，带着央求的神情望着计母。计母心中又是一动。

“你父母呢?”

范蠡垂下眼睛。范大牛连忙说：“他没有父母。”

计母心中暗暗叹道：“这孩子，倒真是人见人怜的。”

计母对范蠡心生喜爱，却不动声色，说：“这样吧，我家中有些藏书，本来从不外借，但见你求知心诚，我就对你另眼相待，破例允许你每次借回一本书，看完、看懂后再来换一本。至于计先生收不收你为学生，那我可说不准了。”

即便如此，范蠡已是喜不自禁了。他如获至宝，万般珍爱地怀揣《通天书》，拜别计母。

从此，他依旧上山砍柴、下田种地、入水捕鱼，一有空闲便如饥似渴地学习。计家的书，大多深奥难懂。范蠡有股蛮劲，越是难读的书，他学得越是起劲，一字一句地认真琢磨，不弄个水落石出决不罢休。

再说范蠡执意要拜的先生名叫计然，本姓辛，字文子，号计然、渔夫。据说其母是宋国蔡丘濮上人。计然相貌平平，却不是等闲之辈。原来，他是中原强国——晋国三公子的后代。

晋献公本来有八个儿子。后来他得了一个宠妃叫骊姬，又生了个儿子奚齐。骊姬是一个很有心计、很有野心的女人，她一心想让自己生的儿子奚齐登上王位，便设计害死了原定继承王位的太子申生，并追杀晋献公的另外两个贤德的儿子重耳和夷吾。即使逃到国外，她也派人赶尽杀绝。

晋献公的三儿子夷吾，自幼好学，睿智过人，晋献公很看重他，希望他长大后能辅助王室治理天下，便由其母亲陪着他到齐国深造，拜名满天下的一代良相管仲为师。管仲也十分喜爱他，倾其所有地教导他。

在骊姬弄权派人到齐国追杀夷吾之时，他们母子二人不得不匆匆逃离齐国。临行前，夷吾辞拜管仲。管仲十分郑重地把一卷竹简交到他手上，说："你生在这天下大乱之际，皇室纷杂之时。俗话说乱世出英雄。而能成为英雄的只是寥寥可数的幸运者，无数人才也会在乱世之中夭折、湮没。如今，你羽翼未丰，当务之急是保全性命。为师年岁已高，无力帮你，只能送你这卷竹简，你带着它快走吧。这竹简是我所著之书《管子》中的一篇，名曰《阴谋》。你虽今日落魄，日后也许会派上用场。"

夷吾跪谢。

管仲又指着竹简说："《阴谋》篇是智者之篇、计谋之篇，它用于治国，是不可或缺的策略；用于战争，是克敌制胜的谋略。但是，只有心地正直的人才能用得其所。正派之人用为正道之计，邪恶之人用为险恶之计，因此，你一定要记住，万万不可让其落入阴诡邪恶之人手中，否则，将会贻害百姓，后患无穷。"

"谢谢恩师，学生牢记在心。"

据说，《管子》一共有七十六篇，因《阴谋》篇传给了夷吾，所以留给后世的《管子》一书中，就少了《阴谋》篇。

后来，晋国经历了一波又一波的政治内乱，夷吾母子也经历了一次又一次的辗转，而竹简《阴谋》仍完好地保存下来，最终，它传到了计然手中。

计然不求富贵名利、不争权势王位，只求平平安安。计然从小体质较差，几场大病差点夺去他的性命。但他自幼好学，品格端正。长大后，虽然个头不高、长相平平，却通览群书、博学多才，天文地理无所不通，军事政治无所不晓，阴阳测算无所不知，擅于从事物刚露出端倪时测算其发展规律和结果。他从不炫耀自己的才学，颇有大智若愚的风范。

为了躲避晋国内讧的风头，计然来到楚国的宛地，在伏牛深山中落下脚，隐姓埋名，砍柴种地，过着平民的生活。同时，他身在山林，胸怀天下，深研天地之律、治国之道，等待时机，随时准备为复兴晋国而出山。为了掌握天下局势，他常到诸侯各国去踏勘，了解各国特别是晋国的政局变化。同时，他对各国的军事设施、工事布局、武器装备也烂熟在心。

可是，春去秋来，过了一年又一年，计然从少年长成青年，又从青年步入壮年，也没能等到重归晋国王室的机会。如今的计然，看透了世事纷扰，悟透了人生冷暖，未泯的壮心不再炽热，安然置身事外，冷眼看世界，逍遥度日月。

在村民们的心目中，他是一位性情冷僻的有学问的人，酷爱山水，常泛舟揽波，遨游山海湖泽的潇洒隐士、文人，他自己则以“渔父”自称。只有他的密友知道他的才学，感叹地说：“计然才冠当世，却不为天下人知。他身居深山，心知天下大事，运筹谋略高人一等，奇策妙计超凡脱俗。”

几十年来，战火连绵，世事变迁，朝代更迭。可计然有一件事却从未中断过，那就是每年春季播种完毕后，便去云游四海，直到秋季收获时才会回来。没人知道他到过什么地方，去做了些什么。只有他的老母亲知道他的隐忍、不懈、期盼和渴望。当范大牛带着范蠡去拜见计然时，他亦是出游在外。

此后，范蠡每隔十天八天就到计家来换书。一晃几个月过去了，计先生仍然没回来，而计母却病倒了。计母得的病叫蛇盘疮，腰部、背部长出一簇簇绿豆、豌豆大小的疱疹，疼痛难忍，夜不能寐。计母家只有一个叫蓉儿的丫头陪伴，范蠡便主动为计母请郎中，寻医熬药。郎中开了处方后，他便上山去挖草药，还顺手挖些野花野草回来，什么百合、芍药、黄菊、麦冬、桔梗等，种在计家的房前屋后。

可十多天过去了，计母的病仍不见起色。范蠡听见计母疼得不停地呻吟，心里十分焦急。后来郎中告诉计母，说："您所患之疾，毒性甚重，必须清热解毒，才能消肿止痛。不是本医无能，实是因为药铺缺少一味药，所以难以奏效。"

"缺一味什么药？我去采。"范蠡说。

"这药名叫七叶莲，是治疗疮疡肿毒的良药。可药店断药已经好长时间了。整个宛城我都打听过了，没有此药。我还托药工遍寻此药，但这方圆几十里地都没能找到。"

"没有七叶莲，能用其他药替代吗？"

郎中摇摇头，说："其他药只能暂缓疼痛，但没有七叶莲，则不能治本，病人的疼痛可能会连绵无绝期。"

"请您告诉我，哪里有七叶莲，我一定找到它！"

"听老人说，在一百里开外的地方，有座高耸入云的盘龙山，林深草密，药材丰富，多年以前，有人曾在那里找到过七叶莲。可是，盘龙山过于险峻，有一次两个药工同时掉入了悬崖，就再也没人敢去冒险了。"

"郎中，我明天就去盘龙山。"

郎中看了看范蠡，摇摇头，说："孩子，你年纪太轻，身子又单薄，到盘龙山路途遥远、险象环生，有经验的老药工都不敢去，你就别去了。"

"郎中，我不怕，我能行。"

郎中见他态度坚决，便对他说："七叶莲生长在高山之上，喜温、喜湿、喜荫蔽、喜凉爽，多生长在高山南麓的背阴处，林木及灌木丛众多的阴湿之地。"

范蠡点点头。

"七叶莲，因其形而得名。一般一株七叶莲有七片叶子，在叶子中间长出一朵花，而且是一株一花。它的花分为内轮与外轮，外轮花的形状像极了它的叶子，约六片；内轮花的花萼为绿色，花瓣呈细丝带状。如今夏末秋初，正是它结果的时节。它的果实鲜红鲜红的，很引人注目。"

范蠡认真听完，说："我在书上见过。"说完就捡起一块木炭，在地上画了起来，画出一株七叶莲。

郎中连声赞道："正是，正是。"

郎中还不放心，再三交代，说："七叶莲越老，药用价值越高。五年以上的七叶莲，才是上品。传说毒蛇是七叶莲的守护神，当七叶莲发芽的时候，就有一条小蛇护在它身边。七叶莲长，毒蛇也长。所以，七叶莲越老，守护它的毒蛇就越大越毒，有不少药工就丧命在毒蛇口中。你可要小心加小心啊。"

范蠡连连点头。

"你如果能找到七叶莲，挖掘时一定要仔细，把它的根茎和植株完整地带回来。"郎中说。

范蠡把郎中的话一一记在心中。

计母听范蠡说要去盘龙山采药，也极力反对，说："蠡儿，千万别冒这么大的险，奶奶这病死不了人，奶奶扛得住，过一段时日，慢慢就好了。"

"奶奶，别担心，我会小心的。我没去过盘龙山，正好去见识见识。"

他背上干粮，带着绳索、挖锄和药篮，独自出发了。

计母再三叮咛："无论找不找得到七叶莲，都要早去早回。"

一路艰辛自不必说，到了盘龙峰，范蠡从南坡向上攀登，专找林木茂盛、灌木繁多的阴湿地，遇岩攀岩，遇崖攀崖。当他爬上半山腰时，远远看见离最高峰不远的地方，冉冉地升腾笼罩着一片青云，瑞气时聚时散。阳光照射在青云上，折射出五彩祥和之光，随着青云的飘浮变化，五彩之光也变化无穷，十分离奇。他隐隐约约看到那地方有红色的小点点，他揉揉眼睛想看清时，却什么也看不见了。他心里一激灵："那该不是我要寻找的七叶莲吧？"他又想，"即使那只是自己的幻觉，也一定要去看个究竟。于是便不顾一切地向上攀登，朝着红点点隐现的方向进发。"

当范蠡终于到达那里时，不觉心中暗暗称奇："原来悬崖陡壁之上竟有一片平缓坡地，大约十丈长、三丈宽，坡地及它周围的树木长得郁郁葱葱，一棵五人合围的古松枝叶茂盛。古松旁，不知名的林木、山花争奇斗妍，一股清香直沁肺腑。"

他环顾四周，细心查找，那远远都能看到的红点点却杳无踪影。

他一眼看见山上有一股细细的泉水潺潺流下来，在一块大岩石的根处聚成一小泓碧水，清澈明净。他双手掬水喝了一大口，顿时觉得甜丝丝、凉幽幽，暑气顿消。当他再次伏身掬水时，竟在水中看见了那时有时无、若隐若现的红点点。而这次，水中的红点点是那样的真切、清晰。他惊讶极了，抬起头，碧水侧上方的峭壁上有一株硕大的七叶莲赫然出现在他眼前。七叶莲的上方是陡峭的山石，下方是深邃的山谷。他欣喜若狂，径直向七叶莲奔去。

七叶莲的上方有一棵大树，范蠡把绳子套到大树上，正准备向上攀登时，却又一次惊呆了：七叶莲的旁边有两点阴绿阴绿的亮点。他心中大叫一声："不好，毒蛇！"

原来一条又粗又大的毒蛇，盘立在七叶莲的旁边，足足有大半人高，嘴里吐着血红的信子，两个绿阴阴的眼睛正警惕地死死地盯着他。他赶紧攥出一大把石子，也紧紧地盯住蛇。他一眨眼，蛇便嗖地向他窜来，他下意识地一使劲，石子脱手而出，正中蛇的双眼和七寸。蛇一闪缩，他又一把石子飞射出去，大蛇躲避不及，坠入悬崖。

他小心翼翼地把七叶莲挖起来，看见硕大的根茎，不禁喜从心来。他脱下外衣把七叶莲包好，小心翼翼地放到背篓里。

这时，他擦拭了一把汗水，准备吃点干粮后返程。他坐在山石上放眼望去，不禁被美丽壮阔的景色吸引，从心底叹道："啊，太美了！"他又看见那神秘而缥缈的青云。他心中诧异："原来，这云不是因为七叶莲而生的，那是为什么呢？"

他环顾四周，看见脚下不远处的悬崖边有一丛十分茂盛的长长的植物，他心中一惊："这不是《通天书》里讲过的蓍草吗？"

他趴在崖边，仔细察看那植物，心中确认无疑："对，正是蓍草！好家伙，好大一丛啊！它的茎足足有上百根，一丈多长啦！古书里记载过：'蓍草长满一百根茎，其下必有龟守着，上面常有青云霞罩着。'"范蠡释然地自言自语地说，"难怪这里一直有青云笼罩！"

他又想起古书里的记载："能得以百茎的蓍草，且能得到蓍草下的龟，而用来占卜，那就能百言百灵，足以决定凶吉了。"

"行，我要把它挖回去，让计先生教我占卜！"范蠡咬咬牙，下定了决心。

范蠡把绳子的一头牢牢地系在大树上，另一头系在腰间。他背着药篓，攀着绳子，身手灵巧地顺着悬崖的石缝，慢慢滑到蓍草生长处。

范蠡把蓍草挖出来后，才知道它并没有想象的那么沉重。蓍草下果然有一只一尺二寸长的大龟。

范蠡平安地回到坡地上，满心欢喜地捧着大龟，对它说："大龟呀，大龟，你有多少岁了？"

大龟看着范蠡，伸了伸头。

范蠡轻轻摇了摇头，说："我可不明白你的意思，等计先生回来了，就知道你的年纪了。"

范蠡又对大龟说："古书上说：'能得到有名的龟，财物就跟着来了，其家必大富，可富到千万。'大龟，我对钱财没多大兴趣，可你能帮我为徐国报仇雪恨吗？"

大龟又伸了伸头。

范蠡笑笑说："你答应啦？说话算话！"

第三天，当范蠡风尘仆仆地赶回去，计母正望眼欲穿地等着他。

郎中把七叶莲的根茎研成末，配上朱砂、雄黄、白酒等，调成膏剂，给计母敷上，没过几日，计母的病就大大减轻了。

等到计然返回家乡时，计母的病已痊愈。计家里里外外打扫得干干净净，门前屋后开满了鲜花。

四、计然讲经

计然归家后，见范蠡胸怀大志、好学聪睿、心地善良，心中十分喜爱，便破例将其收为弟子，这也是他唯一的弟子。

范蠡来到计然家中，一边干活一边苦读。计然每天给他讲经、释疑、解难，传授各种知识。范蠡求知如饥如渴。他白天上山种田砍柴，总是找回许多松节，晚上便点着松节深夜长读。

计然与一般的先生不一样，他从不要求范蠡背诗诵经，也不断词释句，而是让范蠡自己读书、思考、探究，再引导他将书中的知识与现实的世事加以融合。每读完一本书，范蠡必须将自己的读书见解讲给计然听，计然再进行点拨指导。范蠡举一反三，一点便通。计然则将范蠡视如己出，把自己的知识倾囊相授，把自己的书籍珍本，全数让他阅读。为让他博读广阅，计然又不远十里百里地到好友那里借回各种珍本，让他一睹为快。计然倾尽心血，要把他培养成一个有作为的人。

范蠡在苦读苦练中一天天长大。计然与范蠡的感情也一天天加深。渐渐地，他俩成了忘年交，结下了深厚的师生情谊。

他俩常常同餐共宿、共读共议、彻夜长谈，纵论天下大事，博议诸侯群雄，无所不谈。范蠡深深敬仰计然的渊博学识和高尚的品格，计然赏识范蠡的睿智与聪慧。范蠡心胸广阔，有雄心壮志，想施展才华，成就一番事业。计然把自己未酬的壮志寄托在他身上，决心助他一臂之力。

某天，范蠡带着蓍草和大龟，来见计然，说："先生，我在盘龙山得到的两样物件，您看能派上什么用场？"

计然见了，十分惊奇，端详了半天，说："宝贝呀宝贝，百茎的蓍草和大龟，皆为稀世之宝。"

“先生，那就送给您吧。”

“不——不，这是老天赐给你的珍宝，只能由你所有。千万不要交给他人，他人持有则灾祸临头。”

“哦。”范蠡说，“可是我不懂得如何存养它们。”

范蠡把大龟拿出来，说：“我把它从山中带回来时，它还好好的。回家后，我每天给它洁净的水和食物，可不知为什么，它的身体却越来越小了。”

计然仔细地观看大龟，说：“世上的名龟有八种，分别为：北斗、南辰、五星、八风、二十八宿、日月、九州、玉。看此龟长一尺二寸，龟板边缘长有青色的锯齿，其名应为北斗。龟是有灵性的。也许，它知道找到了主人，却担心你舍不得杀它取壳，便自己化掉了肉身，把龟甲留给了你。”

“先生，为什么要用龟甲来卜算呢?”范蠡问。

“那我先给你讲讲鸠的故事吧。”计然说，“鸠，是一种神奇而长寿的鸟，大都可以活到一百岁。在生命的前五十年里，它们以昆虫为食；在接下来的二十五年里，它们吃树上最细嫩的枝叶；此后十年，它们每年仅在深秋以后吃自然落下的树叶；再往后，它们不再取食任何有形的东西，只是在每天的清晨与黄昏，汲取朱红色太阳的光芒。超过一百岁的鸠，便无须吃任何东西，只是安静地凝视着时间的变化。”

“不吃不喝还能生存，太神奇了!”

“最年长的鸠，就是它们的国王。鸠王能预测世上的祸福。每当王朝更替、重大灾祸发生之前，鸠王便会现身，带领鸠群避灾趋吉。”计然说，“虽然人们知道鸠王有准确的预言能力，却没法找到它、控制它。后来，人们发现还有一种长寿动物，身上也携带着灵异的‘种子’，也能用于预测未来，那就是龟。中国历史上第一位有名的祭司、商国的缔造者高祖乙发现，龟在三百岁以后会逐渐变轻；五百岁之后，可以在桃花花瓣上轻盈地爬行；超过一千岁的龟，龟壳的边缘会长出青色的锯齿。这样的龟壳，经过灼烤等复杂程序，会显现出黑色裂纹，那就是龟的预言。年岁越长的龟，它的预言越精准。”

“那就是神秘的龟背文吗？”范蠡又问。

“正是。”计然顿了顿说，“龟甲占卜也十分灵验。”

“占卜？”

“龟甲占卜，历来已久。夏王得到兴盛的涂山之卜，他依据卜筮所得的祯祥之兆而行事，夏朝延续四百七十年之久。殷商之时占得顺达的飞燕之卜，殷商朝从此兴旺繁荣。周朝占得吉祥的百谷之卜，所以周朝得以王天下。”

“一朝国王能获得吉兆，又能顺势而行，国势就能兴盛顺达。”

“同时，君王在行事、决断时，往往也会用占卜来判断吉凶、化凶为吉。比如，对国王登基、发兵征战、出行迁徙等重大事情，必先以龟策测凶吉、定时日。后来，发展到普通百姓测命运、算婚配，有的甚至对其产生依赖，迁徙必先问定时日才敢搬入新居，生育必先占卜吉凶才敢受胎怀孕。如今，蓍草和龟甲不仅成了朝廷必备的圣物，也是普通臣民信奉的神物。”

范蠡点点头，又说：“先生，有了蓍草和龟甲，能不能教我卜卦占筮？”

“占卜是一门深奥的技术，而解卜是一门深奥的学问。只有以虔诚而正直的心、睿智而灵慧的头脑才能悟出它的真谛。必须要有恒心、耐心和渊博的知识，经过反复地摸索、练习，才能学会。正因如此，高明的筮师能得到上至君王、下至百姓的尊重。”计然说，“筮师在卜卦占筮前都要沐浴净身、虔诚祈祷。用来测算的卜具，也十分讲究，以示心之虔诚。”

“当然，筮言预测是否灵验，并不完全在于卜具，更在于筮师的判断、审视能力和引导方式。在做任何事情的时候，成功与失败的概率是一样的。占卜也是这样。占卜的结果永远只有两个：凶或吉。”

计然又说：“但是，凶和吉并不是截然分开的，福兮祸所伏，祸兮福所倚。一个有良知的贤能筮师，往往能引导人们避凶倾吉、逢凶化吉、转危为安。”

“如此深奥而神秘，弟子如何能学得明白？”范蠡说。

“其实，卜筮之理，说复杂，则深不可测；说简单，则简单至极。悟出了天地运行的规律及相互关系，则一通百通。为什么世间有许多生物能长生长存，就连智慧的人类也不能取代它们的位置呢？是因为它们也有预测未知、逢凶化吉的能力。而它们对于吉凶的判断，往往与天时、地利、人事的吉凶相通相融。因此，人们也就借鉴某些生物的能力来判断吉凶。长寿的龟经历的风险多，判断吉凶的能力也就强，这就是人们之所以用龟占卜的原因。”

“哦。”范蠡恍然大悟地应道。

“一个高明的筮师，一定是博学多才之士。首先，他必须知天文、懂地理、通时事。天地、日月运转的状况，是推究阴阳吉凶的本源。洞悉天地的起源与终止，观察日月星辰的运行轨迹，了解天下大事的变化，才能阐述吉凶、预测未来。”计然侃侃而谈，“卜者，上必效法天地的定理，下必取象四时的变化，再结合时局的发展，运用龟策的原理，分别定出卦名，旋转筮盘，端正筮綦，再根据龟策显示的信息判断、预测天地间的利害和人事的吉凶成败。据传，伏羲氏时发明了八卦，到周文王时演化成三百八十四爻。文王用其治国，而后天下大治。”

范蠡对计然既敬重又佩服，孜孜不倦地学习请教，计然总是耐心地给他讲解。

某天，范蠡问：“怎样才能懂得天象地理，预测凶吉运势？”

计然说：“要想懂得天象地理，必须读通读懂《周易》。《周易》是群经之首、大道之源，是先祖留给我们最珍贵的典籍。”

“我已通读了《周易》，知道了天干、地支和五行，但还不会运用，不知道怎样算天时、测运势。”

“要想算天时、测运势，不是光背书就能奏效的。《周易》阐述的是大自然运行的规律和原理。大自然变幻无穷，天干、地支、五行相依相克、相辅相成，且变化万千。切不可将其分割开来，死搬硬套地来看待。它的道理与大自然的变化相通，与天地运行同理。”

范蠡听了计然这些深奥的道理，觉得新奇、兴奋却迷惘。计然教导说：“冰冻三尺，非一日之寒。”

范蠡点点头，心中暗下决心要加倍努力向先生学习。

转眼间，范蠡已经十六七岁了。计然见范蠡一天天长大，便有意引导他进一步历练自己。一天，计然对范蠡说：“我这里的书，你全读完了，你将作何打算？”

“鲲鹏展翅，志在千里，我想飞，但自觉羽翼未丰，也不知飞向何方？”范蠡说，“请先生指教。”

“光读书不行，必须游历天下。见多识广，才能足智多谋。这样吧，我准备到北方齐、秦之地走一走，你可愿与我同行？”

范蠡说：“拜谢先生，能跟随您游历大江大川、磨炼筋骨、广阅博览，学生求之不得。”

“这就对了。要成就天下大事，必将天下融入胸中。我们一路可熟悉各国地形，了解各地的风土人情，掌握各国的物产情况，知悉各地的军事要塞。若要成就大业，这是必不可少的一课。”

“学生知道了。”

临行之时，范蠡备了许多兽皮，计然问他作何而用，他说：“我要把所见所闻记录下来，将各国的地形道路、城墙要塞、山河矿产绘制成图，以备后用。”计然赞许地点了点头。

计然带着范蠡一路向东北方向行走，游于山林田野之间，过着无拘无束、自由自在的生活。

古代国境设有关卡，不是可以随便进出的，吴、楚、越三国有长达七十年的战争，重要的边界通道都有重兵把守，对可疑之人严加盘问。而计然、范蠡赤足破衣，混迹平民，通过关卡就比较容易了。

他俩长途跋涉，风餐露宿。在繁星当空的夜晚，计然遥指穹空，教范蠡识星辰、辨星图。

“天地之大，无边无际；万物之多，无可囊计。但归根到底，天地万物皆由金、木、水、火、土构成，这就是‘五行’之说。你知道什么是天干、地支吗?”

“知道。天分为十干，地分为十二支。”范蠡答道。

“天干是?”

“甲、乙、丙、丁、戊、己、庚、辛、壬、癸。”

“地支是?”

“子、丑、寅、卯、辰、巳、午、未、申、酉、戌、亥。”范蠡接着说，“十天干和十二地支按顺序排列，正好六十组，六十为一周，周而复始。”

“对，古人就用这天干地支法纪年、月、日。”计然说，“十二地支还有它的五行属性。”

范蠡马上答道：“子和亥属水，寅和卯属木，巳和午属火，申和酉属金，辰、戌、丑、未属土。用天干地支和五行可以测算人的命运。”

“没错，它不仅可以测算人的命运，也可以用来测算气候的变化、谷物的丰歉、国家的命运。天地之间，冥冥相连，知天地者，亦知农事丰歉；知农事丰歉者，能知治国之策。”计然说，“天干、地支和五行来自大自然，与天地运行同理，与大自然的变化相通。它们相依相克、变化万千。”

他俩越聊越随意，计然不禁聊起了自己年轻时的趣事：“就拿五行来说吧，我开始学它的时候，也是望文生义，夹生半熟，差点误了终身大事。说来好笑，我与你师娘从小两心相悦，我却不敢奢求婚姻之事。为什么呢？因为我的属行为土，她的属行为木，按五行之说，木克土。想到这五行相克，我心里就犯嘀咕。”

“是啊，木克土，不宜婚配呀。”

“所以啊，当皇爷提及把你师娘许配给我时，我迟疑着不吱声。皇爷见我面露犹豫之色，就问：‘怎么？不愿意?’我吞吞吐吐地说：‘不是，怎么会不愿意？不过，淑姬是木命，我是土命，木克土，这是命书上的一忌呀。’”

“皇爷听了，呵呵笑着说：‘五行八卦，奥妙深不可测，切不可触及皮毛，就死搬硬套，那是《易经》之大忌。金、木、水、火、土，相生相克。’”

范蠡马上说：“木生火、火生土、土生金、金生水、水生木，反过来，木克土、土克水、水克火、火克金、金克木。”

“皇爷说，凡事不可一概而论，它们是相依相存的，又相互转化的。例如，一棵树要生长，就要汲取土地的养分，树长得越大，土地中的养分就损失得越多，土质就越贫瘠，这就是木克土的基本原理。但在一片肥沃的土地上长着茂密的树木，那么，树木反过来就可以养土了，树木的根系可以使土壤免于流失，树木的枝叶又是土地最好的肥料。你见过森林里的土地缺肥吗?”

范蠡摇摇头。

“落叶之下，土壤肥沃。”

“没错，林木茂盛之处，地力一定旺盛。”

“皇爷说，我的八字里有三个土，淑姬有三个木，这是很少见的佳配。三木为森，森为树木繁茂。三土为垚，垚为高山沃土。肥沃的土地上，不会有瘦弱的树木；茂盛的树木之下，也不会有贫瘠的土地。”

范蠡咂咂嘴，说：“哦，原来其中还有这样深刻的道理!”

从那以后，范蠡日思暮想，深究卜卦占筮之术，反复演练，直练到百卦在胸、百算百准。

此行他们经过蔡、陈、宋、曹、鲁国，到达齐国，又从齐国到达晋国、秦国，把中原诸侯各国全部踏勘了一遍，历时整整三年。

五、“丑女”含笑

某天，师生两人研读到太阳西斜，当范蠡辞行时，计然叹口气说：

“我家茅屋两年没修整了，眼看梅雨季节就要到了，再不收拾，下起雨来不知会漏成什么样。”

范蠡忙说：“要是先生不介意的话，我明天就带上工具来帮您修整。”

第二天清早，范蠡带着工具到计然家去干活。计然的茅屋在半山腰的绿树丛中，远远地，一股清香便若即若离地飘来，范蠡只觉得浑身清透。

计然家的房前屋后种满各种各样的奇花异草，那沁人肺腑的香气正是从这里飘出去的。这些花草都是他从山上挖来种下的。看着这些争奇斗艳的花朵，范蠡觉得特别欣喜。

范蠡梳草、扎草、和泥，打算把屋上的旧草扒掉，换上新草，再把朝北的墙壁上斑驳的泥土铲掉，用草和泥将其重新糊上。计然简要地指点了一下活路，便坐在一旁品茶养神。小丫头蓉儿给他打下手，帮他递草、递泥。

范蠡在房顶上换草，不经意间，看到庭院里有个身着素裙、头戴面罩的女子进出。范蠡来计然家多次，从未见过那女子。只见那女子身材修长、气质高贵、步履婀娜、举止优雅，不由得怦然心动。

范蠡干活是一把好手，一桩桩、一件件都做得有板有眼。傍晚时分，茅屋已是旧貌换新颜了。

计然对范蠡说：“好了，进来洗把手，今晚咱俩喝两杯吧。”

范蠡走到桌前，不禁眼前一亮：金黄的炒鸡蛋、翠绿的青菜、雪白的鱼片，恰如一幅色彩鲜艳清秀的图画，让人赏心悦目，还有一罐鸡汤散发出诱人的香气。他脱口叫道：“好手艺！多谢先生！”

“谢什么？这是我家小女含笑做的几道小菜。你辛苦了一天，算是对你略表谢意吧！”说着，斟满了两杯酒，自顾自地喝起来。范蠡来计然家已多次，只见其母亲和侍女蓉儿，从未见其小女，心中不免有些诧异。

“你师娘走得早，小女没满周岁，你师娘就走了。”计然长叹一口气，又说，“无奈呀，想当年，我被迫从晋国逃出来，一路上风餐露宿、颠沛流离，你师娘不幸身染重病。逃亡途中，病了也没法医治。后来逃到这里才落脚，但她已病入膏肓，不到半个月就走了。从那以后，我和母亲便带着小女过日子。老夫这一辈子呀，乐因小女，愁也因小女。"

"有这样的师妹，先生睡在梦里也会笑醒呀，还有什么发愁的?"范蠡说。

"老夫愁得茶不思饭不想！小女长大成人，年岁一年比一年大，不知到哪里去找婆家!"

"师妹如此聪慧，先生还会为此事犯愁?"

"你有所不知。"计然看着范蠡，叹口气说，"怪只怪我照管不周，小女幼时不幸被火灼伤了脸，相貌丑陋不堪，成为终身憾事。唯恐惊吓他人，也为遮丑，她只能终日以布掩面。"

"唔？原来这样。"

"小女今年十六七岁了，还未找人家。饱读诗书的才子，哪看得上我家丑女？不学无术之辈，我家小女哪能瞧得起？提及婚姻，小女一概不予理睬。小女的婚姻大事，成了老夫的一块心病。"

"先生，人生在世，受点伤算什么?"

"爱美之心人皆有之，窈窕淑女，君子好逑，谁愿娶一个相貌丑陋的女子做妻子呢?"

"世上就没有十全十美的人，可能是因为含笑小姐过于完美，上天才有意让她的相貌受损吧。"他停了停，又说，"丑和美，是相对的，并没有什么一成不变的标准，主要在于个人的感受。"

"话可以这样说，事却难做。本想给她找个官宦富足之家，衣食无忧，但官家、富家子弟哪肯娶个丑媳妇？找个贫寒农耕之家吧，看她挨冻受饿、辛苦劳累，我又于心不忍。找个读书之人，还怕跟着那懦弱之辈受人欺负。找个武勇之人，若不通文理，岂不是委屈了她？咳，这个家还真不好当哦!"

"先生过虑了。"

计然摇摇头，说："是啊，我这是瞎操心。"说罢，意味深长地看了范蠡一眼，叹道，"若是有个像你一样心怀抱负、文武双全的人愿娶我女儿，我就放心了。"

范蠡一听，立马上前跪拜在计然面前，叩首说："先生不必烦心，学生愿意照顾小姐一生，可是学生才疏学浅、一贫如洗，不知先生和含笑小姐看不看得上学生？"

"你别当真，我只是说笑而已。你一表人才，志向高远，以后成就了大事，尽可找富贵人家的小姐，或是挑选相貌姣好的姑娘，哪能娶我家丑女？"

"学生不在意小姐的相貌。"

计然心中自是高兴，却不形于色，只是口风一转，略带自豪地说："论聪慧贤顺，我家小女可是数一数二的。"

"先生，若是含笑小姐看得上范蠡，范蠡则此生有幸。"

"若是看不上你呢？"计然反问道。

"愿与她结为兄妹。"

计然沉吟了一下，说："我家小女不仅相貌奇丑，而且个性倔强，除非她自己看中的，她决不出嫁。人家上门提亲，可无论是书香门第、将相武门，她都不为所动。她不愿意的事，我也拿她没办法。喝酒！"

范蠡以为计然推辞，眼神略显落寞。

两人干了一杯，计然说："喝吧喝吧，喝完酒，你自己去问我那丑女儿吧。"

范蠡一听，知道计然已是应诺，不觉大喜过望，连敬计然三杯。

原来，计母早就十分喜欢范蠡，含笑虽然没露过面，却一直在暗中观察范蠡，也是芳心暗许。计然有心将含笑许配给范蠡，特意以修整房屋为借口，让范蠡到家里来，让女儿再审视一番。范蠡干活时，他在一边观察含笑，见女儿时常目不转睛地看着范蠡，知道她对范蠡是动了真心，便有意用话试探范蠡，并示意范蠡大胆接触女儿。

范蠡和含笑一见钟情，两人再也分不开了，每天范蠡到计然家与含笑一起干活、读书，在一起有说不完的话、谈不完的情。范蠡对含笑说："你就是天下第一丑八怪，我也娶定了！不过，你要不是小时受伤，说不定就是天下第一大美女哩！"

"唔，何以见得？"

"脸是身体的一部分。身材协调匀称者，其相貌也必定端庄美丽。你身材苗条匀称，举手投足间，气质高雅不凡；装束简约自然，美而不俗。即使相貌有损，在我眼中，你就是绝代佳丽！"

"要是有一天，我的身材也受伤残缺了呢？"

"无论你以后变成什么样子，只要你善良的心不变，你就永远是我心中的女神。"

"你敢看我的脸吗？"

"当然。"

"你不会害怕、失望、恶心吗？"

"不会。美是一种感受，我早就透过你的举止，感受到了你美丽的内涵和纯真善良的心。外在之美会随着时间的流逝而流失，而内在之美会愈久愈纯净。"范蠡说，"我要向先生正式提亲，把你的面纱和红盖头一起揭开！"

含笑羞涩地点了点头。

范蠡挑了个良辰吉日，带着醇酒佳酿和礼品，在范大牛的陪同下，前来计家求婚。计母和含笑忙着准备丰盛的饭菜，计然和范大牛、范蠡开心地对饮畅谈，两家人都沉浸在欢快而幸福的气氛中。

傍晚，范大牛辞别计家，计然意犹未尽，挽留范蠡继续长谈。

两人同居一室，挑灯相叙。计然问范蠡："你知道管仲为什么能成为一代名相吗？"

"他的治国才干天下少有。"范蠡答道。

"对，又不全对。他的治国才干确属一流，但乱世出英雄，当今正是人才辈出的年代，天下具备国相之才的人何止数百，为什么只有他能成功?”

“不知道。”

“你知道管仲为什么每战必胜吗?”计然又问。

“他的军事谋略出神入化、胜人一筹。”范蠡说。

“哪个国家的将军不是军事家? 哪个不是用尽心机地布局、策划? 为何唯他总能胜人一筹?”

计然笑了笑，故作神秘地说：“那是因为，在他身后有一位绝佳的女人。不是相貌美丽绝伦，而是智慧绝佳、人品绝佳。”

“啊?!”范蠡十分惊讶。

“世间万事万物都是由阴阳二气聚合而成，治国、治家、谋略、打仗，其理相通。男人为阳，女人为阴。男人处事果敢、决断，往往阳刚过盛，阴柔不足，其胜算仅为一半，就算加上其出众的智慧、胆识、人品等多种因素，最多也只能有六七成。而如果有一个绝佳的女人共议大事，成功的可能就比其他男人多出三四成。”

范蠡问：“那个绝佳的女人是谁?”

“就是他的爱妾，名叫文婳。那文婳学识渊博、出类拔萃，不仅人长得漂亮，而且非常有见识。他无论到哪里，都会带着文婳，甚至千里远征，也不例外。听说文婳长得美极了，男人一见，魂就被勾走了！人们以为他怕把文婳放在家里不放心，其实呀，他是事事要听文婳的意见，文婳是他最好的高参。”

“哈哈！真有此事?”

“你听说过这样一个故事吗? 那是公元前680年春，管仲亲自带着齐国大军与陈国、曹国的军队会师，为的是联合讨伐宋国。大军浩浩荡荡向宋国进发，刚出临淄城三十里，忽见一个身穿破衣烂衫、头戴斗笠、光着脚的牧牛人。这人骑在牛背上，敲着牛角唱歌。管仲在车上看到这人样子可怜，便让人送给他酒和食物。这人毫不客气，大口吃完，一抹嘴说：‘我想见国相。’士兵告诉他：‘国相的车已经过去了。’这人若有所失，沉思了片刻说：‘浩浩乎！育育乎！’说罢又跨上牛背，敲着牛角边走边唱。士兵不知这‘浩浩乎，育育乎’是什么意思，便追上管仲，把放牛人的话告诉了他。管仲听了也感到茫然，不解其意，便问身边随行的爱妾文婳。文婳通古博今、能诗善文，很有智谋，她说：‘妾听说古代有一首诗《白水》，上边有这样的诗句：浩浩者水，育育者鱼，未有家室，安召我居？此人自比大鱼无水可居，喻他有才无用场，想必是想得到你的赏识，施展才华。’管仲想，他虽貌似牧牛野人，但能精通古文，一定是个身怀大才的人。他让车停下，叫人去把那人找来。管仲问他：‘为何要见我？’那人说：‘听说国相好贤礼士，不屈人才，才长途跋涉来到这里，为村民放牛度日以等待机会，今见您率军路过，特此求见。’管仲仔细询问了他的学问，测试了他的才能，他都对答如流，管仲感叹地说：‘多少豪杰没于村野，不能被发现，就像宝石一样埋没在泥沙中，需要大水的冲刷才能显露本色。’后来，管仲让齐桓公重用了他。他就是与管仲一同执掌国政、为齐国立下丰功伟绩的宁戚。”

“文婳真厉害！多亏她博识多才，才没有错失国之栋梁。”范蠡赞道。

“你要想成就大业，这一条也是至关重要的。”计然点拨地说。

“那样的女子世上少有，千里难寻，如同稀世之宝，世上难得，可求不可得呀！”范蠡感叹道。

“我家小女虽不能与文婳相提并论，但善良温柔，其才华学识也非同一般。”计然说，“你志向远大，也许她能助你一臂之力。”

范蠡惊呆了：“没想到含笑是如此出类拔萃！先生捧出心来给学生，学生不知如何才能报答您！”

“我只收了你一个学生，早已把你当作亲生儿子。我一生平庸，希望你能成就一番事业。”

范蠡躬身应道：“范蠡定不辜负先生的期望。”

计然停了停，又说：“实话告诉你吧，小女不丑。不仅不丑，而且容貌过人。”

范蠡再次惊呆了。

“我对你只有一个要求，那就是一定要真心待她，好好保护她。”

范蠡再次躬身承诺：“学生愿以身心相奉。”

计然点点头，说：“老夫这就放心了。愿她能助你一臂之力。”

范蠡叩首，说：“多谢先生。”

六、文种访民

话说范蠡落脚的宛地，是楚国的一个重镇。它的辖区大，拥有伏牛山以南、汉水以北的广阔土地，且土地肥沃，农渔兴旺，畜牧发达，是楚国有名的粮仓。可是，近两年连续大旱，不少地方甚至颗粒无收，百姓处于饥馑之中。原来的邑令（相当于今日县长）救灾无望，辞官而去。楚王招贤纳士，从众多贤能之士中挑了一位有理想、有抱负的年轻人，到宛地上任。这位新邑令名叫文种。

文种，字子禽，楚国郢城人，饱读诗书，本来在郢城国学堂任教，娶妻生子，安居乐业。为一展抱负，他义无反顾地来到宛地。

文种上任后，立志为民造福、为百姓解忧，将自己的满腔壮志付诸实施。他鼓励农耕，修坡置地，改革图强，广揽人才。同时，他身体力行，一有工夫便到各村镇访问巡视，体验乡风民俗，掌握物产资源，了解民情民意。可是，他的时运似乎不那么好，今年又是一个干旱年，一连二十多天没下雨，报来的折子全是旱情。他觉得一筹莫展，便决定出去走走，探访民情，寻找解决灾情的办法。

他顶着烈日走了一村又一村、过了一乡又一乡，所到之处，百姓生活贫困，农田龟裂，池塘干涸。他心里沉甸甸的，“水，水！再不下雨，百姓连吃的水都没有了，怎么办？”他想，“祈求上天降雨？这是一任又一任邑令在干旱年景里都做过的事情，可又能解决什么问题呢？干旱仍然年年困扰着农民。”

入夜，他翻来覆去地难以入眠，仰望着夜空，只见皓月当空，繁星点点，没有一点变天的迹象。他叹口气，感叹道：“我身为父母官，眼看百姓受苦受难却束手无策。我朝思暮想，求贤若渴，但哪里有这样的人才呢？”

这天，文种和书记官、书僮往西向伏牛山走去，这一路丘陵连绵、山路崎岖。临近正午，他浑身大汗淋漓，觉得口干舌燥、头昏脑涨。书记官和书僮已迈不开步了。他抬眼望去，见不远处有一片绿色，便说：“再坚持坚持，走到前面村子里歇歇脚吧。”

这个村就是宛西的范庄。他们来到一户人家门前，一位村妇坐在门前纺纱，举止从容。书僮走上前，说：“大嫂，我们快渴死了，前来讨碗水喝。”

村妇忙不迭地起身，搬来竹椅放在树荫下，招待他们坐下，递给他们一人一把蒲扇，又拿出三个小水盅，拎出一个小水壶，为他们倒上水，说：“这大热天赶路，真难为你们了，快喝吧。”

文种看了看那水壶，跟个小酒壶差不多，再看看那水盅，更是小得跟酒盅一样，不由在心里叹了口气。他十分珍惜地端起小水盅，像喝酒一样，轻轻地抿了一口，便不由自主地“啊”了一声，两眼直瞪瞪地望着村妇，半天说不出话来。

书僮忙问：“大人，你怎么了？”

文种回过神来，连声叫道：“快，你们尝尝这水。”

书记官和书僮也喝了一小口，直觉得一股清香由鼻入口，直沁心扉，甜滋滋，凉悠悠。书僮大叫一声：“呀，这是什么神水？怎么如此清香甘甜？”

“太舒服啦！”书记官也叫起来，“我一生喝过许多井水、河水，而这么神奇的水却是第一次喝到。”

“对呀，有一股神奇的香气、一种神奇的魔力。”书僮对大嫂央求道，

“大嫂，再给我一盅好不好？”

大嫂笑笑，说：“不行啦，我家的水只有这么一点点。”大嫂扬起小水壶，说，“在这火热的晌午，我可怜你们热得难受，把我家的活命水给你们喝了，你们喝完就赶快行路吧。”

“大嫂，我给你一两银子，买一小杯水，好吗？”

村妇摇摇头，赶紧把水壶收到里屋去了。接着，她拎出一把陶壶，说道：“你这人怎么得寸进尺啊！我全家五口人，一天只有这么一小壶，让你们喝了一半，你再要，我丈夫、儿子回来喝什么啊？你有银子你发财，可我不稀罕。要喝，就喝这陶壶里的水吧。”

文种等人知道这陶壶里的水也来之不易，但耐不住干渴，便一人喝了一大碗。文种指指里屋，问：“大嫂，请你告诉我，那神水是从哪里来的？”

“你别管从哪儿来的，喝完就赶路去吧。”大嫂挥挥手。

“嫂子，你知道他是谁吗？这是邑令大人！大人走村过户，就是要寻找让百姓过好日子的办法。如今天下大旱，大人正在寻找解救百姓的良方，你就告诉他吧。”书记官说。

文种接话说：“我知道久旱之际，滴水贵如油，今天大嫂赐水，实属不易。只是心里疑惑，这大旱三年，不知你从哪里得来的清泉水？若能让一方百姓都喝上这清泉水，下官就多谢了！”

“你别谢我。我们全村人都感谢大牛家的痴儿。”

“大牛家的痴儿？”

“是呀，那痴儿在他家后边的山脚下瞎捣鼓，不知怎么竟然捣鼓出一股泉水，修成了一口井。痴儿又把山上的泉水引下来，地上地下的泉水一起汇到井里，所以那井水无论怎么干旱终年不断。”

“如此聪明睿智之举，怎会出于一个痴儿呢？”文种心想，便深究着问，“那痴儿如何痴？”

“说来好笑，那痴儿每天上山砍柴，见到花儿就采，采回来就放到井里。没想到，那井里的水呀，真是清香甘甜，喝了这水，有病治病，没病养身。”她停了一下，又说，“你信不信？就连井底的泥巴都是灵丹妙药。”

“喔，有那么神奇？”文种问。

“去年，村东的榆根伯的妻子病了，不能下地劳作，他就比其他人家更辛苦。烈日当空，他顶着火辣辣的太阳干了三天，才把棉田的草除完。也许是热过了头，回家就大碗大碗地喝凉水，夜晚搬张竹床，在禾场上睡了个通宵。后来，他背上长出毒疮，鼓起鸡蛋大的一个红疱。请来十里八乡的医师，又是熬药，又是贴膏药，可越折腾越厉害，那毒疱竟一天比一天大，几天后竟长得比碗口还大，整个背全都红肿起来。榆根伯日不能食、夜不能眠，疼得直呼天喊地，人瘦得只剩一把骨头，后来，他手指、脚趾、嘴唇都成黑紫色的了，乡医见了都摇头，说是病入膏肓，没救了。”

大嫂停了停，接着说：“痴儿知道后，下到井里挖了一罐黑绿色的泥巴，放到烈日下暴晒，到正午黑泥晒得烫手时，便给榆根伯敷上。那晒过的黑泥不仅不臭，还散发出一种香气。你说巧不巧？不到一个时辰，榆根伯就不叫疼了，还沉沉睡去。那毒疮三天见脓、七天生肌，不出半个月榆根伯就下地干活了。”

“一个痴儿真有这么厉害?!”书记官、书僮齐声叹道。

“痴儿，是那小伙子的小名。他有时清醒、有时犯傻。他清醒时比谁都聪明，谁家有病啊，到大牛家找到痴儿，他说个法子就能除病消灾。大伙儿都叫那痴儿为‘小神仙’，叫那井为‘百花井’，叫井里的水为‘神仙水’！”大嫂说，“如今咱村的河流、池塘都干涸了，只有大牛家的井里还有点水，百十口人都指望着这一口井。每天早晨村里的百姓都到他家取水。”

“大牛家肯让你们挑水？”

“哪能说‘挑’？他家的井管得可紧，谁都不能到他家井边去。他家两条大黑狗恶得很，六亲不认，就是肉包子、肉骨头打过去，那狗也是闻都不闻，就单认那痴儿，什么人也别想偷那‘神仙水’。”

“那——你家如何得到那‘神仙水’？”

“每天清晨，痴儿会把水担到他家禾场上，为乡亲们发水，每人每天发一小碗水。”

“一小碗？那怎么够用？”

“够，早上半碗，晚上半碗，就能全天不渴。”大嫂满足地说，“多亏这一天一碗的‘神仙水’，前段时间瘟疫横行，周边十乡八里都发了病，我们村却没一个得病的。大伙儿对痴儿感恩不尽！”

书僮叫道：“大嫂，天色不早了，我们连中午饭都没吃，肚子饿得咕咕叫，能不能给我们多少弄点吃的？”

“实在不好意思，我知道如今家家缺的就是粮，但我们实在是饿极了，还有好远的路要走，你能不能给想点儿办法？我们多给你银子。”书记官补充说。

大嫂摇摇头说：“这年头，银子就跟石头没两样。我要你银子干吗呀？”

书僮说：“你就想想办法吧，只要能充饥，野菜、米糊……什么都行！”

大嫂爽朗地说：“我知道你们是贵客，但地里的庄稼都旱死了，也只能有什么就给你们吃什么了。”

一会儿，大嫂端出一盘豆腐块似的黑紫色的食物。

书僮问：“这是什么呀？”

“咱山上长的野山芋呀。”

书僮连忙摆头：“野山芋？不能吃，不能吃！那东西又苦又涩，吃了喉咙发紧，说不出话，喘不出气。饿肚子也不能吃那东西！”

大嫂笑着说：“好吃着哩，你尝尝就知道了！”

文种夹起一小块，放到口里慢慢咀嚼起来，细细品尝，点头说：“嗯，好吃，好吃！”

书僮听了，将信将疑地尝了一口，随即也叫了起来：“太好了！真是美味佳肴！”

他们狼吞虎咽地把野山芋一扫而光。

文种问："请问大嫂，这野山芋本是苦涩之物，你怎么能做得如此美味无比？"

大嫂笑了笑说："我们这地方，山上到处都长着野山芋，但因为难以入喉，谁也不愿吃它。但今年大旱，田里颗粒无收，能吃的东西都被人们吃光了，实在不得已才把它挖回来充饥。范大牛家也和我们一样，将野山芋磨成粉后，放在锅里煮。谁知正煮时，他家的痴儿抓了两把石膏粉撒在了锅里，还拿木棍在锅里乱搅。范大牛恼他，也无可奈何，谁知熬出来的野山芋糕不仅不苦不涩了，还带有肉香味。范大牛高兴得不得了，说痴儿像施魔法一样把苦涩的野山芋变成了山珍美味。这不，大家伙都叫它'魔芋'。"

"有这么好吃的东西，难怪大嫂你全无饥馑之色，身体健硕！"

文种心里想："百花井，清泉水，魔芋……大旱之年，芸芸众生的吃喝是天大的事，文武百官不得其解，却被这山野之中的痴儿轻轻松松地破解了，真是奇了！"

文种问道："请问，大牛家在哪里？"

"就住在村东头。那山脚下的、大门朝南的茅屋便是。"大嫂停了停，又说，"大人千万别去他家，他家有两条大黑狗。那痴儿和狗都凶得很，生人走到那儿都绕道而行。"

文种说："我吃了痴儿的魔芋，想见见他，看看他的百花井。"

文种不顾大嫂的反对，向痴儿家的方向走去。

"大人可千万要小心啊！"走出老远，文种还听见大嫂在高声叮嘱。

七、三访范蠡

文种一行径直向范大牛家走去。远远地看见大牛家的茅屋，就不觉眼前一亮，心里不禁叹道："好一个人间仙境！"

范大牛家茅屋的墙壁用新泥抹过，屋上的檐草被修剪得整整齐齐。门前有一块平整的禾场，场边垂柳依依、兰草幽幽。屋后有一片小山林，长满郁郁葱葱的竹子。走近后，文种见到茅屋四周栽满樟树、桂树、枣树之类的林木。

文种一行边走边看，刚到禾场边，就听到一阵狗叫声，随即从大门里冲出一只大黑狗。

书记官大声叫道："范大牛，邑令大人驾到，快快唤住你家的狗，出来相迎！"

远远地，文种看见一个小伙子衣服褴褛、头戴破斗笠，偎着一只大黑狗，靠墙坐在大门边的地上。他思忖这便是他要找的人了。听到叫声，那小伙子头都没抬，轻轻地发出两声"汪汪"。另一只大黑狗也窜了出来，对着他们狂吠起来。两只大黑狗的吠声一声赶一声、一声更比一声狂。伴随着疯狂的叫声，两只狗凶猛地向他们扑来。

文种一行吓得半死。那小伙子冷眼看着文种等人避之不及的狼狈模样，口里又发出"汪汪……"，那狗便穷追不舍，一直追到村外。远远地听到一声"唔！"那狗便停止追赶，返回茅屋。

文种等人一口气跑出了村子，书僮喘着粗气连声叫道："老爷，那放狗咬我们的小子，肯定就是痴儿，真是个疯子！人疯狗也疯！您一定要重重惩罚他！"

文种擦着汗，心有不甘地说："你想想，什么叫大智若愚？在如今这个年代，有多少胸怀大志、满腹才华的奇人，被人称为狂人、傻子、乞丐？不对，我还是再……"他转身还想回去找痴儿，而书记官和书僮不由分说，连拉带拽，急急忙忙地拉着他离开了范庄。

入夜，文种越想越觉得那个痴儿是个不俗之人。他想，痴儿能轻易地控制大狗，欲放则放，欲收则收。这不是痴呆之人能做到的。

他下令书记官做好准备，第二天再去拜访痴儿。书记官说："回大人，在下已经查明，那痴儿名叫范蠡。据说他生来就有傻病，放荡骄狂，时醒时痴。”

文种听了，不以为然地笑笑说：“士有贤俊之姿，必有佯狂之讥，内怀独见之明，外有不知之毁。说不定，这个范蠡就是一个内怀独见之明的贤士！”

西村大嫂见文种一行被黑狗追逐，便上门告诉范蠡，来者是邑令大人。范蠡推断文种还会来上门求见，便对范大牛哥嫂叮嘱道：“若文邑令明日再次来访，请只管以小弟生性痴愚而推辞。”

第二天，文种果然又带着书记官和书僮，再访宛西范庄。

文种再次走到大牛家门口，那大黑狗又冲了出来，对着文种等人狂吠。书记官担心文种被狗惊吓、咬伤，忙与书僮围成一个圈，护着文种。文种说：“不用怕，狗见生人就叫，正好说明主人在家。这家主人如果是贤能之士的话，一定明白我们翻山越岭到这里来，是为了寻找治国的人才，怎会让狗伤我们？”

文种话还没完，就见范大牛跟了出来。书记官忙叫道：“范大牛，邑令大人驾到，快快把狗制止住！”范大牛听说是邑令上门，不敢怠慢，忙喝住大黑狗，将其拦进屋里。

范大牛把文种等人请到院子里，忙不迭地搬出木凳让他们坐下，范嫂也忙递上茶水。范大牛连声道歉说：“不知大人到我家，这，这……如何是好？”

文种说：“你不用紧张，我只是专程拜访，想会会你那兄弟。”

范大牛无奈地笑了笑说：“大人，我那兄弟是个痴儿，天天跟狗待在一起，大人要他服徭役、当兵役都不成，他一发疯病谁都没辙。”

书记官说：“你误会邑令大人了，邑令大人爱才心切，是来求贤求才的，不是来抽丁的！”

范大牛说：“实在抱歉，误会大人了！”

书记官说：“昨天大人到这里，你家大黑狗好凶，一口气把我们赶出一里多地。”

“对不起，痴儿冒犯了大人，还望多多见谅。”

“你家有了这个痴儿和大黑狗，谁都不敢上门了吧？”

“大人不知，这地方不太安宁，常有小偷盗贼出没，还有地痞流氓来耍无赖。但凡见到生人，痴儿和大黑狗就会将人赶走。痴儿不认识大人，冒犯了大人，请您多多原谅。”

“痴儿是你弟弟？”

“是。他早年父母双亡，是我从山里把他捡回来的，见他孤苦伶仃，便认作了弟弟。”他停了一下，接着说，“我那痴儿弟弟清醒的时候，听话又勤快，砍柴、挑水、耕地，什么事都做，把家里也拾掇得井井有条；若犯了痴病，什么痴事、傻事都做得出来。您看，昨天不就得罪您了吗？”

“没事，没事。我一片诚心前来拜访，但愿痴儿能体会我的一片苦心。”

“不过，痴也有痴的好处，自从痴儿来到这里，就再没有人敢欺负咱家了。那黑狗也怪，痴儿叫一声，它就能拼命；痴儿一招手，它就乖得像只猫。”范大牛说。

“他怎么得了这痴病？”文种问。

范大牛搓搓手，结结巴巴地说：“大人，他自小就是这样。”

“让大人带他找个好医官给瞧瞧。”书记官说。

“大人，万万使不得，痴儿听说给他看病就犯狂。”范大牛连连摆手说，“再说，他一个痴儿，哪能高攀您呢？您快快请回吧！”正说着，那狗又跳起来，向着文种狂叫。

“说实话吧，我来这里，是想和痴儿交朋友的。”文种直截了当地说。

“不行，不行。痴儿行踪不定，一出门就是几个月，我们也不知他到哪儿去了，这刚回来没几天。今儿一早就上山去了，不知什么时候才能回来。”

“没关系，我就在这里等他。他不回来，我就不走。”

眼看时过正午，太阳开始偏西，范嫂端出一大钵稀饭，招呼文种一行，说："没有什么好吃的招待大人，请大人喝点稀饭，充充饥。"

文种喝了一口，只觉得温润柔滑、入口香甜，便问道："大嫂，这是用什么东西煮的，如此美味？"

范嫂说："这多亏了痴儿。三年前，年成好，庄稼丰收，家家户户钵满缸满，撒在地里的谷子也没人要，痴儿便捡了回来，舂成米后蒸熟，夹上野枣、金樱子、山核桃等，做成一小块一小块的砖头。当时我见他拿米做砖，就只当他痴病犯了，乱糟蹋粮食，便责备他，可他都只当耳边风，照做不误。后来他竟用米砖做了一堵墙。"

范大牛说："那米砖用蒸熟的糯米、粳米饭捣烂做成，黏性大，在通风的阴凉处风干，不干裂、不生虫、不进水、不长霉。今年断了炊，取下来泡开熬粥，又香又黏，一块米砖能管全家过一天。我们才知道痴儿做了一件天大的好事。"

"人家以为我家痴儿傻，其实我家痴儿聪明绝顶。"范嫂说道。

聊着聊着，太阳便向西滑去。眼看天色不早了，范大牛一再催促，说："大人，您请回吧。痴儿若不想见您，您等也白费；痴儿若想见您，自会拜见您。"

文种心想，说不定痴儿正在屋里听他们谈话，便站起身来，对着里屋高声说："好，好，我走。不过，我是满怀一腔抱负，想成就一番事业，特地诚心前来寻求志同道合的朋友的。我知道小弟满腹才学，只是没有找到用武之地。小弟若有心一展才智，就请与我相见一叙。我今日告辞，明日再来。"随后告辞而别。

文种走到门口，又对范大牛肯定地说："我明天巳时再来，不见到痴儿，我就住在这村里不走了！"

"哎呀，大人，您千万不要再来了。他一个痴儿傻子，哪值得您下这番苦心？您快快请回吧！"

太阳落山了，范嫂烧熟了晚饭，还不见痴儿回来。范大牛对着屋后的山林叫唤道："痴儿，回来吃饭了！"呼喊声在空中回荡，却迟迟不见他的人影。

给痴儿留了饭菜，收完家什，范大牛吸着旱烟搓麻绳，范嫂点着松油灯纳鞋底。

范嫂说："今儿痴儿是怎么了，这么晚还不回？"

正说着，听见大门发出"呀"的一声。范嫂说："痴儿回来了！"

只见他头上凝着露珠，衣服也被露水浸湿了。

范大牛迎上前来，说："痴儿，你到哪儿去了？邑令大人明天还要来找你。"

痴儿一进门，便双膝跪在地上，对着哥嫂连磕三个响头。范大牛、范嫂一时慌得不知所措。他抬眼望着范大牛，两眼炯炯有神，一脸英锐之气。

范大牛见他一反常态，心里大吃一惊，忙说："痴儿，你怎么了？"

"哥，嫂，你们看痴儿痴不痴？"

"不痴，不痴，痴儿一点都不痴。哥嫂心里明白，痴儿到我家，给我家带来了财气福运，是我家的福星，是范庄的福星。"

"哥，嫂，痴儿有志，苦于难寻志同道合者。前日文种大人上门求见，但痴儿不知他是否有诚意，故一再回避。现在，痴儿看到他不罢不休、求贤若渴，被他的诚心打动，所以决定明日与他见面。"

"好，好，我看文种大人是个好人，一心想为百姓造福。嗨，你看你，浑身脏兮兮的，怎么见人？还不快去洗洗！"

"是。哥，嫂，能不能帮我准备一套干净的衣服。"

"好，好，媳妇，快把我当新郎官的衣服找出来。"

"哎，哎，我这就去。"范嫂说，"痴儿个高，我给你改改，加长一些吧。"

"等等，痴儿还有几句话要说。"痴儿深情地说，"哥，嫂，在这世界上，你们是我唯一的亲人。我明日见了文种大人，也许就要离开你们了。

这一走，不知何时才能回，哥嫂的大恩大德不知何日能报！”

“快别这么说，兄弟你能做大事，就安安心心地去吧。你有出息，我们也就为你高兴。如果日后你遇到了难处，就再回到这里来吧。”

“滴水之恩，定将涌泉相报。痴儿若能成就一番事业，定重谢哥嫂的救命养育之恩。”

八、种蠡明志

旭日东升，文种一早又来到范大牛家门前。随着几声温和的狗叫，从屋里走出一个十七八岁的年轻人。文种一看，此人身高八尺、五官端正，眉宇之间透出一股英气，眼中闪烁着睿智和自信，神情刚毅坚定。

文种愣在那里，盯着他看了半晌回不过神来。只见这青年彬彬有礼地打个躬，说：“范蠡恭迎文大人！”

他一时不相信自己的眼睛，不禁大喜过望：“痴儿?! 你就是痴儿吗?”

“正是。草民范蠡，字少伯。”

文种惊奇地瞪大双眼，笑道：“转眼之间，你竟判若两人！前日你是破衣烂衫、蓬头污面的潦倒草民，今日却成了一表人才、英俊挺拔的谦谦君子！”

范蠡上前躬身行礼道：“前日小民多有不敬，得罪了大人，敬请原谅。”

“哪有得罪之说?”文种说，“文种一心想结识少伯弟，连日相拜，操之过急，多有打扰。今日能与少伯相见，实为幸事。”

“多谢文大人抬举。”

文种笑说：“不必客气了，今日结识，是你我有缘。”

范蠡说：“这叫作‘人不识我，我不识人；人若识我，我必相诚’，往后请文大人多加关照。”

接着，文种话题一转，说：“我听说你家有口百花清泉井，心存好奇，欲一睹为快，不知今日能否如愿。”

“大人请。范蠡带大人到屋后走走。”

文种边走边说：“我一是来寻奇水，二是来求奇才，三是来觅知音的。作为一方百姓的父母官，我寻求的是治国之策、栋梁之材；作为一名热血之士，我寻求的是志同道合的朋友。”

微风送来一阵阵奇异的香气，文种不由自主地深深吸了一口气，心中暗暗称奇。

“大人如何以为小民能与您为友？”范蠡似漫不经心地问道。

“我听说过‘大智若愚’。深居茅屋，在大旱之年能让一方百姓有吃有喝、安居乐业者，必为奇才。”

来到井边，只见那井坐落在松柏成荫、翠竹笼罩之下，井口小而井肚大，恰似一个大肚瓮。井边有一个三尺见方的水池，一股细细的山泉潺潺流入其中，池中之水异香扑鼻。

范蠡拿起一个小瓢，在方形水池中舀起一小瓢水，递给文种，说：“请大人大口喝下。”

文种二话不说，一口气将水咕噜咕噜地喝下，咂咂嘴，脱口叫道：“好水，好水！”他觉得那水回味甘甜，一股淡淡的清香沁入心田。不由暗暗惊叹：“小小池水竟有如此神力?!”

过了一会儿，范蠡又打起一小桶井水，舀上一小盅递给文种，说：“请大人小口慢饮。”

文种一小口一小口抿下后，只觉得神清气爽。他不由深深吸了一口气，大叫一声：“啊！名不虚传，神水！”

文种说：“难怪百姓称此水为‘神水’，我喝过之后才知道它的确有一种神奇的力量。其中奥秘不知能否道之一二，文种洗耳恭听。”

“地下之水为阴水，地上之水为阳水。”

“嗯，井水为阴，池水为阳。”文种点点头，指指井，又指指方池。

“无论阴水阳水，以净为贵。”

“没错。这方池之水来自高山清泉，为洁净之水。”文种应道。

范蠡摇摇头说：“泉水虽清，但不免携带残叶腐草、浊矿泥沙，眼见似净，实为浑浊。”

文种点点头，说：“不去除井池中的浊质，饮用后难免会致病。”

“正因如此，必须寻找去除水中之浊的良策。我在山泉流经之地遍种松柏、翠竹和各种花草。如今，这山泉一路上经过千道树根、万重绿草相滤，入池前还设有层层木炭、粗砂、细砂过滤，就比较干净了。但泉水入池后，总不免会落入尘埃扬土，蚊叮虫爬，时间一长，池水就会变质。我寻思，人得病后服用中草药能痊愈，能不能在池和井中加入中草药而使它不腐不浊呢？”

“欲治病，先治水，治水如治病。有道理！”文种边细看池水边赞许地说。

“大地生百草。生物食百草而得以生存。百花为百草之精华，人食百花则身强体美。于是，我每天采回百花、草药，将其装入布袋，用棒槌锤出汁，再浸入井和池中，一天一换。这样，百花草药之汁溶入井水和池水中，其水也就变得非同一般了。”

“哦，原来如此！”文种惊讶地叫道。

“花草本为苦涩之味，但它溶入井水中后，时间长了就会发生变化。大人知道，地窖的温度均衡，夏不热、冬不寒，白酒存入其中，就会慢慢发酵，时间越长，酿造的酒就越醇香。”他停了停，说，“溶入花草汁的水在井中也会产生那种类似白酒发酵的变化，水也就变得醇甜。”

“难怪饮用这水，肺腑之中满溢清香！”文种侧过头，笑笑说，“说到酒，我告诉你一个诀窍，陈酒之中勾兑一点新酒，味道会更醇美！”文种说。

范蠡抿嘴一笑说：“对，对，正是这个道理！醇甜之水中再加上一些每天放入的新鲜的花草汁，那些许的苦涩能使醇甜的水更觉甘甜，并平添一种清新之味。”

文种想起了榆根伯的故事，心中释然：“时间长了，就连沉淀在井底的泥中也含有经年累月的草药，难怪药力比寻常草药更强。”

文种放眼环顾四周，问道：“这井边的树，对井水会有影响吗？”

“当然。这池井之水，一年四季有松浆、柏籽、竹露相融，春有桃李、夏有芍药、秋有金菊、冬有蜡梅等百花滋润，自然不同凡响。松树、柏树和竹子虽为常青木，但它们仍会落叶，那松针、柏叶、竹叶落入水中，会使水带有松柏竹特有的清香。不仅如此，即使松柏竹叶上凝结的夏露秋霜、春华冬凝落入水中，也会使水的味道与众不同啊。”

文种见井边放有蒲草编制而成的草盖，便问：“这井还加盖吗？”

“是。井口是白天加盖、夜晚敞开；方池是白天敞开、夜晚加盖，这样阳水更阳、阴水更阴。”范蠡回答说，“此外，还可以从井中的水位升降洞察天气阴晴变化。井水上升，天阴有雨；井水下降，则无雨天晴。”

“没想到，一井之水，竟有如此深奥的学问。”文种喃喃地说，“名不虚传，醇如酒、甘如蜜、良如药。若长期饮用，真是百病不生。”

“此水虽美，但要会用，用得好，能治百病；用得不好，也能致病。井水清冽为寒性，多饮则易伤胃滞血。池水性温而为热性，多饮则易燥热生疮。饮此水应因不同季节、不同时辰和不同的人而异，而不同的人又因不同体质而有所区别。若论季节，则夏饮井水、冬饮池水。若论时辰，则午饮井水、晨饮池水。若论人，则男宜饮井水、女宜饮池水。若论体质，则体热者宜饮井水、体寒者宜饮池水；而阴阳两虚者，就要将阴阳两水掺兑后才能饮用。”

“原来如此！井边修方池，是为了将阳水与阴水分开，分别饮用。”

“对，阴水和阳水调配使用，这就叫作阴阳中和。阳水之温能祛除阴水之寒，井水变得清凉而柔和，不寒不燥，老少皆宜。”

“调阴阳之水，使人体阴阳达到平衡，这是多么深奥而又神秘之术啊！”他心中暗想，便说，“看来你对阴阳之学颇有研究。”

“谈不上研究，只是对老子的阴阳之道略知一二罢了。”范蠡谦虚地说。

“老子？你说的是李聃吧？当今世上，我最崇拜的有两个人。”

“哪两个？”

“李聃和孔丘。请问你呢？”文种反问道。

“老子和孔子是当今人人敬重的大师，但在下是平民，攀不上大师，所以，我以计然和子贡为师。”范蠡说。

“计然？”

“对。他是范蠡的恩师。”

文种若有所思，说：“计然，我听说过。他博学多才、深居简出，难得一见。”

接着，文种又摇摇头说：“子贡？就是那个贱买贵卖、腰缠万贯的子贡？”

“正是。”范蠡应道。

“唔，这我就不懂了，为什么你不拜先生拜学生、不拜孔丘拜子贡？”文种不解地说。

“老子为先圣先师，其学问博大精深。而让我能学懂老子学问的人，不是老子本人，而是我的老师计然先生。我从计先生那里学得的不仅仅是老子的原著名文，更有对它的深刻理解、剖析、辩证和运用。《道德经》的原文只有五千字，而计然先生对它的诠释若记录下来，可能会超过五十万字，我能不崇拜他吗？”范蠡说。

“是啊，老子的《道德经》，全文不过五千字，涵盖的内容却广博而精深，其中的学问高深莫测，融涵医术、数理、文学、天文、地理、阴阳五行等。但他的文章晦涩难懂，一般人难以悟出其中的含义，因此有识之士对其文的诠释也就解义万千。”文种也感慨地说。接着他问道：“你看过孔子的《论语》没有？”

“孔子的《论语》，与老子的《道德经》相比，恰如大树的一枝，是

‘大道’之中的‘为人之道’。他的修心养性的为人之道放在和平年代，的确是育人、安国的良方，但当今之世，枭雄争霸、烽火四起、诸侯割据、征战连年，成者王、败者寇，强者胜、弱者亡，有什么仁义可讲？铁蹄之下，血流成河、刀戟兵戎、烧杀抢掳，有什么礼义可言？”

范蠡说得滔滔不绝，见文种不吭声，又接着说：“论从政，孔子只在鲁国做了个小官，理政之才比不上你文大人；论学问，他研究的是为人之道，主张仁义廉耻，而在这战火纷飞的年代，也只是一纸空谈；论经济，他一窍不通，连自己的肚子都填不饱。像他这样的人才，当今少说也有数以千计！”

“没错，可唯有他能盛名天下！”

“他之所以能闻名天下，一方面是天下战乱已久，人心思安已成大势所趋。他给民众描绘出妻贤子孝、安定和谐、国泰民安的社会景象，引起天下百姓的心理共鸣，受到热烈追捧。另一方面，更重要的因素是他有一个了不起的学生，那就是子贡！孔子的仁义礼智虽然精辟，但没有子贡给他提供车船，他就不可能周游列国；没有子贡提供的食物，他可能会因食不果腹而无暇治学；没有子贡提供充足的资金让他著书立说，他的学问可能会永远湮灭于山野之中，充其量也只能囿于私塾学堂，哪能谈得上发扬光大、流传百世呢？”

“哈哈哈，难怪人们说你狂妄自大、目中无人！”文种捧腹大笑，“不过，听你这么一说，还有点道理。”

“群雄争霸，各国君主想的都是如何能够打胜仗、如何称霸天下。大家手法多样，兵法诡道，谁还在那里讲仁义？”范蠡道。

“有宋国的宋襄公呀！”

“对，当年宋国与楚国在泓水交战，宋国胜券在握。而宋襄公讲仁义、礼数，在楚军渡河、列队之时不出手，而楚军准备好后，却一举将宋军打得落花流水。宋国明明十拿九稳的胜局，却落得个全军覆没的下场，留下了千古笑柄！”范蠡说，“战争是血腥残酷的。在你死我活的争斗中，任何仁义道德的说辞都是苍白无力的。”

“分久必合，合久必分。战乱定有终止时。当天下太平之时，孔子的书也许就能派上用场了。”文种说。

范蠡点点头说：“这也正如老子所说的：‘道可道，非常道。’天下大道是有规律可循的，但其规律又是不断变化的，没有一成不变的规律。小时候，我就被他的‘道’吸引，正是这个神奇的‘道’，它视之不见、摸之不着、听之不得，却是真真切切地存在。”

“大道无形，它‘独立而不改，周行而不怠’，无所不在，不以任何人的意志为转移，也就是人们常说的‘道法自然’。”文种说。

“‘道’体现在自然界中，就是‘天道’，也就是宇宙之规律、自然之规律；体现在治国之中，就是‘政道’；体现在人类本身，就是‘养身之道’。”范蠡说。

“哈，畅快，畅快！”文种叫道。

“与君一席长谈，方知君心同我心。”范蠡说。

文种开心地说：“以后我们就是兄弟了。我年长，你称我为文兄；我便叫你少伯弟！”

文种与范蠡一见如故，抵掌而谈，十分投机。眼看太阳就要下山了，文种站起身说：“少伯弟，雄才大略，若不能一展宏图，也会抱憾终身。你万不可埋没在深山竹篱之间，少伯弟，出山吧！”

文种将范蠡接到宛城，将他安排住在官府附近的一所大宅里。文种说：“这是本官置下的一所大宅，准备将妻儿老小接到这里住，但一直公务繁忙，未能如愿。你就先在这里住下吧。”

文种每天处理完公务，便来到这个大宅里，与范蠡抵足谈心。他们志同道合，疾陈霸王之道，畅谈天下兴衰，商议治国大事。

某天，他们谈到如何一展才华的问题时，文种说：“宛地是个小地方，舞台虽不算大，但我可以让老弟在最合适的职位上尽显才华。少伯弟，我十分希望你与我一起治理宛地，为宛地百姓造福。”

范蠡说：“如今群雄争霸，人才辈出：文坛上，百家政论、千家理论；武坛上，百家战术、千家谋略。我们正是血气方刚、施展才华的时候。文兄统治一方水土，深受宛城百姓拥戴，但宛城之地并不是你施展才华的最佳之处。文兄雄才大略，须寻求更大的舞台。小小宛令父母官，岂不囿住了你？丢掉你那邑令的帽子，我们一起去寻找新的前途吧。”

“千里之行，起于跬步。如果一方小天地都治理不好，哪能担当大事？我若能治理好这一方土地，已是心满意足了。要是不嫌弃的话，所有的职位由你任意挑选。”文种说。

“谢谢文兄美意。文兄抬举少伯，少伯感恩不尽。”范蠡摇摇头说，“我的确曾想在楚国施展才华，但近年来的所见所闻，令人十分失望。楚平王昏庸无道、听信谗言、滥杀忠臣，令志士心灰意冷、国势衰败。而继位的楚昭王又懦弱无能，这里不是志士展翅之地。宛城虽好，却不是文兄的常驻之地，你迟早会远走高飞。咱们一起去云游天下，寻找贤君吧。”

“云游天下？”文种说，“能游历大江大川、磨炼筋骨、强壮体力、吸天地之灵气，当然是人生乐事，文种很是向往。但我是宛地百姓的父母官，每天都必须处理那些杂事，实为关乎民生、民心的大事，哪能过于潇洒呢？”

“鲲鹏展翅，志在千里。”范蠡说，“俗话说，良禽择木而栖，贤臣择主而事。我们一起去寻找明君、一展才华，如何？”

文种又摇了摇头，说：“文种生在楚国、长在楚国，当为楚国效力。楚国地大物博，虽然当今国君不仁，但楚国仍为天下强国。你若觉得宛衙过小，何不直奔楚都郢城，谋求更高职位？”

范蠡又摇了摇头，说：“君不贤，哪有良臣的立足之地？君不仁，哪能称霸天下？”

正当他们争执不休时，发生了一件惊天动地的大事——吴国大军打进了楚都郢城。

九、吴破楚郢

位于大江与汉水之间的楚国，在历代君主的治理下发展壮大，成为与齐、晋比肩的强国。可是，到了楚平王时便出现衰落。楚平王重用佞臣、听信谗言、乱伦无德，将其儿子——太子建的妃子占为己有，又逼走了太子建，杀了太子建的太傅伍奢和伍奢的大儿子伍尚。伍奢的二儿子伍员（字子胥）则逃到吴国，聚集势力、等待时机，以借助吴国的力量为父兄报仇雪恨。

公元前506年，一心想开疆拓土的吴王阖闾同意替伍子胥报仇，举兵进攻楚国。阖闾亲率中军，伍子胥为左将军、伯嚭为右将军、孙武为军师、胞弟夫概为先锋，倾全国三万水陆之师，由大江（今长江）逆流而上，挥戈直指楚国都城郢城。这时，楚平王已经去世，楚昭王继位。楚国大军溃败如山倒，吴国大军长驱直入。吴军以少胜多，以水陆三万多精锐大军击破楚国逾二十万大军，占领了楚国国都郢城，取得了令天下人侧目的胜利。楚国国君楚昭王仓皇逃往随地。

大火熊熊，热浪冲天，浓厚巨大的黑烟笼罩着楚都郢城。满城弥漫着血腥臭味，尸体烧焦的气味浓烈刺鼻，呼号声、惨叫声、哀哭声不绝于耳。

伍子胥对楚国的报复，残酷得让人惊心动魄。伍子胥的仇敌楚平王已病逝多年。伍子胥为了泄愤，扒开楚平王的坟墓，左脚踩在楚平王的腹上，右手持匕首挖出楚平王的眼珠，骂道："你听信谗言，杀我父兄，这就是你的报应!"他鞭尸三百，直抽得蛆蝇遍地、尸肉横飞。

伍子胥指挥并纵容吴国官兵在楚国郢都为所欲为，从楚昭王的王后，到贵族的妻女都遭到蹂躏。阖闾霸占了楚王后——楚昭王的妻子，伍子胥将楚平王的母亲据为己有，吴将大臣在楚府中胡作非为，吴兵则奸淫烧杀、抢占民女、无恶不作。楚国宗庙尽被摧毁，城内白骨如麻、一片残墟。

当宛地邑令文种听到消息，带着兵勇，与范蠡一起从宛地匆匆赶到郢城救援时，为时已晚，四周一片狼藉，令人惨不忍睹，空气中充满血腥味，哀号声此起彼伏。

范蠡仿佛又看到了六年前徐国惨遭浩劫、百姓惨遭荼毒的血腥场面——遍布尸骨的旷野，身上插满箭的父亲，身首两地的妹妹，满身鲜血的母亲……“不管走到哪里，你一定要永远记住：你的祖国是徐国，你的故乡是陶庄。”父亲的话语又一次响在范蠡耳边。他紧咬双唇、握紧双拳，眼中喷出愤怒的火焰，心中叫道：“六年前，吴国毁灭了我父亲的祖国徐国，杀害了我的亲人。今天，吴国在我母亲的故乡楚国又犯下滔天罪行！阖闾，你作恶多端，终有报应的！”

文种匆匆赶回郢城的家中，被眼前的场景惊呆了。他骇然见到妻子遍体鳞伤，死在一大片血迹之中。全家老小，无一幸存。

妻子遭受蹂躏、全家的惨死，激怒了文种。一股熊熊烈火在胸中燃烧。他撕心裂肺地大叫：“阖闾！我跟你拼了！”操起大刀就往外冲。

范蠡和随从拦住了他：“切切不可鲁莽行事，有仇，我们一起报！”

“此仇不报非君子！”文种悲愤地骂道，“阖闾，你这个畜生！我要宰了你！伍员，你这个楚国的叛徒！你竟然用成千上万楚国百姓的性命来泄私愤！你竟然引狼入室，来毁灭自己的祖国，天地不容、天地不容啊！”

楚宫之中，灯火辉煌、奢华艳丽。阖闾得意地坐到楚王的龙椅上，细细观赏着精美而贵重的宝物，爱不释手。楚韵楚乐，美妙悦耳；楚女楚舞，美不胜收。他不无得意地叫道：“哈哈，这里真是人间天堂，本王把国都搬到这里来好了！”

吴王的美梦没做多久，楚国和秦国的联合大军便发起了反击。

原来，伍子胥有个挚友，叫申包胥。当初，伍子胥父兄被杀，他从楚国逃跑时，曾对申包胥说："我一定要灭掉楚国。"申包胥回应道："那时，我将竭尽全力保护楚国。"

如今伍子胥带领吴军攻入了郢都，眼看楚国就要亡国了，申包胥便向秦国告急求助，在秦王殿上痛哭七天七夜，终于感动了秦王。秦王感叹道："楚国有你这样赤诚的臣子，怎么会灭亡呢？"他又想，"楚国有如此忠诚贤明的大臣，吴国都能攻入它的国都。若楚国真的被灭了，我秦国岂不危险了吗？"

于是秦王派出五百辆兵车、四万大军，与楚军联手反攻吴军。

当吴军在郢都大发淫威、大肆享乐时，文种和范蠡一边与楚国大将子西取得了联系，一边在城内组织、扩大兵勇队伍。听到秦国援军出手的消息，郢城百姓群情振奋、同仇敌忾，自动加入反击队伍中来。文种和范蠡带领兵勇拼死与吴军厮杀，与楚秦联军里外呼应。这样，战局发生了转折，双方交战四次，楚军三胜吴军。

战报一折又一折地呈到阖闾的堂上：

"禀大王，楚秦联军攻势凶猛！"

"禀大王，您的胞弟夫概潜回吴都，正在准备自立为王！"

"禀大王，越国乘我国内空虚，偷袭我后方！"

阖闾得知后院起火，胞弟夺位、越国入侵，便下令："撤！本王得先回国收拾家里的乱臣贼子！"

阖闾当机立断，迅速率军回国，让伍子胥、孙武留守楚国，迎战楚秦大军。阖闾临行前，伍子胥说："夫概是一介武夫，仅有匹夫之勇，有勇无谋，成不了大事。值得担心的倒是越国，大王一定要多多留意。"

原来，吴国将领、阖闾的胞弟夫概自恃军功在身、目中无人，见阖闾流连在郢都，便率领本部人马偷偷撤退，一路狂奔回吴国自立为王。同时告知越国，让越王允常起兵配合他夺权。

越国弱小而偏僻，难以与任何一个诸侯国对抗，允常知道自己实力不强，处事圆滑而审慎，以保存越国实力、求得生存为第一准则，所以他顺从楚国，也不愿与吴国结仇，在军事纷争上能让就让、能避就避，不愿发生大的冲突。在夫概这件事情上，允常左右为难："如果越国不出兵配合，日后夫概得权，定会报复越国；而越国出了兵、夫概失败的话，不免会得罪阖闾，阖闾也会报复越国。"因此，允常只是派出一小支部队，虚晃几招而已。听说阖闾返吴，允常便迅速撤离了。

夫概听说阖闾班师回朝，便仓皇出逃。

而允常虽然只是应付夫概，却真真正正得罪了阖闾。

再说楚国边苦战边和谈，吴王阖闾十年（公元前505年），楚国割让了东部一大片土地给吴国，让一万富户迁居到吴国贫穷人少的地方，吴国军队才带着楚宫的金银珠宝，搬师回吴。这一战，使吴国强悍善战的声威再一次远震中原诸国，同时，也引起了诸侯各国的异议，他们纷纷指责吴国无德无仁。

本来，阖闾回到吴国就准备立马攻打越国，教训教训允常，可吴楚之战一结束，大将军孙武就悄然隐退山林，阖闾不得不把越国侵吴之事暂时放一放。

十、择贤而趋

经过吴楚一战，文种的想法发生了一百八十度的改变，当他们再次聚谈时，所议话题只有一个：如何向吴国讨还血债。

"身为楚国人，当为楚国忧，但楚国朝廷懦弱无能，不敌蛮吴。文种必须自寻复仇路，为我的家人和楚国的百姓向吴国讨还血债！"文种义愤填膺地说。

范蠡说："报仇雪恨，是一件大事，我们得好好商议。我的老师计然先生足智多谋，天下大事尽在胸中，我们何不听听他的意见？"

于是，范蠡和文种请来计然，共议大事。计然听了他们的想法，说：

“我们所处的时代，是一个诸侯混战、争夺霸权的时代。在征战中，死伤无数，仇恨如山。大丈夫不能仅以报一己之仇为目的，而应以求天下太平为己任。”

文种说：“一统天下，是国君的梦想，也是天下百姓的梦想。战乱给天下带来灾难，百姓流离失所，田地荒芜，山川变色。安宁是天下百姓的心愿。”

范蠡说：“可是，如今诸侯大国势均力敌，互不相让，就必然会不停地较量，何时才是止期？”

计然说：“早在远古之时，氏族争首，征战二十年，伏羲、神农成为天下之君。千年之后，部落争雄，又征战二十年，黄、炎成为天下之帝。合久必分，分久必合，天体运转，世事轮回。如今，又到了征战夺霸的时候了。”

“那么，先生，依您所见，谁会成为天下之霸呢？”范蠡问。

计然：“你把龟甲、蓍草拿出来，卜上一卦吧。”

计然一连测算了三卦。经过一番龟策卜算后，计然说：“卦象明示，霸王之气位于地门。”

“地门，即东南。难道是楚、吴、越之地？”范蠡问。

“现在，天下大局已现雏形：大江以北，齐、晋、秦、宋四个大国已吞并数个小国，形成势均力敌、抗衡鼎立之势。当前四国之中，北方的齐国最强，但我观测天时已久，结果与卦象一致：当今霸王的气数，从东南升起。天时在东南，而不在北方。”计然说。

“大江以南，楚、吴、越各有千秋，楚国最强，难道统一天下的霸主会是楚国？”文种问。

“楚国强大繁荣的鼎盛时期已过，如今朝纲混乱，虚华之风盛行。楚平王忠奸不分，听妄佞之徒的诬言，置忠信之臣于死地，已失信于天下，被有志之士唾而弃之。而现在当政的楚王年纪尚小，朝权落入旁臣之手。如今又被吴国打得伤了元气，已现衰败之象。再说，楚国的方位处于西南，与霸王之气相距甚远。”计然答道。

“这么说，霸王之气在吴、越？”文种问。

“正是。吴、越两国正处上升之时，天下有志之士、有才之臣，尽奔吴越。”计然说。

文种说：“吴越相比，现在吴国正占上风。吴国先后取胜千里之外的齐国，消灭了中原强大的徐国。如今的吴王又差点灭了楚国，的确有股称霸天下的气势，弱小的越国岂是它的对手？”

范蠡连连摇头，坚决地说：“虽然征战就会有流血，但像吴国这样凶狠残酷、烧杀抢虏无恶不作的，史上少见，天地难容。吴国若能称霸，天下定无宁日，天下百姓也定遭涂炭。称霸天下的绝不会是吴国！”

“君子逢时，不入仇邦。”文种也咬着牙说，“吴国休想称霸中原，他欠下的累累血债，我们一定要向他讨还！”

“那希望就只能在越国了。吴国和越国同风共俗，将来统一天下的一定不是吴国，就是越国。”范蠡说，“越国是吴国的天敌。将来，不是吴国吞掉越，就是越国灭掉吴。”

“越国只不过是南夷弱小之国，如今在诸侯中连座位都排不上，哪能成霸王之业？”文种说，“恐怕我们费上九牛二虎之力，越国也成不了气候。”

“国不在大小，也不在强弱，而在国君是否贤明。贤臣投明君，乱世出英雄。”计然鼓励地说。

“越王有求贤之心、求强之志。太子勾践年轻有为，二十刚刚出头，雄心勃勃，正想干一番事业。再说，如果越国现已为强盛之国，还要你我做什么？”范蠡说。

文种点头说：“少伯说得有道理，纵观历史，有多少强盛之国，转眼之间便成为他国之属地，也有多少被人看不上眼的区区小国，突飞猛进，转眼便所向披靡。今日越国是弱小之国，正需要良贤之士相佐。如果我们能将其变成强盛之国，才能显出我们的真本领！”

“当下，越国弱小而落后，但越地气候温暖、物产丰富、生活富足。越人和吴人，同被称为蛮夷或南夷，披发文身、骁勇善战、水陆兼备。诸侯众国，水战之中，有可能与吴国抗衡的，唯有越国。越王广施仁政，求贤若渴。虽然它地处偏僻、封闭落后，在很多方面还未开化，但是若以中原先进的文化和治国、治军的方法加以引导，其潜力不可估量。因此，那里正是你们一展宏图的最佳之地。”计然说。

“越国若与吴国为敌，实力太悬殊了。”文种说，“吴国朝廷将相齐备，武有伍员，文有伯嚭，这两个大臣都不是等闲之辈。伍员是楚太傅伍奢的儿子，伯嚭为楚大夫伯州犁的孙子，都是名门望族之后，有他们辅佐，吴国是难以对付的。”

计然说：“吴国武将伍员智勇双全，但心胸狭窄，两国征战，图报私仇，凶悍残忍，令天下人侧目；文臣伯嚭长袖善舞，口才和谋略都上佳，但贪财恋色，为一己私利，不惜献媚计、进谗言。这两人虽文采武略出众，却心术不正、妒贤嫉能。为私而勇称为恶，为私而谋称为佞。这样的大臣，如何能助君王称霸天下？论智慧和谋略，他俩远远不及孙武。若孙武辅吴，你我还真不好对付。可幸好，孙武现在已离吴而去。”

“我正奇怪，孙武到吴国后，大展才干，屡战屡胜，英雄盛名天下扬。可正在他的名声如日中天的时候，却一下子销声匿迹了。这是为什么？”文种说。

“因为他看到了自己的‘战果’。”范蠡说。

“战果？”

“孙武是一个有正义感的人。他到吴国，想的是一展自己的军事才干，并伸张正义。这次攻打楚国，他的本意是要讨伐杀害忠良的楚王。可惜，他卓越的军事才干却被人利用，用于报私仇、图私利。他看到自己的聪明才智换来的是伍员复仇的残酷、吴王的贪婪。他不悔恨、自责吗？还会助纣为虐吗？”范蠡说。

这话又勾起了文种心中的痛，他沉痛地说：“伍员，为报父兄之仇令生灵涂炭，虽说楚王负其父兄，但也不能殃及臣民，更何况是故土的父老乡亲。这个楚之叛逆，祸国殃民，不除不足以平民愤。”文种含着热泪，说，“家国之仇，刻骨铭心，此仇不报非丈夫。”

“辅越制吴，致吴于死地。”范蠡紧握拳头，两眼燃烧着仇恨之火，在心中对父母和徐国父老乡亲说，“此仇不报非丈夫。”

“强越，不是一蹴而就的事，也许需要十年、二十年，也许要毕其一生。”计然说，“不知你们能否有此决绝之心？”

“愿以此生报国仇！”文种、范蠡齐声回答。

这时，计然从怀中取出一卷简书，对范蠡、文种说：“这是我家至宝，是齐国名相管仲撰写的一部计谋奇书，名曰《阴谋》。今日特地带来，你俩可熟记于心，用于正道。只有阳策、阴谋并用，才能取胜。”

文种和范蠡连夜拜读。

因为计然、范蠡和文种在这大宅里定下报国复仇大计，后来，人们便把它称为“三公城”。

第二章　辅政越国与霸业奠基

十一、范蠡对政

话说越国弱小而偏远，处在天之东南，与中原各诸侯国相交甚少。吴国和越国只有一水之隔，两国同属落后的南夷。但吴国近年来发展得突飞猛进，由区区小国变成战无不胜的强国，连齐、楚等大国也对其畏惧三分。

允常了解到吴国的成功之道，非常重要的一条就是重用人才，特别是接纳并重用了楚国的伍子胥、伯嚭和齐国的孙武，使得吴国像变戏法般地强盛起来。他也像吴国一样广揽人才，立志变革，寻求发展生产、增强国力的治国良方。几年来，天下贤人志士如众流归海，门下的客卿已达千人。

允常集众家所长治理国家，越国国力有所增强，但比起吴国来，还相差很远。特别让允常遗憾的是，众客卿中竟然挑不出一个像伍子胥、伯嚭那样能作为君王左膀右臂的良臣。他不止一次地感叹："楚地出人才呀，还是楚国能人多。本王门下上千客卿，怎么没有一个像伍子胥、伯嚭这样能干又忠诚的栋梁之材呢？"

后来门客越来越多，投奔者仍源源而来，允常也由来者不拒变成了认真筛选。因吴国重用楚国人才而迅速崛起，允常对楚国人才也格外看重几分。当文种、范蠡到达越国时，允常听说有楚国贤能之士前来自荐，便立即命人把他们引进朝堂。朝堂上，满朝文武都以挑剔的眼光看着他们。

“你们投奔越国，可有何能耐？”上将军石买问道。

“在下文种，曾任楚国宛地邑令。”

允常点点头，说：“宛地？哦，本王有所闻，是楚国最大最富裕的邑县。”

“文大人任职时政绩累累，造福百姓，好评如潮！”范蠡补充说。

允常又点点头。

范蠡上前一步，自我介绍说：“在下范蠡，楚国宛地三户范庄平民。”

文种介绍道：“范蠡饱读诗书，博学多才，天文地理无所不通，曾先后游历诸侯多国，见多识广。我在宛地之所以有所成就，多得他的鼎力相助。”

听了他们的自我介绍，允常心中凉了一大截。他想：“这两人，一个名不见经传，是个初出茅庐的嫩小子；另一个是小小邑令。虽说宛地是楚国的一个重镇，但怎么说也只是一个邑令。而人家伍子胥、伯嚭都是朝廷名门之后，差距太大了。”但他仍以礼相待，说，“欢迎你们来到越地，请先歇息，待后请教。”

石买看了看年纪轻轻、初出茅庐的范蠡，又看了看文气儒雅的文种，打心眼里瞧不起，便出言不逊地说：“哼，楚地出人才？难道是个楚人就是人才？”

面对石买的轻蔑和讥讽，文种、范蠡不动声色。

石买又对允常进言说：“他们相互吹捧、自吹自擂，这种自己找上门来的宾客，有几个能算得上贤人？一块普通的石头，自我吹嘘得再好也没用。如果是块和氏璧，谁不抢着要呀？可这两人，自称周游诸侯各国，却没有一个君主看得上。难道他们会有什么真才实学吗？希望君王明察。”

允常想了想，石买说的也有几分道理，普通的门客实在是太多了，便不打算任用他们。但转念一想，文种在楚国当过官，官虽不大，毕竟是亲自从政治国，与那些只会纸上谈兵的文人墨客大不相同。便说道：“文先生，本王正想听听楚国治国的经验之谈，你就留下吧。至于范先生，你年轻有为，前途无量。越国又小又弱，恐怕埋没了先生的才华。”

范蠡坦然回应道：“范蠡明白。”

事后，范蠡对文种说：“文兄先在这里立稳脚跟。以前计然先生带着我游历了中原诸侯多国，还有吴越两国未仔细勘察。我正好趁此时机游览吴越山河。”

范蠡辞别了文种，在吴越之间游历穿行。他用两年时间完成了踏勘吴越的任务，并将《吴越山河图》绘制完毕。

这期间含笑为他生了个大胖小子，取名孟宛。

话说文种到越国没多久，便得到允常的赏识。允常见文种谈吐不凡，智谋过人，便常常邀他到王府议国事，十分看重他的意见和见解。

某天，文种又与允常一起议事论政，文种说：“任何一个有作为的君主，都离不开贤臣良将的辅佐。没有管仲对齐国的改革和管理，齐桓公就不可能成就霸业。没有孙叔敖的呕心沥血，楚庄王不可能仰天长啸。没有百里奚、蹇叔的谋略与忠心，秦穆公不可能开创新局面。”

“这道理本王懂，本王缺的就是像管仲、孙叔敖这样的忠臣良将。”

“大王，管仲出身贫寒，孙叔敖是楚国的一介平民。齐桓公、楚庄王没有因其出身卑微而舍其不用，才得到了贤臣良相。”

“如果有贤良之才，本王也会不计出身贵贱而重用。”

“可这样的贤才良将来到您的面前，您为什么不用呢？”

“谁？”

“范蠡呀。”

“哦，那个年轻小伙子吗？”

“正是。自古英雄出少年。大王爱才若渴，当千里马来到您面前时，您千万别错失了他。”

“他真如你说的那样有才吗？”文种便把范蠡的点点滴滴和自己三拜范蠡的事一一讲给允常听了。允常立即传令将范蠡收为客卿。

范蠡虽然成了允常的客卿，但允常仍然不怎么看重他。而越太子勾践却与范蠡十分投缘，两人交往十分密切。

勾践生性活泼、聪明好学、心存大志。允常对他寄予厚望，他也如饥似渴地学习君王之道、治国之策。勾践与范蠡年纪相仿，勾践大范蠡三岁。他俩性格相合，勾践爱玩，范蠡会玩，常出些新花样，让勾践乐此不疲。范蠡渊博的知识、亲和的态度、潇洒的举止、敏捷的思维都让勾践佩服不已。勾践说：“今天，你是我的好伙伴、好老师。来日，我要是能登上王位，一定让你做我的辅弼大臣。”

某天，他俩相约走访农户，规划开垦新的农田，不觉来到一处山清水秀的地方。这里秋风习习，凉爽而舒适。他俩坐在山石上小憩，话题又聊到治国上来。勾践问：“古代的贤君圣王，都是用什么方法治理国家的呀？何取何舍？”

范蠡答道：“据我所知，圣明的君主以道和术来治理国家，取实而舍末。道，是天体运行的规律，也是治国理家的法则，是立本生存的真谛。它先于天地生而不为久，长于上古存而不为老，工于万物成而不为朽。循‘道’治国，则国运长久。”

“但是，我不明白，‘道’怎么能生成万物呢？”

“道产生气，气产生阴，阴生成阳，阳产生天地。天地出现了，然后才有寒暑、干湿、日月、星辰、四时，于是，万物一一产生了。”

“哦，如此深奥的学问，我得慢慢领悟。”

“‘道’的哲理非常深奥。如果不能领悟它，怎么可能遵循它呢？要想领悟它，必须掌握解析它的方法。‘术’，就是世人对‘道’解析的方式、方法和技术。”范蠡说，“圣贤的君主就是运用天道之术治国，做到顺天意、循天规。”

“顺天意、循天规？”

“当然，不同的君主，其‘术’不一样，治国的方法也各不相同。太子知道《南风歌》吗？”

“《南风歌》？”

“《南风歌》是舜帝作的一首诗，曰：‘南风之薰兮，可以解吾民之愠兮；南风之时兮，可以阜吾民之财兮。’这首诗后来被谱成音乐广为传唱，人们称之为生长之音。舜帝赞颂南风，他自己也像南风一样，为天下百姓解困解忧，为天下百姓谋幸福，终得民众之欢心，所以天下大治。这样，舜帝的圣德之名自然也就广传天下，成为一代圣明君主。”

“那什么是取实舍末？”

“若用在君主的行为上，所谓‘末’，就是指名声。名声超过了实际的德行，百姓就不会亲近归附他，有才能的人也不会为他所用，诸侯各国对他也会怀有戒心。圣明的君主是不会刻意追求名声的。所谓‘实’，本来是指果实，这里是指能得到贤臣能人的辅佐、黎民百姓的拥戴。一个贤明的君主，必须取实舍末、脚踏实地、不图虚名、造福大众。这是治国的至宝。”

勾践说：“躬行节俭、下士求贤，不奢求名过其实，这些是我能够做到的事，我努力去做就是了。可是，要让百姓尽快地富起来，也受天时变化和水涝灾害的影响，哪能取决于君王一个人的作为呢？我不知道怎样做才能做到。”

“其实，要做到这一点也不难。无论是管理百里之地的神灵，还是治理千里之地的君主，其施政、号令，都必须顺应天时、地利的变化，适应阴阳的消长，按照天时地利变化的规律来制定治国的方针政策。这就叫作‘执其中和’，即施行中正和谐之道。”

“中正和谐？”

“对。古代的贤君圣帝，都是施行了中正和谐之道，得以君位稳固、万物安定，否则就会政局动摇、众叛亲离。历史的教训应该记取，古时从天子到诸侯，之所以走向灭亡，无一不是其君主奢侈享乐，毫不顾及百姓的困苦，用尽财力物力来换取自己短暂的快乐。夏桀、商纣就是这样的国君，最终身死国亡，为天下人所耻笑。”范蠡说，“而成汤推行中正和谐之道，提拔伊尹为国相，收纳天下雄俊之士、操练兵卒，率领各国诸侯的军队讨伐夏桀，为天下百姓清除凶恶的坏人，因此，天下百姓都歌颂他、拥护他。这就是推行中正和谐之道的动力。”

“好啊！中正和谐之道能取得这样的结果，我也想实行它。我虽然比不上那些圣贤之王，但一定会努力去做。”勾践又说，“可现在诸侯各国强弱不一，封地有多有少，争夺之战随时都有可能发生，应该怎样去应对这些突发事件呢？”

“知保‘人身’者，可以王天下；不知保‘人身’者，亡天下也。”

“何谓保‘人身’？”

“天生万物。天下生灵因万物而得以生存。人有了粮食就能活命，没有粮食就会饿死，因此，人们称粮食为‘人身’。”

“讲得好！现在我想得到充足的粮食，怎样才能实现呢？”

范蠡说：“要想得到充足的粮食，国君必须推广先进的种植方法，播种优良的种子，让百姓懂得培育管理的方法，修建抵抗天灾的水利设施，保证粮食得到好的收成。同时，国君还要查看各地的收成，估算出能有多少储备，并制定出相应的税收政策。”

“讲得好！”接着，勾践又问道，“用阴阳的学说能不能预测粮食的丰歉呢？”

“当然可以。”范蠡说，“粮食的丰歉是由阴阳之气决定的。阴阳之气不停留在同一个地方，万物就得以生长。冬季三个月，草木枯死，万物的种子各自藏到土壤里的不同地方，这时阳气躲避到地下藏起来，将阳壮之力也藏匿到地内。阴气的肃杀之力在地面以上得以成功，草木凋零。而万物的根和种子得到阳气的佑护，吸收、储存了阳壮之力，第二年才能发芽生长。夏季三个月为盛暑时节，阳气盛行，万物生发，阴气则躲避到地下，将阴壮之力也藏匿到地内，万物之根得到阴气的保护，汲取了阴壮之力，万物才能枝繁叶茂。这就是阴阳之力不同、阴阳之气不同，却都能使万物生长的道理。”

“阴阳的变化与年成有关系吗？”

“有。阳气主管生长，若在夏季的三个月里，大热不至、阳气不足，则万物就无法长成。阴气主管杀灭，若在冬季三个月里，大寒不至、阴气不足，万物得不到休息，春天也就不能生发。因此，只要有一个季节失调，一年的四季就不能正常运行。”

“阴阳调节的道理，你讲得真好。你能再讲讲阴阳变化对粮食价格贵贱的影响吗？”

“阳气主贵，阴气主贱。当寒不寒，谷为暴贵；当温不温，谷为暴贱。阴阳的变化与年成的好坏，如同形体与影子一样相随，岂会没有预兆？所以，秋冬之时最有利万物的是阳气隐施于地下，阴气旺盛于地面，当阴气旺盛到极点则会转为旺年。春夏之时最不利万物生长的是阴气在地面加施于阳气，到盛夏之时气温仍然升不上来，如果出现这样的情况，可想而知，这一年的年成一定好不了。”

勾践听了，不住地点头。

范蠡又说：“阴阳是互相转换的，若第一年收成好，则第二年必会出现灾荒。君主应该细致地观察八谷生长的状况，在其长到半人高时就制定出合理的收购价格，这样，八谷成熟后就不会因为粮价而发生骚乱。圣人上知天、下知地、中知人，就会治理得百姓平安、天下太平。”

勾践说：“你的剖析，让我受益匪浅。”他让文官用朱砂将范蠡的话写在绢帛上，藏在枕匣中，将其当作治国之宝。

勾践与范蠡形影不离，引起了石买的注意，便将此事告诉了允常。允常问勾践："听说你天天跟那个叫范蠡的门客在一起，是吗？"

"父王，他学识渊博，上通天时，下知地理，政治军事样样精通，勾践对他佩服有加。"

"他年纪轻轻，能有多少真知灼见？再说，一个人的才学，总是有限的。"允常说，"越宫门客上千，个个都是有识之士，你不要专听一人之言，要广听博学。"

"我知道了。"

接下来，勾践按照允常的旨意向其他门客求学，但只要一有空，仍然找范蠡聊天去了。

十二、初战告捷

允常任用贤能、广听博纳、励精图治，国势益强。他整顿国力、发展生产、增强兵力，国土面积不断扩大，其疆土南至句无（今浙江诸暨），北至御儿（今浙江嘉兴），东至鄞（今浙江宁波），西至姑蔑（今浙江衢州）。同时越国的铸剑业和造船业也渐渐发展起来，引起了阖闾的密切注意。虽然越国在吴国面前一点也不敢造次，但阖闾仍然担心越国强大起来后，威胁到吴国后方，因此两国小规模的战争一直连绵不断。

公元前496年，也就是阖闾在位的第十九个年头，允常由于常年的征战和日夜操劳，心力交瘁而病故。年轻的太子勾践继位。

阖闾早就想吞并越国，现在眼见越国国君新丧，新王脚跟未稳，觉得进攻的机会来了。他召来大臣商议说："越王允常新丧，越国一片混乱，正是进攻的好机会。本王拟乘机进攻，将越国一举歼灭，解除本王多年的后顾之忧，各位大臣意欲如何？"

伯嚭提出异议，说："吴国的主要对手是楚国，区区越国不值得大动干戈。再说，'礼不伐丧'是兵家常礼，在越国国丧之时发起进攻，似乎不太合适。”

伍子胥一听，马上禀道：“大王英明，如今攻越，机会难得。只是当年伐楚能够取胜，是因有大将孙武与子胥一起率兵，而今，孙武已辞，其他大臣不愿也不敢打仗，仅靠子胥独战，恐怕其力会相差甚远。”他话外有话，言下之意是讥讽伯嚭不会带兵打仗且不敢打仗。

阖闾没让他俩多言，斩钉截铁地说：“九年前，越国趁本王伐楚、国内兵力不足之时，攻击我吴国，还企图拥立夫概夺位，此仇今日不报，更待何时？越国本来不是我大吴对手，如今正好趁他新王羽翼未丰，早早将其灭掉，以免日后成为心腹之患。再说，本王年岁渐大，趁本王还能带兵之时将越国收拾掉，将越地并入吴国，也是了却本王的一个心愿。”

阖闾的一番话，说得伯嚭无言以对。

于是阖闾御驾亲征，伍子胥和伯嚭为左右将军，由陆路直接从北向南，径直向越国开进，准备速战速决。

当吴国大军兵临城下时，越国朝廷陷入一片恐慌。文臣、武将、客卿众说纷纭，却都是一筹莫展。越国新王勾践血气方刚，但他也深知越弱吴强。阖闾久经沙场、谙熟兵法，布阵千变万化，上阵勇猛无比。在他的统领下，吴军训练有素、英勇善战。同时有足智多谋的伍子胥、伯嚭为将相，吴军如虎添翼。而越国国力单薄，将弱兵少，两国实力相差悬殊，但吴国的阵势已摆在面前，由不得越国不迎战。勾践心里又着急又害怕，急召大臣、将相和客卿共议对策，遍寻赢战之计。

“吴国大军兵临城下，越国危在旦夕，各位将领大臣，可有计策献上？”

大堂一片静寂。

良久，石买禀道：“我愿带领大军迎战吴军。”

“你有取胜的计策吗？”勾践问。

“吴军数倍于我，我方迎战是一死，不迎战也是一死。我愿带兵战死沙场，直到最后一口气！”

“将军勇气可嘉。可越国将士是越国的脊梁，寡人要的不是你们徒然枉死，要的是保住我越国，要的是退敌、胜敌的妙计良策！”

石买默然。勾践环视大堂，文臣武将一个个耷拉着头不敢出声。

勾践不禁悲从心发：“先王，勾践愧对你了。你尸骨未寒，吴国就趁机打过来了。他们狼子野心，是想一口吞下我越国呀，先王呀，这满堂文武，竟然束手无策，寡人只好随你而去了！”

文种上前说：“大王不必悲伤。在下愿荐一人，他也许能有计策让吴国退兵。”

“快说，他是谁？”

“先王的门客范蠡。”文种说。

“快快请来。”

石买问：“范蠡？就是那个名不见经传的毛头小伙子吗？”

“没错，范蠡是没官、没名、没爵位，但自古英雄出寒门。”文种答，“他熟读兵书，对吴越山川地理了如指掌，谙知天文天象，胸有奇计。如今大敌当前，是用他的时候了。”

石买上前说：“大王啊，吴国重用楚人，现在楚人当政，横行一世。文种、范蠡这两个楚人又来我越国，谁敢说不是楚国派来的奸细？是不是也想由楚人来左右我越政？现在吴越开战，我大越虽危在旦夕，怎么也不能将国家存亡的大事交到一个楚国小子手里呀！”

勾践一听，心里觉得有几分道理，眼光随即黯淡下来。

文种说：“越先王英明，招贤纳士，各国贤能之士趋之若鹜。我和范蠡正是受先王的感召而来，愿在越国一展才华。吴王能用楚人伍子胥、伯嚭为将相，越王为什么不能用楚人？”

“禀大王，他俩岂能与伍子胥、伯嚭相比？”石买用手直指文种，肆无忌惮地说，“伍子胥、伯嚭是楚国朝廷名臣，而他文种不过是区区邑令，范蠡则为山乡布衣，难道我大越无人，是个楚人就能在我越国耀武扬威吗?”

“当今世界，英雄辈出，有志之士，大展宏图。胜者王，败者寇，有志有才之士奔明主。在下与伍子胥、伯嚭虽同为楚人，却各有其志、各为其主。在下不会因吴国将相为楚人而手下留情。在下辅佐的是越王、越国，面对的是吴军，而不是楚人伯某、伍某。两国两军对垒，比武、比谋、比实力。”

石买说：“即便他说得不假，那我越军岂不成了他的试刀石？胜了，他大吹牛皮，拿我越军将士的鲜血往他脸上贴金，咱大越成了他楚人脸上的金片，他还会踩着我越军将士的尸骨往上爬，成为我大越的功臣。败了，他拍拍屁股走人，回他的楚国去了，而我大越则山川变色、国破家亡。他能为我们越国担什么责任?!”

“石将军以为何人能抵御吴国大军，保我大越江山?”勾践问。

“本将军定率大军死战到底，以身家性命保国。”石买握紧双拳说。

勾践双泪长流，大叫道：“石将军，我的爱臣！我知道你的一片忠心，但如今我军势单力薄，对抗吴军犹如以卵击石。若以命相搏能救越国，本王愿以身躯换得越国和百姓的平安。可是，不行呀。”勾践的眼泪又奔涌出来，“将军若战死沙场，吴军得胜，那越国也还是亡了，先王、本王和万千臣民都将死无葬身之地。不能，不能呀!”

“匹夫之勇，没有意义。”文种说，“越国将士，哪一个不英勇呀？而疆场上光凭勇气能行吗?”

“大敌当前，谁能退兵谁就是英雄，其他皆不重要了。”勾践说。

大堂仍是一片静寂。

“大王，既然没人能拿出好的计策，何不让范蠡一试?”文种又说。

“只能如此了，传范蠡。”勾践无奈地下令道。

范蠡走上大堂。

勾践问：“范蠡，你可有退兵之策?”

“大王若信得过我，我便有退兵之计。”范蠡答。

“如今敌强我弱，大军压境。吴军数倍于我，你用什么计策能让吴国退兵呢？”

范蠡环顾四周，说：“天机不可泄漏。”

石买瞟了范蠡一眼，说：“国家存亡，非同儿戏，岂容你一山乡野夫在大堂上故弄玄虚？”

范蠡从容地站在台下，对石买的鄙夷置若罔闻。

勾践对范蠡直白地问道：“寡人凭什么信你？”

“在下一无所有，只有这条性命。在下愿以头颅作保。”范蠡说。

“哼，你的头值几个钱？”石买不屑地说。

范蠡见石买咄咄逼人，便不轻不重地说：“范蠡的头不值钱，但大将军的头值钱。范蠡押上小命先试上一把，若失败了，大将军再上也不迟吧。”范蠡说。

“事到如今，不由得我信不信你了。”勾践说，“范蠡，如今吴越交战，我越国有几成胜算？”

“吴强越弱，胜算只有二成。”

勾践的眼神黯淡：“寡人用你，你有几成胜算？”

“若大王用我不疑，有五成。若大王和大军皆信我不疑，有七成胜算。”范蠡答道。

“大王，别听他吹牛皮！他这是蛊惑大王。”石买说。

“兵临城下，大难临头，各位大臣已无计可施，寡人也只好一试了。”

“大王，”范蠡上前一步，说，“在下有一事相求。”

“只要能让吴国退兵，你要什么，我将倾其所有。”

范蠡答：“我出一谋，大王出一令，可否？”

“说。”

“在下请用死士三千。”

“你是要从我大军中挑选最精锐的三千将士？”石买乜着眼，恶狠狠地看了范蠡一眼，说，“不行！我越兵性命岂能交给你摆布。”

“在下无意动用石将军的一兵一卒，请大王赐给范蠡狱中死囚二千。”

“准。”

“再请大王派出您最信任的禁卫军一千名，组成三千死士。”

“准。”

“请赐最锋利的刀剑三千把、肥猪三千头。”

“准……不过，为什么要肥猪三千头？壮行也要不了那么多呀！”

“若范蠡与三千壮士能胜利归来，则用这三千头肥猪犒赏三军。若范蠡与三千壮士不能生还，请大王将肥猪派人送到三千壮士家中，以示慰藉。”

“准。”

范蠡又走上前一步，跪请道：“范蠡还索求一赏。”

“说。”

“三千死士甘愿以身殉国，望大王重赏。此战若能得胜，上阵之士若能生还，赏银百两，死囚赦为良民；殉国者封为烈士，重待其家眷子女，为其父母养老送终，哺其幼儿至成年。”

“准。”

范蠡带着一千禁卫军来到监狱里，与二千死囚犯共饮壮行酒。

范蠡说：“你们犯了死罪，即将服刑而死。但现在有一个机会，让你们可以死里逃生，还能为国为家效力。现在吴国在我先王逝世、举国悲哀之时大举进兵，欲置越国于死地。吴强我弱，越国生死垂危。若越国被灭，你们将死无葬身之地，你们的家人将流离失所，无家可归。越王恩准，允许你们上战场，愿意为国捐躯的，站出来！”

“服刑是一死，战吴也是一死。与其服刑而死，不如为国战死！”囚犯们纷纷站了出来。

“戴罪立功的时候到了！大王已颁特赦令：生为良民，死为烈士！”范蠡大声宣布。囚犯们面露欣喜之色。

“为了我们的父母儿女，为了我们的家园故乡，死也值得！”

“我们是这场战争的死士，必怀以死保国的决心，但我们也要争取活着回来。”范蠡大声说，“现在越国最宝贵的是什么？是越国的将士臣民。能保住将士臣民的生命，越国就有希望。我们不能让越国将士臣民作无谓的牺牲，每个人都要争取活着回来！”

“怎样才能活着回来？”

“勇敢加智慧，布阵加计谋！”

话说阖闾带领大军在会稽山下与越军对阵。那天辰时，天降大雨，直到下午申时，天才放晴。越都城外，旌旗猎猎，剑戈铮铮，战马嘶鸣，黑压压的一片人头望不到边，阵势庞大威武。阖闾带着中军严阵以待。而对阵的越军却人少旗稀，在会稽山下时隐时现，看起来不到六千人，大多身着乱七八糟的百姓衣服，不成阵容。阖闾傲视着越军，自恃横扫越国不费吹灰之力。他拉弓搭箭，将战书射向越阵。半晌，越方没有动静，伍子胥高声叫道：“快投降吧，不然我们就杀你们个片甲不留！”

吴军阵中齐声大喊：“勾践投降！勾践投降！”

吴军副将专毅出阵挑战，对越军大声叫道：“勾践，有种你就出来！”

半晌，越方一点动静都没有，阖闾正准备下令进攻，忽见越军队伍里许多士兵翻身下马，走下山坡，向吴军走来。

阖闾仔细一看，只见约三千越军有的穿着白裤，有的扎着白头巾，袒胸露背，左手抱着土陶罐，右手持长刀，一个个把刀架在自己的脖子上，排着整齐的队列，步履整齐地向吴军走来，边走边大声呐喊：“以死谢罪！以死报国！”

在吴军十万大军面前，这三千人组成的方阵犹如大海里的一只木筏，其口号声也被吴军的呐喊声淹没。阖闾见了，大笑着揶揄地说：“呵呵，这是来叫阵的，还是前来送死的？”

伍子胥也笑着说：“勾践没辙了，他的士兵自动前来请死了！”

吴军摆着严密的八卦阵，专毅虎视眈眈地看着越军白衣队，抽出刀枪，准备迎战。阖闾开始皱着眉头，疑惑地说：“这是什么名堂？怎么这么古怪？”他侧着头，想听清楚越军发出的声音，却怎么也听不明白，便问道：“他们口里嘟哝些什么呀？”

不知谁大声叫了一声：“越军是来投降的！”

专毅仔细看了看说：“对，前面的领队举着白旗！”

阖闾释然地朗声笑道：“呵呵，我当是什么新招数呢？原来是勾践这龟孙子不敢出面，让他的虾兵小卒来请降了！”

伍子胥说：“咱们看他们使得什么招！”

“区区三千散兵，我军不用动刀箭，只要马队驰过去，踩也把他们踩死了！”

于是吴军迟迟不动声色，看着那越兵走近。两军距离越来越近，吴军士兵清楚地看到走在第一排中间的越兵身上披着一块黄色的布，上面有“为王代罪”四个大字。吴军将士整个放松下来，说：“他们来受死了！”

吴军将士见越军是来投降的，不觉放下了手中的刀枪，专毅也从心底吁了一口气。

越军白衣队从容地大步向前，一直走到吴军阵前。伍子胥心想：“该不是勾践玩的什么花样！”便下令道：“作好战斗准备！”将士又齐刷刷地举起武器。

正在这时，越军停止前进，立定后领队大声喊道：“我们的国君不自量力，得罪了您强大的吴国，您今日来讨伐越国，我们再也不敢与您对阵，只有以死来为越王代罪。越王有过，臣民代罪！我们用所有的钱财和自己的生命，替越王谢罪！”他停了停，大声呼道，“以死谢罪！以死报国！”

三千越军士兵齐声大叫三声：“以死谢罪！以死报国！”接着齐齐地将左手抱的陶罐全摔在地上，只听见“啪啪啪啪”一阵脆响，就像放鞭炮一样，罐子里迸出的全是白花花的钱币。接着，他们一个个将架在脖子上的长刀齐刷刷地使劲一抽，齐刷刷地倒在地上，只见鲜血从他们的脖子涌出来。一时间，鲜血在地上汩汩流淌，瞬时染红了大片土地。

吴国士兵以为越军会按常规派大臣递交请降书，阵前请降，哪见过这种阵式？这场景太离奇了，吴军将士一个个诧异不已。“这是怎么回事？”不知是谁大声问。吴军将士不禁一个个睁大眼睛、伸长脖子，挤着向前想看个究竟，两军对垒的紧张气氛一下子被搅乱了，紧张的神经一下子松懈下来，征战的阵脚也混乱起来。阖闾也伸长脖子朝前看去，只见阵前倒下一大片人，鲜血的腥味迎风扑面而来。

阖闾心里想：“没想到，越人一个个也是视死如归的，面对我大军，还能死得如此从容、如此镇定。”

专毅一下子不知所措，正在彷徨之中，不知是谁高呼：“哈！好多钱啊！”这一声叫喊似乎把吴军一下子敲醒了，吴军士兵放眼细看，只见一枚枚钱币在阳光下闪光，不禁一个个眼睛发直。吴兵们从惊愕中回过神来，刀剑入鞘，高兴雀跃地翻身下马，径直向越军死士跑去，抢着地上的钱币。不知谁又叫了一声“快抢钱啰”，前面的吴军已乱成一团，后边的吴兵也兴奋不已，争先恐后地跳下马，潮水般地涌上去，冲进越军阵中去捡钱。

阖闾迷茫了片刻，立刻清醒过来，大声叫道：“小心中计！”但无数吴国士兵已毫无顾忌地冲向越国死士队阵。

这时伍子胥也反应过来，大声叫道：“不好，中计了，快快回来！”但那些士兵哪里听得见，一个个嘻嘻哈哈地跳下马来收捡越军的钱币兵器。

专毅大声叫喊：“回来，快回来！”但已经没人理会了，他的叫声淹没在欢笑声中。

“快，擂鼓集合，准备进攻！”可伍子胥回头一看，鼓手也下马捡钱去了。

吴军士兵争先恐后地冲进越军阵式，毫无防备地捡拾地上的钱币。有个跑在后边的吴兵找不到钱币，就伸手去取死士手中的长刀，一下子拔不出来，再使劲拔，则连人一块儿拔起来了。忽然一声闷雷般的鼓声似乎从天而降，惊得吴军士兵目瞪口呆。说时迟，那时快，倒在地上的、鲜血淋漓的越国士兵突然鲤鱼打挺般地跳了起来，挥刀便砍，一刀一个头，吴兵没明白是怎么回事就身首分家了。

接着，越军领队大叫一声："冲啊!"三千越军便呐喊着风一般地冲向吴军，飞快地跃上吴军战马，冲入吴军阵中。

那领队便是越国禁卫军队长铁驹，总指挥便是范蠡。

随着三千越兵的跃起，越军锣鼓齐鸣、吼声震天，勾践、石买、灵姑浮带领三路大军飞奔而出，直冲吴阵。吴军的阵势被完全打乱，一下子乱成一锅粥。阖闾大脑里一片空白。

急促的进军鼓声，擂得越军群情激奋，一时间杀声震天，越国将士一手挥舞战刀，另一手高举旌旗，骑着战马，风烟滚滚地飞驰而来，转眼间冲入吴阵。刹那间刀剑横飞、腥风血雨，吴军顿时狼哭鬼嚎，溃不成军。下马的吴军士兵措手不及，纷纷掉头逃命，但哪里逃得掉，被勇猛无比、奋力追杀的越军砍杀殆尽。未下马的吴军拼杀了一阵，见越军铺天盖地地涌来，心里早已发了虚，调转马头落荒而逃。

阖闾一看情况不对，下令撤退。这时，铁驹率三千死士冲入吴阵，直奔阖闾的战车。阖闾见越兵追得紧，一下子从战车跳上一匹快马，加鞭拼命后撤。铁驹手持长戟穷追不舍。阖闾沙场经验老到，在左右的掩护下且战且退。灵姑浮见铁驹被吴国将士团团围住，厮杀得难解难分，阖闾正抽身而退，便急忙搭箭向阖闾射去。

眼看长箭马上要不偏不倚地正中阖闾心窝，阖闾猛攥战马缰绳，战马惊得高高直立起来，阖闾整个人向后仰倒，双脚高高扬起。本要刺中阖闾前胸的箭，却被他这一避，躲过了箭锋，只听"嗖"的一声，那箭刺中了阖闾高高跷起的左脚脚心。

激战中的阖闾没感到疼痛，只觉得脚被重重地硌了一下，失去重心，从马上掉下来。

吴大夫公孙雒惊呼："大王，大王!"

那马拖着阖闾跑了几步。阖闾也真不愧为马上英雄、沙场豪杰，他双手挽住缰绳，一个鹞子翻身，跃上马背。接着他一把拔出脚上的长箭，丢在地上，眉头都没皱一下。他看了公孙雒一眼说："没事！快稳住阵脚，组织反攻！"

伍子胥说："大王，越军来势猛烈，我们先撤吧。"

"暂且撤至国界，集合大军。"阖闾下令道。

紧接着，伯嚭也赶了过来，掩护阖闾冲出重围。

没多久，守候待命的吴国大军也接应上来，一边阻挡住追击的越国大军，一边护卫着阖闾向后撤退。

石买见局势大好，带着一队人马冲出去，挥剑直指阖闾，一直冲过吴界。范蠡连忙以鼓声示意不得追出国界。石买生气地骂道："这家伙搞什么鬼？怕老子立头功？"

灵姑浮说："我们得听军鼓指挥！"

"别理范小子的那一套，追！"石买带着手下士兵，不顾一切地追击吴军。

阖闾见石买孤军深入，便调头围杀过来。不大一会儿工夫，石买的人马死伤过半。石买见状不妙，不得不退回越界。

这次，吴军没有穷追猛打，一溜烟地撤走了。

石买望着绝尘而去的吴军，气急败坏地又跳又叫："范小子，为什么鸣锣收兵？你是怕老子活捉阖闾，抢了你的头功！"

"石将军，你也明白，敌强我弱，我们只是以小计混乱吴军阵地以取小胜，要硬打是打不过吴军的。若再往前追，进入吴界，吴军必以死相拼，我们就没有胜算了。"灵姑浮解释道。

"眼看就要活捉阖闾了，你不擂鼓助威，却鸣金收兵！哼，你这个混蛋小子，我跟你没完！"

范蠡留下部分越军严守边界，收兵回朝。

话说阖闾征战沙场几十年，身经百战，九死一生，身上刀伤剑痕累累，哪在乎小小的箭头射脚。可他万万没有想到，就是这一射，竟要了他的性命。当鲜血从阖闾的靴子溢到地上时，左右惊叫：“大王，您的脚流了好多血！”

阖闾只说了一声：“没事。”他完全没把这点小伤放在心上。

夜色深重，阖闾冲出重围，撤退到离槜李七里远的陉地，驻扎下来后，才觉得脚钻心地疼。

“勾践，你这狡猾的臭小子，乳臭未干，却跟本王玩手段，本王饶不了你！”阖闾边骂边脱靴子。

专毅也嘟嘟哝哝地说：“明明看见越兵倒地身亡，血流满地，怎么会死而复生呢?”

伯嚭说：“巫术！越国人玩弄巫术！简直不可思议！”

伍子胥说：“哪有什么巫术？越人用的是‘兵不厌诈’的战术。”

后来，他们才知道，越国三千兵士的背后都背着猪尿泡，所谓的鲜血是装在猪尿泡里的猪血和朱砂。

“本王身经百战，什么阵式没见过？什么战术没用过？而这次越军用的这烂招，本王还是第一次见到。是什么人出的这样的馊点子?”

“听说越王勾践最近招纳了两个楚国人，一个叫文种，另一个叫范蠡。文种擅长理政，范蠡擅长谋略。如果我没猜错的话，那准是范蠡施的计谋。”伍子胥说。

“范蠡，没听说过呀。”阖闾疑惑地说，接着叫道：“快，脱下我的靴子，疼死我了！”

阖闾受伤并不重，只是长箭刺穿了脚心，可要脱下靴子时却不容易了。他的脚和小腿都肿胀起来，凝固的血把脚趾与靴子粘在一起，怎么都脱不下来。阖闾一边说：“不要紧，一点点皮肉小伤。”一边疼得豆粒大的汗珠往下滚。随军医官只能用剪刀把靴子一点点剪开，当医官给他脱下靴子时，不禁惊呆了——靴子里装满了血。外面的血凝固了，里面的血还在源源不断地涌出来。医官连忙用止血的金枪药堵住他的伤口。

这个平时止血的灵丹妙药，这回却不灵了，阖闾的血怎么也止不住。大家又手忙脚乱地给他在小腿、大腿上扎绷带止血，可是不管大家用什么办法，都没法止住脚心的血。到了深夜，阖闾已是面如白纸了。

夜正深，忙碌了大半夜的伍子胥走进帐营，禀道："大王，在下已部署完毕，吴国将士决心全歼越兵，打到越都去，为您报这一箭之仇！请大王下令反击。"

这时，阖闾虚弱疲惫得连眼睛都睁不开了，有气无力地摆摆手，说："回姑苏吧。"

伯嚭也连忙说："大王的伤不能延误，赶快回姑苏！"

趁着夜色，一辆轻车快马加鞭地护送阖闾向姑苏疾行。当天色微明，离姑苏还有一半路程的时候，阖闾令车辆暂停，说："快传唤储君夫差。"

夫差是阖闾的次子，年纪刚刚三十出头。他身材魁梧、浓眉大眼、方嘴宽额、帅气英俊；从小心胸宽阔、志存高远、性格豪放大气；睿智多才，琴棋书画样样精通，刀枪棍棒无所不能，说话办事成熟而有见地。夫差深得阖闾喜爱，早早被立为储君。

夫差来到阖闾面前，只见阖闾大汗淋漓、面无血色、呼吸急促，连忙伸出双手，紧紧握住阖闾的手。阖闾虚脱地说："孩儿，为父不行了。"

"父亲，您只是受了轻伤，您会好起来的。"夫差紧紧握住阖闾的手。

"为父身经百战，没想到会栽在勾践这小子的手上。"阖闾虚弱地说。他停了停，问道："你会忘了勾践杀死你父亲的大仇吗？"

"不会，孩儿誓不敢忘！"

阖闾又召来伍子胥和伯嚭，说："从今日起，本王把吴国王位传给夫差，请二位多多辅佐。"

伍子胥和伯嚭一一应诺。

当姑苏隐隐出现在地平线上时，阖闾流尽了最后一滴血。

是夜，越国朝堂上，文武官员齐聚一堂，大家都为今日取得的胜利而高兴。勾践说："这次胜利，多亏范先生足智多谋。"

范蠡说："在下只不过按孙武的'兵不厌诈''攻其不备'的兵法施了一个小计。"

勾践说："这两条最基本的兵法，哪个军师、将军不知晓？可只有你在危急关头替本王排难解忧、以少胜多，打了个漂亮仗啊！"

石买不服气地瞪了眼范蠡。

文种说："光读兵法是不够的，还得有个临阵的'巧'和'窍'。"

勾践问范蠡："怎样才能用得'巧'、通其'窍'呢？"

范蠡答道："这就得看当时的战况了，百战百计，百计百窍，范蠡只是偶胜而已。"

石买见勾践只顾与范蠡交谈，冷落了自己和其他大臣，心中十分不满，再也按捺不住，走上前，说："大王，范蠡用山野小人之雕虫小技偶取小胜，算不得什么英雄。他施小计退吴兵有小功，但放走吴王、贻误战机有大过。"

"放走吴王？"他转问范蠡，"果有其事？"

"在下未让石将军追过吴界。"

"你有意放走吴王，是何居心？"石买责问。

"回大王，吴军撤至吴界便集结大军准备反攻，我军若硬打到吴国境内，吴军必以死相拼，我军取胜的把握甚微，死伤损失会很大。再说，当时天色已晚，打过吴界将凶多吉少。"

"你不要长他人志气，灭自家威风。当时我军士气旺盛，而吴军混乱，要不是范蠡下令收兵，我石买早就一气呵成，活擒阖闾，将阖闾的首级呈给大王，吴地已为越地了。"石买上前一步说，"大王，范蠡贪小功而误大事，罪该问责。"

勾践知道石买有意危言耸听、贪功排异，便话题一转，问道："若吴军明日再举进攻，我大越岂不又危在旦夕了？"

"据在下预断，吴国近日不会再攻我越国。"范蠡说。

“为什么？”勾践问。

“吴王已受伤。”范蠡答。

石买大声说：“大王，别听他的，吴王只是左脚上中箭，这点皮肉之伤能有什么大碍。如果明日吴王要报这一箭之仇，变本加厉地打过来，我们就大难临头了。”

“范蠡，你可有话要说？”勾践问。

“在下预计吴军明日不会反攻越国，但是，这一箭之仇吴国迟早是要报的，我军必须固守边界，抓紧时间养兵、练兵，以防再战。”范蠡镇定地说。

“哼，你何以断定明日吴国不进攻越国？十万大军已摆在越国边境，今日又吃了败仗，明日岂能善罢甘休？养兵、练兵，远水解得了近渴吗？”石买愤愤地说，“大王，范蠡与吴国将军伍子胥同为楚人，他是有意放走阖闾和伍子胥。请大王治其罪。”

“此言不妥。”文种上前说，“伍子胥是楚人，我和范蠡也是楚人，但各司其主、各忠其职，不能因同是楚人就妄定为通敌。”

“即便如此，见敌不追，罪同通敌，也该问他死罪。”石买恼怒地说。

右将军皋如反驳道：“以退为进，进退有致，这是兵家常用的策略，再说那时天色已晚，吴军又已重新集结，追过吴界的确十分危险。”

勾践说：“今日获胜，多亏众将相、客卿众志成城、出奇制胜，范蠡功不可没。未乘胜追击，也是为我大越的长远而计，请各位不必再为此事争议。”

“在下只是略施小计，算不上有功。请大王重赏石大将军和各位大臣。”范蠡谦恭而退。

正在此时，军探来报：“报大王，吴王受伤身亡。”

勾践听到阖闾去世的消息将信将疑，便问范蠡：“听说阖闾死了，是真是假？”

“应以为真。”范蠡答道。

“听说阖闾伤的是脚，正如石将军说的是皮肉之伤，怎么就死了呢？”勾践问。

范蠡回答道：“大王有所不知，那天灵姑浮将军离阖闾较近，箭的力度也比较大。若我没有看错，那箭头从阖闾的脚心射进去，穿透脚背。”

“那也是小小轻伤呀！”

“大王，人的脚心有一个重要穴位，名涌泉。若涌泉穴被刺伤，就会血流不止。”

“喔？”

“如果阖闾不把箭拔出，箭在那里堵着涌泉穴，及时进行处理和治疗，或许并无性命之忧。而他恰恰是一把将箭拔了出来，那血便像涌泉一样流了出来。这时他如果马上躺卧，及时进行处理和治疗，或许也能找到止血的办法。可他根本没有这样的时间，不仅不可能治疗，还要拼力奋战，突出重围。当然，他可能也以为这只是一个小伤，没当一回事。”

“阖闾外出征战，难道不带金枪药吗？那是一种特效的止血药。”

“一般的刀伤、剑伤，金枪药一用就灵。但若是涌泉穴出血，金枪药也是止不住的。”范蠡说。

“阖闾不是因为伤重，而是因为失血过多而死的？”勾践问。

“没错。在一般情况下，一个人的涌泉穴被刺穿，不出两个时辰，就会因失血过多而支撑不住。阖闾受伤后，还坚持指挥、征战、突围，等他实在支撑不下去时，至少已经过去三四个时辰了，身体里的血已流得差不多了。所以不等他赶回姑苏，就闭上了双眼。”

勾践大喜过望，说：“天佑越国！”他站起身来，兴奋地下令，“重赏三千勇士，犒劳三军将士。”

满朝文武皆大欢喜。

“赏石买、灵姑浮将军各良田百亩、黄金千镒；封文种为大夫、范蠡为谋士，各赏屋宇十间、良田五十亩，准将家眷接来越国居住。”

文种、范蠡谢恩。

“哼，那小子错失灭吴良机，还受如此封赐，岂有此理！”石买则忿忿不平地嘀咕，接着便指着范蠡，大声禀报：“大王，他把下三滥的雕虫小技用到战场上，算什么智谋？我带大军捉拿阖闾，他竟然坐山观虎斗，不伸援手，这岂不是欲置本将军于死地吗？”

对于石买的一再指责，范蠡不予理睬，躬手向勾践辞别道：“大王，在下答应帮越国解一时之危，现在危机已解除，在下自去游历山水了。临走之前，特忠禀大王：越国今虽巧胜，但并未逆转吴强越弱的局势，新王夫差必会为父报仇，望大王切切不可掉以轻心，切切不可意气用事。”

勾践本不愿范蠡离开越宫，但石买咄咄逼人，为避免矛盾激化，也只有让范蠡先避避。他说：“正是，吴国仍窥觑我越地，吴越之战随时可能再次发生。寡人若有危急之事，到哪里去找先生呢？”

“范蠡近日仅在越国之内游历，不打算远行。”

“寡人赐给先生一块特行令牌，大越之地，任君遍游。特行令牌为两个半圆，先生执一半，寡人执一半。若寡人有请，先生务必见牌即归。”

“遵命，谢大王。”

十三、兵败槜李

阖闾去世后，其子夫差继承了王位。夫差对阖闾的猝死哀痛不已，举行了十分隆重的国葬，将阖闾安葬在吴国都城姑苏阊门外的海涌山。安葬那天，夫差在阖闾墓前长跪不起，哀伤地说：“小时候，父王是孩儿心中刀枪不入的天神。长大了，父王是孩儿心中战无不胜的战神。孩儿怎么都不愿相信，您竟如此匆匆地走了，孩儿遗憾万分。”夫差把紧握的拳头放在胸前，说，“父王，安息吧！孩儿发誓，一定要打败越国，为您报仇雪恨！”

大臣们一再劝慰，他才站起身来。临别时，他对天长啸，说：“父王，我要像您一样，成为一代枭雄。我一定要完成您的夙愿，成为一代霸主！”

从安葬阖闾的当天晚上起，夫差就睡卧在柴薪上，日思夜想，誓为父王报仇，与越国不共戴天。

再说，伍子胥带领十万大军在槜李被三万越兵打败，阖闾受伤身亡，吴军败退回国，死伤不计其数。伍子胥对此无比羞愧、无比内疚，悔恨交加，在内心深深责怪自己。以往，有孙武同阵，总是战无不胜。而孙武走后的第一战，自己就在阴沟里翻了船，带领数倍于越国的大军，却遭到惨败，真是奇耻大辱、脸面尽失、无地自容。他也在阖闾墓前长跪不起、涕泪纵横，边哭边说：“大王，千错万错，都是子胥的错！子胥万万没有想到，您就这样走了，子胥愿替您死一万次！”

伍子胥捶胸顿足，自责地说：“作为臣子，不能为君主保驾护佑，犯下了天大的过错，实在是太惭愧了，我一定要将功赎罪、打败越国。”

此后，伍子胥带着深深的内疚，亲自安葬阵亡将士，看望、安慰伤兵。面对死伤将士，他一次又一次地内疚得泪流满面，决心辅助新王夫差报仇雪恨。吴国那些曾经拼死作战的士兵、伤员和受到兵害的百姓，也都加入准备讨伐越国的队伍中来。伍子胥在准备复仇的三年里殚精竭虑、废寝忘食、日日夜夜地忙碌在训练场上。

阖闾下葬后的第三天，有人在海涌山上看见一只白虎威武地蹲踞其上，夫差十分惊奇，认定那白虎就是父王的化身。于是，他将此山更名为“虎丘山”。

夫差登上王位的第一件事，就是全面部署复仇灭越的大事。他向吴国将士、军民宣称：“本王要不惜一切代价，向越国报仇雪恨，不灭越国，誓不罢休！”

夫差积蓄粮食、修建战船、打造武器、训练士兵，每天从早晨天不亮，一直忙到深夜，一点也不敢懈怠。某天，他督阵练兵回到殿里，疲乏得坐在桌边就打起盹来，刚合上眼，就梦见阖闾站在他面前，说：“夫差，你忘记越国杀死你的父亲了吗?”他一激灵，连忙匍匐在地，高声应道：“夫差不敢忘!”

过了好半天，夫差才回过神来。他回到王座上，传来伯嚭，说道：“太宰大人，请派十个侍从，轮番立于殿中。本王每次进出，从这里走过，都要大声提醒本王，让本王不忘杀父之仇的大事!”

第二天，夫差走进大殿，立刻有侍者高声叫道：“夫差，你记得越国杀死先王了吗?”夫差一听，顿时泪流满面，高声应道：“记得，夫差不敢忘!”自此以后，天天如此。

时间过得飞快，夫差服丧三年期满。在这三年里，夫差在伍子胥、伯嚭的辅佐下，把吴国整治得井井有条，军队训练有素，国力大大增强。特别是吴国水军，实力已堪称一绝。

夫差看着坚固的战船、精良的吴军，心里呼唤：“父王，为您报仇的时候到了，请您保佑王儿!”

夫差准备任伍子胥为大将，伯嚭为副将，举倾国之兵，从太湖取水道进攻越国，一报杀父之仇。伍子胥却提出了反对意见。原来，伍子胥为了攻越复仇，曾拜有名的越公为师，细致了解越国国情、观天时变化、看星移辰斗、测吉祸兆象。越公告诉伍子胥，据星象测定，天上的岁星恰好与地上的吴越两国相呼应，表明这两个国家都受到天命的保佑。但是两国中若谁先动兵，则会反受其害。因此，伍子胥一直按兵不动。当夫差催促伍子胥发兵攻越时，伍子胥说：“现在，吴军旺盛的士气与天兆正好相印，其威力无比。但是，我方不能先发兵，要想方设法让越国先动手。”

“越国日日担心我吴国发兵攻打它，避让都来不及，怎么可能先发兵来打我们呢?”夫差说。

伍子胥说：“那我们就‘逼’。我们要大肆造势，制造紧张气氛，让越王坐立不安，逼得他不得不动手。”

“好，请伍将军布局。”

于是，伍子胥让夫差发布告示，遍告百姓，说要准备攻打越国了。一时间，山雨欲来风满楼，吴国上下都在传说攻越之事。吴国百姓也磨刀霍霍，一派随时冲上前线的架势。同时，伍子胥又故意大张旗鼓地放出风来，说即将倾全国之兵力向越国发起进攻。

会稽山大捷以后，勾践明知夫差一定会来报父仇，戒备之心一刻也不敢松懈，防备吴国再来进犯。勾践也知道，夫差励精图治，积极练兵备战，已经达到万事俱备的地步了。

最近，吴国即将出兵攻打越国的密报，被一个又一个地火急报到越国朝廷。看到堆积如山的军报，勾践日日坐立不稳、寝食不安。他也向全国发出告示，号召全国军民紧急动员起来，迎战吴国。同时，勾践急召大臣商议对策。而在如何对阵吴国大军的问题上，朝廷大臣发生分歧，展开了激烈的争论。

大臣们分成两派，一派主攻，一派主守。

大夫诸稽郢是位颇有经验的、擅长抗敌设阵的沙场老将。他说：“吴国含恨三年，蓄势待发。现在正是他们气势高涨、锐不可当之时，我们不能与他们硬碰硬。”

石买献计说：“三年前，老谋深算、不可一世的阖闾，被我们打得落花流水，一命呜呼。今日那羽翼未丰的夫差，能把我越国怎样?！大王，先下手为强。与其等待吴军前来攻击，不如我越军主动进攻，抢占先机。不等他们发兵攻越，就让他们遭受重创！”

诸稽郢说：“石将军勇气可嘉，但作战不是光凭勇气就能取胜的，我们要知己知彼，正确衡量自身的实力，在敌强我弱的情况下，应该以守为主。”

大夫皋如也担忧地说：“吴国大军军力强盛，来势凶猛，士气锐利，若他们进攻我越国，我军恐怕连正面迎敌都难以抵挡，更不用说先发制人了。”

“正面迎敌，我方的确难有胜算。但趁吴军主力离开其国都，国都兵力相对较弱时，派出一支精锐部队，出其不意地攻打他的后方。这样，以少胜多，转劣势为优势，也不失为一良策。”大夫扶同主张主动出击。

文种知道，近年来，吴国屡屡进犯越国，使越国受到战火的重创，其国力和兵力均不足以对抗吴国。他正想上前反驳石买，却被范蠡用手给拽住了。范蠡向他轻轻摇了摇头，他会意地退了回去。

勾践说：“虽然现在吴军来势凶猛，兵力数倍于我军，正如三年前的槜李之战。现在我军虽弱，也是有备而战。在吴军还未站稳脚跟时，我们就先举进攻，打他个措手不及。各位大臣、门客以为如何?”见没人回应，便面向范蠡问道：“范大人以为如何?”

范蠡上前一步说：“一个国家要想保持胜利和安泰，必须时时居安思危，发生任何事，都不要操之过急。天机不属于自己时，决不可主动地发起攻势。”

“你的意思是说，吴军来侵犯我国，我们不用抵抗，而要坐等天机?”石买讽刺地说，“天机还是让你去等吧，我们必须去与吴军打仗。”

“我们不能自持过去曾有过一次、两次战胜吴国的战绩，就以为越国这次也能战胜吴国。诸稽郢说得对，我们必须正确评估自己现在的实力。如今越国国力远没有吴国强盛，士气远没有吴国高涨，兵器装备远没有吴国精良，却要向准备已久、决心复仇的吴军发动攻击，这是一种冒进。这种急躁冒进的行为，使越军有可能会落入灭顶之灾中。即使吴军抵达吴越边境，越国不得不迎战，也只能以守为攻、以退为进。而现在，我们主动进攻吴国，则是‘天、地、人’三不和。”

“你竟敢如此大胆地反对出击，是要诅咒越国吧?!”石买大怒道，“广庭之上，危言耸听，大王，不要理会他!”

“说我危言耸听，那我就再说一句，大王，有人若要一意孤行，主动出击吴军，那么，可能会伤及越国的存亡和您的地位！”范蠡沉稳地说。

勾践知道范蠡学识渊博，但他在朝廷上与石买等重臣发生如此激烈的争执，也驳回了自己的意见，心中不悦，面子上也拉不下来，一时竟不知说什么好。

范蠡见勾践不语，便进一步分析敌我双方的形势：“吴王因其父阖闾为我方所杀，三年来矢志复仇。伍子胥兵败后既耻辱又愤恨，秣马厉兵。他们心怀愤恨、兵精将勇、士气高涨、实力雄厚。我们不能以硬碰硬，应该坚守城池，用时间来消磨、瓦解吴军的锐气。明智的选择只能是以逸待劳，坚固城防，作好准备回击吴军的来犯。如果边境失守，则退至会稽山，坚守不怠。”

“大王，范蠡是长他人志气，灭自家威风。吴越两国已是世仇，不能不战。今若守城不战，夫差和吴国人岂不耻笑我越国是缩头乌龟？”

“战争是实力和智慧的较量，不是为了撑面子，更不是斗气。如果主动出击而被打败，岂不是也留下了‘自不量力’的笑柄？”范蠡反驳说。

“胜败乃兵家常事。宁当战场败将，也不做缩头乌龟！”石买傲慢地说。

“攻守适时、进退有致，才是兵家之道。守是为了攻，退是为了进，这是兵家策略，绝不是胆怯害怕。”

“老子只会进，不会退；只会攻，不会守！”石买鄙夷地斜视范蠡，冷笑着说。

看着石买目空一切、傲视一切的样子，范蠡心中觉得好笑，便故意挑逗地说：“您知道吴军大将是谁吗？”

“伍员。”

“没错，他可是身经百战、精通兵法。”

“老子也是身经百战的！”石买自信地说。他围着范蠡转了一圈，眼珠子乱转，从鼻孔里冷笑着说，“哦，伍员是楚国人，你也是楚国人。你高抬伍员，就是想高抬你自己吧？你口口声声不准出击，是不是想让我越国坐以待毙？你和他来个里应外合？”

“朝廷议政，不可空口污人。”文种说。

石买不以为意地说：“吴国先王阖闾号称无敌之王，我们也把他打得落花流水。如今夫差这个毛头小子又能怎样？”

“兵器即凶器，战争是逆德的行为，发动战争是下下策。如果主动挑起战端，最后的结局将会伤害自己。没有正确的、非常充足的理由而去发动战争，自己的国力薄弱、兵力不足，还要主动进攻准备充分、兵力强大的吴国，是违天逆道的行为。一定不利！”范蠡据理相争。

“范小子，你是不是说得太多了？现在可不是你讲学论经的时候，吴国大军兵临城下，大战在即，大王和众臣都没闲心听你唠叨什么大道理了！”石买对范蠡轻蔑地说。接着转向勾践催促道：“大王，兵来将挡，水来土掩，我们先下手为强，请下令出兵！”

勾践对石买点点头，决定采用先下手为强的策略，下令道：“灵姑浮将军，带领精锐部队五千人，奇袭吴军后方。”

“领旨！”

“石买大将军带领五万大军，向吴军的后方大本营发起进攻。”

“领旨！”

勾践站起身，英气勃发地说：“吴国正在向我国边境集结。寡人将亲自带领大军上阵，兵分两路、前后夹击，不等他们进攻越国，就把他们的后方打个稀烂！”

“大王英明！”

退朝后，文种紧跟着范蠡步出大殿，快走两步与他并肩而行。文种轻声地责怪范蠡，说：“你呀，是怎么搞的？我想反驳石买几句，你示意我慎言。而你却慷慨激昂，与越王大唱反腔，这不，得罪了石买，越王也不买你的账！”

“我不让你直接进言反对石买，是因为他位居一人之下、万人之上，他又是一个听不得反对之言、容不得他人的武夫，你若与他起争执，他必会记恨心中，伺机报复你。”范蠡说，“而我不一样，我无官一身轻，区区谋士而已。我与他意见相左，他对我这个初出茅庐的小子也没辙。我无所顾忌，什么话都敢说。一些元老大臣心里想说而不敢说的话，我给抖出来了。他们怕越王生气，我不怕。他们怕石买弄权，我也不怕。再说，我人贱言微，在重大问题上说实话、出良策，必须措辞激烈点儿，才能在大臣心里留下印象。”

“少伯处处为我着想，文种实为感动。”文种拉着范蠡的手说，“你也一定要提防石买，小心他报复你。”

“文兄放心。据我所知，这次吴国已经准备得滴水不漏，夫差和伍子胥都报仇心切。越国虽然也做了充分准备，但与吴国相比，力量仍然十分悬殊。在这种情况下越国应该稳住阵脚，拼死抵抗，切切不可轻举妄动。在这次的对垒中，谁先动手，谁就会大难临头。越王若听信石买的话，劣势出兵，一定会大败。也许，越王在受到重创、身处危难之时，会想起我说过的话。”

勾践没听范蠡的建议，亲自挂帅，以石买为左将军、灵姑浮为右将军，带领五万大军，前去攻吴。在出征前，勾践特地请来巫师问卜。勾践以龟卦卜吉凶，抽了一个吉签，心中不禁大喜。他请巫师解卜，巫师预言：“越王此次出征，若走水路，将得上天保佑，大风将倾覆吴军的所有船只，越国将获大胜。”

“好，神明保佑我越国！我们从水路进攻！”石买也高兴地大叫。

巫师说：“我将为大王祈祷，愿神灵保佑大王所向无敌。”

再说越国从水路进攻吴国，一路顺畅到令人生疑，他们没有遇到吴国的大军，也没有遇到声势浩大的吴国战船。偶有前来阻拦的小部队不堪一击，节节败退。

“奇怪，吴国的水上防线怎么如此差劲？简直像一点防备都没有？”

诸稽郢对这不可思议的顺利，感到心里发虚，疑惑地说，“伍员向来布局诡秘，神秘莫测，我们别是进了他的圈套吧？”

“这是神灵在保佑着我们！”石买得意地说，“本想与夫差一比高低，却未见敌手，真令人失望。”

勾践心里暗暗庆幸，也希望是神灵保佑着他们，让他们不战而胜。

诸稽郢提醒说：“大王不得轻敌，伍员老奸巨猾，不知他施的什么诡计？”

“是不是军报有误？怎么没见吴国侵越的迹象呀？也没见他们的军队和战船？”

“没人阻挡我们岂不更好？”石买说，“让我们无遮无拦地一直打到姑苏城去！”

“巫师不是说会刮大风吗？还说大风会把吴国战船全刮翻。”曳庸说，“吴国的战船都没见到，哪里还用神灵刮大风呀?!”

原来，越军的一举一动都被吴国将军伍子胥尽收眼底，伍子胥按兵不动、引敌深入。吴国大军布阵在太湖中的夫山和椒山之中，紧紧把住夫、椒两山的山口，以静制动、以逸待劳，等待越军前来。

吴国得知越国来犯、勾践率军北上的消息，夫差捧腹大笑，说：“哈，真想不到勾践这小子这么乖！本王正想找他，他就自己找上门来了！伍将军，勾践要自投罗网了！”

“大王，我们苦练三年，等待的不就是这样的机会吗？如今勾践成全您来了！大王等的是这一天，在下等的也是这一天。大王报仇的时候到了，子胥洗耻的时候到了！”

“请将军部署。”夫差说，“我们在何处操刀反击？”

“夫椒。勾践从檇李到夫椒，行程数百里。我军静候在夫椒，以精锐之军对阵勾践的疲惫之师，岂有不赢之理？等他们深入夫椒腹地，我们就扎起口袋，打一场歼灭性的大战，让勾践有来无回，全军覆没。”

“好！伍将军果然英明。我们与越军在夫椒一决胜负！”

“不，不是一决胜负！我们的目标是全歼越军，活捉勾践！”

伍子胥为引诱越军更加深入他所布设的“口袋”，在开始的交战中，吴军有意隐忍不发，仅以小部队引诱越军。双方在交战中，各有胜负，把一个悍勇好强的石买的心挠得痒痒的。吴军边战边退，石买恨不得一口将吴军吞下，便边战边追，一直追到夫椒。吴军诱兵登岸，弃船而逃。石买立即下令：“上岸追赶！”

石买心里充满所向无敌的信心和对神灵保佑的无限信赖，哪里看得出伍子胥的计谋？便下令全军：“快速前进，直捣夫椒！”

越军一路紧追吴军，一直追到夫山和椒山的正中间。这时，被追的吴军一下子踪迹全无。

石买以为吴军害怕得躲起来了，松了一口气，说：“军情报说吴军如何如何强大，原来也是如此不堪一击，没有想象中的可怕嘛！”他一边放眼搜寻吴军，一边不住地唠叨：“老子不怕你吴军，今天被打怕了吧！老子看你往哪里躲，有种的你就躲着不出来，老子在这里安营扎寨！”

夫椒这地方犹如一个口袋，伍子胥就等着石买往里钻。刚愎自用的石买，一步步按伍子胥设计的路线钻进了“口袋”中央。

正当石买洋洋自得时，诸稽郢驱马急驰而来，大声叫着：“石将军，这里万万不可逗留！赶快撤！”

“大惊小怪什么呀？大家伙儿都累了，安营扎寨吧，明天一早修筑工事，准备迎敌。”

曳庸放眼看了看两边黑压压的夫山和椒山，心里也一阵发虚，说：“在这里安营扎寨太危险了，吴军要是把两头的山口一封，我们就出不去了。这是兵家的大忌，还是赶快离开这里吧。”

“怕什么？天色已晚，我们稍事休整，明天天亮再说吧！”

天色已暗了下来，士兵们都已疲惫不堪，横七竖八地倒在地上，就是下达撤军的命令也没人理睬了。

诸稽郢大叫："石将军，赶快撤！小心吴军在这里设下埋伏圈！"

诸稽郢见石买根本不听他的建议，急忙带领禁卫军策马急奔返回战船上，对勾践说："大王，千万不能上岸。我们可能中了伍员的奸计！如果伍员将山口一封，我越军就没有退路了。请传令石将军以最快的速度撤出来！"

可是，一切都来不及了。

伍子胥见石买上钩，十分高兴。一声令下，吴军趁着夜色从四面八方向越军包抄而来。还没等勾践下令撤退，吴军就发起了总攻。吴越两军在吴国的夫椒狭路相逢。一方精疲力竭，丧失了防备之心；另一方以逸待劳，以静制动，占尽天时、地利、人和。

一时间，火光冲天，杀声震地，疲惫不堪的越军将士与饿虎扑羊般的吴军展开了浴血奋战。这一仗，直杀得天昏地暗、日月无光。

石买带领将士拼死厮杀，向外突围；诸稽郢、灵姑浮奋力拼搏，在外接应石买，好不容易才杀出一条血路，冲出重围。他们护着勾践一路向南撤退，一直退到钱塘江边才稳住阵脚。

勾践惊心略定，便传令："石买将军，吴国的追兵马上就会尾随而来，你从速整顿军队，准备全力反击。"

曳庸非常不满意地看了石买一眼，向勾践进言："大王，石将军不听劝告、擅自做主、决策失误，使我越军损失过半，罪该受罚。现形势紧迫，大敌当前，若将大将之职封给有经验的大臣，或许能转败为胜，但若仍然以石买为将军，则越国危在眼前了。"

"大王，石将军平日刚愎自用、傲慢自大、目中无人，请大王斟酌石将军的号召力和指挥力。"畴无余将军也说。

皋如也进言道："大王，石买将军有勇无谋，急功近利，既没有智慧又没有方略，越国将败在他的手里。"

"石买目光短浅，与每个人都结怨、结仇，在军中既没有威信又没有人缘，谁会听他的指挥呢？大王，把军权交给老将诸稽郢来指挥吧！"

曳庸说。

“临阵换将，兵之大忌。大敌当前，情况危急，寡人顾不上许多了。”勾践着急地说，“石将军，快快下令结集部队！”

夫差士气旺盛，乘胜追击，越军也疯狂反击，血流遍地，横尸如山。从深夜一直打到正午，双方将士都在鏖战中拼死相搏。可就在这时，天色大变，黑云翻滚、大雨滂沱，大风像发狂的巨龙一样，凶猛地刮来。不知真是阖闾在保佑着夫差，还是夫差为父报仇的精神感动了上天，飓风刹那间将越军的战车吹翻，摔得七零八落；马匹脱缰，在人群中横冲直撞，骑士落地，战士死伤无数。越国的大船失去了控制，被大风刮上了岸，小船被大风掀翻在海里，须臾不见了踪影。而吴军的船只正好处在北边的港湾里，未受到大的损失。

经过一夜的激战，越军大败，吴军大胜。伍子胥、伯嚭带兵从水陆两路乘胜追击。夫差登上战船，紧张的心松弛下来，一阵睡意袭来，他便在船舱里和衣而睡。

只一小会儿，夫差乍地醒来，急急叫人召来伍子胥，说：“国相，我刚刚做了一个梦。梦见一口井，井水满盈，多得直向外涌。又梦见越王想用扫帚扫本王，本王奋力与他争夺一把扫帚。你快为本王测一测，这梦是凶是吉?”

“大王不必担忧，越军已被我们打败了!”伍子胥微笑着说，“大王的梦是大吉之象。”

“此话怎讲?”

“井水是供人们饮用的，井水多得满溢出来，预示吴国的财物绰绰有余。越国位处南方，南方属火；吴国居北，北方属水。水能克火，大王您担心什么呢?”伍子胥说。

“今日吴国征战，天降暴雨，怒刮飓风，是不是天时不对呀?”夫差又担心地问。

“大王，今日飓风是从北面刮过来的，对我方是大为有利啊！正因为上天帮助、保佑吴国，我们才能取得如此大的胜利。”

夫差放下心，问：“战果如何？”

“据军情报告，越国的五万人马，从夫椒突围出来，剩下不到一半。今日连战，越军所剩无几，大约只有五千人马护着勾践逃走。上百艘战船，可以说全部被摧毁，沉的沉，毁的毁，漂浮在海上的二三十条船，没有一条能用了。”

“我军伤亡如何？”

“我军也受到一定损失。士兵伤三千、亡两千；战船沉十二艘、坏二十一艘。但这与越国的损失相比，就算不得什么了！”

“这真是天佑我大吴啊！”夫差不禁感叹道。

“现在勾践带领残兵败将正在向会稽山方向撤退，老夫已派兵准备将其团团围住，让勾践插翅难飞！”

果然不出伍子胥所料，越军将士边战边退，一直退至越国会稽山，恃险据守。

伍子胥带领吴军步步紧逼，将会稽山团团围住，切断了越军所有的粮道和水源。

勾践清点军士，才知道在主力决战中，五万越军只剩下伤痕累累的五千人。勾践与残军被困守在会稽山上，几天以后，存水、存粮即将耗尽，最后的一线生机也即将失去，即使吴军不进攻，勾践和越国大臣也只能坐以待毙了。

勾践没想到越军会败得这样快、这样惨，没想到平日气壮山河的石将军会这样经不起打。他看了看血迹斑斑、伤痕累累的五千士兵，悲从心来，不禁掩面而泣：“难道越国也要像徐国那样被吴国灭掉吗？越国的臣民也会像楚国郢都的臣民一样惨遭蹂躏吗？”他想一想，又哭一哭，“父王啊，祖先的疆土今日难道要在孩儿的手中丧失吗？”随从和兵士们听了，无不痛彻心扉，一个个掩面号啕痛哭，哭声在夜空中回荡。

诸稽郢劝慰道："大王，大敌当前，不是伤心的时候。在这最困难的时候，大王一定要稳住阵脚、遇事不惊。大王有信心，越国将士和越国百姓才会有信心。"

"巫师不是说天佑越军的吗，怎么反倒帮了吴军？"石买想起了巫师的预言。

"我们上当受骗了，那个巫师可能是伍员派出的吴国奸细，引诱我们进圈套的！"诸稽郢说。

"太恶毒啦！"石买咬牙切齿地骂道。

在这绝望之时，勾践想起了曾经大胆进谏、反对举兵吴国的范蠡。

勾践大叫一声："来人呀，快传范蠡来见寡人！"

"末将不知范先生现在何处。"扶同怯怯地轻声禀道。

"是呀，恶战之际、兵败之时，吴军把会稽山围困得插翅难飞，又怎能去找他呢？"勾践心灰意冷，失望地垂下了头。

正在一筹莫展之时，忽见卫兵匆匆传报："范蠡先生前来求见。"

勾践喜出望外，连忙说："快快，请范蠡！"

勾践拉着范蠡的手，问："吴军防守如此严密，你是如何进来的？"

范蠡说："我早知会有今日，已在会稽山等候多时。"

"啊？你已算定寡人会兵败会稽吗？"勾践惊奇地问。

范蠡微微垂下眼帘，未作回答。

勾践眼望身边的败鳞残甲，亡国之忧萦绕于怀。他凄然地对范蠡说："寡人后悔没听先生之言，故有此患。"话刚出口，眼泪已涔涔流了下来，"如今，吴军已把这里围得水泄不通，事到如今，本王已主意全无。在这危急困苦之时，请教先生指一求生之道。"

范蠡看看勾践落魄的样子，知道他已心急如焚，却故意不紧不慢地说："求生之道？商人都懂得求生之道，他们在夏季就会准备保暖的皮袄；寒冬就会准备凉爽的纱衫。凡事提前作好准备，以备不时之需，何况大王您呢！"他停了停，看了一眼勾践，揶揄地说，"国家安泰的时候，意气用事、任性随意，听不进谋臣志士的金玉良言。如今受困会稽山，才想到要找良计、良策，岂不是太晚了吗？”

勾践站起身走到范蠡面前，双手握住他的手，说：“寡人年长你几岁，就算长兄有错，你还不能谅解吗？”

勾践卑谦而亲昵的话语和举动，不禁触动了范蠡的心。他垂下眼帘，说：“范蠡心里从未责怪过大王，只是现在，大王和越国确实到了十分危险的时刻。”

“是啊，寡人不甘心年纪轻轻就告别人生，也不忍心越国灭亡在寡人手中。现在越国的局势恶劣到极点，已经没有生路了。患难存知己，只有你才会在这种时候助寡人一臂之力，也只有你才有办法助寡人渡过难关。”

“现在，大王你准备怎样做？”

“寡人已步入毁灭的深渊，走投无路了。要么带领五千越兵来个鱼死网破，以死一拼；要么自毁宗祠，自绝于世。”

“大王所说的两条路都不能行。”

“为什么？”

“因为这两条路都是死路，而大王要的是活路。”

“时至今日，还有活路吗？”

“事在人为。”范蠡说，“试试求和吧。”

突然，军营传来一阵震耳欲聋的呐喊声，勾践急问：“怎么回事？”

“回大王，石买将军被士兵用乱剑砍死了。”

勾践一听，一下子惊呆了，喃喃地说：“寡人早就应该知道重用石买会有如此结局，为何直到现在还没明白？”他大脑里一片空白，精神恍惚地说，“兵没了，将没了，越国也要没了。”

“大王，石买没了，诸将还在，你身后的越兵还在，脚下的会稽山还在，越国的百姓还在。我们决不言弃！”范蠡鼓励地说。

原来，越国五千残兵依险固守在会稽山，弹尽粮绝，勾践在发愁，越兵也在发愁。他们一边警惕地注视着吴军，一边你一言、我一语地议论着。

“吴军把咱们里三层、外三层地围着，咱们五千人马不知冲不冲得出去?”一个士兵担忧地说。

“如今不冲，是个饿死；冲，是个战死！就凭咱这点人马，打吴军就好比拿鸡蛋碰石头，哪里冲得出去?!”

“咱五千兄弟一死，越国就成了吴国的领地了。咱们死无葬身之地，咱们的亲人、子孙和列祖列宗都要遭殃了!”

“唉，要是范先生在，还能帮着出个计谋，说不定能死里逃生、化险为夷。”

“可谁知范先生在哪里呢？他被石将军给气走了。”

大伙儿正在有一句没一句地聊着，忽然听到一声吼叫：“是谁在那里左一个姓范的、右一个姓范的，想死吗?”石买冷不丁地走出来。

大家默不作声。

石买又一把抓起一个年纪较大的士兵胸前的衣服，质问道：“是你吗?”

“是又怎样，不是又怎样?”

“是，先打三十军杖再说。”

“石将军，您得按军规办事，不能想打就打、想罚就罚。”士兵不服地说。

“老子不懂军规，但老子懂军杖！谁不听老子的，格杀勿论!”

“你，身为将军，却拿兄弟们的生命当儿戏。跟吴军战了没几个回合，就死了几万兄弟!”铁驹说，“上一仗范先生指挥，吴军十万，我们三千壮士、三万人马，打了胜仗；这次你指挥五万人马，敌我兵力相等，却败得一塌糊涂，五万兵马只剩五千。石将军，你觉你有资格在兄弟们的面前耀武扬威吗?”

石买妒火中烧，气急败坏地大嚷大叫：“你们这群蠢猪，姓范的让你们卖命，你们还一个个像喝了迷魂汤一样地处处说他的好话！老子在前方冲锋陷阵，他小子在哪里？告诉你们，我是大将军，我说范蠡是楚奸，他就是楚奸，谁说不是，脑袋就得搬家！”

铁驹说：“你拿兄弟们的生命当儿戏，枉死了那么多的兄弟。范先生会用计策，不会一味蛮干！早听范大人的话，就不会有今天的惨剧。”

“你是变着法子骂我鲁莽无能吗？”石买的脸涨得通红，恼羞成怒，拔剑指着铁驹叫道，“范家小子算什么东西？你拿他来涮我？我宰了你！”

“吴国大军没能要了我和这五千兄弟的命，如今岂能死在你的手里！”铁驹怒目圆瞪，五千士兵齐刷刷地站在铁驹的身后。

石买一看，剩下的五千人中大多是当年槜李之战打头阵的敢死队员——越国侍卫军和范蠡从死牢里提出来的囚犯，便声大气粗地叫骂道：“你们这群乌合之众、强盗杀人犯，想造反是不是？你们一个个早就该杀！你们再提范蠡半个字，我便格杀勿论！”

“四万多兄弟已死在你手里，你再干掉我们，好到夫差那里去报功吧？”

石买用鞭子指着铁驹说：“你这个蠢蛋，给我站出来！”

铁驹昂首挺胸地站着一动不动。

“我今天要杀鸡给猴看，让你们知道当范蠡跟屁虫的下场。”石买举着鞭子朝着身材高大的棕榈叫道，“你，给我过来，用这鞭子狠狠地抽他一百鞭。”

棕榈看着石买，双手抱在胸前，一动也不动。

石买气极了，大叫：“你给我过来！”棕榈双手抱在胸前，一副鄙夷不屑的神情。

“反了你！你不过来？我先揍你！”石买气得七窍冒烟，高举着鞭子冲过去，对着棕榈劈头抽去。霎时，鲜血从棕榈的头上、背上、胳膊上渗出来。

“住手！”铁驹怒目相对，一把握住他的胳膊，夺过鞭子，重重地摔在地上，“不许你打我的兄弟!”

“好啊,”石买阴阳怪气地说，“那我就杀了你!”

“你杀我？你凭什么杀我?”

“凭什么？杀你就像杀只鸡，还用得着找理由?”说着抽出大刀就向铁驹劈来。

铁驹向后一步跳开，石买又是一刀劈过来。

铁驹边避开锋芒边大声说：“石将军，你再不住手，我就还手了!”

“我今天不砍下你的头就誓不罢休!”石买发疯一般地边说边舞动大刀步步紧逼过来。

铁驹“唰”地一声拔出剑来。石买一愣：“好啊，你小子要造反?!”

众士兵齐齐拔出长剑。

“你们都要造反，是不是?”石买用刀尖直指铁驹，又指着怒目相对的众士兵说，“谁要反对我，我就要他的命!”

话音未落，石买手起刀落，朝铁驹头上劈来。铁驹闪过身，大刀砍在地上。

“石将军，你的刀不可用来杀越国将士。范先生说过，现在越国最宝贵的是越国的将士。保住将士生命，越国就有希望。”

众士兵一起抽出兵器压住石买的大刀。

“反了，反了！我把你们统统杀掉!”说罢，拼尽全力拔出大刀，向着士兵横扫过来。

一个士兵躲让不及，被他一刀拦腰砍倒在地。

另一个士兵大叫：“石将军，请息怒！出人命了!”

石买对着他的脖子就是一刀，那士兵顿时血流满身。

铁驹大吼一声，“兄弟们死里逃生，从重重包围中冲杀出来，岂能死在你这个疯子的手下?!”

众士兵齐刷刷地将兵器指向石买。

副将卢虞对石买的行径早已忍无可忍。他用眼对铁驹一示意，举起长剑，大叫一声："杀！"

众士兵齐声怒吼，上百支长剑一起刺向石买，石买顷刻变成了一堆肉泥。

卢虞站到台阶上，大声说："兄弟们，石买不学无术、横行霸道，四万五千兄弟都因他而枉死。越国的兵权在他手里，越国只有死路一条，我们兄弟也只有死路一条。现在我们杀了他，请求大王把兵权交给范大人吧！"

铁驹泪流满面："来不及了，卢哥，我们只剩下五千人马了……"

"是啊，伤痕累累的五千人……"卢虞也哽咽着，"我带着兄弟固守关口，你快去禀报大王。"

越国军营中传出巨大的怒吼声，竟从越营一直传到吴营。夫差听见后，大叫："伍国相，这是怎么回事？是不是越军又来进攻了？"

"不会吧，越军现在应无反攻的能力。"伍子胥冷静地说，"来人呀，速速将越军内情报来。"

当吴国军探打探到石买被杀的消息后，伍子胥不禁哈哈大笑，高兴地对夫差说："大王放心了！现在越军如此哀嚎，他们的军心已经完全溃散了！勾践的败局已定，我们全歼越军、活捉勾践的时候到了！"

十四、降吴求存

越国简陋的军营里，石买被杀的事引起了一阵波澜，但很快，议程又回到何去何从的大问题上。

"求和之事，不妨一试。"诸稽郢说。

文种说："若能求和，只要能保住大王性命，保住越国疆土，就赢得了时间和机会。"

"夫差为报父仇，已经摩拳擦掌地准备了三年，这次是来取寡人头颅的，岂肯善罢甘休、同意求和？"勾践说。

“无论夫差同不同意议和，我们都必须走这第一步。”范蠡应道。

“大王，是我射中的阖闾，夫差要取的是我的头颅。请带上我的头颅去谈和，换得越国的平安。”灵姑浮上前一步，拔出鞘中的剑，就往脖子上抹。

范蠡一把夺下灵姑浮的剑，丢在地上，说：“别傻了，你以为夫差得到了你的人头就会善罢甘休吗？”

“要求和，没有见面礼，夫差理都不会理睬。”灵姑浮说。

“石买将军为越国打了许多胜仗，立下了很多功劳，这次，就让他再为越国立个功吧。请大王派重臣带着石买的头颅前往吴营议和。”诸稽郢说。

吴军包围会稽山后，没有马上发起进攻。伍子胥知道越人的性格是宁死不屈。马上进攻，越人必会拼死一战，再加上他们占据会稽山的有利地势，能以一当十。吴军虽然兵多，可纵使有十万大军，如果急攻取胜，势必会付出很大的代价。于是，伍子胥围而不攻，等越国军队山穷水尽、精疲力竭时一举全歼。

可伍子胥没有想到，越国人没有死守会稽山，也没有下山拼命，而是派人议和来了，来者是越国大夫曳庸。

曳庸口才极佳，能说会道，与诸侯各国打过多次交道，主管越国的外交事宜。

曳庸来到吴营，拜见夫差，言辞谦卑：“越王派遣下臣前来，是向您请罪的。从前，吴国先王教化越国，而越民不知高低，竟然伤着了先王，但越王、越民向来尊重吴王、吴国，这纯属误伤，绝非本意。越国得罪了先王和大王，是上天降灾惩罚越国。今日大王亲自伐越，是越国罪有应得。越王和越国臣民对大王心悦诚服。越国本来就是上天安排侍奉吴国的边疆小邑，您尽管差遣、驱使，用不着劳师动众地征伐。越王为了向您致歉，特让下臣带给您一份礼物。”说完，将装有石买首级的匣子打开，呈给夫差。

“大王，这是石买的首级。石买是越国的上将军、朝廷第一大臣。是他引箭射伤了先王，这次又是他擅自放任越国士兵闯入吴国境域。现越王已对他军法处置，以示对吴王您的歉疚，请大王过目审视。”

夫差和吴国大臣一一验证，确认是石买无误。

“吴王对越国的恩德，天高地厚，越王铭记在心，须臾不敢忘记。望大王宽宏大量，原谅越国的过失，越王特派下臣前来向您求和、向您叩首谢罪。”

听到曳庸的恭卑谦辞，看到敌国上将军石买的首级，夫差心中颇觉舒坦，但对越国求和却丝毫没动心。

“哈哈哈！杀个石买就能平本王心中之恨？”夫差听完大笑起来，“求和？想得倒美！告诉勾践，门都没有！”

“如果大王盛怒未消，还要继续攻打弱小贫困、残破不堪的越国，即便打赢了，也显示不出大王的军威，还留给各国诸侯一个以强凌弱、以大欺小的话柄。弱小的越国实在不值得大王动手，请大王允许越国成为您最好的邻邦。”

夫差听了不语，曳庸见状，又进言道：“如果大王同意我们求和，我们愿每年向吴国贡献礼品，决不会有丝毫怠慢。”

夫差的脸色缓和下来。

“大王若能原谅越国，您的仁德会传遍天下，受到诸侯众国的敬仰。如果要执意灭掉越国，天下诸侯会耻笑大王只会行武施暴，您又怎能取信天下、称霸天下呢？利弊得失，请大王衡定。”

伍子胥在旁边看着，见夫差心有所动，连忙上前，大声进谏：“大王，别听他胡诌。现在是上天欲把越国赐给大王，大王千万不能答应他们求和。”

夫差听伍子胥一说，动摇的心立刻稳定下来，说：“早知今日，何必当初？勾践这小子不知天高地厚，竟敢进犯我强吴！今日束手无策、走投无路的时候，却厚着脸皮来求和，即使你巧舌如簧，本王也不能答应！”

伍子胥不由分说，喝令曳庸：“滚吧，告诉勾践，吴王要活捉他，拿他祭祀吴国先王！想求和？痴心妄想！”

曳庸浑身一颤，不寒而栗。

曳庸带回求和未果的消息，勾践五内俱焚，哀伤而绝望。

这已是被吴国大军围困的第五天，会稽山上粮草断绝，情况十分危急。勾践心急如焚，召来范蠡和众大臣，说：“吴王回绝了我们的要求，议和已经不可能了。”

勾践不无沉痛地说：“寡人缺乏治理国家的方略，辜负了列祖列宗的期望，现在越国已经到了亡国的边缘，社稷宗祠难保，真是无足自立、无颜见人。在这山穷水尽之际，寡人想孤注一掷，先杀死自己的妻子、儿女，然后下山跟他们拼个鱼死网破，与吴国决一死战。众臣认为如何？”

文种谏劝说：“大王，此计切不可行。您要是走这一步，岂不是正中吴国下怀？”

“大王，吴王没能杀你，你有必要自寻死路吗？”范蠡答道，“圣德的君主能做一般人不可能做到的事，只是一心完成圣德之业。”

“问题是吴国大军压境，性命、国家在劫难逃，还谈什么圣德之业？”

“要成就圣德之业，就必须舍弃功名财利。从前，神农氏治天下，他致力让百姓得到好处，从没希望得到回报。他不贪天下之财，而天下共富之；他不因自己的智慧而显贵于人，而天下共尊之。因此，圣德者舍弃了私利，而得到了人心。大王想要在困厄之时仍不失人心，就必须舍弃一些东西，比如皇位、尊严、富贵等。”

“寡人的才德比不了神农氏。现在越国即将灭亡，越国臣民即将成为亡国奴，你用至圣之道来开导寡人，对寡人来说还有什么用呢？”

“现在大王身陷囹圄，却舍不得你的国土和钱财，而让越国军民与吴国拼死作战，这是明智之为吗？吴越力量悬殊，越国将士流尽鲜血也不可能取胜，大王凭什么让越国将士作这种无谓的牺牲呢？”

“不成功便成仁，为越国而死，也能留个好的名声。”

“越国人民血流成河，而大王竟想以此在世上显名，岂不是太荒谬了吗？”

“唉，难啊！寡人该怎么办呢？”勾践感叹地说。

“在战、和、降三者中，战必败，和不成，有可能走得通的路恐怕就只有‘降’了。”

“但是，即使大王愿降，吴王也未必应允呀！这不，我方使者被拒而归，大王才准备以死相搏。”灵姑浮说。

“天无绝人之路，事在人为。我们不妨再试试求降吧。”

“大王，你现在心里只须想一件事：活着。”范蠡说，“为了能活着，大王能不能接受吴国提出的任何条件？”

“什么样的条件？”

“如果吴王要你给他当奴仆，你答不答应？”

“成者英雄败者寇，大丈夫死也要死得豪壮。我堂堂越王，岂能成为夫差的奴隶?! 宁可死，不为奴!”勾践连连摇头说，“士可杀不可辱，要寡人给夫差当奴仆，还不如跟吴国拼一死战。”

范蠡口气轻蔑地说：“事已至此，死有何难，一个士，死也就死了，死后留个好名声也值得。可您是一国之主，您的生命不仅是自己的，也是整个越国的。您不能置芸芸越国百姓于不顾。一死了之比当奴仆要轻松许多倍。但是您一死，越国就成了吴地，越国子孙将没有立足之地，越国宗庙将损毁殆尽。为了越国和千千万万的越民您都不能忍辱负重、不愿牺牲您的尊严吗？”

“寡人想保住越国，但不想做吴国的奴仆，还有没有其他路可走？”勾践问。

“当然，大王也可以不为吴奴。让这五千勇士用鲜血和生命护着你冲出会稽山，出逃到其他国家，保住你的性命。”范蠡说，“但越国将从此永远消失。”

“不可，不可没有越国。”

“正是。没有越国，岂有越王？下臣以为，宁可舍弃一切，也要保住越国。只要越国在，大王就是越国之主。请大王三思定夺。”文种说。

“若战，大王或死于吴军的刀剑之下，或成为吴国战俘；若不战，吴军即刻扫平越国，大王也是坐以待毙，夫差定不会放过你。逃往他国，无异丧家之犬，还会将战祸引入他国。若能求降，则可缓解局势和压力，争取一线生机。”诸稽郢说。

勾践感叹而悲壮地说：“若一人为奴，国犹在，寡人认了。”

“现在我们要争取的目标是：国在、大王在。我们虽然不能主宰天命，但一定要作出最大的努力，决不言弃。”范蠡说。

“怕只怕，事到如今，已回天无力了。”勾践灰心地说，“如果吴王夫差仍然不答应我们求降呢？”

“越国求降，夫差当然不会答应。”范蠡说，“但我们要争取转机。”

“转机何在？”

“我们求降，吴王必拒。但若有吴王信臣相帮，那情况就会大不一样了。”

“此话怎讲？”

“眼下吴国看起来虽然强盛无敌，但吴王亲信、重用的大臣中，却不乏虚佞之士。”范蠡说，“我知道一个人，吴王对他言听计从。”

“谁？”

“吴国太宰、右将军伯嚭。伯嚭才华横溢，能说会道，深得夫差信任。但他私心很重，贪爱金银珠宝。他若能帮我越国说话，求降之事就成功了一大半。”

“伯嚭的曾祖父本是晋国人，名叫伯宗，因为疾言直谏，得罪了权臣而遭到暗杀。伯宗的儿子伯州犁逃到楚国，得到了楚王的信任，当上了楚国太宰，主管王室的内外事务。楚平王十分宠信伯州犁，常常与他竟日长谈。而楚平王的另一宠臣费无极十分嫉妒，便设计陷害他。一面怂恿楚平王亲赴伯州犁的家宴，一面故意对伯州犁说楚平王喜好练武、耍兵器，让伯州犁在堂下、门庭陈列许多兵器。当楚平王光临伯州犁府邸时，费无极便诬陷他有犯上作乱的企图。楚平王大怒，下令杀了伯州犁。伯州犁的孙子伯嚭便带着部分族人逃出楚国，投奔了吴国。伯嚭聪明过人，得到了吴先王阖闾的重用。在吴国讨伐楚国时，他又发挥了善于协调的特长，与孙武、伍子胥紧密配合，使远征的吴军获得充足的粮秣、武器，在伐楚中立下大功，阖闾对他另眼相看，他很快成为了吴国炙手可热的人物。”文种说。

范蠡接着说：“阖闾去世后，他又采取多种方法得到夫差的欢心，身居太宰高位，主掌王室内外事务，夫差对他言听计从。”

勾践边听边想，问道：“寡人听说他是伍员引荐给阖闾的。伍员一心要将越国置于死地，伯嚭岂会放过越国？”

“没错，当年正是伍员将伯嚭引荐给阖闾的。当时，吴国大夫被离曾提醒伍员说：‘伯嚭鹰视虎步，你与这样的人共事朝廷，会对您的发展有所不利。’伍员说：‘伯嚭的仇人，正是我的杀父仇人费无极。我和他应该是最好的盟友。’”文种说。

“伯嚭和伍子胥都得到了吴王的宠信和重用，成为吴王的左膀右臂。但现在，他与伍子胥在许多政事上意见有分歧，表面看两人还似一团和气，其实这对最好的盟友已变成了政见上的劲敌。我们现在就是要利用他俩的嫌隙。”范蠡说。

“夫差不太喜欢过于强势的伍员，倒是比较容易接受处事圆滑的伯嚭的意见。夫差对伍员敬而远之，与伯嚭却很亲近。”文种顿了顿又说，“伯嚭擅长察言观色、能言善辩，对夫差的心思摸得很透，说话办事很贴夫差的心。如果能够打通伯嚭这个关节，事情就有希望了。”

“怎样才能打通伯嚭这个关节呢？”勾践又问。

“投其所好。伯嚭酷爱金石、宝物和美色，我们就给他送金钱、珍宝、美女。”文种说。

“好。”勾践又问，“那有谁能摆平伯嚭呢？”

众臣面面相觑。

文种上前自荐道：“文种愿意一试。文种与伯嚭虽然交情不深，但在楚国就是旧识。请大王备些礼品，文种将竭尽全力，前往游说。”

“好。倾其所有，为文大夫置办礼品。”勾践令道。

“是。”

文种挑了八名宫女，带上白璧、黄金，深夜来到伯嚭大营，肉袒膝行，求见伯嚭。

伯嚭起初不见，但听说有重礼献上，就让他进帐了。

文种跪着说：“我国君主勾践触犯了吴国，现知错、认错，愿意听吴国调遣，可担心吴王不接受。知道您劳苦功高，是吴王的左膀右臂，所以越王派我来拜访您，请您在吴王面前美言几句。”

伯嚭假装不同意。文种指着礼品单说：“如果我君主能重回国都，一定向您呈上更多、更好的礼品。现在越王愿意请降，恳求您从中周旋，希望吴王能赦免越王的死罪。若赦，这是我越国的幸运；若不赦，越王将弑妻毁宝，率五千死士与大王死战，吴国也会受到很大损失。”

伯嚭听完文种的来意，看了看送来的礼物，稍稍有所动心。他不动声色，摆出一副狂妄的派头，轻蔑地说：“如今吴国灭掉越国，不费吹灰之力。那时，越国的一切，都归吴国所有！我岂在乎你送来的这区区小礼吗？”

文种说：“太宰所言不错，但您也别忘了，现在越国虽败，但还有五千精兵。这五千精兵是越国最能作战的部队，凭借着会稽山的险峻，必与吴军拼死一战。越国的百姓在危急之时，也会齐心协力，拿起武器保家卫国。吴军能否得胜还说不定。即使越国死战仍不能取胜，越国军民也会尽焚库藏，绝不会白白地让吴军掳走。再说，所剩余的珠宝钱财，即使归吴国所有，也尽数归于宫中，太宰与诸将充其量也不过瓜分一二，到您太宰手里的能有多少呢？”

伯嚭边听，心中边盘算，觉得文种所说不无道理。文种又指了指献礼单，说：“今日来得匆忙，带来的些许小礼只是略表心意，只要太宰您同意受降，越国年年都会倾其所有给吴国进贡，金银财宝、珠玉美女，样样、件件必先呈太宰过目挑选。此外，太宰喜爱之物，越国有的，一一呈上；越国没有的，也一定竭力搜求，来献给太宰。”

伯嚭低眉沉吟着，没有应声。文种看出他已心动，便进一步说：“当今诸侯，百家争雄，究竟谁是最后的霸主，谁也说不清。风水轮流转，今日吴国强盛，但您能知道十年之后的局势吗？再说伍将军性格强硬而好胜，居位显赫且不容他人，您料定自己以后就没有危急之时吗？今日越国危急，您若能伸出援手，越国君臣、民众能不对您感谢涕零？越王答应，您今日能为越国解困，越国太宰的位置就为您留着。”

伯嚭眉心舒展，斜着眼睛，说：“请你告诉越王，君无戏言！”

“决无戏言。”

“好，你暂且退下，等候召见。”

伯嚭晋见夫差，禀道：“大王，越国大夫文种求见。”

“不见。”夫差一口回绝。

“他是代越王求降的。”伯嚭说。

“求降？笑话！如今，消灭越国，只在本王弹指挥手之间。”夫差勃然大怒道，“我与越国有不共戴天之仇，本王要灭了它，将其赶尽杀绝，替我先父报仇！”

伯嚭说：“您还记得孙武曾说过，兵乃凶器，只可暂时使用。越国是得罪我国了，但越国已经表示愿意当您的臣子，越国的珍奇异宝都献给您，他们所要求的只是保留性命罢了。君子不困穷，不灭服。倘若我们硬要消灭越国，勾践必定和我们拼命，到时我们也会损失惨重的。”

“哼，几千残兵败将能成什么气候？”夫差轻蔑地说。

“正是。战胜越国，将越土变为吴国之地，已成定局。征服一个国家，可以用武力征服，也可以用德政诚服呀，能不能换一种形式呢？”伯嚭不动声色地说。

“为什么？”夫差反问道。

“武力征服，灭掉越国，其代价是血流成河。越国军民拼死抵抗，我方必将赶尽杀绝，吴国得到的将是无人之城、不毛之地。”

夫差想起消灭徐国时的血腥惨景，心中不禁怵然。

“大王要是答应受降，现在无论提出多么苛刻的条件，他们都会答应。越国是鱼米之乡，让他们每年把最好的物品都进贡给我们，岂不比得到一片不毛之地强吗？”伯嚭侃侃而谈，“再说，不再费一兵一卒，就能收服越国，我们就能腾出更多更大的实力挺进中原了。”

雄霸天下是夫差心中的渴望，伯嚭的话正中他的心思。

“嗯，你说得有道理。”夫差问，“越国求降，你的意思是……”

“如果大王要拓展吴国的疆域，使吴国由小变大，消灭越国正是时候。将越土并入吴国后，大王就是大国之王了。”

夫差点点头，露出欣喜之色。

“但大王要消灭越国，将越地收为吴地，必须付出代价，那就是赶尽杀绝。”伯嚭又说。

夫差肯定地说：“当然，斩草必须除根，不然，他们会报复的。”

“大王，当你杀尽越人、消灭越国后，能得到什么呢？”伯嚭反问道。

“得到号称‘鱼米之乡’的越地！”夫差喜滋滋地说。

“没错，越地富饶，可大王得到的是遍流越人鲜血的无人之地，无人耕种，再肥沃的土地又能长出什么呢？更何况接下来……”伯嚭停了停，又说，“接下来还有其他诸侯列强趁机来争夺这块地方。越国向来是楚国的属地，楚国若不遗余力地来争夺，吴国一定保得住吗？前车之鉴，应引以为戒。想当年，吴国灭了徐国，吴国损失了多少将士，大王您比我更清楚。徐人血流成河的同时，我吴国将士也是血流成河。而这只是为他人作嫁衣，吴国将士用生命夺得的徐地，大部分得而复失，被宋、齐、鲁等国瓜分。而赶尽杀绝徐人的‘黑锅’却扣在吴国头上，世人皆指责我们不仁不义。”

夫差若有所思。伯嚭进一步分析道：“再说吴国战楚，所向披靡、杀人无数、大获全胜，最终楚仍未能归吴。伍将军把楚平王的尸体挖出来，鞭尸三百，报了仇、解了恨，但吴国却在世人心里刻下了残忍的烙印。吴国将士今日若再将越国消灭，将越人赶尽杀绝，天下人将皆骂吴国凶狠残暴。这样，我们哪里会有朋友呢？若诸侯以除暴扬德之名联手攻吴，吴国即便拥有了南越之地，又如何能保得住？”

夫差低头默不作声。

“大王，吴国军队不可谓不强，但光靠武力打胜仗又有什么用呢？我们耗费了大量人力、物力、财力，却落了个骂名。到现在，楚国人提起吴国就恨得牙痒痒。”伯嚭侃侃而谈，“要称霸天下，须天下人信服，天下人心归顺。举武力易，而得人心难。若大王既能传承先王英武之雄风，又能施仁德于天下，不唯以武力征服，而是以仁德之心让天下人信服，那么，大王威仪不同凡响，逐鹿中原便指日可待了。”

伯嚭知道夫差动心了，更是娓娓道来：“如今我们胜券在握，但真要踏平会稽山、消灭越国，我们还得付出很大代价。越王的五千精兵，个个能征善战，他们必会拼个鱼死网破，越国百姓也会以命相搏。到头来，他们宁可毁之一炬，也不会把粮食、财宝留给我们。大王，如果我们受降，让越王成为大王您的奴隶，让越国成为吴国的属地。越国人服服帖帖地听从大王您的旨意，驯驯服服地为吴国劳作，越国的贡品绵绵不绝地送到吴国。大王您坐享其成，有什么不划算呢？”

夫差说：“依你所见，如何受降？”

“我们可以将越国大片土地归入吴国，仅留一小块称之为越地。这样，越地在吴地的包围之中，他们的一举一动，尽在大王的视线范围之内；他们的一草一木，尽在大王的掌控之中。越国若有反叛之意，吴国军队举手之间，就能将其夷为平地。”伯嚭说，“这样，大王可对天下诸侯宣告：越国杀我先父，我本应灭掉越国，将越王碎尸万段，而我今以仁德相报，将越国收为属地、安抚越国百姓、赦免勾践死罪。天下诸侯将对吴国刮目相看，称赞大王仁慈之怀。岂不一举多得、名利双收？”

“那勾践呢？”夫差问。

“大王未取他的头颅，就是天大的恩赐了。以下嘛，任由大王处置。”伯嚭说。

“本王要他生不如死、背负屈辱、受尽折磨、做奴隶、当牛马，天天为父王扫墓，天天侍奉父王！”

夫差越说越激动，最后站起来，挥手叫道：“好吧，传越国使者。”

文种跪见夫差，叩地有声。

夫差喝道：“文种，你好大的胆，明日越国疆土即尽归吴国，你今晚来此又想施什么诡计？”

“文种来此，是代亡国之臣勾践向您表示降服。大王威震天下，越国自知鸡蛋碰不过石头，心甘情愿降服、臣服大王。”文种举着“降书”，高声禀道。

夫差对“降书”看也不看，随手抛在案几上。

“文种，你来得正是时候。再来晚一点，本王就下令扫平会稽山，取下勾践的首级去祭奠父王了。”夫差说，“本王今晚心情大好，看在太宰的份上，这次就放勾践这小子一马吧！”

“叩谢大王高抬贵手！”

“给你们留一百里地，让你们的国号有所依、宗祠有所托。”

“谢大王！”

“越国、越民，一切听从本王的指令。有违者，格杀无论。”

“遵命。”

夫差不紧不慢地踱着步，说：“让勾践和他的妻子来服侍本王，以下类推。”

文种心中愤懑，表面却不动声色地回应：“明白大王旨意：越王及其妻服侍您，越国大夫及其妻为贵国大夫的奴仆，越国士人及其妻为贵国士人奴仆。”

夫差口气傲慢地说：“明白就好。告知勾践，明日辰时，带着他的残兵败将下山来受降吧！过了这个时辰，就别怪本王不客气了。”

“是。”文种跪拜。

夫差摆摆手，说：“给文大夫一个行牌，让他回去吧。”

伍子胥正坐阵营中，带领吴军重重包围着会稽山，见越使文种手持行牌回山，十分诧异，大喝一声：“你给我站住！”便拉着他去见夫差。

“大王，为何不杀了文种，还放他回山？”伍子胥问道。

“两国相争，不杀来使。让他走吧。”夫差说。

伍子胥放开文种，对夫差说：“大胜在即，大王千万别错失良机。”

“本王让文种通知勾践，让勾践明天辰时下山受降，并让他和他妻子去当先王的奴仆！”夫差口气轻蔑地说。

“勾践要是不来受降呢？”

“他敢！本王则横扫越地，杀它个片甲不留！”

“他来了呢？还攻不攻越？”伍子胥按捺着性子说。

“越王都成了本王的俘虏和奴隶，还用攻打吗？这叫不攻自破，不战而胜！”夫差笑着说。

伍了胥一听，心中急了，大声进言道：“大王，万万不可。昔日桀囚汤而不诛，纣囚文王而不杀，到头来，桀为汤所亡，商为周所灭。越国与吴国相邻，势不两立。现在我大吴不灭越，将来越国必会灭吴！”

“伍将军，你就放心吧，小小越国，哪是本王的对手？”夫差依然不以为意。

“夫差，你忘记越国杀死你的父王了吗?”伍子胥沉下脸来，高声叫道。

“本王不敢忘!”夫差看了伍子胥一眼，也大地声回应道。接着，他严肃地仰面朝天，躬手祭道：“父王在上，夫差报仇在今日：今日我要生擒勾践，让他做您的奴仆；今日我要收服越地，让它成为我的属地。父王，武力征服是征服，仁德征服也是征服。我不仅要像父王一样所向无敌打胜仗，还要广施仁政，归顺天下人心，完成祖父先王遗愿，称霸中原。”

夫差的话音刚落，伯嚭就紧接着说：“大王立志称霸中原。今日大王以仁德之心，纳降越国，避免了更大的血战和牺牲，留下了文施仁政的好名声。大王英明!”

听到伯嚭的奉迎之辞，伍子胥心里骂道：“好一个佞臣，竟用甜言蜜语蛊惑大王!”

伍子胥立即回驳道：“即便如此，大王也不能答应越国求降，应该乘胜追击，斩草除根。”

夫差和伯嚭都没搭理他。

伍子胥又恼又急，口若悬河地说起来：“吴越两地山水相连，同处在三江之中，所以吴越两国必有一亡。陆人居陆，水人居水。我们能战胜中原国家，但没法在那里生活。而越国不一样，我们能占他们的地，撑他们的船，为什么不灭了他们呢?上天欲把越国赐给大王，您应该顺应天意，灭掉越国。千万不能答应他们的求降。如果现在不杀勾践，那必定会为吴国种下祸根!”

伯嚭说：“既然越王……”

伍子胥知道伯嚭意见与自己意见相左，便急急拦下他的话头，铿锵有力地说：“德莫如滋，去疾莫如尽，斩草要除根。历史的教训，大王定要牢记在心：早在夏朝时，过国曾一度灭了夏朝并几乎把夏人杀了个精光，为的就是斩草除根，可是过国百密一疏，遗漏了一个夏王姒相的夫人。后来她生了一个遗腹子，名叫少康。这个少康长大后，灭了过国，恢复了夏朝。”

“历来都说斩草要除根，可野草依旧处处生。”伯嚭不紧不慢地说，“得天下，不是靠血腥杀戮、斩草除根，而是靠顺应天时，布德天下。”

伍子胥狠狠瞪了伯嚭一眼，按捺住心中的怒火继续劝说：“大王，越国表面上说是投降，其实是施的缓兵之计。现在吴国比不上当年过国的实力，而越国比当年的夏国又要大很多。大王要是这次放过他，他会向我们复仇的。”

夫差瞪了伍子胥一眼，他不喜欢这样的感觉——不被人尊重、受人要挟、遭人摆布。他特别不喜欢伍子胥那种教训儿孙般的、凌驾要挟的口气和态度，心想：“他凭什么如此专横？本王为什么事事都要听他的？”他本来还想再权衡利弊，但伍子胥这么一嚷嚷，他的一股犟劲被激了出来，“伍子胥，我是大王！”

“我吴国经受百战，所向无敌、战无不胜。无论周天子封不封我吴国为霸主，我大吴也是实际上的霸主。本王说一句话，有哪个胆敢不服从的？曾称霸一时的齐国、楚国都不敢说个‘不’字。我夫差乘车出游，那些小国的国君都会围在车旁奔走伺候。本王留下勾践性命，未毁越祖宗祠，已是前所未有的仁慈了。他要得寸进尺，本王就伸出个指头，像碾蚂蚁一样把越国夷为平地。”

夫差停了停，下令道：“文种，回去告诉勾践，本王接受你们的降书。”

“大王！”伍子胥失望而愤怒地大叫一声。

夫差冷冷地举起一只手，示意他别再说了，口气坚定地说：“就这样定了。”

伍子胥气得面如土色，站起身来，一甩袖子，怒气冲冲地说：“大王不听老夫言，将来必定后悔。今日大王不灭越国，越国人得到喘息时间后，必会休养生息、强国练兵，进行复仇。那时，吴国将会成为一片废墟。”说罢，便气冲冲地退了出去。

夫差面若冰霜。

伯嚭连忙安慰夫差，说：“大王，您以圣王之心，哀孤穷之士，加恩于越，越岂无厚报？伍子胥只是明一时之计，不知安国之道。”

伍子胥走到门口，听了这话，气上加气，停下脚步说：“哼，老夫不知安国之道？你等着看吧，越国人是不会守信用的，他们迟早会进行反扑的。”

十五、吴陵越奴

文种回到会稽山，将拜见夫差的情况一一禀告。勾践知道事情有了转机，心中稍稍松了口气，说：“文大人辛苦了！为了越国，寡人将要给夫差当奴仆了。”

说着，豆大的泪珠迸涌而出，勾践不禁双手掩面，放声痛哭起来。大臣和将士们也泣不成声，营中一片唏嘘。

半晌，范蠡说：“大王，现在不是伤心的时候，请速速作好安排。”

勾践控制住情绪，哽咽着说：“今日与众大臣一别，不知有无重逢之日。从此，寡人沦为吴国的阶下囚、夫差的刀下奴，只怕这一去恐难复还，复国无望身先亡，尸骨难归。”

“大王虽为吴国奴仆，但争取到了缓冲的时间，就有希望东山再起，反败为胜。”文种劝慰说。

勾践仰天长叹了一口气，说：“越国败了，败得很彻底。痛定思痛，我们需反思一下失败的原因。寡人继承王位，努力治理、捍卫这个国家，现在却被吴人所降，沦为囚奴，受天下人的耻笑，这是为什么？究竟是寡人的罪过呢，还是诸位大夫的失职？寡人不明白错在哪里、失在何处，请各位明示。”

顿时，堂下鸦雀无声。大家明白，勾践这话是一种发泄，也是一种指责。半晌，扶同说：“大王，请不要这样说。君主遇到困厄，并不一定是大臣的过错，也许是上天对君主的一种考验。历史上君主受到困厄、臣子忠贞不贰的事例很多。比如，成汤王被夏桀拘禁在夏台，伊尹不离其左右；周文王被囚在羑里，姜太公没有抛弃他的国家。夏桀和商纣以武力来征服两位圣人，而两位圣人委屈自己而顺应天意，不因困厄而忧郁丧志，最后均终成大业。”

勾践听了，心里更加激动，说：“打了败仗，却让寡人去吴国当奴隶，还拿什么成汤王、周文王来教训寡人，真是岂有此理！从前尧称帝时，任用舜、禹为臣，虽然洪水肆虐，舜、禹却能想方设法战胜天灾，也不至于祸及国君。而今天，怎么所有灾祸一下子都直接降到寡人身上了呢？难道所有过错都该这一国之主来承担吗？”

大夫若成劝慰说：“天道有它运行的规律，各人的福德厚薄不一。各国君主得到王位宝座的方式方法、艰险曲折也不一样。黄帝费尽周折，以武力战胜蚩尤才当上了天子；尧舜主动禅让，轻轻松松地把王位交给贤能仁德之士；商汤、周文王、周武王则是以臣弑君，夺得的王位。五霸中也频频发生弑父、弑兄争夺王位的事。昨日大王子承父业，顺利登基，是大王有幸；今日身陷困厄之中，是大王有幸之中的不幸。这大概是一个人的命运吧，大王不必责怪自己，也不能责怪大臣，只能耐心等待重振旗鼓的时机了。”

勾践听了，更加觉得不顺耳，生气地说：“大臣们应该未雨绸缪，为国家消灾、为君主分忧，让国君安享如泰山般稳固的福佑。寡人这一去可能永无返回之时了，你们难道就不能再想想办法吗？”

“求降成功，大王已经是棋胜一着了。”曳庸说，“古代圣王虽然身体被拘囚，名声却更尊贵；躯体受到屈辱，而声望却更显赫。这样天下诸侯才会拥护他、追随他，共同战胜他的敌人。”

勾践苦笑了一下，反问道：“你是说，寡人要受尽苦难折磨，才能战胜吴国吗？只怕寡人死一千次，吴国还是安然无恙！”

“现在吴国十分强盛，但他也有不足之处。希望大王在困厄之中能够忍辱负重，等待时来运转的那一天，臣下一定竭尽全力，做好大王托付的大事。”诸稽郢说。

文种说：“当年汤被囚于夏台，文王困于羑里，齐桓公奔莒，晋文公浪迹江湖十九年。他们后来都成为建立丰功伟绩的伟人。现越国虽然战败，大王将受制于人，但越国的国号还在，大臣的忠心还在，百姓的期望还在，大王不必悲伤。”

范蠡说：“大王眼前的危难，是天道气数所致。俗话说，吉者凶之门，福者祸之根。吉凶相互转换，大王今天遭遇危困，谁能说这不是否极泰来的契机呢？更重要的一点是，有这么多大臣与您同心协力、共赴患难，您还有什么可忧伤的呢?”

勾践听了，心情才稍稍平静下来。可一想到前景一片黑暗，又号啕大哭起来：“昔日为君，前呼后拥；今日为奴，受人羞辱。生不如死，生不如死呀!”

勾践年轻的妻子雅鹂更是痛彻心扉，犹如万箭穿心，几次哭晕过去。

勾践夫妇正相拥痛哭、伤心不已时，忽听一声响亮的叫喊：“勾践!”

勾践第一次听到有人直呼自己的姓名，惊讶地半张着嘴巴，大脑里一片空白，本能地抬头向声音发出的地方看去。他看到范蠡神情肃穆地看着他，他也双眼直瞪瞪地看着范蠡，呆在那里。

“现在，不是哭泣、埋怨的时候，受降的时辰就要到了。从现在起，你已不是越国君主，而是战俘勾践、奴仆勾践。”

勾践面色苍白，缓缓地垂下头。

“在往后的日子里，吴国从高贵的夫差到卑贱的侍女，都会叫你勾践。我今天叫你，是给你提个醒，让你心里有个准备。”

勾践听了，整个人像泄了气的皮球，瘫软在地，再也哭不出来了。

范蠡顿了顿，又说：“前面，苦难等待着你。在战场上能所向披靡的人是英雄，在苦难中能坚韧不拔的人也是英雄。你是懦夫，就哭泣哀号吧；要做英雄，则要能伸能屈，百折不挠地向前走。你时时刻刻必须记住：保护自己，坚强地活着。”

“先生说得有理。但这件事的确太困难、太深奥了。寡人现在对‘反败为胜’想都不敢想，能够‘得以生还’就是不幸中的大幸了。如何掌控和驾驭‘降服’所得的机会，寡人茫然无知，范大人能不能时时指点呢？否则，寡人和越国仍是死路一条。”

“在下愿意陪同大王前赴吴国。”

勾践一把握住范蠡的手，激动得嘴唇哆嗦地说：“谢谢你危难相助，肝胆相照。”

文种说：“大王别伤心，也别担心。有范蠡在你身边，你尽可放心。他足智多谋，自会助您逢凶化吉、万事无忧。”

接着，范蠡又说：“大王，行军打仗、出谋划策，文种比不上我；但治理国家、亲附百姓，我却比不上文种。请大王让文种辅佐太子安邦镇国、打理国事吧。”

“好。”勾践召来众大臣，大声宣布，“寡人封范蠡、文种为大夫。范大夫陪寡人到吴国，朝廷政务交由文大夫全权处理。”

“文种愿鞠躬尽瘁完成大王委托的重任。”

接着，勾践拜托各位大臣，各司其职：若成主管内务，曳庸主管外交，皓进主管司法，诸稽郢主管军事，扶同主管抚民，皋如主管农耕，太使伯元主管历法。

“望各位大臣多保重，勾践把越国托付给你们了！”

众大臣异口同声地表示：“患难与共、同心协力、苦保社稷，等待越王早日归来。”

临降前，勾践祭祀祖先，手持酒觞，高高举起，将酒洒在祭台前，说：“列祖列宗、父王，为保社稷宗祠，勾践今日前往吴国为奴，祈求列祖列宗保佑勾践顺利平安，早日回到越国！”说完，磕了三个响头。

文种敬上祝辞说：“上天啊，求您保佑越国。您今日降难越国，明日定会赐机让其奋扬。上天啊，越国君臣今以赤诚之心祭祀您，求您保佑越王此行无灾、无殃，早日回国！”

勾践仰天长叹：“世人皆畏惧死亡，如今，寡人宁愿去死，也不愿为吴国的奴仆，不愿过生不如死的日子。但上天要让我经受这种磨难，我又怎么能逆拂天意呢？愿苍天和列祖列宗保佑！”

说完，勾践头也不回地到会稽山下的山口等待受降。这时，他的心里充满了不安和恐惧。范蠡想起了父亲的话，便对勾践说：“你一定要有一个坚定的信念：活着！当你坚定地追求活着的时候，你就会知道该怎样做了。”

勾践坚定地点了点头。

辰时，远处传来公鸡打鸣的声音。吴军在会稽山口燃起熊熊篝火，三军排列有序、严阵以待。勾践带领大臣下山受降，越国士兵排成单列下山，在山口一一缴械。后来，人们便把这里叫作“鸡鸣墟”。

缴械完毕，勾践带领越臣和五千卸甲的士兵一起向夫差拜跪。勾践向夫差献辞：“亡国之臣勾践，特地带领群臣士兵降拜大王。此后，越地的百姓听从大王的使唤，越国的土地归大王所得。”勾践跪在夫差面前，俯首叩头，声音有些嘶哑、有些颤抖。

夫差满意地笑了笑，他喜欢这感觉。他骑在马上，看着缴获的堆积如山的兵械和一大片跪在地上的降兵、降将，心中十分惬意。他朗声回道：“准降。本王赦免越国投降将士，全部遣返回乡。赦免勾践死罪，押送到吴都姑苏为奴。保留越国国号，越国疆域为槜李四周一百里地，以奉越国宗祠。从今日起，凡不听从本王指令、有反叛之意者，格杀勿论。”

夫差为越国封地一百里地：南至于句无（今浙江诸暨），北至于御儿（嘉兴），东至于鄞（宁波），西至于姑蔑（衢县）。这仅为越国原来疆域的十分之一，百分之九十的越国领土归为吴疆。

接下来，夫差率领大军重新划定吴越疆域，在槜李周边打下新的界碑，然后带着各种财宝珍奇，押着勾践，乘船策马，大获全胜地班师回朝。

勾践的妻子雅鹬也被押上了吴国军船。

勾践必须带着他的妻子到吴国当奴仆，是伍子胥提出的条件。因为越国王储年纪尚小，只要勾践和王后不在越国，小小越地便起不了风浪。

虽然有雅鹬、范蠡的陪同，勾践一路仍然是黯然神伤、萎靡不振。

深夜，孤月高悬，雅鹬夜不能寐，想想未来的日子，忍不住饮泣起来。她边哭边小声唱起悲伤、忧郁的歌：

仰飞鸟兮乌鸢，
凌玄虚兮翩翩，
孰知返兮何年，
泪泫泫兮双悬。

勾践听见雅鹬哀怨忧伤的歌，内心也犹如千刀剜割般痛楚。他咽下即将奔涌而出的泪水、强压下悲痛哀伤，劝慰地说：“雅鹬，不要悲伤！无论前面有多少艰难险阻，我们一起去面对吧！”

夫差打了胜仗，心中不无开心。他虽然没有一刀砍了勾践，但对其并不宽容。他要让天下人都知道自己报了仇、雪了恨。他还要极尽羞辱之能事，让勾践颜面扫地，心甘情愿地为自己做奴仆、当牛马。于是，一回到姑苏，夫差就决定押着战俘、奴隶勾践巡游都城。

出游时，夫差坐在高高的辇车上，勾践手执马鞭、牵着御辔，步行在车前。每到一处，勾践便四肢跪趴在地上，给夫差当马凳，让夫差踩着他的背上下车。

这天天气晴好，夫差带着大队人马出游。伍子胥的车在前面开路，伯嚭的车在后面殿后，车队浩浩荡荡、旌旗飘飘、鼓乐齐鸣。勾践手执马棰步行在夫差车前，旁边有吴官监视着他。他走得稍快或稍慢，就要受到吴官的喝斥，一不小心，吴官的鞭子便抽了上来。出游的车队从王宫出发，走过繁华街道、闹区集市、大街小巷。每到一处，出游的队伍都会停留下来，让熙熙攘攘的市民百姓围观勾践。人群中有的向他吐唾沫、有的向他身上砸东西，嘲笑之声不绝于耳。还有人指着他的鼻子大声喊："这个为大王赶车的马夫，就是越王吗？"

人们哄笑着，齐声高叫着："是，是！"

"哈，堂堂越王怎么跟我差不多呀，也是一副穷酸样！"人群中又是一阵哄笑。

"真想不到，一国之主，成了我们吴王的奴隶！"

来到人流最多的国都中心，吴王特地将车停下，让众人看勾践双膝跪地、双手着地，让吴王踩着他的背上下马车。勾践瘦弱单薄，夫差身高体壮。每每夫差的脚踩着勾践的背上马时，勾践的身体都似乎不堪重负地晃着。夫差见他的孬样，有意用脚重重地试上几下，才一蹬飞身上马。还讥笑地说："你那骨架子是用麻秆做的，还是棉条做的呀？"勾践觉得全身的骨头都要散架了。

"你看你看，"有人指指点点地说，"勾践趴在地上的样子像不像个蛤蟆？"

"哈哈……小心被吴王踩得趴在地上啦！"

人们争先恐后像看耍猴一样地看着勾践的一举一动，讥笑声、辱骂声不绝于耳。勾践低着头，耷拉着眼睛，默默地任凭夫差指使，卑贱而恭顺地受其奴役。

这样一连巡游了五天，勾践经历了羞愧难当、生不如死、麻木不仁的过程。五天下来，该出的丑都出了，该受的蹂躏也受了，勾践只觉得肉体散了架，灵魂出了窍，成了一个麻木不仁的"木偶"。

待到夜深人静之时，勾践屈辱的泪水才在黑暗中汹涌澎湃地一涌而出。他压低声音对范蠡说："寡人生不如死，生不如死！让我死了吧，再也不愿受这份罪了！"

范蠡说："大王心里只记着两个字：'活着'。每到你觉得受不了的时候，你就在心里反复念叨：‘活着’。”

“为什么？”

“大王现在所做的一切，都是为了活着。要活着，你就知道怎么做了。”

夫差让勾践出尽了洋相、受尽了屈辱，才稍稍解气。他下令道：“让奴仆勾践来见本王。”

当勾践来到吴殿，还没来得及开口，伍子胥就双目圆睁、虎啸狮吼般地大声说：“今天越国被我吴国征服，是上天赐给我们吴国的恩典！大王，请顺应上天的心意，杀掉勾践！”

勾践一听，浑身冷汗直冒：“完了，今日身家性命休矣！”他伏在地上，一动也不敢动。

夫差顺势对勾践说：“勾践，你可知罪？你杀死我父王，本王与你的深仇大恨，不共戴天，杀你一千次也不解恨！今日本王不杀你，留下你的一条小命，你可知恩？”

勾践轻轻松了口气，低头答道：“勾践知恩、知罪，谢大王仁德，求大王恕罪。”

伍子胥站在旁边，双眼冒出仇恨的火花，声若雷霆地说：“大王，杀了他！大鸟飞在青云之上，人们都想用弓箭把它射下来。而现在它就站在宫中的水池旁、栖息在走廊上，还能放过它吗？勾践犹如一头野兽，现在进入了我们的栅栏之中。您岂能放过他？大王，先王之仇，今日必报。杀了他！”

夫差看了看伍子胥，正准备开口说话。伯嚭上前一步，进言道：“武力打江山，仁德定天下。吴国的武力强盛，已经天下闻名。现在，应该让天下诸侯知晓大王崇高的仁德了！”

伯嚭的一句话，提醒了夫差。夫差看了看勾践，只见勾践双膝跪地，身体深深地伏在腿上，头深深地垂在地上。

勾践卑微的姿态，让夫差生出些许恻隐之心。他对伍子胥点点头，说：“伍国相说得对，本王也想一刀斩了他！但是，本王听说，诛杀投降的人，将会祸及三代。本王不敢得罪上天，暂且饶他一命吧！”

伍子胥一听，心里急了，连忙上前一步，叫道：“大王，您要牢记：斩草必须除根呀！”

“大王，不能只顾及一时的利益，而违背安国的道理。”伯嚭的声音不大，却说得肯定而沉稳。

“你！”伍子胥瞪大双眼，怒视伯嚭。伯嚭并不理会伍子胥的愤怒，脸色平静、双眼微眯地泰然坐在那里。

“谢大王鸿恩！奴仆勾践心甘情愿伺候大王，听从大王的吩咐。”勾践不失时机地说。

“勾践，你听着，你必须老老实实，否则，本王伸出两根指头，就像捏蚂蚁一样把你捏得粉身碎骨！”

“是。奴仆明白。”

“你杀了我父王，你得去赎罪。从今天起，你去服侍我父王吧。为他看守、清扫墓地。”

“是。”

“本王要让吴国的列祖列宗看到你成为吴国的俘虏、夫差的奴隶、吴国的手下败将、天下诸侯的笑柄。”

在虎丘山上，原有一座石室，是用来给打扫陵园的人临时居住的地方，就在阖闾陵墓的旁边。石室射不进阳光，阴暗潮湿。一开门，一股霉湿气味扑鼻而来。

夫差把勾践带到阖闾陵前，虔诚而自豪地说：“父王，夫差终于为您报仇雪恨了。我要叫勾践给您当奴仆！”

他对着跪在陵前的勾践说：“从今天起，你就是我父王的守陵人，每天必须在我父王面前跪拜、请罪、忏悔三次，每天早晚为我父陵、祖墓打扫清洁。你还得为本王养马、驾车，当我的马夫。”

勾践低声应道：“遵命。”

夫差还派人严密监视勾践夫妇。勾践夫妇稍有懈怠，监官便用鞭子抽打他们。

第二天一早，勾践等三人还没吃早饭，忽听有人大叫："勾践，快来、快来，臭死人了！"

勾践听到有人呼叫自己的大名，大脑里又是一片空白："以前，除了父王之外，谁敢直呼寡人的大名?!"原来是吴国监官来墓地监视他们，没见着人，还踩了一脚马粪，气急败坏地叫起来。

只是一刹那，他就回过神来，明白自己已是吴国奴仆："勾践在。"吴监又大声嚷道："勾践，还不快给我把鞋擦干净！"

勾践走过去一声不吭地替吴监擦拭沾在鞋底上的马粪。吴监面带狡猾的笑容，得意洋洋地翘着腿，用眼角瞥着勾践，一副不可一世的骄傲样。勾践低着头，擦完吴监脚上的污物后，又拿起扫帚和粪箕扫起马粪来。这第一天，勾践就如同泡在苦水坑里一样，一脸苦相。

傍晚，正在收拾农具家什的勾践，忽然又听到："勾践，开饭啰！"

他心中一紧，回头一看，原来是范蠡学着监官的口气、声音在叫他。一股悲凉、气愤从心底腾起："你！夫差欺负寡人，吴监欺负寡人，你也欺负寡人?!"

范蠡冲着他嘻嘻一笑："你已不是一国之王，而是战俘勾践、奴仆勾践，不叫你勾践叫什么?"

"是呀，不叫勾践叫什么?"勾践心想，头又垂了下来，"越王已逝，勾践还在。过去的越王勾践已经死了，现在活着的是奴隶勾践。"

范蠡看着勾践，坚定而有力地说："今天监官叫您的大名，您觉得委屈、伤心，那是您没有真正接受新环境、新角色，您心底里还以为自己是越国的大王。"

勾践黯然垂下眼睑。

"您应该明白，今日的勾践是为报仇雪耻而活下来的。饱受屈辱、耻笑，为的就是有朝一日能复仇！勾践要坚强地活着，活得有模有样！"

勾践抬起头，露出坚定而自信的神色。

范蠡进而鼓励地说："大丈夫，能在困厄中奋起，能在屈辱中自尊，能在失败中求胜，能在绝望中新生。勾践本是一代英雄，如今只是时运不佳而已。走过坎坷，便是坦途。"

勾践听了，一股热血向上直涌。他伸出一只手，紧紧握住范蠡的手，轻轻地说："范蠡，好兄弟！勾践明白了，勾践要好好地活着，要做能伸能屈的大丈夫！"

勾践与范蠡相视而笑，心中的苦闷、痛楚、屈辱一扫而光。他轻声问范蠡："现在，勾践需要做什么？"

"随遇而安。"

勾践点点头，连声念叨："随遇而安，随遇而安。"

勾践每天住在监狱一般阴暗潮湿的石室里，穿着粗布衣衫，干着奴仆的苦活，吃着猪狗食般的剩饭和剩菜，受着监官的虐待和鞭打。开始，勾践干一天活，晚上就手疼、脚疼、腰疼、肩膀疼，躺在床上盯着满手的血泡呻吟不已、伤心流泪。雅鹂也陪着他哭泣。夫差派遣的守卫监视着勾践一行的一举一动。范蠡对守卫说："兄弟，一个国君从生下来就没干过活，如今来当奴仆也的确不容易，这二十大几的人哭得像个孩子一样，让我讲个笑话逗逗他吧。"守卫点了点头。

后来，范蠡每天晚饭后都给他讲点东西。范蠡语言生动幽默，勾践破涕为笑。夜晚，勾践便进入房间冥思，从范蠡的话语中细细品味其中的内涵和道理。勾践生性聪睿，一点就通。就这样，知识一点一点地在他心里积累起来。

监官每天都必须将他们的一举一动、一言一行报告给夫差。做监官也是一件枯燥的事，他也爱听范蠡讲故事，便不把范蠡讲故事的事报告给夫差，有时还央求范蠡多讲一些。

在那痛苦艰难的日子里，有了范蠡"讲故事"这剂清心剂，度日如年的勾践觉得日子好过得多了。慢慢地他的心情开朗了，说："没想到，奴仆有奴仆的快乐，帝王也有帝王的忧虑。"

勾践天天吃粗粮剩菜，干奴役重活，身体却变得结实了，力气变大了，脸色变好了。

过了一段时间，夫差来到石室，看看这个，又看看那个，说："看来你们的日子过得不错呀。"他像打量牲口一样看着勾践，说，"个子好像高了一点！"

他拍拍范蠡的肩："你气色不错呀！"

他又看了一眼雅鹂："比以前水润了！"

"多谢大王，是吴国的山好、水好、气场好，是吴国陵地的风水好。"勾践答道。

"也许是勾践忠心服侍吴国先王，得到先王原谅和护佑的缘故吧。"范蠡说。

话说文种和越国众大臣，也在紧锣密鼓地安排部署，一方面恢复战后的生产生活，另一方面向吴国进贡献礼。

文种把粮食、布匹等大宗物品浩浩荡荡地进贡吴宫，而在暗地里，将精选的金玉珠宝一批又一批地送到伯嚭府中。

伯嚭故作正经地说："你们不要以为给我送点东西，我就会为你们说话办事。"

文种说："不敢不敢，我们只是略表心意。这点小礼与您善待越国的恩惠相比是万不及一。"

伯嚭的脸色缓和下来，问："还有事吗？"

文种说："越王入吴为仆，免不了会有不周到的地方，伍国相对越国成见颇深，百般挑剔，对越王也是耿耿于怀、处处为难。在越国危难之时，只有太宰您心怀仁慈，时时关照、护佑着他们，请您在紧要之时，为越王说句公道话、打打圆场。我们心甘情愿地感谢您。"

“嗯，知道了。能帮则帮，帮不上可别怪我。”

“多谢，多谢。”

越国每次送礼时，都只有一个请求：请太宰对勾践多加关照，日后一定倍加感谢。伯嚭心领神会，便悄悄地派出士兵前来守护，说是来监视勾践，实为确保勾践安全，避免发生意外。

三个月后的一天，夫差和伍子胥来到虎丘山，察看勾践的情况。他放眼看去，只见石室内外、陵墓周围，倒也收拾得干净整齐。再看那勾践，虽然面目清瘦，但衣衫整洁、举止文雅、脸色平静，手脚不停地打扫着卫生。

夫差问监官：“勾践近日表现如何？可有反意？”

“回大王，勾践自从来到这里，就天天俯首干着奴仆的活儿，一点也看不出他曾是一国之主，也没见他流露出一点怨恨之情。”

远远地，夫差见勾践打扫完卫生，又去铡马草。他左手攥着一大把马草，右手费力地一刀一刀地切着。雅鹂见了，立即放下手里的衣服，走向铡刀，雅鹂填草，勾践铡草，配合协调，相互体贴。范蠡正从河边担水回来。

监官在夫差身边陪着，说：“这两夫妻倒是蛮恩爱体贴的。”

“那范蠡呢？”

“范蠡也算得上忠心可嘉、尽心尽力。什么重活、累活，都让他给干了。”

这一幕，夫差看在眼里，感动在心里，他心中不禁十分感慨，暗暗思忖：“这三个人，身陷囹圄，仍依循君臣之礼、夫妻之仪，难能可贵呀！患难见真情，这勾践夫妇，妇随夫行，来到吴国当奴仆，已属不易。到了吴国，在如此艰苦的环境中还能相依相爱，真真令人动容！而范蠡在这般艰难的环境中还能与他们相伴相守、不离不弃，这可是少见呀！勾践都到了这个份上，他还是一如既往地忠心侍奉，真是难能可贵！早就听说范蠡忠心贤明，今日才得眼见。要是我能得到这样的忠臣，那才是三生有幸！”

夫差的祖陵墓虽然修得气派豪华，但因山大地大，以前看管墓地的吴人，还没铲完东边的草，西边又是杂草丛生了，成了野鸡、野兔、群鸟的栖息地。勾践、范蠡初到之时，满眼荒凉。现在这里的树木修理得整整齐齐，野兔、野鸡绝迹，成群的飞鸟也不见了踪影。

“他们吃得怎样？”

“宫里每天都会送来下人们吃剩的食物。”

“有无肉食？”

“不瞒您说，哪还有肉食留给他们呀？”

“哦，那就是说，他们三个月没见荤了。”夫差心里想。

夫差又奇怪地问：“怎么不见野鸡、野兔了？”

“回大王，都被范蠡那小子给打光了。”

夫差惊讶地问：“怎么？他有弓箭？”

“没。怎么会给他弓箭？他在地上随手拾粒石头子儿，信手一掷，就能把飞鸟打下来。”

“嗯？那小子有如此高超的本领？”

“小臣亲眼所见，他百发百中。这不，天上飞的、地上跑的，都不敢往这边来了！”

“没想到，勾践手下还有此等高手。”夫差心中暗想，“原来范蠡这小子身怀绝技，是个人才。”

“那些野鸡、野兔呢？”

“他们拿来打牙祭了！”监官说。

夫差听了心中一愣：“难怪他们活得有滋有味的！”

伍子胥也暗暗吃惊，对夫差说：“大王，范蠡那小子不简单，可得多加注意。”

夫差一行来到石室前，勾践、雅鹂和范蠡连忙一起跪拜。夫差随意问了问他们的近况，便对范蠡说：“听说你是楚国人?”

范蠡回答：“回大王，在下从楚国来到越国。”

“哈，以前，楚人总是看不起吴人，称吴人为‘南蛮’。如今，本王不计前嫌，倒是看得上楚国的人才!”夫差大气地说，“楚国真是出人才呀！本王用了伍子胥和伯嚭，勾践用了你和文种。吴越战场成了楚人智谋才华比赛的大擂台。吴越两国兵戎相见，见智、见勇的都是楚国人!”

夫差踱着步子，不紧不慢地说：“不过，依本王看，楚人在楚国倒没什么造化，到了本王手下才能大展身手。你看，伍子胥、伯嚭在楚国能做什么？什么也没做成，还落得个家破人亡、性命不保。再看看，他们到本王手下后怎么样？伍子胥是战无不胜，伯嚭是良策如涌，真可谓是如鱼得水。范蠡呀，看你年纪轻轻，也是想干一番事业吧？良禽择木，良臣择主。越国已是穷途末路，你何必还追随勾践为奴、为仆呢？到本王这儿来吧！本王正欲挺进中原，亟需有用之才。你要是弃越归吴，归顺本王，本王必委以重任。将、相之位，任你挑选，如何?”

勾践跪在地上，头垂在地上，紧张得连气都不敢出，生怕范蠡答应夫差弃越从吴。他想：“高官厚禄，有谁能经得起这样的诱惑呢？在这样窘迫的境况下，有了这样高升的机会，谁都会动心的。”想到这里，悲凉之感从背脊向全身漫延开来，只觉得心口发紧、手脚发凉。他心里想：“范蠡呀范蠡，勾践没有你，如何应付得了夫差？如何逃得过伍员的刀剑？你若归吴，勾践的性命休矣!”想到此处，泪水奔涌而出。他因强忍着悲痛，不让自己发出抽泣声，而致使整个身体颤动起来。幸好他很快便控制住了感情，夫差也只顾与范蠡说话，没注意到他。勾践心想，一旦范蠡答应夫差，回越国就是空想了。接着他又悔得肠子都青了：“范蠡在我手下干了这么长时间，在槜李之战中还立下了汗马功劳，我却没给他安排职位。早知夫差会以如此高官厚禄来引诱他，我早就该给他一个更高的职位呀。”

“多谢大王赏识，可范蠡不堪大王错爱。”

“为什么？”

“范蠡知道，亡国之臣，不敢语政；败军之将，不敢语勇。吴国人才济济，大王手下的贤臣良将比比皆是。范蠡才疏学浅，只因越王愿赴吴服侍大王，并在百官、门客中遍招陪侍，但众人皆唯恐侍候不周而致大王问罪，不敢应招。情急之下，在下自告奋勇而前来。哪能与大王手下的贤臣良将相提并论？哪有资格接受大王的错爱？”他拒绝了夫差，但措辞却委婉得体，“今侥幸不死，入吴养马扫地，范蠡已很满足，哪里还敢奢望重任加身呢？”

“大王看得起你，是你的福分，你竟然不识抬举！”伍子胥呵斥道。

“范蠡只是一介草民，本想在越王门下当个门客，蹭口饭吃，没想到和他一起成了您的奴仆，这是范蠡命运不济，只有当奴仆的份。俗话说，‘好妇不嫁二夫，良臣不事二主’。如果我今日贪图禄位，改投到大王门下，大王也一定看不起我。”

“好一个‘一臣不事二主’！你好大的胆子，向来只有我们大王看不上的臣子，还没有不依从我们大王的下人。你难道就不怕大王问罪吗？”

“怕，又不怕。在下既然来到吴国，就会尽心尽力地侍奉大王。怕，就怕尽心尽力了仍然不能让大王满意；不怕的是大王胸怀宽阔、志存高远、为人宽厚，在下即使有什么事做得不尽如人意，大王也会海涵，不会因区区小过而问罪。”

夫差心想：“吴国人才济济，越国的一个小小门客的确算不得什么，但范蠡不为高官厚禄所动、情愿伴君为奴的人品倒是值得欣赏。”他心里已经原谅了范蠡，却摆出一副十分恼怒的样子，说：“你既然不愿归附于本王，本王留你何用？”

夫差本以为范蠡会跪地求饶，却见范蠡嘻嘻一笑，说：“范蠡已是大王的奴隶，还不算归附吗？再说，范蠡还是有用的，干活是一把好手喔！君不见先王陵墓修整如新、草地如茵、丛树成林。这也是为吴王出力吧。”

夫差环顾四周，的确是面目一新。还没等夫差开口，范蠡又说："大王，范蠡提一建议，如果您觉得有用，则赦免范蠡今日对大王的不敬之罪。如果无用，大王再责罚范蠡也不迟。"

"说。"

"求大王免除蒯刑。"

"为什么？"

"一国之王不怕打败仗，却怕失民心。一介草民，不怕死亡，却怕身残。楚国之所以被大王打败，将相良才之所以离楚而走，一个重要的原因是楚王滥用蒯刑。在被处蒯刑人中，大部分是不知而错，当他们知错而改时，却已成了残废。因一时一事之错，而致人终身残废的君主，能受到百姓拥戴吗？失去民心、众叛亲离、人人自危，这样的国家还能强盛吗？这样的国民还有战斗力吗？吴国不应循用楚国的蒯刑，请大王废除它。"

夫差听了，觉得十分有理。他沉吟了半晌，才说："嗯，本王考虑考虑。今日你虽顶撞了本王，但本王爱才，就赦你无罪吧。"他眼神复杂地看了范蠡一眼，悻悻地说："本王成全你。你仍和勾践一起护陵养马吧。"

"多谢大王。"

事后，伍子胥问夫差："大王，您千万别小觑范蠡，要么收为吴臣，为我所用；要么除掉他，免却后患。"

"勾践的一个门客，本王看不上。"夫差故作轻松地说。

"大王有所不知。吴国满朝文武，也许没有谁能比得上范蠡。"

"别说笑话啦，如今天下之臣，还有比伍国相更厉害的吗？哈哈，没有了！本王有了国相大人和太宰嚭，已经心满意足了！"

夫差停了停，又说："之所以本王得胜、越王败北，其最大区别在于用的人不一样。本王用的是你和伯嚭。你们是什么人呀？"夫差竖起大拇指，“楚国朝廷名臣之后，是后起之秀。而越王呢，”他继而伸出小指，“用的是出身卑微的范蠡、文种，与你们实在是相差太远了。”

伍子胥轻轻摇了摇头，说：“老臣也是他的手下败将。据老臣详察，上次的‘佯降计’便出自他手。别看他年纪轻轻、出身卑微，其手段可不一般，后生可畏呀！”

直到夫差一行离开虎丘山，走得看不见踪影了，勾践才敢立起身来。回到石室坐定，悬着的一颗心才落了下来。他擦了一把身上的冷汗，对范蠡说：“吓死我了！你要是答应了吴王，勾践小命休矣！”

范蠡笑笑，说：“大王您今非昔比，没有范蠡，也能应对自如了！”

勾践动情地说：“真心朋友不用多，一二足矣。在这患难之中，有你相陪是我勾践的福分。你是上天赐给寡人最大的宝贝。你是寡人的兄弟、老师、知己、朋友、亲人。没有你，寡人哪能挺得过这一道又一道的难关呀？有你在身边，寡人才能含苦如饴、卧薪如锦，身在地狱、心在天堂。奴役重活权当锻炼体魄，漫漫静夜正好求索未知。不枉过每一时、每一日。”

范蠡说：“大王，后面的难关还很多，让我们一个一个地攻克吧。”

某天，夫差又问监官：“勾践最近表现如何？”

监官说：“勾践每天早起晚睡、做事努力、干活卖力。”

“他可有怨恨本王？”

监官摇摇头说：“没有。据我观察，没见勾践有一点点怨恨之色，就连深夜也没听到过愁叹之声。”

“他们究竟是真心服了本王，还是在你的监视之下不得不为之。”

“我看他们是诚服大王，既来之则安之了吧！”

“就算他们是逼不得已，但能这样唯命是从、安分守己，也是不错的了。”监官说，“勾践夫妇每天喂马、收拾马厩、打扫墓地、清除杂草。

范蠡则出门寻找马草，每天都能满载而归。”

“勾践等三人吃糠菜、住石室、穿袥衣，终日劳作，面目枯槁，却不卑不亢、不怨不愁，也算难能可贵了。”夫差叹道。

可夫差和吴人都没料到，范蠡每天外出寻找马草，由近及远，三年下来，把姑苏城内外的山山水水、沟沟壑壑都摸得了如指掌。

再说文种在越国一边主持政务，一边不失时机地为吴国送贡品。秋季，文种带着上好的谷子，一车又一车地运往吴国；春季，越国百姓户户养蚕、家家织锦。文种让最会纺织锦绸的能手当师傅，传授织锦绣花技艺，并让织工集中编织，兢兢业业，不准出一点瑕疵。吴国监官在旁虎视眈眈地监视，将锦绸尽数收走。美丽华贵的锦缎丝绸源源不断地送到吴宫。夏季，越国盛产水果，香甜美味的鲜果时时呈现在夫差面前；冬季，肉食野味成了夫差宴席上的佳肴，高贵的皮毛服装制品成了夫差最为喜爱的物品。

一次，文种和吴国监官押着贡品来到吴宫。夫差问道：“越国的贡品是否都送来了？”

“报告大王，除了百姓的口粮和蔬菜，全部进贡给大王了。为了保证吴国的贡品，越国臣民三年未置新衣，十岁的孩子还穿着七岁时的衣服。”吴国监官回禀。

“是吗？”夫差被感动了，“这样吧，从明年起，锦缎丝绸，本王只收一千匹上好的，其他的留给他们自己用。明年的贡粮就免了吧，什么时候需要，再通知他们送来，国库也装不下了。凡是上好的刀剑武器，必须进贡，普通农具之类的，我们已经足够了。”

“让他们多制造上等好剑送过来。”伍子胥立马补充说。

“回国相，他们恐怕制不出上好的剑，没那技术，也没那么好的矿石。”

“那就让欧冶子给他们指点指点。”夫差说。

监官走后，夫差转身对伍子胥说："伍国相，你说说，是血洗越国，得不毛之地、留残暴骂名划算，还是得美味佳肴、获仁德美名划算？"

伍子胥低头沉吟，怏怏地说："大王英明。但越人狡诈，小心上当受骗。"

"哈哈，你以为本王会被越国这点贡品蒙住眼睛、心满意足吗？本王不在乎那些贡品，而在乎天下口碑。本王要让越人告知天下：本王以德服人，仁爱宽厚。得人心者得天下，本王要的是天下人心。"

"大王，要得天下，光靠笼络人心是不行的。所谓的人心是虚的，真正起作用的是国家的实力。国家富强、军队精良，这才是实的。"

"说得对！你看吧，越国的粮食把吴国的粮仓都装满了，明年再送来就没地方装了。越国最精良的武器都送到我吴国，国相所用的长剑短匕，不都是越国产的吗？"夫差盯着伍子胥，笑着问，"哈哈，要是当初赶尽杀绝了越人，谁为我们种地造刀呀？"

伍子胥本想反驳，但顾及到吴军在楚国之战中奸淫烧杀留给诸侯各国的恶劣印象和强烈谴责，欲言又止。

时间过得飞快，一转眼勾践等三人在吴国待了近三年。某天，夫差登上高高的姑苏台，远远望见勾践一行正在堆马草垛。雅鹂把一捆捆干马草送到垛边，勾践用木叉递给垛上的范蠡。范蠡站在垛上，将勾践叉上来的草捆一一摆放好。三个人分工合作，快捷而和谐。垛完草，范蠡连忙搬来一把椅子，让勾践坐下休息。雅鹂递给勾践一条毛巾擦汗。夫差见了，不禁流露出赞许、羡慕之色："勾践为小国之君，范蠡亦一介平民，身处危厄之地，仍不失君臣之礼，让人心生几分好感。"

伯嚭见机，有意感叹道："在这样的处境中，勾践、范蠡还不失君臣之礼，真是难得呀。大王，看来勾践是真心归顺大王了。既然他归顺大王，与其让他天天在这里喂马，不如让他回越国去，对我吴国可能会好处更多一些。"

“为什么？”

“文种在越主事，月月给我们送贡品，表现倒还不错。但现在，越宫的珍宝和库藏已经送得差不多了，基本已无贵重之物。而要广搜民间珍宝，文种毕竟只是个大臣，组织能力和号召力都有限，还需勾践回越主持，才会多给我们送些贵重贡品来。”

夫差想了想，不置可否地应了一声：“唔。”

十六、勾践探病

话说勾践每天都扳着指头数日子，他觉得每一天自己都像在走钢丝，不，比走钢丝更险。无论多少困苦劳累，无论有多少怨恨愤怒，脸上是一点也不能流露出来，稍有不慎就足以让夫差骤起杀心，让伍子胥抓到把柄就会性命难保。

三年的磨砺，勾践成为一个心怀大志而不露、忍辱负重而不卑、吃苦耐劳而不怨的汉子，他超常的耐心、坚强的毅力、明睿的智慧，深藏而不露，为一般君主所不及。他的这种变化和升华，被伍子胥看在眼里，防在心上。

而夫差却没有这种警觉之心，他总是以高高在上的胜利者的姿态俯瞰勾践。勾践在他眼里、心里都是一个卑微的、不起眼的奴隶。当他的高傲之心得到满足后，反过来又对勾践有了一股怜悯之情。

“一个一呼百应、万民瞻仰的越国君主，走下王位后，也是如此低贱、卑微，与一个市井草民并无二样。”夫差心中暗忖。

“大王威力震慑，他不得不甘心为奴。”伯嚭迎奉地说。

“本王以前以为勾践是个野蛮无知的小人，没想到他也是个知书达理、懂得礼仪的人。你看，他们夫妻之间、君臣之间，相处和睦、互帮互敬，处穷厄之地而不失其礼。”说到这里，夫差反问伯嚭，“如果本王将他放回越国，你以为他会怎样？”

“大王对他有不杀之恩，犹如父母重生，他一定会感恩不尽，对大王忠心耿耿。天下诸侯见大王以仁德为怀，定能对我吴国刮目相看。大王的美誉将四海传播。”伯嚭说。

夫差重重地点点头，说：“选一个良辰吉日吧，本王欲赦免勾践夫妇及其随从，让他们回越地去吧。”

“是。”

伯嚭将夫差准备赦免越国君臣的消息，悄悄透露给了勾践。勾践大喜过望，迫不及待地等待着这一天。可是几天过去了，一点音讯也没有，勾践心里又打起鼓来。他对范蠡说：“范先生，夫差究竟会不会赦免寡人呀？难道伯嚭是哄骗寡人的？”

范蠡说：“请大王以平常之心对待这一消息，能来的一定会来，不能来的着急也没用。再说，好事多磨，赦免大王不是一件简单的事。”

“那先生能不能给寡人卜上一卦，测测凶吉？”

范蠡为勾践卜了一卦，卦象显示“日辰克制了月辰，时辰又克制了日辰。”范蠡说：“事情不会顺利，请大王千万不可高兴得太早。”

勾践不无失望，却也无可奈何，深叹一口气，悄悄地垂下头。

为什么夫差赦免勾践的事杳无音信了呢？

原来，伍子胥听说此事后，立即进谏：“大王，您忘记要为先王报仇雪恨的誓言了吗？如今大王既然已囚禁勾践，怎么还不杀了他呢？难道要让夏、商的悲剧重演吗？”

夫差听了，心里深思起来。伍子胥身居国相高位，他的话，夫差不能不听；他的谏言，夫差不能不重视。当然，在他心底里，也的确有几分担心，担心勾践反恩为仇。

“国相之言甚是，本王知道了。”

这样，夫差把赦免勾践的事搁了下来。

接下来，传递过来的消息更糟。

几天后，伍子胥再次面见夫差，再一次进谏：“大王，要想稳固你的王朝，攻克敌国后，必先诛杀其国君，并斩草除根，以免给自己和子孙留下后患，遭到报复。请大王早早杀了勾践，免除吴国后患。”

虽然夫差没有立即表态，但勾践知道大祸临头，生死只在夫差的一念之间。他的心里慌成了一团，紧张得浑身发抖，不知如何是好。

“范先生，快快救勾践一命！”

范蠡沉稳地说：“大丈夫，临危而不惧。请大王不必惊慌，凡事总有解决的办法。”

范蠡写了四个字，让吴国看守交给太宰伯嚭：“勾践死时。”

吴国看守以为是询问勾践赴死的时间，没起疑心。

伯嚭看到这四个字，顿然明白其中的内涵：如果夫差听信伍子胥的话，同意杀掉勾践，勾践死时，就是自己被冷落之时。再说，自己收受了越国诸多好处，到头来却没保住勾践性命，越人也是会来算账的。当然，最关键的是，在朝廷之争中，不能让伍子胥占了上风，年富力强、博学多才的自己，若败北于一个自私、残暴的老头子，岂不成为世人的笑柄！

于是，伯嚭进见夫差。夫差问：“伍国相一而再，再而三地催促本王杀掉勾践，太宰的意见如何？”

伯嚭说：“这个问题，伯嚭不便再说什么。伍国相是三朝元老，伯嚭不能也不敢提出与他不同的意见。”

“不用怕，本王让你说，你就直言吧！”

“伯嚭就讲个故事给大王听吧。”

“好吧。”

“从前，齐桓公帮助燕国驱逐山戎，燕庄公十分感谢。当齐军班师回国时，燕庄公依依相送，一直送到齐国境内。齐桓公对他的国相管仲说：‘按周礼规定，诸侯相送，不出国界。’今日燕王情深意重，我不能让他因送我而成为失礼之人。于是，齐桓王把燕庄王所到过的齐国领土，通通割给了燕国。齐桓公的这一举动，赢得诸侯归心，齐国终于成为春秋五霸之首。”伯嚭停了停说道，“要想称霸于世，必先收归天下之心。如果大王赦免了勾践，那么，仁德之举将冠于五霸，仁德之声将超越前古。”

“要是勾践回越后又来捣乱，怎么办？”

“那还不好说，大王一声令下，就能夷平越国，杀掉勾践。”

夫差朝思暮想的，就是称霸中原，实现祖辈父王的夙愿，成就一番大事业。伯嚭的话说到了夫差的心坎上，但伍子胥却极力反对，这一关又如何逾越呢？夫差抬眼看了看伯嚭，说：“本王明白，但此事不可操之过急。这几天，本王有点不舒服，等本王痊愈后再赦勾践也不迟。”

当伍子胥再次催夫差杀勾践时，夫差也说：“本王这几天身体不适，等本王病好了再说吧！”

这并不是夫差的推托。他是真的病了。

夫差一病，数月未愈。御医、名医来了一拨又一拨，草药、神丹吃了一剂又一剂，就是不见好转。过去骑战马、驾战船、叱咤风云的英雄，如今竟无缚鸡之力，只能软绵绵地躺在床上叹气干着急。

夫差病重，久久不愈，朝廷上下惶惶不安。

其实，最惶惶不可终日的，莫过于勾践。他日夜揪心，万一夫差有个三长两短，赦罪回越的梦想就成了泡影。如果太子即位，伍子胥又占了上风的话，那就更是性命难保了。在性命堪忧的状态下，勾践犹如油锅上的蚂蚁，却又束手无策，只有默默地等待。

夫差这一病，就病了三个月。有一天，勾践实在忍耐不住了，对范蠡说：“先生呀，吴王的病怎么还不见好啊？你卜一卦看看，情况会如何？”

范蠡是懂医术的，少时曾拜东海名医为师。他从监官、守卫口中得到一些信息，又得到了文种那边打探的夫差病症的详细情况，推断夫差并无大碍，湿寒内侵，伤及脾胃而已。但吃的药又多又杂还不对症，有的药还相冲，所以一直未见效果。夫差年纪轻、体质好，只要天气转暖、阳气上升，夫差体内的阳气就能逐步将湿寒之气逼出体外，其病也就不治而愈了。于是，他对勾践说：“大王，我为吴王卜了卦，卦象预示吴王的病，将在己巳日好转，壬申日痊愈。大王可以要求探视吴王，若能得到入见的机会，您就把这消息告诉他，他一定会高兴。一旦您的话得到印证，赦免之事就有希望了。”

“寡人能说这是你卜卦测得的吗？”

“当然不能。大王只能用您自己的方式来道出这结果。”

“我说的吴王怎么会信？”

“吴王信不信并不要紧，要紧的是大王一定要把这消息告诉吴王。”范蠡叮嘱道，“至于如何表述，就全凭大王您现场察言观色、随机应变了。”范蠡在他耳边窃语了一番，勾践连连点头。

“要是到时候吴王的病未愈，反来问罪怎么办？”勾践问。

“大王放心，在下所测，十拿九稳。”范蠡答道，“万一未愈，吴王更是忙于求医保命，恐怕也无暇顾及我们了。我们困在这里，伍子胥天天怂恿夫差杀我们，我们不想办法，迟早也要被他们置于死地。如果正如在下所测，我们还有可能得一线生路。”

“对，与其等死，不如一搏。”勾践说。

于是，勾践求见夫差。

勾践对伯嚭说：“罪仆勾践请求入见大王，探病请安。”伯嚭将勾践求见一事禀报给夫差。

伍子胥听了，铁青着脸、斩钉截铁地说：“不行！他来看什么？来看大王的笑话？他知道我们大王病了，心里不知有多幸灾乐祸。”

伯嚭稳沉地说：“大王重病多日，勾践前来问安，是表示对大王的关心和诚意。”

“哼。黄鼠狼给鸡拜年吧！”

夫差无力地摆摆手，示意他们别再争论了，说：“让他进来吧。”

勾践刚刚走到房门口，夫差又拉肚子了。

勾践站在门边等了一会儿，内仆捧着便壶出门，从他面前走过。他灵机一动，说："请等一等。"

勾践走到内侍面前，揭开便壶的盖子看了看粪便，接着伸出两根指头捏起一小块粪便，放在嘴里品了品，一口咽了下去。

夫差和众大臣见了，都暗暗吃惊。

"勾践，你这是干什么？想侮辱我们大王吗？"伍子胥见状耐不住了，不禁吼道。

勾践连忙用衣襟擦了擦手，上前跪拜道："罪仆勾践跪拜大王！"

夫差摆摆手，示意他站起来说话。

勾践又向伍子胥恭敬地说："伍国相过虑了。罪仆听说大王久病多日，心急如焚。越国民间有一种说法：一个人得病后百医无效，若有另一人食其便溲，便能将其病症转到那人身上。罪仆百无能耐，徒有诚心，今日冒昧而食大王便溲，是想将大王的所有病痛全部转到罪仆身上。"

伍子胥警惕而狐疑地盯着勾践。

"此事当真？"伯嚭问。

"正是。在越国民间，父母病重，孝子代病；丈夫病重，贤妻代病，多用此法，十分灵验。罪仆得知大王久病不愈，十分担心，却又无能为力，不知如何为大王分忧，只能天天为大王祈祷。罪仆勾践愿意替大王承受所有的病痛，今日冒昧尝大王便溲，正是想将大王的病痛全部转到勾践身上。未禀先行，请大王原谅勾践的不敬之罪。"

"你胡编瞎造什么？想糊弄大王？"伍子胥警惕地问。

"罪仆不敢。从今日起，大王不用再吃任何草药。按越国民间的说法，罪仆拜告：预计大王的病己巳日可有好转，到三月壬申日便可以痊愈。"

"要是到了壬申日，大王的病未能痊愈，我便砍了你的头！"伍子胥叫道。

"罪仆知罪，甘受惩罚。"勾践沉稳地回答，"大王有千条理由、万次机会杀我，但大王却没有，这就是大恩，叫作'不杀之恩'。有不杀之恩的人，犹如再生父母，我怎能不报答呢?”说完，告辞而去。

勾践走后，夫差不无感动地对伯嚭说：“勾践真有仁心啊，他观病品溏，足见他对本王一片赤诚。数日以来，号称医术高超的御医、名医，一个个唯唯诺诺，没有一个能说出个所以然，为本王开了一个又一个方子，都无济于事，本王的病只见重，更没有谁能推断本王何时能痊愈。而今天勾践却说得清楚明白。”

“大王所言正是。”

夫差在心中暗暗思忖：“不知勾践说得准不准，要是到了壬申日，本王的病真能痊愈，就赦他返回越地。要是他说得不对，那就是犯了欺君之罪，按伍国相说的办，砍了他的头!”

勾践回到石室，雅鹈和范蠡迎了上来。勾践坐在桌边，一颗惊恐的心半晌平静不下来，好半天才缓过气来，低声叫道：“快，快，给我一碗水。”

雅鹈忙不迭地递上水来。勾践便一遍接一遍地漱口，一连漱了十来碗水，才长叹一口气，眼泪刷刷地淌了下来。

“大王别急，有话慢慢说。”

勾践把看望夫差的经过说了一遍，眼泪禁不住又流了出来：“寡人虽然没什么本事，但也是越国之君，为什么含污忍辱到如此地步啊!”

范蠡说：“大王不必伤心，您的所作所为是正确的，也是值得的。您知道，周文王为了东山再起，忍痛吞食自己亲生儿子的肉。这种痛苦不是比您更深、更重吗？有大志向的人，就应能忍受非常人能够忍受的痛苦。”

“范大人，周文王忍受痛苦，成就了大事业。而我忍受了奇耻大辱，说不定还会命归黄泉!”伍子胥的话让勾践胆战心惊。

“夫差的粪便是什么味道?”范蠡问。

“又酸又苦。”

“这就对了。人的粪便中的五谷之气与时节之气有着密切的联系，逆时气者死，顺时气者生。夫差的粪便之气正是顺应了春夏之气。”

“啊，壬申日，壬申日就是寡人的生死日。”

“大王无须焦虑。吴王的弱点是有妇人之仁，而无丈夫之决。伍子胥一次又一次地要他对我们下毒手，而夫差一直未拿定主意，我们才能活到今天。我们要活下去、要回越国，就必须得到夫差的信任和同情。”

勾践探病后，夫差知道了自己的病何时好转、何时痊愈后，断掉了那些难以下咽的中药，只是听听音乐、调调口味，身体竟然一天比一天好了起来，精气神也明显提升。转眼到了己巳日，夫差的病果然有了好转，不再拉肚子，胃口也好了许多。夫差的心情也大为好转。他一高兴，便让伯嚭传令：“赐勾践房屋一套，让他从石室搬到平房去吧。”

九天后，到了三月壬申日，夫差的病果真痊愈了。

夫差到花园散步，边走边伸展双臂，边感叹地说：“真舒服啊！阳春三月的太阳温暖而明媚，本王舒坦极了！”

伯嚭见夫差心情大好，便说：“大王今日喜得安康，百官都想为您庆贺，不知大王意下如何？”

“好啊，一病多日，本王今日也想与众臣畅饮一番。”夫差高兴地说。

姑苏城，文台上，摆开了一场隆重的庆宴。吴国文武百官鱼贯而入，人人面带笑意，齐齐为夫差恢复健康贺喜。庆宴正要开始时，夫差站起身来，对众人说：“今天本王特地请来几位贵宾！”夫差的手指向大门，众人回头一看，原来是勾践、雅鹂和范蠡。

夫差心情大好，说：“本王病重时，勾践预言今日可愈。本王的病果然痊愈了，他预测得真准。看在他对本王忠心的份上，本王赐他坐在北面吧！”

北面，也就是背朝南、面向北的座位，是主宾的位置，正对着夫差。这也就意味着夫差让群臣以主宾之礼对待勾践。

伍子胥一见勾践出现在庆宴上，脸色立马变得铁青。又见夫差竟然让勾践坐到贵宾座上，不由得怒火中烧。但夫差和百官个个兴高采烈，全然无人理会他的感受。他满腔愤怒又不好当众发作，气急败坏地重重地“哼”了一声，又重重地一甩袖子，愤然急步迈出文台，回家去了。

众人没有因为伍子胥的离去而受影响，纷纷向夫差敬酒庆贺。酒酣耳热时，夫差问：“怎么没见伍国相呀？”

伯嚭用眼神向勾践那边示意了一下，说：“是啊，奇怪，国相怎么不愿意参加大王痊愈的庆典呢？”

夫差微带笑意，释然道：“不满意本王请的贵宾？”

“君臣齐心，国家才能兴旺发达。难道伍国相与众臣不同声、不同心吗？”伯嚭添油加醋地说。

夫差轻叹了一口气：“他永远认为只有他才是对的，本王做什么他都不满意！”

伯嚭说：“随他去吧，他回家自己生闷气总比在这里惹大王生气好。”他端起一杯酒，高高举过头顶，恭顺而诚悦地敬酒道，“大王，您得上天护佑，福寿绵长，今日已得安康，来日大展宏图！”

夫差把头一甩，似乎要甩掉心中由伍子胥引起的一丝不快，叫道：“来，喝酒！本王难得如此开心！”

夫差和伯嚭的举止，范蠡尽收眼底。范蠡给勾践打了个眼色，勾践心领神会。勾践夫妇一同起身给夫差敬酒。勾践说：“大王威震四海，所向披靡，以德施政、诸侯诚服。”雅鹂敬曰：“祝大王鸿福齐天，永受万福！”

夫差脸上的笑意更浓。

群臣一个个为夫差大喜大贺，祝词一个更比一个悦耳动听。夫差听了，心情大好。

第二天上朝时，夫差的心头还飘浮着一种快感和满足。正要开始受理朝纲时，伍子胥走进大堂。他二话不说，就对夫差进谏：“大王，请您想想昨天庆宴的场面，应该引起警惕。勾践胸怀虎狼之心、居心叵测。他用华丽漂亮的辞藻奉承您，是为了什么？正是为了报仇雪恨呀！”伍子胥说得声嘶力竭，夫差却大不以为意，闭上眼睛，把头侧向一边。

夫差的表现激怒了伍子胥，但他强压气愤，继续说："大王听信阿谀奉承，不考虑自身的忧患，这是很危险的。"他咽了一口口水，一字一句地说，"大王，您曾说勾践是您不共戴天的仇敌，发誓要为先王报仇，灭掉越国、杀死勾践。可如今，您怎么听信了谗佞小人的话，把国恨家仇忘得一干二净了呢?!"

伍子胥见夫差一动不动、一言不发，以为夫差被自己的话打动了，于是缓了缓口气，引经据典、苦口婆心地说："昔日，夏桀登上高处时，自知身处危境，却不知怎样才能回到平安的地方，锐利的刀尖已经抵在胸口，自知死已临头，却不知怎样才能脱险。"他顿了顿，直视夫差，说，"今日，您将敌手奉作贵宾，已是大错特错了。大王，您现在迷途知返的话，还来得及，愿大王明白。"

伍子胥啰啰嗦嗦地说了一大篇，夫差听得既不耐烦又不顺耳，而且伍子胥一而再，再而三地把他与历代昏君暴帝相提并论，让他极为反感。以前，他一直对伍子胥持尊重的态度，即使伍子胥说得过分、谏得过头，也不予理会。但这次，他实在听不下去了，便反问道："国相总把本王比作桀纣，难道在国相的心里，本王就是昏君一个？昨日本王只是久病初愈，心里高兴，想与众臣开心一下，怎么就是走上迷途了呢？国相忧国忧君，是不是忧虑过头了？"

伍子胥没想到夫差会在大庭广众之下反驳自己。他满脸通红，一脸怒气地说："既然大王贺喜安康，干吗还让勾践那小子跑来参加？他有什么资格与我吴国大臣平起平坐？"

夫差对伍子胥处处以先王老臣自居、口口声声教训少主的态度更为不满，便不急不忙地冷冷地说："本王生病三个多月，国相可曾有过一句问候之语？可曾有过一次安慰之举？没有。勾践过去确实犯了大罪，可是他心甘情愿地带着妻子、下臣来当本王的奴仆，在本王生病的时候前来问候，为了探明病情，甚至亲口咽下本王的粪便，为本王代病。没有对本王的忠心，能做到吗？本王幸亏当初没听你的话将他杀了，否则，岂不是有负苍天吗?”

夫差的反驳让伍子胥不无惊讶，但他丝毫不退让地说：“大王，您怎么把话说反了呢？您想想，老虎放低姿势，是要准备出击；狐狸伏低身体，是想偷取东西。如今大王以勾践归顺吴国为义，以他饮尿尝粪为慈，以他献出府库为仁，其实，他不顾一切地讨好大王，是为了保全自己的性命。老臣认为，勾践到我大吴当奴仆，是他的一个阴险的计谋，用的是缓兵之计。他吃大王的粪便，是为了吃大王的心。他把越宫的宝藏送给大王而不见恨色，是在欺骗大王呀！大王，勾践心里时时刻刻都在想着报仇雪恨，您却没能察觉，吴国很危险、很危险啊！老臣不敢辜负先王的托付，时刻担心社稷变为废墟、宗庙长满荆棘，才斗胆直谏。如果大王听不进老臣的忠谏，到时候，将后悔莫及呀!”

伍子胥捶胸顿足地数说着，而夫差心里冷笑着：“我吴国强盛，危言耸听吓唬谁呀？不就是先王的老臣吗？老臣也是臣，君臣有别!”

伍子胥见夫差闭目养神，知道他根本听不进自己的忠言，伤心失望地不再说下去。

夫差见伍子胥不再嚷嚷了，睁开眼睛问道：“国相还有话要说吗?”

“没了，请大王切记、切记。”伍子胥眼神黯淡地说。

“国相的这种话，本王的耳朵都听得起茧了，您以后不用再说了，本王也不想再听了!”

夫差病好后，决定释放勾践回越国。

那天，阳光明媚，和风轻拂。夫差亲自把勾践一行送到姑苏城南的蛇门外，还让吴国群臣陪同，为勾践祭祀路神。

临别之时，夫差说：“本王赦免你的罪过，让你重新回到越国，请你一定要记取教训，不要再做对不起吴国的事。”

勾践连忙跪地磕头说：“大王的大恩大德，勾践牢记在心。罪仆愿与越地臣民一起为大王效劳！”

伯嚭说：“我大王以德治政、宽厚为怀，赦免你杀死先王的大罪，这是史无前例的德行。你要感恩领情、百倍珍惜！”

勾践说：“没有大王的宽厚仁慈，罪仆就活不到今日，更不用说回到越地。罪仆一定把您的大仁大德广昭诸侯，让您的仁德之名传扬天下。”

这话说到了夫差的心坎上。夫差听了，频频点头。

吴大夫公孙骆又严肃地告诫勾践道：“你可要对吴王忠贞不贰，否则，吴王一声令下，我吴军可随时踏平越地，让你脑袋搬家！”

勾践头都不敢抬，嗫嚅地说：“罪仆明白，罪仆明白。”

“好吧，勾践你不用再自称‘罪仆’了，从现在起，你又是越国国王了。话不多说，你等好好上路吧，请多多自勉。”

勾践趴在地上，连连叩拜，不肯起身。夫差扶他起身，牵着他的手，引他上车。

勾践与夫差、群臣挥手告别后，范蠡驾着车不急不慢地向前行去。待马车被山林挡着，夫差等人视线不及时，范蠡便快马加鞭、飞速前进。

伍子胥眼望载着勾践远去的车辆，顿足长叹：“吴王，您纵虎归山、纵虎归山呀！”

勾践一行走到三津渡口，过江就是越国了。勾践从马车上下来，极目远眺，仰天长叹：“啊，没想到寡人居然还能活着回来！”他深深地吸了一口气，江风夹杂着淡淡的水草的气味沁人肺腑。他禁不住伸开双手，在心里大叫道：“越国，我的故土，我回来了！”但这只不过是一刹那的舒坦，他的警觉和责任感立刻把他拉了回来。他定定神，眯起细长的眼睛，向远方望去。望着望着，心头一酸，泪水盈满双眼，悲从心底升起：“可惜我大越千里江山，如今被吴国侵占得只剩下区区百里。”他回过神来，对范蠡说，“范大夫，快，帮我卜算一下吉凶。”

“大王只管向前走、向前行，越国必定有福，吴国必会有患。”范蠡坚定地做了一个请前行的手势。

勾践不再疑虑，登船过江。

勾践站在船头，放眼四眺，只觉得心旷神怡。范蠡站在他身边，长长地吐了一口气："大王，从今日起，您又是越王了！"

勾践拉着他的手，说："寡人回国后，即任命你为越国第一大臣，让你在一人之下，万人之上。"

范蠡说："谢大王重用，但范蠡不能接受。"

"为什么？"

"陪伴您度过艰难困苦日月的，不止范蠡一人。越国大臣和越国百姓，都与您患难与共。您如此褒赏范蠡，又拿什么来褒赏众臣民呢？"

勾践无言以对。范蠡又说："范蠡能与众大臣平起平坐，为大王出谋划策就心满意足了。"

勾践赴吴前，担心太子年幼、大臣谋位，特将重臣均任职为大夫，各执一权、各管一行，没有操纵全盘的权力。就连辅佐太子的文种，也是一样。

"那寡人就任你为上大夫，常伴寡人左右。"勾践说。

"谢大王。"

大船飞速驰行，不一会儿就到了越国境内。"大王，您看，越国众臣和百姓来迎接您了！"范蠡向前指去。

勾践顺着他的手，远远地看见了越国秀丽的山川田野，也远远地看见了前来相迎的文种、越国大臣和百姓。他的眼泪又一次奔涌而出。

十七、卧薪尝胆

勾践回到越宫，文武大臣齐聚堂上。

文种晋见："大王，微臣请罪。微臣办事不力，让大王受苦了。"

"文大夫快快请起，寡人谢你还来不及。寡人今日能回到越国，全仗你和范大人全力相助。"勾践说。

“大王托我管理国家，但三年下来，宫中珍宝所剩无几，百姓食不果腹。贵重之物和粮食全当作贡品进贡给吴王及其臣僚了。”文种面露愧疚。

“寡人知道，为保寡人性命和越国疆土，你和全国百姓受苦了，寡人之心感动不已。”勾践潸然泪下，接着，他抬起头说：“如今保住了越国国号和宗祠，寡人也能全身返国，些许物品何足为惜？”

“大王回国，是可喜可贺的大事。可是，吴国的贡品还得如数上缴，一件也不能少，稍有迟缓，他们就会打过来。可吴国犹如一个无底洞，有多少宝藏物品都填不满。微臣犯愁的是，眼看下一批贡品都难以凑足了！”主管内务的大夫若成说。

主管农耕的大夫皋如也上前禀道：“大王，承上天保佑，三年来，越国连年丰收，而稻粟、布帛、珍宝、果实却尽入吴库，越国一贫如洗。如今，越国的地盘仅剩百里之地，不说拿不出什么东西进贡了，就连百姓活命都很艰难。”

勾践听了，眼眶又红了起来：“唉，寡人身为一国之王，却穷途末路、一筹莫展。三年来沦为囚奴，生不如死。现在回来了，寡人的国家被吴国搜刮得如焦土一般。往后，越国还得年年月月地向吴国进贡，这可如何是好？”

大臣们不由得都低下头。

“各位大臣，寡人忍辱负重地活命，想方设法地返回越国，就是要报仇雪恨，让越国百姓过上好日子，重新抬起头来。可是，现在越国只有巴掌大一块土地，仅贡品一项就被压得不堪重负，我们必须拿出应对的办法，各位可有良计善策？”

范蠡说：“古时候，商纣王用残酷杀戮方式威霸天下。周文王在势单力薄、仅仅拥有百里之地时，一面侍奉商纣王，一面以德治国，施行仁政，为百姓办实事，获得天下民心，后来终于赢得了天下。现在的越国，正如当时的商周，只要大王制定百姓拥戴的仁政，采用正确的治国方略，君臣一心，一定能起死回生，由弱变强。”

“好，言之有理，可如何着手实施呢？”

“我们要一边应付吴国、准备贡品；一边要制定好自己发展的目标和方向，再一步一步地去实施。只要发挥全国臣民的智慧和力量，共同努力，定会有收效。”范蠡说。

“好，请各位大臣一起来商议。”勾践说。

一切活动尽在吴国监官的眼皮之下进行。趁着监官中午小憩的时间，勾践与文种、范蠡及各位大臣在餐室秘密商议国事。勾践说：“过去，越国重农耕、修水利，年年丰收，人民吃得饱、穿得暖。但现在年年要向吴国进贡，越国物产的精华全给了吴国，越国如何能富？而且这贡品是年年要、月月要，一年比一年多，一件也不能少、一斤也不能差。稍有差池，吴国就会兴兵动武，这如何是好？这样，越国将会被吴国榨干，国贫民穷，哪里还谈得上复仇?!”

大臣们一个个低着头，沉默不语。其实，在这三年里，各位大臣已经绞尽了脑汁，实在是拿不出什么高招了。

范蠡说：“俗话说，有山靠山，有水靠水，越国有山有水，何愁不富？”

“不错，越国土地富饶、气候温暖、物产丰富。可生产的粮食除留下少得可怜的口粮外，全部要进贡给吴国，越民连肚子都填不饱。什么鲜果、水产、海鲜、珠宝、皮毛……则全数送入吴国，我们出产得越多，吴国收纳得越多，他们的监官一个个盯得紧，恨不得对我们挖地三尺、剥皮三层！长此以往，越国还撑得下去吗？”

“撑不下去也得撑！”范蠡坚定地说，“大王，君子报仇，十年不晚。越国如大病在体、重创在身，需休养生息，逐步强民强兵。这少说得十年。而当今，天下争雄、战火连绵，大国吞并小国，强国灭掉弱国。我区区越国，要在列强的夹缝里生存，不是件容易的事。现在，吴国可以在一日之内扫平越国，其他国家如楚国、陈国等也能不费吹灰之力灭掉我越国。如何让越国至少十年之内平安无事，不被战火淹没，不被强国吞并，争取到休养生息的时间，保住越国根基，这是我们要想办法解决的首要问题。”

“范大夫，你有何妙策?”勾践问。

范蠡有条不紊地说：“现在，吴国正处鼎盛之时，吴王一心想称霸中原。而吴王要称霸中原，必须德威并用，争取诸侯各国的归顺，特别是人心的归顺。吴王之所以没有像对徐国一样，将越国夷为平地，就是想利用越国来彰扬他的仁政之举，试图改变诸侯列国心目中吴国凶残强暴的形象，树立吴王宽厚仁德的口碑。为此，首先，我们必须对吴国俯首称臣，当个实实在在的、听话懂事的属国，让吴国对越国放心、放手。同时，有吴国当挡箭牌，其他国家对我越国也不敢轻举妄动。”范蠡顿了顿说，“只要战火不烧到我们的门口，争取到疗伤的时间，这就是复国强兵的第一步。”

“吴国是个无底洞，要让吴国满意放心可不是件简单的事，没有丰厚的贡品，夫差和他的贪臣们哪里会有好颜色?”若成问。

“第二步，就是解决拿什么进贡吴国的问题?”范蠡说。

“是啊，这可是要立马兑现的事。”皋如说。

“贡品多不如精，精不如可心。”范蠡说，“以前我们饿着肚子，把粮油、食品都进贡给吴国了。可吴地本是鱼米之乡，对鱼米之类的物品并不稀罕。”

“是的，吴国的粮食多得连仓库都装不下了。”曳庸说。

“吴王稀罕什么呢？吴王爱乐、舞、器、宝、美。”范蠡说。

“对，多进贡奢侈品，少进贡民生用品。这样越民就不至于忍饥挨饿了。”文种说。

“从哪儿弄那么多的奢侈品呀?”大夫皓进说

“越国有山，山中有矿，矿有五金，比粮食贵千倍；越国有水，水中有珍宝，比粮食贵百倍；越国有土，土能制砖瓦陶皿，比粮食贵十倍。如果一件小小的物件，可以抵得上十车、百车、千车的粮食，会是什么结果呢?”范蠡慷慨地说。

“好,好主意!”勾践精神抖擞地说。

“范大夫的提议虽好,但需要一定的时日。当务之急是下一批的贡品。宫中的珍宝已所剩无几,恐怕要从民间收集才能凑齐。”文种说。

勾践果断地下令道:“文种大夫,你通告百官,将民间现有的珍贵物件悉数搜集起来。”

“遵命。”文种应道。

“请若成大夫率有经验的鉴宝师傅甄别真伪,挑选上等精品,以作贡品。”

“遵命。”若成应道。

“官家收集民财,不能硬拿强要,可以先向民众讲明其利害关系和用途,让百姓明白其中的道理,然后,通过募集加购买的方法获取。官家拿不出钱来的,先向百姓出具欠条凭据,承诺三至五年后加倍偿还。”范蠡补充道。

“三五年后加倍偿还?还得起吗?”若成问。

“如果君臣齐心,一定还得起。”范蠡肯定地回答。

范蠡又禀道:“大王,民间珍宝数量有限,只能暂时应应急。要真正解决贡品问题,必须进行制作生产。”

勾践说:“说得有理,请范大人从长计议。”

话说勾践在吴国长达三年的时间里,都住在阴暗潮湿的石室里,肠胃受寒气和热气夹攻,落下了病根。回到越国后,勾践终于可以睡到舒适、温暖、干燥的大床上了。可是,没两天,他的胃病就越发厉害了,太医来开了多剂药方,也未见好转,还吐起血来。勾践急忙传来范蠡,对他说:“范大人啊,寡人命运多舛,好不容易回到故土,今日却又重病犯身,不知活了今日,还有没有明朝。寡人空有一腔热血,复仇雪恨看来是今生无望了……”说罢,不禁双泪长流。

范蠡说："大王不必伤心，大王的病是寒热两盛、阴阳两虚，俱损于脾胃。若寒胜于热，则胃痛如绞；若热炽于寒，则溃疡出血。"

雅鹂问："可有办法医治？"

"王后知道，大王的病是由长年累积而成，要医治也只能慢慢调理，千万不能性急。"

"请范大人指点。"雅鹂说。

"大王还得像以前一样，夜晚睡在铺着麦草的地上，七天换一次麦草；一个月后，五天换一次；两个月后，三天换一次；三个月后，两天换一次；四个月后，一天换一次。这样，让寒气慢慢地从体内排出来。"

"大王身体太弱，能不能吃点有营养的食品补一补？"

"不可。大王不宜吃大鱼大肉，更不能吃滋补品。王后可让后厨先每天熬点清粥菜汤给大王喝，再慢慢由稀变干；菜肴也是先以素菜为主，再慢慢转为荤素各半，切不可吃生冷荤腥的食物。"范蠡又说，"王后最好每日将苦胆悬于堂中，让大王时时舔食，以清胃热。这样，数月之后，方可见功效。"

"这岂不苦了大王啊！"雅鹂两眼红了起来。

"没事，这与在吴国受的苦相比，算不得什么了。寡人日夜忧愁的是何时才能报仇雪恨。"勾践宽慰地说。

"大王，越国百废待兴，由弱变强不是一蹴而就的事。"范蠡说，"大王卧薪尝胆，绝不仅仅是一种治病的方法。我们要把它变成刻苦自励、发奋图强的精神。让全国臣民都与大王一起用'卧薪尝胆'的精神齐心协力，还愁不能重振家园吗？这便是实施强国的第一策——励众志。"勾践看着范蠡，重重地点了点头。

范蠡笑了笑，说："大王既治了病，又给全国人民作出了表率，岂不是一举两得？"

勾践也轻轻地笑了起来。

勾践一方面小心谨慎、克勤克俭，不让吴国监官看出任何破绽；另一方面奋发图强、刻苦学习，暗中紧锣密鼓地部署复国、复仇大计。他废寝忘食、日以继夜，冬抱冰块，夏捧火炉，以此修心养性、锤炼意志。为了不忘在吴国受的苦难，早日复仇，勾践每天和衣睡卧在柴草中，总是辗转反侧、难以入眠，积聚在心中的忧郁悲愤无以发泄，便像野兽一样低声长啸。很快，勾践的一言一行点滴不漏地被吴国监官报告到夫差那里。夫差听了，十分生气。

伍子胥更是怒气冲天，吼道："好啊，可恶的勾践！口里说的一套，做的又是一套，他竟然蓄意向我吴国报仇雪恨，大王，把勾践抓回来，碎尸万段！"

伯嚭说："大王，您先别生气，先把情况问清楚，那勾践能跑到哪里去？抓他杀他，什么时候都来得及。"

夫差下令道："把范蠡传来！"

范蠡一进吴宫，伍子胥便大声呵斥："大胆范蠡，如实招来！吴王仁慈宽厚，反贼勾践不仅不感恩戴德，还卧薪尝胆，以图报仇复国，该当何罪？"

"回大王，勾践卧薪尝胆确有其事，报仇复国却子虚乌有。"

"你狡辩！"伍子胥吼道。

"让他说吧。"伯嚭说。

"越王卧薪尝胆，是为了治病，决无他意。"

"什么病？"夫差问。

"大王有所不知，越王在吴国石室住的时间长了，身上长了许多湿疮。他回越国后不见好转，搞得遍身又流脓水又流血，每天不得不睡在柴草上。"

"听说勾践回国后一直很刻苦啊？"伍子胥讥讽地说。

"是，他不敢不刻苦。"范蠡答道。

"嗯？"

"越王每天吃的是自己种的粗茶淡饭，穿的是王后织的粗布麻衣，为的是给全国百姓作表率，节衣缩食，给大王多多进贡。”

“那勾践在堂前挂个苦胆，时时舔食，这是何用意呀？励志复仇？”伯嚭问。

“这个……大王，微臣不便说。”范蠡卖了个关子，低头说。

“如实说来！”伍子胥厉声叫道。

范蠡看了看伍子胥，又看了看夫差。夫差说：“有什么话只管说，本王不怪你。”

范蠡踌躇着说：“越王自从尝了大王的粪便后，就得了个口臭的毛病，而且一天比一天严重，呼出的气味令人掩鼻作呕，吃了多种药方也不见效。上朝时，文武百官在朝廷闻到从勾践口里散发出的臭气，都难以忍受。”

吴国监官在旁点点头，凑近夫差耳边悄悄说：“没错，很臭！一进他的房间就有一股难闻的臭味，如同茅厕。”说着还用手扇了扇鼻子，做了个臭不可闻的表情。

范蠡停了停，又说：“为此，在下建议越臣及左右一律嚼食岑草。岑草是一种野菜，其汁液有淡淡的臭味。人们平时是不会吃它的，只有遇到凶年，才会不顾气味而食之充饥。越臣及左右吃了岑草，个个口里都有臭气。这样，勾践口中的臭气就没那么突出、那么不可忍受了。医师说是胃火炽热，须祛湿清火。还给他说了个民间药方，就是一日多次舔食苦胆。这不，舔了一个多月，他的口臭才略有好转。”

“嘿嘿……”伯嚭忍俊不禁地笑出声来。

“他深更半夜不睡觉，又哭又叫地干什么？”伍子胥问。

“国相大人，越王重病在身，夜不能寐，每到深夜，就浑身难受得无以复加。要不是难受得撕肝裂肺，怎会像野兽般嚎叫？”范蠡的回答合情合理、无懈可击。

“莫非勾践尝了本王的粪便后，真把本王的病转到他的身上去了？这么说来，他是在代为本王受罪。”夫差心中暗想，不禁为勾践的身体担忧起来。他对范蠡说："好吧，你回去后就对越王说本王问候他，让他多多保重。"

接着夫差又对伯嚭说："请宫廷御医给越王配几副上好的中药，让范大夫带回去。"

"是。"

伍子胥听了将信将疑，但听范蠡说得滴水不漏，只好默不出声了。

十八、阳策阴谋

某天，勾践避开吴国监官，把范蠡、文种传来，满腹感慨地说："寡人三年为奴，越国百姓受尽劳苦，这奇耻大辱，如何能咽得下去？寡人只有一个心愿，那就是早日洗辱雪耻、战胜吴国。但寡人徒有恤民之情、复仇之心，不知如何才能实现？请两位大臣快出妙计良策，助寡人复仇。"

"为臣知道，大王无时无刻不在思考怎样才能报仇雪恨。其实，范蠡何曾不是如此？"范蠡说，"请大王从长计议。"

勾践向范蠡求教说："寡人恨不得马上讨伐吴国，但又担心不能取胜。吴国有山有水，北面山高林密，西面靠江，东面临海。"

"吴军最大的特点，就是善于水战。"范蠡说。

"是啊，可这却是我越军的短项。大海神秘莫测，一旦遇到飓风，巨浪滔天，人船俱毁。想到海战的风险，寡人就一筹莫展、忧虑万分。如果讨伐吴国失败，唯恐到时一死以谢天下都仍难辞其咎。"勾践又说，"现在，粮食已经收割完毕。但是田野里没有谷堆，粮仓里也没多少储备。这可怎么办？"

文种回答："这肯定是不行的。出师远征敌国，必须先积蓄粮食。如果没有充实的粮食储备，兵士就没有战斗力。没有战斗力，何以言胜？"

"好，请问如何才能打败吴国呢？"勾践说，"寡人当前最要紧的该做什么？”

范蠡说：“养精蓄锐，以图再起。”

“如何养精蓄锐？寡人应做什么呢？”

“农、工、商，国之至宝，三业兴旺，则国家安泰、民殷国富。”范蠡答道。

“如何才能做到三业兴旺呢？”勾践问。

“越国百废待兴，要使农、工、商由凋零变为兴旺，要有一个长期的计划，并有相应的政令。”

“好，请范大人详细解说。”

“世上万物，都由阴和阳组成，阴阳相克则百事衰，阴阳相合则万事顺。要战胜一个强大的国家，也必须用阳策阴谋，且阳策与阴谋一定要相互配合，才能起到好的效果。要报仇，一方面要让越国由穷变富、由弱变强。同时，另一方面还要让吴国由富变穷、由强变弱。”

“如何才能使越国由弱变强？”勾践问。

范蠡答道：“要想让越国变强，范蠡呈上兴越‘阳谋十策’，即：一励众志、二抚臣民、三纳贤士、四嘉农渔、五固城池、六利器具、七采五矿、八强军队、九生钱财、十悦邻国。这‘阳谋十策’必须借助大王之力，越国上下万众一心，才能完成。请大王颁布政令，实施仁德、富国、安民的国策，让天下百姓归顺，天下志士归心。”

“好。”

“‘阳谋’是强国之道。‘阳谋’之重在于‘众’，必须昭告全国，须全国百姓共同努力才能完成。”范蠡又说。

勾践点点头，又问：“如何让吴国由富变穷、由强变弱呢？”

“文种大夫考虑问题深远而睿智，注重研究吴国动态，请听他的真知灼见。”范蠡说。

文种回答：“高飞之鸟，死于美食；深泉之鱼，死于芳饵。要想战胜吴国，必须先投其所好，遂其心意。这就是：将欲取之，必先予之。”

“取之，予之？”勾践念叨着。

“要让吴国由富变穷、由强变弱，文种为大王呈上灭吴‘阴谋九术’。”

“好，请细细道来。”勾践喜道。

“‘阴谋’是完败敌国之计。‘阴谋’之重在于‘密’。阴谋之事必须密不透风，才可能做到‘全胜不斗，大兵无创’。”

勾践点点头，说：“寡人明白。”

“打败吴国的‘阴谋九术’即：一曰潜敌术，要战胜吴国，知己知彼最为重要，要及时掌握敌国动向，得到最机密的情报，必须深埋内线，潜入吴国核心圈；二曰耗财术，掏空吴国国库，使其从强盛走向衰落；三曰贿赂术，世上有清廉之士，也不乏贪婪之臣，对于贪婪之徒，钱财利诱是百发百中的妙招；四曰惰志术，以靡声美色淫惑其心，损其斗志；五曰离间术，让其朝廷大臣之间产生隔阂和分歧，内讧自残；六曰生祸术，在出现天灾人祸的时候，趁势而行，扩大灾祸的影响，使其田地荒芜、民众离散；七曰孤立术，吴国一心想称霸中原，不惜滥用武力，四处征战，我们则联合诸侯各国，将其孤立；八曰蛊惑术，吴人信奉鬼神，我们便用鬼神之说迷惑其心智；九曰毁誉术，不遗余力地宣扬吴国的残暴霸道，让其丧失威信，丧失民心。”

勾践听得很认真，虽一时还悟不出其中真谛，但知其十分重要。

“嗯，可这‘阴谋九术’如何实施？”勾践问。

“阴其谋，密其机，是计谋成功的至要。”文种说，“天下所有的计谋，都不是事先臆想出来的，而是根据当时、当地的人、物、事来制定的，应顺天意才能水到渠成。”

范蠡说：“阳谋九策和阴谋九术相辅相成、相互配合，才能成功。”

勾践点了点头，问：“寡人现在应该做什么？”

“阳谋先行，阴谋相随。现在要做的事是：抚臣民。”范蠡说，“三年多来，越国百姓经历了战乱、丧国、失家的痛苦，饱尝了凌辱、饥寒和艰辛，生活在水深火热之中。他们的灾难与大王一样深重，他们的复国期盼与大王一样迫切。现在大王回到了越国，越民把大王当作全部的依靠和希望。因此，大王，您应尽快颁布‘安抚令’，安抚与您共患难的越国臣民，安抚所有为越国流血、流汗的将士。”

“你说得对。越国的军民、百姓与寡人休戚相关、患难与共。寡人要亲自安葬、追悼战死的将士，亲自到阵亡将士家中去抚恤他们的亲属和子女，让他们的孩子有饭吃、有衣穿，让他们的父母病有医、老有依。”勾践说。

“大王，您对他们的关爱和恩慈，将会赢得他们的心。他们就会拥戴您、追随您，与您同心同德、报仇雪恨。”文种说。

“除此以外，寡人还应做什么？”

“请大王颁布‘奖励生育令’。”范蠡说，“万事人为本，国强要有壮兵，壮兵来源于人口。鼓励生育是为了增加兵源，增加兵源是为了早日复仇。”

勾践叹了口气，说：“这恐怕是远水解不了近渴吧。”

“不。人无远虑，必有近忧。战乱让我们损失了大量的青壮年，我们必须及时弥补。今日有幼婴，来年有壮士。这样，越人就能生生不息、后继有人。”

“好。”

第二天，越国颁布了“奖励生育令”。“奖励生育令”规定：“壮年男子不准娶老妻，老年男人不准娶年轻的妻子。女子到了十七岁还没出嫁，男子到了二十岁尚未娶妻，父母都有罪。女子分娩前，应向朝廷报告，朝廷派医生看护。一对夫妇生有两个儿子，赐一壶酒、一只狗；生有两个女儿，赐一壶酒、一头猪（男孩长大，狗是打猎良伴；家中无男，则养猪可得肉食）；一胎生三子，朝廷提供乳母；生双胞胎，朝廷负担其中一个。家中长子死了，免三年差役；幼子死了，免三个月差役。鳏夫、寡妇、有病者、贫弱者，可将子女送给朝廷抚养。”

在吴国严密的监视下，勾践的“安抚令”“奖励生育令”没有张贴在大街小巷，而是通过口口相传的方式传到每个越人的耳中。越民纷纷欣喜相传，夸赞朝廷的好政策。

勾践每天都到乡村农家看望、抚恤百姓。他出门时，自己带上羹和饭，一路上遇到孩童，便拿出饭盒亲自给他们哺食。勾践肚子饿了就吃自己带的食物，不给百姓添麻烦。他带头节约俭朴，不浪费一粒米、一寸布。他的所作所为，得到越国百姓的拥戴和赞美。

勾践心里十分高兴。他又把范蠡叫来，说："寡人按你的意见行事，收效甚好。下一步，寡人该做些什么呢？"

范蠡回答："大王亲自下田耕作，王后亲自纺织布匹，为越国百姓作出了榜样，可赞可点。但遇到天降灾祸，仅靠大王和百姓辛苦勤劳是不行的。大王必须预知自然灾祸的发生规律，防患于未然，并在灾祸发生时进行纠正和补救。要做到这一点，就必须储备足够数量的粮食。"

"这几年，越国粮食年年丰收。今年庄稼也长势喜人，可我们把进贡吴国的粮食一缴，就所剩无几了，哪里能有储备？"

"大王，我们应该向吴王要求减贡粮食。"范蠡建议说，"向吴国进贡的贡品价值不变，增加珠宝、金银饰品和工艺品的贡品，减少进贡粮食和军械的数量。"

"好主意。但吴王会答应吗？"

"吴国现在粮食充裕，请派大臣前去请求，一次不成再派一次。次数多了，吴王就会考虑了。"

"好，那就让曳庸前去试试。"

曳庸跪见夫差，请求说："越国仅有百里之地，人少地薄。再加上近年来，为了增加进贡给大王的粮食数量，土地连续种植。现在，庄稼长势变差，产量逐渐减少，土质越来越贫瘠，有的田地甚至成为僵死之地。越民口粮过少，个个面呈饥馑之色。越国愿将所有物产贡献给大王，但农田必须有所休整。愿大王恩准明年减少进贡粮食的数量。"

夫差知道吴国粮食已是库满、仓满，便爽快地答应了："好吧，明后两年，越地进贡的粮食由千石改为五百石。”

勾践知道后，十分欣喜。他又下令大力鼓励百姓开荒种地，开荒所得全部归百姓所有，三年免税、免贡。这样，越国外守边疆，内修耕地，大片荒土变成了农田。

这样又过了两年，越国百姓家都储有可供三年以上食用的粮食。

越国百姓从心底里拥戴勾践，拥护越国的政策，并主动提出请求：“当初吴王侮辱我们大王，是我们越国的奇耻大辱，现在我们富裕起来了，国家也强盛起来了，让我们为大王报仇吧！”

勾践听了，很受感动，于是传来大夫范蠡，说：“经过几年的调整，我国国库日渐丰盈，越国臣民复仇雪恨的呼声渐高，现在能不能向吴国复仇了？”

范蠡回答：“不能。万物有阴阳盛衰的变化趋势，万事也有吉凶变化的规律，能够顺应天地的变化趋势而做好准备，积蓄实力以应对困难，只是取得成功的起点。在时机还未到来时，大王应先减免百姓的赋税，奖励农耕，让粮仓里堆满粮食。现在越国国库有了一些积蓄，但还远远算不上富强。越国百姓不挨饿了，但还算不上富裕。实力不足，怎么可能复国雪恨呢？”

勾践知道范蠡说得有道理，便静下心来治国理政，等待时机。

勾践七年（公元前490年），勾践一连颁发了数条诏令，受到越民的拥护，他自己也觉得满意而自信。但同时他也知道，与强吴相比，还差距甚远。他再次邀文种、范蠡共商国是，问道：“寡人实施了你们的计策，有了一定收效，下一步，寡人该做些什么呢？”

“大王，要战胜对手，就必须做到知己知彼。”范蠡说，“就地理而言，越国处于吴国、楚国之间，凭借这三地接壤的地理条件，交通便利、信息灵通，天下局势变化，很快就能知晓。但仅此还远远不够，大王必须及时掌握吴国朝廷的详细内情，才能做到心明眼亮。”

勾践说："要探得吴国朝廷内情，谈何容易？吴王对我们防备极严，我们哪能轻举妄动？还有那个伍员，恨不得把寡人的骨头嚼成渣子吞了，睡觉时都睁着眼睛盯着我们。他们派出的监官，对我们的一举一动都了如指掌，而我们对他们却一无所知。吴国可以明目张胆地搜集我国的各种情报，而我们却没法派人去了解他们的情况，这是一个难题。"

"其实，要了解吴国内情并不难。"范蠡问，"大王，是越国的吴人多，还是吴国的越人多？"

"要论数量，当然是吴国的越人多。虽然吴国派了许多官员、监官来监视我们，但是我们在吴国朝廷、大臣府邸的奴仆不知要多出多少倍，每天进出吴国的越人也是川流不息。可他们地位低下，哪能得到什么有用的情报？"勾践说。

"不怕人微位卑，就怕万众一心。越人已经渗入到吴国的每个毛孔，只要越人团结一致，要得到他们的情报还会难吗？"范蠡说。

文种说："除了依靠越人外，我们还必须在重要部位安插或争取内线。要及时得到吴王及吴军的情报，洞悉他们的一举一动，就必须要有内线。这就是战术上的阴谋'潜敌术'中的'用间计'。'间'是专门收集情报的人，也叫'细作'，分为五种：乡间、内间、反间、死间、生间。乡间就是利用吴国本乡本土的人为线人；内间就是利用吴国朝内官员做我方线人；反间就是利用吴国派来的线人，使之反过来为我方效力；死间就是故意在外散布假情报的细作，以误导敌方使其陷入死地；生间就是能亲自回来报告敌情的细作。"

范蠡说："在吴国，越人无处不在。从吴宫的侍女到乡间的农工，从武将的奴仆到文官的侍童。虽然他们都处于最底层，但只要有心，也能了解到许多有价值的情报。越国百姓本有复国雪仇的愿望，若大王再在暗中予以厚奖，那么，吴国在大王眼里就如同裸体一般。"

"孙子说：'非圣智不能用间，非仁义不能用间，非微妙不能得间之实'。用间计成败的关键在于细节。"文种说。

“好，太好了。全听文大夫安排，请加紧部署。”

于是，文种向吴国送去一批又一批美女、侍者、劳工。这些人都是经过一定的训练，肩负着搜集吴国各种情报的任务。同时，文种和大臣们暗中叮嘱每个越人，无论听到、看到的大小情报，都要想方设法地报告给越国朝廷。几年下来，越国向吴国派遣的人，达到千人以上。勾践每天能收到几十、上百条信息。

再说吴国朝廷，夫差忙于向中原挺进，伍子胥成天闹脾气，伯嚭成天盘算着怎样敛财、揽权。他们做梦也没想到，在他们身边神不知鬼不觉地布满了越国间人。他们知道，越国是吴国的属地，越国人都是他们的奴仆，只能温顺、服帖地伺候吴国人，听从吴国人的指令。他们不知道，只要是越人，都是无时无刻、心甘情愿、不顾生死地为越国效力的。越国人表面上对吴国人顺从、服帖，但从骨子里仇恨吴人。就连警惕性最高、对越国耿耿于怀的伍子胥，最贴心的侍从中，也有越国的细作。至于谁是细作，是怎样安插进去的，连伍子胥也不知情。

伍子胥生性多疑而残暴。他不会信任任何越人，对越人有种本能的反感和防范；他也不会重用吴人，他怕吴人事事向吴王禀报，隐私暴露无遗；楚人更不行，他在楚国倒行逆施，楚人个个对他咬牙切齿，他害怕楚人暗中报复。当年，齐国的国相田恒挑选了五名乖巧的侍女、五名顺和的侍男，送给伍子胥。他对齐人相对放心，便留在身边使用。这些侍男、侍女平日不言不语，尽心服侍国相，说话办事处处顺着国相。但伍子胥万万没有想到，若有要事和情报，他们都会速速报给越国。

十九、小城大城

在勾践和大臣们的安抚下，越民逐步安定下来。但由于战乱，不少越民已居无住所，连勾践也是屈居在一间简易的茅屋里。

某天，范蠡对勾践说：“大王，作为一个国家，没有都城，就没有中心。百姓的心犹如浮萍，没有归宿感。都城，是国君权威的象征，也是百姓心目中的仰仗和依赖。请大王‘筑城’吧。”

“筑城？寡人当然朝思暮想，可夫差能让我们修都城吗？”勾践说。

“当然不会。可是大王您回越国后不能老住在草棚里，连个议事的地方都没有，修个‘勾践城’总是可以的吧。”范蠡说。

“勾践城？”勾践反问道。

范蠡肯定地说：“对，您居住和议事的地方，先修个三进三出的宅子，比普通民宅大个两三倍就行了。”

“那么小，哪能叫城？”

“所谓的城，是由一栋一栋的房子组成的。今天修了大王的府邸，明天再修曳庸府、皓进府、诸稽郢府、文种府、范蠡府……再加上百姓住宅，慢慢地一座城市就形成了。大王，要复国，必先有‘城池’。”范蠡说，“若大兴土木，必会引起吴国的高度重视，吴王不会同意，伍子胥和吴国大臣也会极力反对。但修个普通的议事、居住的房屋，则在情理之中，吴国君臣也比较容易接受了。”

“好。那就试试吧。”

“报告大王，越王有奏。”公孙雒送上奏折。

“呈上吧。”夫差应道。

“越王回到越地，一直暂居在破烂的草棚里，现请求修建勾践城。”

“嗯？勾践城？”夫差警惕地问，“这回国不久就想修筑国都王城啦？”

“其实就是勾践的住房，取了个响亮的名字叫‘勾践城’。这是建房的图样。”

夫差接过图样，看也不看，顺手丢在案几上，问：“谁做的图？”

“听说是范蠡。勾践城总占地面积约八亩，周边长一千一百步（约三百米）。建议事厅一栋、卧室三栋、膳房一栋、书房一栋，合计五栋。”

夫差听了，鼻子里哼了哼，不以为然地讥笑道："这么小还称为城！"脸色随即缓和下来。他用下巴指指伯嚭，问："太宰大人，你看如何？"

"大王，这'勾践城'的面积，大概相当于咱吴国三户百姓的宅地。"伯嚭并未直接道明可否。

夫差摆摆手，说："行吧，给他一个安身之处吧。"

勾践城虽然规模小、构图简单，但选址却不简单。

勾践召集大臣们议定城址，大臣们众说不一。

"国都选址是个大事，关系到国运的昌盛与否。古时候，夏朝周部族的首领姬刘舍弃土质贫乏的邰城，不远数百里，来到土质肥沃的豳地重建都城，使得周部族农业发达、繁荣昌盛。后来，周部族的后继人姬亶又带领族人迁到关中地区岐山下的周原，成为周王朝的奠基人，成就了周朝。"范蠡说，"越国原来的都城已被吴国占领，现在只能在狭小的国域里重建新都。即使在吴国包围、监督之下进行，大王也要选个上好的地方，处平易之都，据四达之地，才能成就您的大业。"

勾践点点头，说："有劳范大人，选址一事就拜托你了。"

范蠡观天文、察地理，仔细踏勘，依照阴阳学和风水学进行选址，最后选择在会稽山北麓、山会平原中部，东西狭长、南高北低的地带，南依会稽山，北临杭州湾，东为东小江，西为西小江。东、西小江在平原北的三江汇合流入大海，对山会平原形成拱卫之势。从军事上看，这里易守难攻，进，可顺水路入江入海；退，可至会稽山凭险据守。更为有利的是，这片平原上还坐落有八座山丘。这些山丘很容易就能建成居高临下的观测台和防守工事，成为军事上的制高点。八座山丘相互呼应，犹如天然的烽火台。若将其连接起来，将是坚固的城墙。

八座山丘中，最高的一座是府山，又名卧龙山。勾践城就建在府山的东南麓。这里依山傍水、避风向阳，其他七座山丘犹如众星拱月般地分居两翼。

勾践城不久就修成了，夫差带着伍子胥、伯嚭等一班大臣前来视察。勾践城建得十分简陋，外形简单朴素，外墙没有任何装饰，室内没有任何摆设，只有些许必需的用品和家具，还是一派没有住过人的样子。

“勾践，你还没住进来吗？”

勾践回夫差说：“大王，寡人心有不安，不敢入住。”

“为什么？”

“大王开恩，寡人有了居住之地，寡人感恩不尽。但文武大臣仍住在临时搭建的草棚里，勾践不敢独自享受。特请示大王开恩，让他们也有安身之所。”

夫差抬眼看了看四周参差不齐的草棚，明白那就是大臣们居住的地方，心想：“这也太寒酸了。”他对勾践说，“做国君的，能够体恤臣子，也算有心了。那就让他们在勾践城周围建些住房吧。”

“这样吧，先做个图样让大王过目。”伯嚭说。

范蠡乘机向夫差进言道：“启禀大王，建房需要砖瓦，请恩准建造砖瓦窑。”

“行吧。”

范蠡很快就将新城设计出来了。新城依傍会稽山，外筑城墙、城门、护城河，还特意在城墙的西北方向留下一个又高又宽、没有城门的通道。范蠡将图样呈上夫差，夫差看了一眼，就递给伯嚭审图。

“若把勾践城称作‘小城’，这图样建成后，就该称作‘大城’了。若把勾践城称作‘内城’，这也该叫作‘外城’了。”伯嚭仔细地审视图样，端详了好半天，才抬头问道，“嗯，这图样没画完吗？”

“已全部画完。”范蠡答道。

“那外城城墙的西北角上为什么留有一个缺口？”伯嚭问。

“回太宰，这是特意留下的一个门，名‘吴门’。越国大城的城墙是为了自保，防盗、防贼、防他国入侵的，唯独对吴国不设防。不但不设防，还要希冀吴国的庇护。在西北方向，越国和吴国接土连壤，为了大王和吴国的百姓、军队，可以随时、随意地从这里进出，因此这里不设城门。”

“哦。”夫差点点头，心里觉得特别舒坦、快慰。

伯嚭心想：“吴门对吴人不设防，吴人出入越地十分便利，可越人出兵伐吴也十分便利呀。”但他没有把这话说出口，一是他估量越国没有攻吴的能力，二是他不想破了夫差的好兴致。

伍子胥拿着图样看了半天，也没看出什么破绽。

“范大夫呀，你想得周到！”夫差高兴而爽快地说，“好吧，就按这图样修吧。”

伍子胥补充说：“修城是件大事，请大王派监官到越地督察。”

“好，由相国负责，派监官日夜督察，如有问题，及时禀报。”

越国大城进入紧锣密鼓的修建环节。范蠡和工匠们夜以继日地忙碌在工地上。

吴国派出了十多名监官来到施工现场，密切监督着工程的点点滴滴，总监官毛桦则将工地发生的情况及时报告给伍子胥。

越国大臣和百姓把吴国监官奉若神明，好肉好酒招待，歌舞娱乐侍候，安排得周到备至。刚开始，监官们警惕地在工地上巡察，时间一长，见天天都是一切正常，也就放松了看管，乐得日日花天酒地、尽情享受，成天泡在酒肉声乐之中。不知不觉间，大城就在吴国监官的眼皮下建成了。

享乐是享乐，吴国监官对公务可也不马虎，听说大城工程已近尾声，毛桦便带着几名监官到实地巡视。他以挑剔的眼光在大城细细察看，走着走着，总觉得有点什么不对劲。突然，他大叫一声：“来人呀，快快给我把范大夫叫来！”

范蠡还没来得及向他打招呼，毛桦就劈头盖脸地骂道：“范蠡，你搞得什么名堂？房屋摆布为什么全搞反了，左边的建在右边，右边的建到左边去了?”

“回总监大人，下臣严格按图样施工，不敢擅自做丝毫改动。”

“拿图样!”

一看图样，毛檪傻眼了——建筑物的确与图样相符。

原来，锦帛上的图样是双面绘制的，一面的图样翻过来，正好左右对调。吴国总监官细细核对，才发现现在的大城是按锦帛正面的图样修建的，而自己以前看的是反面的图样。他以为是自己酒醉眼花看错了图、犯了错，心里暗暗发紧，便不再说什么。其实，这是范蠡有意为之。他呈递给吴国审定的就是锦帛反面的图样，现在正反对调后，外观似乎没有大的变动，但其中设置的瞭望孔、箭孔和暗道机关都变成面对吴国的了。

毛檪继续往前走，走着走着，抬头放眼往远处一看，又不禁大吃一惊，城外竟然出现了一座山。他结结巴巴地问:“这、这，是怎么回事?从哪里跑出来一座山?”

“回大人，我们也不明白，怎么在一夜之间，这里会生出来一座山。”跟随在后的吴国监官怯怯地说。

“不可能!偌大的一座山，哪会平地长出?”

“我们也感到奇怪，叫它‘怪山’。百姓们叫它‘飞来山’，不知从何地一下子飞到这里来了。”

毛檪狐疑地思索着，随即眼珠子转了几转，指着范蠡冷笑着说:“你们骗得了别人，骗得了我吗?你们好大的胆子，竟敢把建城时开挖的土，堆成了一座山!我要禀报吴王!”

这时，范蠡手下的一个小臣悄悄塞给总监官一块白璧，轻声说:“总监官大人，建房挖塘的土总得放个地方呀?不堆这里堆哪里呀?”

毛檪感觉到手心的物件滑润似脂，脸色立马缓和下来。

范蠡递给毛檪一个眼色，说:“这山，我看着好眼熟。”

“此话怎讲?”

“早些年，我遨游诸国，在东海边的琊玡，见过一座山，名曰东武山。东武山上什么植物都没长，形似乌龟，颇具灵气。这山的形状倒是与东武山相似，只是小了许多。”

毛榉听了，再仔细看了看那山，的确像只趴在地上的大乌龟。他环顾四周，低头思忖了好一会儿，对众人点点头说：“建城的多余土方堆放在这里，也算合适。”

其他监官生怕总监官追究失职之责，一个个心中惴惴不安。见此山得到毛榉认可，心里不由得长吁了一口气。

回到住地，毛榉独独留下范蠡，指着他的鼻子劈头盖脸地骂起来：“范蠡呀范蠡，你好大的胆子，你胆敢在我眼皮之下造了一座山！看我不禀告大王治你的罪！”

范蠡不卑不亢地说：“总监大人，您知道，我前几天到窑场去了，不在这里。工匠们见那边有空地，就把施工土方倒在那边了。而您，不是一直都在这里吗？要怪罪，您岂不是首当其冲，脱不了干系。”

毛榉并不搭理范蠡，继续骂道：“什么工匠所为？明明是你的指使！你以为我不知道？你造的这座山，弥补了西北边的不足。原来八座山丘，加上这一座，成了九座。府山两边各四座，摆布得均匀而得体。再看这大城像个圆圆的月亮，九个山丘像九颗星星，岂不是九星拱月吗？本来十分平常的地域，经你一调整，就成了风水宝地！”

“总监大人，您的眼光真厉害，什么事能瞒得了您呀！”范蠡将一个精致的小包塞进毛榉的手里，轻描淡写地说，“修房筑城，谁不图个吉利呀。越国又小又弱，更要讲个方位、风水。至于建城土石堆成的小山，正好成全了这块地方的风水，也许是上天特意指点的吧。”

毛榉眼珠子转了又转，会意地点点头：“越王忠心，感动天地，褒赐龟山。”

后来，毛榉和监官们当然没把城内的摆布、龟山等禀报到夫差那里。夫差问起建城的事，监官生怕自己的失职被发现而戴罪，便竭尽所能地加以掩饰，一个劲地拣好话说，说得夫差一百个放心。

大城建好后，夫差又带着众大臣来到这里巡视，看见一个大大的水塘坐落在房屋的中央，感到很奇怪，问范蠡："水塘一般都设在屋群的后方，你为什么把它搁到屋群的中央来了？"

"回大王，这水塘，平日里是居民的饮用水，谁都不能弄脏它。设在屋群中央，各家各户取水都很方便，也可相互监督，防止有人将杂物丢进塘中。"范蠡稍稍停了停，又说，"这水塘又是蓄水池，如果哪家失了火，各家各户能及时方便地汲水灭火。"

"这水塘的地势有点高啊，天旱之时岂不会早早干涸？"

"正是。为此我们用十口深井的水源，确保水塘水源洁净、充盈。"

夫差点点头。

走到房屋近处，夫差指指屋檐下的围绕墙脚一圈的面砖问："这下面是下水道吧？"

"正是。"

"下水道的水会流到水塘里吗？"

"当然不会。下水道的水流往屋群后的渠道里，再进入城外的护城河。渠水与河水相通且循环，居民浇地、洗粪桶等就用渠里的水。"

"农用水和饮用水严格分开，好！"

夫差抬头看看房顶，觉得也是与众不同。哪里不同呢？原来是一栋房与另一栋房相邻的墙壁，比一般的房屋的墙壁高出许多，甚至超过了屋脊。

"这墙壁为什么画蛇添足地高出这么多？"

"回大王，这高出的墙壁是有用的，叫作'防火墙'。有了它，就不会一家失火，殃及四邻了。"

"有道理！"夫差对范蠡哈哈笑着说，"范大夫果然聪明睿智！这小小城郭，被你修建得简约美观、朴质舒适、洁净亮敞，精心设计的绿树花丛、池塘流水，真叫天下匠师汗颜了！"

“越国是大王的属国，人民安居乐业，房屋修缮一新，正是您统治得法呀，谁人不称赞您的英明仁德啊！天下诸侯看到越国在吴国的荫庇下安然无恙，才会像越国一样归顺于您呀！”范蠡回道。

夫差听了更是心花怒放：“本王赏识你，就把这大城叫作‘蠡城’吧。”

范蠡还将山会平原上最大的若耶溪的溪水引进城内，流经城中各闾里坊巷，并与大江、小江相通。在整个城里，陆道、水道相通，街道、田地、屋宇均有水路、陆路相连，方便而快捷。

“咳，真不可小觑范蠡这小子，他倒真是个人才！一袭不毛之地，在他手里变成了风水宝地，成了一片功能齐全、配置合理的家园。”伯嚭的眼珠转了转，心想，“范蠡呀范蠡，你只能待在越国，绝不能来到夫差的身边，否则，就没我的位置了。”

其实，大城还有好多看不见的实用的设计，没被夫差和伯嚭发现：每栋房屋都建有地下室，栋与栋之间的地下室相互连通；地下室里有储藏粮、菜、肉类的地窖，也有独立的水井；地下室还有通道直达城外，人可以隐蔽地出入大城，也可以在紧急之时逃生；每面墙壁上都设有多个隐蔽的瞭望口，需要时，打开瞭望口，在室内可以从不同的方向看到室外的全部景物，观察室外动静；内大外小、呈长方形的窗户，既用作采光，也是战时的射击孔。也就是说，大城的地下工程，比地面建筑的工程量要大得多，设施要复杂得多。正因为有大规模的地下工程，才有那一夕自生的龟山。

修建这大城的砖瓦从何而来呢？蠡丘围。

二十、紫砂传奇

“今天，是寡人回越整四年的日子。这些年里，君民同心，为复国雪恨作出了巨大的努力。过去满目疮痍的越地，终于出现了生机。各位大臣，寡人该当报仇雪恨了吧？”勾践环视众臣，询问道。

范蠡不急不缓地说：“大王不必过于心急，没有十足的把握，不可轻举妄动，必须要有一打必胜的把握，才能出手。现在，还不是攻打吴国的时候，我们的条件还没有准备充分。”

勾践问：“为什么？”

范蠡说：“虽然我们奋发图强四年，越国正在逐渐恢复元气，但与吴国的强大相比，还差很远。虽然我们军队的士兵得到了一定的补充，但在吴国的严密监视之下，我们的士兵未能得到很好的训练，其武力、武艺、武技都还比不上吴国。再说，要战胜吴国，光靠外在的武力是不够的，还有待于吴国内部的分化，现在夫差与伍员虽然有了一些分歧，但伍员仍然是吴国重臣，他是大王报仇雪恨路上的一块大石头。”

勾践听了，眼帘垂了下来，沉默不语。

文种说：“没有十足的把握，不能轻举妄动。”

勾践深深叹了一口气，说：“寡人何尝不知道吴强我弱呀，但这种屈辱、痛苦和煎熬，什么时候才能到头啊！”

范蠡说：“只要大王一如既往地善修国政，一定能奋发图强，扬眉吐气。”

“走什么路子才能兴国致富呢？”勾践问。

“有财、有物就能致富。”范蠡说。

勾践苦涩地笑了笑，为难地说：“可我越国如今是财匮乏、物不足，如何能富？”

“农、工、商并举。齐国的兴旺便是最好的印证。重农而轻工、商者，民虽安而国不富、不强；重商而轻农、工者，则国难安、民难宁。只有农、工、商并重，才能国富民强、国泰民安。”

勾践点点头，说：“说得好，请文种大人主抓农业，推广新的种植方法，提高农作物产量。范大人重点筹划工、商之事。各位大臣齐心协力，让越国早日摆脱贫困，走上富强之路。”

话说范蠡从吴国回到越地不久，就忙于操办修建勾践城的大事，并协助文种为吴国挑选贡品，为此他遍踏越国的山山水水。他一路前行，某一天，来到太湖西岸的宜兴，宜兴的风景优美、物产丰饶、土地富庶，是名不虚传的江南鱼米之乡。而引起他特别注意的是城东边的一座山，名蜀山。这蜀山山形圆浑，与众不同。其他山上都长着葱葱郁郁的树木，而这里不仅没有成材的大树，就连荆棘和野草也是稀稀拉拉的。原来，这山上的土质贫瘠，长不出树木，也种不出庄稼，山下的百姓年年收入微薄，靠砍山上矮小的荆条，编些荆筐之类的物品换点钱，过着穷困的生活。

为什么这里的山上不长树呢？范蠡琢磨着。他来到山上，用铁锄往下挖，那泥土呈棕红色，黏黏的、软软的，粘在锄上，甩也甩不掉。当地百姓说，这泥土带“糯”性，像糍粑，日晒不裂、冰冻不散，打成土坯，盖房垒墙经久耐用，就是什么庄稼也不长。他再往下挖，下层的泥土黏性更强，土质更细腻，纯净无染。

他心中暗自琢磨：“这黏土非同一般，一定有其独特的用途，但用在何处呢？”他想起了窑场制陶的陶土，就是挑选黏性强的土做的坯料，暗忖，“这土用来制陶，恐怕是再好不过的了。”于是，他令人挖了一筐红泥，带回家里。

回到会稽后，范蠡国事繁忙，哪还顾得上那一筐红泥巴？这筐红泥丢在家里的院子里，日晒夜露地过了两三个月，当范蠡再次想起它时，它已干涸。范蠡用水把它浸泡起来，用杵舂它、捣它，让它溶开。经过两三日，干涸的红泥全部化开，粗粒沉到水下，细粒淀在上层。虽然堆放时间长了，但浸泡出来的红泥仍然黏性很强。

范蠡取出上层最细腻的红泥，做成一只茶壶和八只小茶杯，放到陶窑里进行焙烧。不料烧出来的茶壶光滑细腻，超过了一般陶器的品质。

他心里暗自高兴，又思索："如果把它放到更高的温度下焙烧，不知会成什么样？会不会爆裂、破碎？"

于是范蠡将烧成的茶壶又放到炼铜炉里，进行第二次高温焙烧。炼铜炉的温度比陶窑的高三四百度，一般陶器经不起如此高温，而这红土茶壶却越烧越光滑、越烧越精神，轻轻敲击发出一种金属般清脆的声音，烧、炖、烹、蒸不胀不裂，更为奇特的是通体呈现一种紫红色。吴、楚、越之人都特别偏爱紫红，视紫红为大富大贵之色、高贵豪华之征。范蠡心中大喜："就凭这紫红的色泽也会使它成为高贵之物。"

后来，勾践城修建完毕，勾践的生活安顿下来。勾践为奖励功臣，便分别赐给各位大臣属地。属地收入除缴纳一定的赋税和贡品外，归各位大臣所有。大臣们要么选择临近京城的繁华之地，要么选择山清水秀的富庶之地，范蠡则选择到偏远贫瘠的蜀山。对大臣们的要求，勾践分别根据情况一一作了安排，每位大臣的属地以五里地为限。

勾践知道蜀山贫穷，便对范蠡说："依你的功劳，应当赐给你最富饶的土地才是，你为什么却挑选最穷僻的地方呢？"

范蠡说："天生斯才必有用，天生斯地必有财，大王的每一寸国土都是宝贵的，是没有贫富之分的，只是各为所取罢了。再说，要是每个大臣都争富庶之地，大王您也就为难了。"

勾践觉得范蠡说得有理，便说："好吧。蜀山贫穷，那就多给你划点地吧，从今天起，蜀山方圆十里之内，为你的属地，称为'蠡丘围'。"其他大臣均无异议。

"蜀山的土质不宜耕种，却是制砖造瓦的好材料，为修大城之需，请求大王准许将砖窑建在蜀山。"

"行。"勾践毫不犹豫地答应了。

此后，范蠡在蜀山搭起茅棚，夫人含笑和大儿子孟宛、二儿子仲楚都搬到那里。范蠡挑选了一批技艺精湛的陶工和美工，在蠡丘围建窑，烧制砖瓦陶器。蜀山满山遍野全是上好的陶土，可谓是随处可得。因为泥土中含有丰富的铁质，所以呈红色。

说来也怪，陶工们挖出陶泥，却做不出好的陶器。他们挑选最好的陶泥，费尽心思、认真造型、精心焙烧，做出来的东西却生涩粗糙、晦暗变形。他们百思不得其解："我们和范大夫用的同是这山上的泥土，为什么烧出来的陶器差之千里呢？"

最后，他们只得去向范蠡讨教。范蠡细细询问了他们制作的全部工序，知道他们都是严格按自己的要求做的，并无二样，那么错在哪里呢？突然，他恍然大悟，悟出了其中的一个重要区别，就是他用的陶泥是堆放了好长时间的陈泥，而陶工们是挖出来就用的新泥。也就是说，陶工们用的是"生泥"，自己用的是"熟泥"，奥妙就在其中了。

范蠡让陶工把挖出来的陶土堆放在露天里，几个月后再用。果然，熟泥制坯易成型、易和润、易保存，焙烧出来的陶器精美细腻。

当陶工们大量开挖陶土时，范蠡发现这山上的泥土中，有一种是黏土质与粉砂质相融的泥土，最适合烧制茶杯、茶壶，范蠡称这泥为"紫砂泥"。这紫砂泥十分珍贵，陶工们挖一千筐陶土，才可能得到一筐紫砂泥。

紫砂泥烧成的茶壶，因含有粗砂在其中，外表细密，内有细微气孔，泡起茶来不失原味，久用而不起腻苔，内壁不刷而绝无异味。更奇的是这紫砂壶有一定的灵性，能内吸茶之香味，外纳人体之润泽。用的时间长了，茶的色、香、味皆蕴藏于壶体之中，即使空壶注沸水也有茶的香味。壶身色泽也越用越光润，犹如人的掌心皮肤一样，光洁而细腻、滋润而温雅。

没多久，范蠡就地建起十多座窑。他选择土质最好、最细腻，颜色最纯净的陶泥，制出一批又一批精品。这精美的陶器一部分作为贡品进贡给吴国，另一部分作为各国国君和大臣的赠品，以改善和发展越国与他国的关系，一般陶器则运往各国出售。当时，除了人们的日常生活用品需要外，每年的祭祀也要用大量的陶器。越国陶器凭借质优、型美、价廉、图精，受到各国朝廷内外的青睐。后来，范蠡又发现，紫砂泥分为紫泥、红泥和绿泥，烧制出来的器皿呈紫、红、黄三色。在这三原色的基础上，几种泥混合起来，不同的配比，可以调配出各种不同的颜色。他又试着在其中加入含铁、铜、锡、铅等金属的矿物，竟烧出了天青、墨绿、深紫、棕黑、葵黄、丹红等绚丽多彩、色泽丰富的器皿。

含笑和孟宛、仲楚把各种不同的配比和所得到的颜色，一一细心地记录下来，作为紫砂陶器颜色的配方。他们还在本已十分珍贵的紫砂壶上用彩泥绘制出美妙的花纹图案。当人们看到红色的壶身上，或缀着一串绀紫的葡萄，或开着几朵黄色的梅花，或翠竹枝枝，或苍松劲拔，不禁拍案叫绝。

范蠡把工艺和美术巧妙地结合起来，不仅别出心裁，以竹节、梅枝、瓜果、荷莲、桃柿、动物等作为壶的总体造型，而且紫砂壶的盖、纽、流、把、底、足都十分讲究，每件陶器成为精美的工艺品。

那时，楚国的陶器已四海有名，但范蠡在楚陶的基础上加以改进，图案更美、更新奇复杂，制出的陶器质地更细密、更结实、更耐用，特别是紫砂壶最受欢迎。

这样，范蠡的陶器一下子技压群芳，使楚陶在越陶面前黯然失色。

为什么越国陶器的图案、造型如此新颖而精美呢？这还要从范蠡的妻子含笑说起。

含笑擅长绘画，他的儿子孟宛和仲楚从小便跟着含笑学画。

随着“蠡丘围”制陶规模的不断扩大，需要的陶绘也越来越多，含笑带着两个孩子不分昼夜地绘画，又把自己多年来积累的图案全拿了出来，仍远远不够用。范蠡看在眼里，疼在心里。有一天，范蠡对含笑说：“我们办个学堂吧，让女人和孩子都来学绘画。”

含笑微笑着点点头。

范蠡的先生计然已年过六十，但神清气朗。范蠡请计然到“蠡丘围”来教学，计然说：“你和含笑的绘画技巧是当今世上最精湛的了，为何还要请我？”

范蠡答道：“绘画之技是死的，而绘画之魂是活的。我和含笑可以教授绘画的技巧，请先生教授如何找到画的灵魂。”

“画的灵魂就是人的心灵：人的心灵美，画出的画必定美；人的心灵纯，画出的画也就真；人的心灵聪慧，画出的画也就丰富多彩。”

“心灵纯净、纯真、纯美的，非孩童莫属。”范蠡说，“我想的正是要先生启迪孩子们的心灵啊！”

“画法无定式，画意无定论。孩子们的世界新奇而又神秘，我能做的，只是加以引导，开发他们的潜力，让他们的绘画才干像泉水一般地涌出来。”

计然和范蠡挑选了五十名聪慧的孩子，亲自讲课，除了带学生习文学字、讲授绘画的基础知识外，还讲授大量的神话故事、民间传说、民风民俗、美术美感，每隔几日便出一道题，任学子幻想构思。孩子们用纯真的眼睛、自由的思想、无拘无束的个性，构思自己心目中的人、物、天、地等；用简单的线条和丰富的色彩描绘出复杂的大自然、社会生活、理想神灵等，神奇怪异，不拘一格。

这天，计然对学生们说：“今天，我们画凤吧！每人画一幅凤图，独立构思，新奇则为贵，不管什么画法，绘出则可。三天之后交卷。”

到了第三天，学生们把自己画的凤交到堂上，计然一看，不觉暗自感慨万千。五十个学生画出了五十个不同的凤……

有个学生问：“先生，谁的凤画得最好？”

计然说：“每幅画自有它独特的好，不是能相互比较而论优劣的。画无定论，心自知。你们画出的都是自己心目中最美丽的、最理想的神鸟，它们都是最好的。”

“那么哪个才是真正的凤？”

“谁也没见过凤，何论真假？当我们把它绘画出来，它就成真的了。”

计然说：“把见到的山川河流、花草树木、人物禽兽画出来，叫作

‘画者’，只是具有绘画的初等技术；能把人们幻想或理想的、没见过的东西出神入化地画出来，这是‘技师’的水平；而真正的‘绘画大师’，必能悟透天地之变幻、形态之变化。世上的万事万物，无时无刻不在变化之中。绘画，画出的是实物，而不等同于实物，其技巧就在于变。源于原形而非原形，不是原形而存原形，集万千气象于方寸之间，纳天地精髓于色彩之中，这才能称得上‘大师’。你们每一个人都要争取成为‘绘画大师’。”

计然让学生边绘边想象，想出新的构思则再绘新图。就这样，他的学生由刻板变成灵活，画技日益成熟。孟宛、仲楚更是出类拔萃，绘出的画舒卷奔放、构思奇巧、灵活自如。

范蠡还让孟宛和仲楚到各地游览，走遍大江山川，观赏庙屋楼阁，观察飞禽走兽，仰望日月云彩，俯瞰大地绿野。他俩走到哪里，画到哪里，吸天地之精华，聚山川之灵气，纳江河之气势，集大地之才华，这样他们绘画雕刻的人物走兽栩栩如生，花草林木多姿多彩，把天地之间的那种神秘之美、奥秘之力表现得特别深刻，让人感到一种无形的力量，震撼人心。

当时，许多人都爱在剑柄上绘图。一次范蠡拿出两把阴阳剑，让他俩绘图。他俩便画上了太阳和月亮。那太阳是由五个同心圆组成的，散发出五彩的光芒；月亮只有一个圆，而飘飞在月亮周围的是五彩的云。

范蠡问：“画太阳，一个圆就够了，你为什么要画五个圆？”

孟宛说：“太阳虽然只有一个圆，但它发出来的光却是由红、黄、蓝、绿、紫五种颜色组成的，就像五个套在一起的同心光盘一样，我这样画，人们就能看到更真、更亮的太阳了。”

仲楚说：“月亮自己不发光，而太阳的光芒照在它身边的云朵上，云朵也就是五彩的了。”

孟宛、仲楚绘饰的兵器被吴国王公贵族视为珍品，战时作为最高奖赏，平时往往作为艺术精品，用来观赏、收藏。后来，楚国和中原各国都以得到越国兵器和陶器而自豪。

夏季的一天，又热又闷，天性烂漫、淘气的仲楚坐在工房的角落里，手里拿着一个小陶壶，大半天也没动弹。范蠡问：“你一个人在琢磨什么呢?”

仲楚把陶壶递给范蠡。范蠡一看，又惊又喜。原来仲楚在小小的陶壶上，描绘着一幅农家牧牛图：壶身中部纹纹水波细腻而动感，壶身下部牧童戏浪、小牛饮水，几头公牛浮在水中，悠闲自得；更巧的是，壶盖如同湖心岛，三头牛卧在岛上，形态各异，如同游嬉尽兴后的小憩，舒适而祥和；壶柄呢，犹如一座拱桥，把湖心岛与岸巧妙地连接起来，真是匠心独具。范蠡心中暗暗叫奇，叫来工匠仿照其样式制作。而仲楚设计的样式和图案，范蠡则亲自烧制，成为最上乘的精品，加以珍藏。那些仿制品则用来进贡吴国，或以高价出售给他国的王公贵族。

计然还从学生中挑选出佼佼者，各用其长，合力作画。学生中构思新奇的，计然便与其一起商讨、绘制，就这样，五十个学生的作品源源不断地创作出来，画幅也逐渐由小变大。

计然、含笑和范蠡把学生们的绘画进行适当修饰加工，变成新颖精美的图案。再由陶工按其图案做成图模，制出成品。学生们见到自己的绘画变成了艺术品，一个个兴奋不已，绘画兴趣更加高涨浓厚。这些新奇的陶绘，在战争连绵的沉重阴影里，闪烁出奇异之光；在单调枯燥的生活中，激起五彩缤纷的波澜。各国贵族一掷千金，争相购买。

范蠡对每件精品，按其品质、价值给予学子们丰厚的报酬。此后，陶绘也成了越民的一项高雅的谋生技艺。

五十个学生成才后，又带出一批又一批的徒弟。至此，越国的陶器、漆器件件是珍品，且数量成倍增加。

一时间，蠡丘围车水马龙，各国贵族前来求购陶器的车辆络绎不绝。这里的货好，价格卖得高，一车又一车的陶器运出去，一车又一车的银子收进来，真可谓财源滚滚。当然，最好的紫砂壶和陶器，范蠡都献给了勾践，作为越国每年进贡给吴国的贡品。那一车又一车的银子，也全数进了越国国库。不到两年，越国欠下的内债、外债全部还清，国库也在不声不响中迅速丰盈起来。

作为吴国的属国，越国竭尽所能笼络夫差和吴臣，月月有小贡，年年有大贡。

又到了向吴国进献年贡的时候了，勾践一上朝，便询问贡品的事："各位王公大臣封地的贡银、贡品上缴得如何了？"

皋如答道："进贡给吴国的物品、礼物现已备齐，吴王和太宰的礼品正在准备之中。"

勾践又问："这次给吴王的头贡是何宝物？"

"吴王爱饮茶，头等贡品便是一套精美的茶具。"

"茶具？吴王宫里不知有多少？吴王可会稀罕？"勾践说。

皋如神秘地笑了笑，说："大王有所不知，这茶具是用一种特殊的红泥制作而成的，通体紫红，叫作'紫砂'。用这紫砂壶泡出的水，清香甘甜、经日不馊、祛病健体、延年益寿，可以称作'金不换'！"

"快呈上来，让寡人开开眼。"

皋如忙不迭地到廪房把紫砂壶捧过来，一件一件地摆到案几上。勾践一看，壶体细腻如玉脂，造型小巧玲珑，构思奇妙，花纹绘图栩栩如生，不禁连声称赞道："真是稀世之宝！"

勾践爱不释手。过了好半天，他听到皋如在他耳边说："大王，我是不是还将这茶具送回廪房？"他才回过神来。

"唔，当然……"勾践恋恋不舍地将茶壶放到案几上，默默地看着皋如收拾，终于忍不住，长叹一口气，哀声说："呜呼，痛哉！寡人眼睁睁地看着越国的瑰宝一件一件落入他人之手而无能为力，没有比这更令人悲哀的了！"说着，眼眶红了起来。

"下臣知道大王您是忍痛割爱，但您不用发愁，既然这宝物能有一个，就不愁没有第二个、第三个。听说，还有比这个更好、更绝的！”皋如说。

“在哪里？”

“蠡丘围。”皋如靠近勾践，故意放低声音说，“报告大王，现在那里可是车水马龙，达官贵人蜂拥而至，各国的王公贵族都悄悄派人到蠡丘围买这紫砂壶。听说连楚国的宰相到咱越国，不奔槜李、不到会稽，也不与您打个照面，就直奔宜兴买壶去了，而且每次都是满载而归，白花花的银子直往范家涌。有人说呀，范家比咱越国国库还要富！”

勾践听得心里十分不是滋味，觉得一股妒火直往上冲。他咽下一大口口水，悻悻地说：“这是寡人准许他做的，他赚的那些钱也尽数上缴国库了，不然，咱越国一下子从哪儿来这么多的钱！”

“大王，您能担保他家没私藏银子？没把最好的精品留给自己？”

“他有这个胆子？”勾践眼里露出狐疑之光，盯着皋如问。接着，他摇摇头，肯定地说：“别人会，但范蠡不会。”

“按理说，他要一大堆茶壶倒也没多大用。”皋如顿了顿，说，“但他本是楚国人，虽在我越国任大夫，心里终归是向着楚国的。如今他家与楚臣交往过密，该不会与楚国勾结，灭我越国吧？”

“嗯——”勾践从鼻子里拖着长音。他思忖了一会儿，摇摇头说：“那倒不至于，我越国与楚国一直友善相处，以前我们是楚国的属地，现在楚国也一直明里暗里帮着我们。”

“那人家明着是帮咱们，暗地里是算计我们，是想让我越国在前面牵制住吴国，他楚国在后面享安逸。”

“就算是让我越国牵制着吴国，但有楚国在后面支持，对我国也是有利的。”勾践肯定地说。

“那是以前，现在越国富起来了，楚国会对着家门口的肥肉而不流口水吗？”皋如反问道。

勾践沉默不语。

“咱越国肥就肥在蠡丘围。”皋如靠近勾践，悄声说，“如果大王您下令把蠡丘围收到手里，那么……有他无他不都没关系了吗?”

“这，合适吗?”勾践眯着眼睛问。

“有什么不合适的?那范大夫在国内受百姓赞颂，在各国诸侯中声誉日上，甚至超过大王您哪!”他又顿了顿说，“还有人说，要是没有范蠡，就没有您大王，越国也早就亡了，哪会有越国的今天?”

勾践的双眼忽闪着，心里妒忌而轻蔑地冷笑着：“没有我父王的接纳、寡人的提携任用，他现在还不知在哪里装疯卖傻呢?”而口里却平淡地说：“这话倒也没错，范蠡与寡人同甘共苦、肝胆相照，没有他，就没有寡人。”

皋如听得出勾践心口不一，知道勾践已心生疑虑，便说：“这都是一些没事做的人在那里瞎叨叨，大王千万别往心里去。”

吴国的国相府中，伍子胥品玩着一把陶壶，说：“毋庸置疑，这壶一定是出自范蠡之手。”

“何以见得?”吴大夫被离问道。

“个个诸侯国都生产陶器，从王宫到百姓家都使用陶器，而能将陶器制作得比图画更美观、比珠宝更贵重的，恐怕只有范蠡了。一坨小小的泥巴，经过他的手，就变成了惊世珍宝。他这种点石成金、化泥为宝的神功，举世无双。有了他，越国能不富吗?”伍子胥说。

“是啊，范蠡的一坨泥巴跟金子一样值钱!”被离附和着说。

“一个优秀的人能把事情做得细致，一个卓越的人能把事情做得精致，而范蠡能把每件事都做到极致。一件普通的事，只要经过他的手，便附着上一种不可抗拒的魔力。像吴王、楚王这样见多识广、显贵奢华的王者都叹为观止，他的魔力就可想而知了。”伍子胥边感叹边沉思，自顾自地说，“那么，是什么让他具有如此魔力的呢?他的内心一定有一种超越常人的力量。”

“超越常人的力量？”被离问。

“是什么让他产生这样的超常的力量呢？”伍子胥并不回答被离的问话，只管顺着自己的思路自言自语，“要么是像圣人一样有博大的仁爱之心，要么是像魔鬼一样有仇恨之心。”

“仁爱之心、仇恨之心？”被离摸不透伍子胥的想法。

“当今之世，天天发生的是腥风血雨、战乱杀戮，他生活在这样的一个时代，怎么可能在心中萌生出博大的爱？那么，他心里埋藏的一定是仇恨了。老夫曾认为伍家的冤仇已是惊世骇俗了，难道他有着比老夫更为巨大的仇和恨吗？那么，他与谁有仇，与谁有恨呢？”

“他来自楚国，不帮楚国帮越国，该不是与楚国有过结吧？”被离说。

“不对，楚国之内，没有人比老夫的仇更深的了。”伍子胥摇摇头说。

“难道与越有仇？”被离又问。

“也不对。他与越王患难与共，为越国出谋划策，岂会有仇？”伍子胥又摇摇头。

“与吴有仇吗？”

“吴国与他何仇之有？”伍子胥反问道，接着他思索着说，“吴国善战，所到之处，战无不胜。在战乱之中，有许多百姓丧父母、失子女、乱妻室。”

“在腥风血雨中，哪个家庭没有点损伤？更何况他妻室安、子女健。”被离说。

“嗯，倒是没听说过他的父母。”伍子胥说，“嗯，老夫倒要查查范蠡父母的详情！”

“回国相，范蠡从小就无父母。”被离回禀。

“他今年三十多岁。在这三十年中，被吴国灭掉的国家有徐国、陈国，被打败的有楚国、齐国……难道他是徐国人、陈国人？他要为国复仇？他要是徐国人、陈国人，那就太可怕了！”伍子胥叹道。

“有什么可怕的？”

“老夫的恨在心里，恨不得将仇人碎尸万段。他的恨在骨髓里，渗透到他身体里的血液中。他一定会灭掉敌国，不达目的誓不罢休。”伍子胥肯定地说。

被离不解地看着他。

“老夫复仇，是逆势而上，想尽办法，绞尽脑汁，再三要求先王出兵，最后还落得个借吴兵报私仇的恶名。而范蠡是越王请他帮忙复仇，是顺势而上。与他相比，老夫自愧不如啊！”伍子胥心里叫道，“夫差呀夫差，你要是不杀了范蠡，一定会身败国亡。”

伍子胥又拿起那把紫红圆润的茶壶，心中不禁自嘲道：“你是嫉妒了吧？他虽年轻，却能出奇招；你自称身经百战，但却拿不出新招。你要是想得出比范蠡更高明的计谋，哪里还用得着担心他？如今，老夫已无高招，只剩下‘冒死直谏’这一招了！”

伍子胥一夜无眠。第二天上朝，正是越国使者进献贡品的时候。各种绚丽多彩的贡品，让满朝文武大臣看得眼花缭乱，惊叹不已。

“大王，这些花花绿绿的奢侈品、装饰品，一不能吃二不能用，半点用处都没有，只会消蚀众臣的意志。这是越国的耗气之计，让我吴国君臣丧失士气、勇气，而沉迷于奢华、享乐之中。请大王明鉴。”伍子胥说。

夫差全神贯注地欣赏着一枚玉佩，赞赏地说：“实在是太精美了，小小玉佩，上面竟然雕刻了天空、山水、人物、花鸟、昆虫，栩栩如生，美轮美奂，真是绝世无双呀！”

“大王，这些精品，出自范蠡封地‘蠡丘围’。”伯嚭说。

“喔，范蠡还真是个人才呀！”夫差由衷地赞道。

“大王，你可以不杀勾践，却不能不杀范蠡；你可以不防勾践，但不可不防范蠡。”伍子胥见机进谏道。

“为什么？”夫差反问道，“他太有才了，是吧？”

“是。他的才智，当今世上无人可比。”伍子胥说。

“高抬他了吧！本王问你，本王与范蠡，谁的才智高？”

“大王，您与范蠡不可比。大王是君王之才，他是谋臣之才。”伍子胥意识到自己的话似有不妥，连忙解释加以更正。

“本王是爱才之君，不怕他才高。”夫差轻描淡写地说。

“要不，大王将其收到吴宫来，老夫愿意让位于他。”伍子胥以退为进。

“国相德高望重，岂能让位于他，断无此理！越国是本王的属地，范蠡自然也是本王的属臣，在越、在吴都一样，招之即来，挥之即去。”夫差挥挥手，似乎范蠡就在面前一样。

“如果大王无意收他，就杀了他吧，省得他贻害吴国。”伍子胥说，“没准他是徐国人，试图为徐国复仇，老夫正在彻查中。”

“区区小事，国相还大动干戈？不用查了，即使他是徐国人，本王也舍不得杀他。本王欲大展宏图，有多少个范蠡都用得上。”

伍子胥在心里深深叹了口气，心想：“既然吴王不肯杀范蠡，老夫只能另想他法了。找个刺客潜到他身边，找个机会杀了他！”

再说越国炼铁、制陶的规模越来越大，人手不够，勾践派人向夫差请求，恩准赦放在吴国为奴仆的越人。夫差同意放一百名越国精壮男子回越，补充工场的人手。

伍子胥看准这个安插杀手的好机会，找来身手矫健、武艺不凡的越人海桐。海桐曾是越国将领石买的部下，站在石买一边反对范蠡。在会稽大战中越国兵败，他成了吴国的俘虏。伍子胥把他留在国相府做杂役，故意经常编造一些范蠡如何奸诈专权、要挟越王的谎言蛊惑他。海桐听信了伍子胥，恨不得立马一刀砍了范蠡。

这天，伍子胥把海桐叫来，问：“你想不想回越国？”

“想。”

“老夫有意成全你，但有个条件。在你们国王身边有个恶臣，不，是妖臣，成天蛊惑你们大王。杀了他，越人才会有好日子。他就是越国大夫范蠡。”伍子胥说。

“哦，他现在成了越国大夫?”海桐问。

“是呀，越王十分宠信他，他就天天给越王出馊点子。”

“太可恶了！我要为民除害!”

“这样吧，老夫送你到范蠡的工场去做工，你就有机会接近他了。你杀掉他，老夫禀报吴王，赐你良田百亩，从此吃喝不愁。”

“谢国相大人，小人不需要赏赐，只愿为民除奸、为越除害。”

“你还有没有什么要求?”

“小人既负重托，便抱必死之心，只是六年未见过家人，请求国相大人恩准，让小人与家人见上一面，看一眼年过七十的老母亲。这样，小人死而无憾了。”

“好吧，让被离陪你回去。”伍子胥说，“三个时辰以后，你必须离开家，到范蠡工场去。”

“好。”

海桐回家与父母妻儿相聚，家人听说他要到范蠡工场做工，都高兴得不得了，说勾践、范蠡爱民如子，又说在工场挣钱多，还能学手艺。海桐见家人生活稳定宽裕，心中十分安慰。

“怎么没见儿子海螺?”海桐问。

妻子喜滋滋地说：“他也在范蠡大人的工场做工，你去了就能见到他!”

海桐感到心里一阵揪痛，心想：“范蠡呀范蠡，刚刚十三四岁的小孩都要给你当奴仆，你太黑心了，我一定要宰了你!”

临走前，海桐的父母再三交代：“见到范大人，一定要代问他好!”海桐表面上应允着，心里却是另一番主意。

海桐来到范蠡工场，果然见到了海螺。海螺长得又高又壮，脸蛋红扑扑的，健康活泼，聪明伶俐，见到他又高兴又亲昵。原来，工场为孩子们提供食宿，包吃包住，不收一分钱。儿子在这里半天学文习字，半天学习绘画陶艺。计然、范蠡亲自给他们讲课授艺。晚上可以回家，也可以在工场实习。如果画的图案能选用到陶器上，工场还会发给一定的工钱。

海桐亲眼见到范蠡悉心教育儿子，心中十分感动。他又见儿子在陶器上画出了精美的图案，十分高兴和自豪，心中升腾起对范蠡的敬重之情。

范蠡对海桐亲切而随和，就像对待兄弟一样，让海桐倍觉温暖。海桐在工场里，所到之处，无不兴旺富足；所见之人，无不勤勉快乐。众人都异口同声地赞扬范蠡的品格高尚、为人真挚、智慧过人、德重如山。这时他才明白伍子胥对他说的全是假话。

于是，他求见范蠡，将实情一一相告，并说："我以前误听、误信，差点要了范大人的性命。现在我亲眼见到大人的恩惠德能，心中敬佩不已、感激不尽。小人无能无德，只能以身相报。"说完，便欲举剑自刎。

范蠡一把将他的剑打落在地，说："每一个生命都是珍贵的，请你爱惜自己。你本是越人，为何因吴国而自杀？越国人在战争中无辜地牺牲了成千上万的生命，而你能活到今天，这是一种幸运。你要好好珍惜，为越国活着，为你的家人活着，为你的后代活着。"

"我今日不死，来日伍国相也会将小人置于死地。"

"没错。你必须速速离开吴越，隐姓埋名到齐鲁之地谋生，等伍员死后，再回来与家人团聚。"范蠡给他包了二百两银子，送他连夜出走他乡。

再说伍子胥得知海桐未下手杀范蠡，而逃逸他乡的事后，沮丧地说："老夫怎么没想到，越人回到越国，就会心向勾践、范蠡呢？也罢，老夫只能另辟蹊径。"

再说范蠡日日忙于国事，家中百事全由含笑打理，两个孩子也无暇顾及。一天，孟宛和仲楚捡来许多破砖残瓦，模仿大人搭起房子来。他俩用蜀山紫红色的泥砖做墙，绿色的琉璃做瓦，黄色的泥做瓦檐。工匠帮他们用余料做出柱和门，他俩在上面描绘出红色的饰纹。房子虽然只有三尺多高，但显得豪华美观。他俩还在门楣上用墨写上“蠡墅”两个字。范蠡一回到家，他俩就高兴地叫起来：“父亲，这是我们修的房子，你喜不喜欢？”

范蠡一看，只觉得眼前一亮，问：“这是你俩做的吗？”

“是呀，我俩做了好多天才完成！”

“太好了，太好了！”范蠡边看边赞叹，拿起一块树皮就开始绘制设计草图。

没多久，一座富丽堂皇、气势恢宏的宫殿便呈现在人们面前，红墙绿瓦，金碧辉煌。

皋如陪着勾践品茶，边品边聊，聊到了蠡丘围。皋如贴近勾践，问道：“大王到过蠡丘围吗？范大夫的宫殿人称‘蠡墅’，红墙绿瓦，金碧辉煌，比大王您的宫殿还气派！士兵个个武艺高强，工匠个个手艺精湛，比大王的城强许多倍。”他阴隐地笑笑，又收过话头说，“您别往心里去，谁不知道范大夫对大王是忠心耿耿的?!”

勾践听了，只是轻描淡写地说：“关于蠡墅，范大人禀报过，那宫殿并不住人，是专门让诸侯使臣参观的。那宫殿的材料全是蠡丘围生产的，人们看那宫殿漂亮，才会买咱越国的材料。”

“这是范蠡哄您的说辞。有人说，那儿才是真正的越国国都呢！”

勾践眼光深邃，没有吭声。

“听说楚国拿咱越国的材料将皇宫全部整修了，漂亮得不得了。而材料的价格，据说十分便宜。这不是拿咱越国的宝贝做人情吗？”

见勾践没吭声，皋如提高声音说：“严重点说，这是里通楚国……”

“他胆敢存此野心？”勾践故意问道。

“他本是楚国人，能以真心对我越国？”皋如顿了顿说，“他敢反叛越国，我就去宰了他！”

勾践站起来，拍拍他的肩，揶揄地说：“算了吧，就凭你那本事，哪是他的对手？”

皋如转而嬉笑着说：“大王说得对，我奈何不了他。我去找个高手对付他，总可以了吧！”

“管好你的嘴，小心你的头吧！”勾践斜着眼说。

“明白，明白……”

蠡丘围里，已入深夜，仍人声喧哗，灯火通明，一片繁忙，夫差的剑正在被冶炼之中。一百多名工匠一起喊着号子拉风箱，炉火彤红，宝剑的锻造到了最后关头。当最后一次淬火完成后，天已微明，范蠡劳顿了一天，疲惫不堪，整个人都似乎要瘫下来了。他走进客厅，仰靠在椅子上，双目微闭，头脑里还翻滚着激烈铸造的场面。在朦胧中，忽感到一丝冷风，他不禁一个激灵睁开双眼，只见一个黑影从他门前飘过去。他大叫一声：“谁？”

里屋的管家、侍卫随即跑出来：“大人，什么事？”

他定了定神，指着黑影飘过的方向，说：“好像有人在门外！”

“会不会是盗贼？快跟我去看看！”侍卫队长铁驹对侍卫说。

铁驹一出客厅，见一个彪形大汉站在场院正中央。他一挥手，侍卫们便把那大汉团团围住。那大汉不躲、不避，也不动，铁驹喝问道：“你是谁？深更半夜到这里干什么的？”

那大汉一声不吭，仍然一动不动地站在那里。铁驹大叫一声：“给我拿下！”

十来个侍卫拔出刀剑，向那大汉逼近。直到侍卫快靠近时，那大汉才倏然抽出长剑，只听到“当当”几声，几个侍卫的刀剑已从手中飞落。

铁驹一看那大汉仍纹丝不动，知道情况不对，退了几步，叫道："小心！"正待再次攻上去，范蠡走了出来，喝道："住手！"接着对那大汉说："这位客人若有话，请进客厅相叙。"

"大人，小人只求一见。"

铁驹说："将军，这家伙凶得很，武功十分了得，来者不善！"

"唔？"范蠡看了看那大汉，微笑着说，"好汉，请进吧！"

进得门来，范蠡对那大汉说："坐下说话吧。"

那大汉摇摇头，并不坐下，面对范蠡双膝跪下。

卢虞对那人说："我家主人向来对人宽厚，你缺钱、缺粮，我家主人都会解囊相助，你有什么难处，尽管直言相告。"

没等那大汉开口，铁驹便瞪着眼说："你看他那样子，壮得能扛一座山，能是缺吃的吗？准是来偷宝物的！快说，是谁让你来的？"

那人十分镇定，毫无惧色，双手抱拳对范蠡三叩首后，说："恩人，我叫黑葵。不知恩人还记不记得我？"

范蠡仔细地端详他，摇摇头。

"小人十天前来到蠡丘围，当了一名窑工。"黑葵说。

"小人到这里，并不真是想做工，而是另有重任在身。小人的使命就是要刺杀范大人您。"

"啊！"众人大吃一惊。范蠡以手示意众人安静，让黑葵继续说下去。

黑葵满面愧色，说："当小人以窑工匠身份进入蠡丘围后，所见所闻无不令人感动，上上下下都赞颂范大夫的恩德。范家家人待人和善，处事公正，所收银两皆缴国库，对越国的功德无量，所作的贡献无人能比。小人心中对刺杀范大人也大惑不解。"他停了停，又说，"即使如此，我也得完成我的使命。但当我想尽办法寻找到刺杀时机，见到大人您时，我不由大吃一惊，我做梦也没想到，我要杀的人竟然是自己的救命恩人。"

"救命恩人？"

“正是，您就是我的救命恩人。您记得三年前，曾经在宋国救过一个叫黑葵的人吗？”

范蠡想了想，轻轻地点了点头。

原来，三年前，范蠡到宋国商邱购买物品，天色已晚，住进一家客栈。这时，店主正在忙碌招呼着店小二将一男子抬出店去。范蠡见了，上前问道：“这是怎么回事？”

店主说：“这人不行了，拖不过今晚了。”又招呼店小二说，“快快快，有客人来了，快抬出去。”

范蠡上前用手探了探那人鼻息，鼻息尚存，喝问道：“人还没死，你们想把他怎么样？”

店管家走上前来说：“我家主人与这人素不相识，前些天他病得倒在店门口，我家主人心地善良收留了他。这些天来，主人请来医师给他诊病，费了不少钱财，却一点也不见好。到今天已经三天茶水不进，有出气没进气了，医师说已经回天无力了。人死在店内不吉利，怕客人感到晦气，所以想把他抬出去。”说到这里，他怕范蠡误会，又补充道，“主人在镇边有一旧草房，让他到那边去住。”

范蠡说：“哦，原来是这样。我来看看有没有办法。”

就这样，范蠡仔细诊断那人的病情，知道他是身有内伤、劳累过度，又受了风寒，瘀血积聚在脏腑。于是范蠡用随身携带的“散瘀丹”为其敷治，又到药店买了些草药给他调理。第三天那人醒过来了，到第七日脸上渐有血色，也能坐起来了。范蠡见他已性命无忧，便给他留下丸丹，将草药交代给店小二，准备继续其行程。店小二一边帮范蠡收拾东西，一边对那人说：“你这人哪，真是有福气！身无分文，遇到我们店主人；快没命了，又遇到范大人。没有范大人的灵丹妙药，你早已命归黄泉了！”

那人双手抱拳，说：“大人救了我的命，请问尊姓大名，来日定当回报。”

范蠡微微一笑，说："举手之劳，何必言谢。你能起死回生，是你命大。"说完，转身离去。

背后传来那人的声音："两位大人的救命之恩，黑葵永世不忘！"

黑葵双膝跪地，说："恩人，这些年来，我一直在寻找您，想报答您的救命之恩，没想到您就是当今的越国范大夫。"

范蠡伸手扶他，说："快快起来吧。"

黑葵长跪不起，惭愧地说："可是，我怎么也没想到，今天我面对恩人却不能报恩，我的使命是来刺杀您的。"

范蠡早已料到，但心中仍不免暗暗吃惊。

黑葵又说："恩人，小人不知道您就是当今范大夫。早知如此，小人宁死也不会接受这一使命。"

范蠡冷静而沉着地问："黑葵呀，我范蠡不怕死，只是有一点我不明白，我从未与人结怨，谁要置我于死地？"

"小人惭愧，即使大人您是小人的救命恩人，小人也不能相告。"黑葵垂下眼睛说，"小人只能忠告大人：您身处危险之中，有人不置您于死地而决不罢休，您可要当心了！今日黑葵不杀您，来日还会有人来杀您，请您提高警惕，多多保重！"

"谢谢你的忠告。"范蠡说。

黑葵抬起头，痛苦地望着范蠡说："小人决不能恩将仇报，又不能言而无信。"黑葵匍匐在地，一字一顿地说，"小人只能以死相报了。今生黑葵不能报答您的大恩大德，来生为您做牛、做马。"

说完，抽出宝剑自杀了。

众人哗然。

范蠡拾起黑葵的宝剑，仔细辨认，原来是一把越国进献给吴国国相府的贡品。他心中默默地说："伍员呀伍员，你这是何必呢？"

后来，范蠡了解到，黑葵本是吴国人，是吴国大内护卫的副队长。

他所在的队伍直接受伍子胥指挥，主要负责国都、王宫的安保。

“看来这是吴王和伍员对大人下的黑手。”卢虞说，“范大人不可不防。”

范蠡点了点头。

二十一、深山神木

勾践十年二月，报仇雪恨的熊熊烈火又一次在勾践胸中燃起。他心急如焚，命人敲响大钟并发布圣旨，召集大臣议事。勾践说：“寡人在吴国受羞辱的日子，真是不堪回首，幸亏得到上天的护佑而返回越国。寡人不敢辜负上天的眷顾，躬身治国，对大臣所献的计谋，一一采纳实施，越国终于出现了转机。现在，是不是可以出兵讨伐吴国、洗雪耻辱了？”

殿上一片肃静。勾践环顾众臣，众臣一个个俨然列座，默然不语，就连文种、范蠡也是衣着整齐地坐在其中。勾践心中十分生气，气愤地说：“楚国被吴国血洗都城，申包胥一年就帮楚王复了国；阖闾吃了败仗丢了命，夫差在伍员、伯嚭的帮助下，三年就帮他报了仇。而寡人受尽吴国的羞辱，到现在已经七年了，怎么没有一个大臣为寡人报仇、为寡人分忧呢？”

勾践在大殿上急躁地走来走去，质问道：“难道诸大臣一个个都爱其身、惜其躯，不敢上阵？还是舍不得荣华富贵，不愿出征？”

大臣们还是默不作声。

勾践怒火中烧，指着众臣一顿臭骂：“主忧臣辱，主辱臣死。寡人遭受被俘为奴、囚禁三年的奇耻大辱，你们该当何罪？寡人未究你们的罪过，把复国报仇的希望寄托在你们身上，可时至今日，你们竟然一个个过得心安理得，对复国大事不闻不问！”

范蠡见勾践的火气越来越大，怕他伤了众臣的心，连忙走上前说：“大王不必生气，也不能责怪众臣。不是众臣害怕困难和危险，也不是不想报仇雪恨，而是时机还不够成熟。”

勾践大声质问：“时机不成熟？请你告诉寡人，何时才算成熟？”

“这几年，越国国力虽有所恢复，但恰如大病初愈之人，仍体虚力弱，要战胜强大的吴国，为时过早。大王，光着急是没有用的。”范蠡婉言相劝。

勾践怒气未尽，虎着脸坐下。

勾践压了压火气，沉着脸一挥手，赌气地说：“退朝吧。”

勾践留下范蠡和文种，说：“寡人想听听你们有何见解。”

“大臣和百姓是君主治理天下的根本所在。君主是否得道，国家是否能够兴旺，关键在于大王是否能明选左右、任贤使能。”范蠡答道，“在古代，姜子牙是磻溪之畔的饥饿之人，西伯侯任用他而得以王天下；管仲，是鲁国逃亡的囚徒，又有贪财的不好名声，齐桓公得到他而能称霸诸侯。失士者亡，得士者昌。”

勾践说：“这方面，没什么问题呀，寡人做到了使贤任能、人尽其才。”

范蠡又耐心地说：“大王，还有一句话：疑人不用，用人不疑。可您一边重用贤能之士，一边却怀疑他不同心、不协力。众臣的心，您是不是会得而复失呢？”

文种说：“各位大臣与大王在战场上操锋履刃、冲锋陷阵、赴汤蹈火，现在又与大王一起夜以继日、艰苦奋斗、重建家园。多年来，他们对大王不离不弃，为越国背负重任，大王应该重重赏赐才对。重赏之下，必有勇夫。而大王对此用得不多，反过来却责备群臣不负所重，这会让他们伤心的。现在，大王要的是君臣一心、君民一心呀！”

勾践想了想，觉得他们说得也有道理，便说：“两位说得对，多年来，寡人一心想着报仇雪恨，忽略了对大臣的褒奖。好吧，寡人将国库里的钱财，拿出一成来，对有功的将领、士兵进行奖赏。”

勾践低下头，又叹了一口气，说：“只要能报仇雪恨，花多少钱财，付多大代价，寡人都愿意。可寡人等了七年，七年哪，报仇雪恨还茫然无期，寡人能不着急吗？”

文种说：“吴国正处鼎盛时期，而我国仅处于复苏时期。吴国财力雄厚，而我们国库虽有了一定积蓄，但仍不算充裕。要改变这种状况，不仅要想方设法增强我国财力，而且要让吴国耗费大量的国力、财力，让它的国库空虚。”

“怎样才能消耗吴国钱财，让夫差把大量的银子掏出来呢？”勾践问。

文种禀道：“这就得用‘耗财计’。”

“吴国连年丰收、谷物成堆，三年、五年也吃不完；他们不断收受属地、邻邦国的贡品和礼品，金银如山，财宝遍地，富得流油。那夫差也不是纨绔之徒，如何才能耗费他们的财力呢？”

范蠡答道：“古往今来，那些强盛之国，多因大兴土木而衰退，进而走向失败、灭亡。作为一个国家，花费最多而收益最小的，莫过于兴建宫殿楼阁了。那些宫殿楼阁是大型的奢侈之物，受看而不受用，供贵族享乐，于百姓无益，于国力有害。”

“吴王心高气傲、野心勃勃、爱慕虚荣，事事都想超越古人、中原第一，我们何不来个顺水推舟？让他也把钱财用到大修宫殿楼阁上。”文种说。

“夫差用在奢华建筑上的钱多了，用在民生、军事上的钱就少了。”范蠡说。

“可是，谁能让他这样做呢？”勾践想了想，说，“文大夫，你再对伯嚭吹吹风，让他去说服吴王，行不行？”

文种说：“恐怕不行。吴王不是等闲之辈，他不会轻易上钩，再加上还有伍员天天在那里叮嘱吴王，光凭伯嚭吹耳边风是不行的。俗话说，高飞之鸟，死于美食；深泉之鱼，死于芳饵。要想引诱吴王，一定要拿出最美的食物、最香的饵料。”

“美食、香饵何在？”勾践问。

范蠡呈上一份华丽的宫殿草图，这宫殿的初始原型正是孟宛、仲楚的“蠡墅”。他说：“这份草图，或许能让吴王动心。同时请大王下令，派人寻找最好的木材、最优秀的能工巧匠，进贡给吴王。如果吴王占了这个小便宜，便会吃大亏。”

“嗯。”勾践大声下令道，“准！”

几天后，一份雍容华贵的宫殿草图和一幅气势恢宏的效果图，呈上了夫差的案上。

“好，本王正想建造一座宫殿。”夫差把这图捧在手里仔细地端详了半晌，高兴地说：“当年本王曾随父王住进楚国郢都的王宫。楚宫的壮美奢华令人震撼、令人仰慕，如今仍记忆犹新。本王要把吴国王宫建得比楚宫更大、更美、更豪华。”

“越国愿为大王效力。”范蠡随即又呈上一份建筑材料的进贡清单和工匠名册。

夫差将其递给伯嚭，说：“太宰过目吧。”

“这图是你绘的？”伯嚭问范蠡。

“正是。”

“粗看起来，好像不错。我得仔细琢磨琢磨。”

伍子胥听到这里，站出来反对，劝谏道：“大王，不能接受这些礼物，更不能大修宫殿。从前，夏朝的桀王修筑灵门、商朝的纣王建造鹿台，都引起阴阳不和、五谷不丰、天降灾祸，走向灭亡。大王如果也要修筑宫殿楼台，定会引来灾祸。”

“国相说得有道理，君王不能滥花钱财，更不能亏空国库，但必需的建设还是要搞的。现在的吴宫已年久陈旧，年年修缮也花不少钱，还不如重新修建，干脆利落。看似一次花的钱多，算总账也是划算的。”伯嚭对伍子胥的意见似为赞同，实为反对，“再说，有越国进贡木材和工匠，也能省下不少钱。”

“现在国库充盈，年年还有贡品、贡银，修个吴宫应该没什么问题。”大夫公孙雒也投了个赞同票，说，“大王要称霸天下，连个像样的宫殿都没有，也是不行的。接待诸侯国王、重臣，也得有个像样的地方。”

“宫殿是一个国家的脸面。吴国怎么样也不能在各诸侯国面前太寒酸！”夫差看了看伍子胥，又说，“国相劳苦功高，战绩赫赫，本王也不忍心天天让您坐在又小又破的椅子上、在又小又旧的殿堂里议论国事呀。”

伍子胥垂下眼睛，叮嘱道：“望大王用度有节。”

夫差点点头：“国相放心。”

夫差站起来，对公孙雒说：“请公孙大夫按此图做准备吧，此殿就叫‘姑苏台’。”

“遵命。”

勾践下令大量招聘能工巧匠：凡受聘者，衣食由朝廷供给，并每年发给其家中三人的口粮。一时间，应者云集，就连邻国的工匠听说了，也纷纷前来。文种从中挑选了一千名进行培训。又从一千名受训者中挑选出三百名优秀者，进贡给吴国。

范蠡接下来便着手准备各种材料。一方面，范蠡指挥“蠡丘围”的工匠昼夜不息地烧制各种砖瓦建材；另一方面，组织越民上山寻找高大的木材。而寻找合适的木材是一件很难的事情，好长时间也没找到。

于是，范蠡面见勾践，说：“大王，没有旷世的木材，就不可能建造出旷世的宫廷楼阁。请大王下令，鼓励山民寻找名山神木。”

勾践爽快地说：“好！凡找到五寻以上的良材大树，奖白银十两；八寻以上，奖银三十两；十寻以上的，奖银五十两。”（古时的一寻，相当于八尺。那时的一尺，相当于二十三厘米。一寻即一点八四米。）

三个月过去了，越民把越地及周边的三山五岳全踏遍了，成效斐然。上朝时，文种禀道：“越民共寻得五至八寻的木材一千根有余，八寻以上的木材近三百根。”

“这些木材足够吴王建造大批的宫殿了。文大夫，择个吉日将这些木材进贡给吴王吧！”勾践下令道。

“是。”

“大王，这些良材来之不易，请让工匠为其雕刻装饰，显示出它们的高贵和珍稀。”范蠡说。

“好。”

勾践正与众臣商议如何将这些木材进贡给吴国时，有人禀报说：“踏山的工匠发现了一个秘密的地方，说不定有更大的木材。”原来，越民将所有山岭都踏遍了，最后只剩下一个山谷没去。那山谷名叫“幽灵谷”，是个下得去上不来的死亡之谷。曾经有人试图探险，却都是有去无回。

“请大王准许范蠡去看看。”范蠡要求道。

“准。”

范蠡挑选了以铁驹为首的十名身体精壮、身手矫健的士兵和十名伐木工匠，请了三个熟悉当地地形的山民作向导，到幽灵谷去探个究竟。

幽灵谷，四面都是陡峭的悬崖。那山谷不算大，却幽深无底，神秘莫测，常年云雾缭绕，谁也没见过它的真面目。

范蠡仔细观察了周围的地形：山谷四周的山体呈穹窿状，犹如一个巨大的“煲”，口小而肚大。“煲”内的山壁陡峭，“煲”口的山体向谷中心拱出。“煲”里犹如装着热汤一般，飘逸、蒸腾着飘渺的云雾，时浓时淡，时聚时散。在“煲”的边缘上，有块厚实的山石凸出的地方，山民称其为“鹰嘴岩”。因为稍不留意便会掉下深谷，又叫“鹰坠岩”。

范蠡趴在鹰嘴岩上向下望去，立刻有一种眩晕感。他定神俯瞰，能够分辨出的只有一个个小山似的隆起。范蠡心中暗暗思忖：“那些小山似的隆起是什么呢？会不会是树冠？如果是树冠的话，那可就不是寻常的大树了。”他暗下决心，“到谷底一探究竟。”

“前些时，有寻找木材的工匠来到这里，几次从鹰嘴岩用绳子绑着石头往下放，放下去二三十寻，还没见底。往下面扔石头，也听不到石头落地的声音，谁也不知它有多深，大家只好作罢。”山民介绍说。

“老人家，有谁进过谷底吗？”范蠡问一位头发花白的老山民。

“没有，我家祖祖辈辈住在这里，从来没人下去过。”

“能不能凿出一条路，从山上下到谷底？”

老工匠摇摇头，说：“谷口的山石经千百年的风吹雨打，变得松脆，人在上面走动，石屑直往下落。再说，这么陡的悬崖，那路该怎么修啊？这么深的谷，那路要修到猴年马月呀？”

“范大人，山下有个很大的溶洞，里面有条很长很长的暗河，很好玩的，我带你去看看！”一位壮年山民说。

“嗯，暗河？快去看看。”范蠡说。

后来，壮年山民带着范蠡和工匠们一起踏勘了那条暗河，原来，那暗河是从山谷里流出来的。范蠡调来百名将士、工匠，顺着暗河开凿山体、扩宽河道，十多天的时间就凿通了通往山谷的水路，坐着船便一直划到山谷里。

当范蠡和工匠们进入山谷时，大家不禁都惊呆了：粗壮的参天大树骇然出现在人们眼前！这是什么样的大树啊，树干粗到三四个人才能合抱。一棵又一棵的参天大树，挤满了谷底。范蠡从下往上看，似乎看不到树梢。

“这是多么难以想象的奇迹呀！”范蠡在心底赞叹道。

“天哪，这是上苍送给越国的重礼吧?!”铁驹叫道。

“啊，上天赐给我们神木了！”工匠们欢呼着。

“真是难以想象，世上竟然有如此高大的神木啊！”山民们也难以置信地说。

大家回过神来，才感到神清气爽，一股股浓郁的香气直沁肺腑。不知是谁大叫一声：“好香啊！”原来，这里有香樟树、楠树和杉树，一棵棵笔直挺拔。范蠡感恩地跪拜在神木前，心中祈祷：“上天啊，感谢你的恩赐！有您惠顾、保佑，越国定能战胜吴国！”

随行的工匠见了，齐齐地跪在两棵巨大的楠树前磕起头来，一个个祈祷、拜谢不已。

后来，范蠡命工匠将木材进行精心的制作，在上面雕龙画凤、绘饰文采，每根木材都如同龙蛇在舞动一般美丽壮观，每根木材都犹如稀世之宝。从幽灵谷伐回的四根巨型杉木更是装饰得华丽非凡，镶嵌黄金，饰以白璧，高贵得无与伦比。

准备完毕，勾践派文种将这些良材分期、分批地进献给吴国。

文种带着车马工匠，小心翼翼地将巨大的木材运到吴国，面见夫差。

文种禀道："尊敬的吴王，您的奴仆越王派遣使者文种恭见、问候大王。幸赖天地的佑护，越地发现了珍贵的良木，越王位卑命贱不敢自用，特拜献给大王。"

可夫差对木材并不稀罕，说："我吴地盛产木材，遍山皆是，绰绰有余，你们留着自用吧。"

文种说："大王，这木材非同一般，是上天赐给大王的瑰宝。特别是那四棵巨木十分神奇独特。它朝南的阳面是梓木的纹理；朝北的阴面是楠木的纹理，浑身沁出樟木的香气。越国最巧的工匠为它雕治圆转、刻削磨砻，用丹青绘上最精细而美丽的花纹，镶嵌上最纯洁的白璧和最贵重的黄金，状似龙蛇，纹彩生光。现在，越王进贡给大王，请大王笑纳。"

夫差听文种这么一说，激起了好奇心，立马起身去看那神木。夫差一见神木，不禁龙心大悦，说："哈哈，真是神木呀！本王要用你建一座最豪华的楼台，成为天下第一台！"

吴国群臣见到神木无不惊叹赞美、欢欣鼓舞，连声向夫差庆贺祝福。

伍子胥却冷眼相待，进言道："大王，不可收受这些木头。"

"为什么？"

"这是勾践的阴谋和陷阱。本来我们修个略为高大的姑苏台也就够了，可现在勾践送来这四根大木头，若用它们作主柱，宫殿的总高度就得增加三分之二，修建规模无疑会成倍扩大，耗费的银两将会增加三四倍。这是诱饵，是想引诱大王重蹈桀、纣之辙。如果大王不汲取历史的教训，吞下勾践送来的诱饵，将来必会被勾践所杀戮。”

夫差听了，知道伍子胥说的有一定道理，但他最不喜欢的，就是伍子胥老把自己比作夏桀、商纣。

夫差按下心中的不快，故作轻松地问：“哪个朝代的君主没建造宫殿楼阁？昏君建造，明君也建造。昏君、明君，哪能用建不建楼台而定呢？再说，修建姑苏台，本是先王的遗愿。今日上天赐给本王罕见的神木，是示意本王去实现先王的遗愿吧。”

原来，当年阖闾大胜楚国，见识了楚宫的豪华和壮美后，他决定修建姑苏宫。可是，刚开工不久，阖闾就壮志未酬身先亡，姑苏宫的工程也就耽搁下来。现在越国进贡了上好的木材，正中夫差下怀。夫差不仅接受了勾践的这份礼物，还要将这四根神木作为主柱，建造起比阖闾规划的更高大、更豪华的姑苏台。

从此，吴国连年招募、征调大量的工匠、民工，修建姑苏台。为与神木相配套，夫差选用最好的石材、木料，雕刻最华丽的图饰，点缀最昂贵的金银珠宝。吴库里的银子就像流水一样，哗啦啦地直往外流。

当夫差接受神木，决定修建姑苏台的消息传到越国时，勾践自然又是喜从心起。他立刻召集众臣，商议下步计策。他对众臣说：“告诉各位一个好消息，我们进贡神木的计策基本取得成功，夫差接受了神木，并决定着手建造姑苏台。”

范蠡说：“下臣已召集了多名能工巧匠，以神木为主柱，草拟出二十套不同风格的建造图案，下一步，可一一向夫差献图，供夫差选择，早日敲定建造图案。”

“好！”勾践又问，“耗财之计，已见眉目，各位大臣，可还有妙计？”

“三五年后，吴国将建成新的豪华的宫殿楼台。既有金屋，必得藏娇。大王不妨从现在起就在国内遍选美女，到吴宫建成之时，贡献给吴王。”文种说，“这一计，就是惰志术中的‘美人计’。英雄难过美人关。历代衰亡之国，大多因其君主迷恋美色，而荒其朝政。这一计虽不是什么新套路，却屡试皆灵。”

“我国年年进贡美女，吴宫佳丽如云。夫差一心称霸中原，并不特别看重女色。这一计恐怕难以奏效。”勾践说。

“吴王宫中没有王后已多年。吴王不动心，是因为还没遇到能让他动心的女子。能让吴王动心的，必是天下绝色。”文种说。

原来，早在吴国伐楚大胜以后，宋国的宋景公一是感谢吴国帮宋国出了一口长年受楚国欺负的恶气；二是想与强盛起来的吴国交好，便提出与吴国联姻，将自己的妹妹季子嫁给王储夫差。季子美丽娴淑、贤惠知礼，夫差与她恩爱有加。阖闾为历练夫差，让他带兵屯守与楚国相邻的潘国，时时关注楚国的动向。这样，夫差、季子便聚少离多。季子思念夫差，便来到潘国陪夫君，并为他生了两个儿子，大的叫姬友，小的叫姬鸿。后来，阖闾召回夫差，参加讨伐越国的战争。可没想到的是，本来胜券在握的吴国却惨败，阖闾也受伤身亡。夫差继位成为吴王。正当夫差忙于登基、丧葬父王之时，收到了季子因病去世的噩耗。后来，夫差按王后的礼仪厚葬了季子，将姬友立为太子。此后，夫差守孝三年，现在又过了五六年，夫差却再也没有立后。

“吴王的眼界高，没有比季子更美、更好的女子，可能都入不了他的法眼。”皋如说。

“天生丽质，百年难成一个。天下绝色，三分是天生，七分是陶冶。”范蠡说。

“陶冶？”勾践皱着眉问。

“所谓绝色，不仅仅是有一副受看的脸面，更重要的是有蕴含在骨子里的、由内到外的修养内涵，需要长期的陶冶、训练才能生成。”

勾践半信半疑地说：“那好吧，文大夫，你负责挑选美色女子。这

‘陶冶、训练’的任务，就有劳范大夫吧。”

吴国先后花了三年时间聚集建筑材料，用五年时间完成了姑苏台的修建。

姑苏台，高高地耸立在姑苏山上，高三百丈，宽八十四丈，巍然屹立，令人仰望而顿生敬慕之情。九曲路婉转拾级而上，登上高台可远眺方圆二百里的大好河山，一览无遗的湖光山色，田园风光尽收眼底。高台四周繁花似锦、绿树连绵，其景冠绝江南。

夫差在姑苏台拾级而上，每到一层，都要驻足极目远眺，陶醉在天高地远的壮丽景色之中。他的心里充满了一种伟大的成就感，欣喜地叫道：“父王啊，您没有完成的夙愿，王儿今日为您完成了！”

登上巍峨的姑苏台，夫差自豪地赞美道：“天下之台，无过于此；天下之乐，无过于此。”

伍子胥却泼冷水，冷冰冰地说：“大王，您在享乐的时候可曾知道，为造这姑苏台，民工抛尸道旁，百姓哭泣巷中，怨声载道，民不聊生。”

伯嚭回道：“国相夸大其词了吧。凡参加修建姑苏台的工匠、民工，都领取了不菲的工薪银两，哪来民不聊生一说？吴王恩泽，惠及民众。”

“哼，花费无数银两，国力亏空啊！”

“我吴国国库充盈，建造一个姑苏台还是绰绰有余的。再说，历数天下宫阁楼台，堂堂姑苏台堪称天下第一，难道算不上大王的一个丰功伟绩吗？”伯嚭似是语气平和，实是咄咄逼人，伍子胥听了，心中十分不快。

“华丽、精美、大气的姑苏台，无与伦比，天下无双。”

“姑苏台将流芳百世。”

“天下诸侯和吴国百姓都将颂扬大王的雄才大略。”

众大臣交口称赞。

夫差回过头来问伍子胥：“国相，你以为夫差跟夏桀、商纣一样，浪费民脂民膏，糜烂享受吗？”

“老夫时时提醒大王，是希望大王不忘历史的教训，成就大业。”

“国相的心意，夫差明白。夫差建造姑苏台，不是为了自己享受，一是为完成先王遗愿；二是为提高吴国的声誉。姑苏台上有最大、最高的烽火台，战时是最好的瞭望塔、报警台；平时接待中原诸侯来使，这里是最气派的宴宾宫殿。夫差心中时时想的是千秋霸业，不会因小失大，更不会因为修建姑苏台而使吴国的财力伤筋动骨，请国相放心。”

伍子胥口里应道：“老夫这就放心了。”眼睛却横扫众臣，心里骂道，“哼，一群马屁精！吴国将要断送在你们手里！”

伍子胥不合时宜的进谏，并没有冲淡夫差的兴致。他边尽兴游览，边下意识地用余光看了伍子胥一眼，心里自豪地说：“虽然你总是反对、否定本王，但天下人皆赞赏本王的作为。姑苏台是吴国有史以来最了不起的建筑，不愧为天下第一台！吴国的列祖列宗也会为本王骄傲，吴国的子孙后代将会铭记本王的丰功伟绩！”

二十二、西施献舞

姑苏台建成庆典之时，夫差在姑苏台摆下规模盛大的酒宴，招待众宾客。勾践率众臣前往吴国贺喜。在灯红酒酣之际，文种领着十个佩戴面罩、身着美服的女子来见夫差，说：“今日姑苏台落成大典，越王特献上十个美女，给大王助兴。”

夫差笑呵呵地对勾践说：“天下美色，我吴国多的是。你留作自用吧！”

勾践笑了笑，说：“上天赐予的绝色，勾践不敢受用，只有大王才配拥有。但愿她们能与姑苏台媲美。”勾践说着，用眼睛重重地看了一眼神木大柱。

夫差看到了勾践的示意，心中疑惑地想：“什么美色，敢与这神木媲美？”

勾践的一举一动和每个眼神，都没逃出伍子胥的眼睛。他的第六感敏锐地觉察出：这批女子来者不善。于是，他立即进谏："大王，美女乃是亡国之物，大王切切不可接受。勾践向大王进贡美女，其用心险恶。这是勾践麻痹大王的奸计，请大王明察。"

满座高朋，喜气洋洋，夫差对伍子胥未予理睬。

公孙雒拉拉伍子胥的衣袖，悄悄地说："国相，大喜之日，别说扫兴之言。"

伍子胥并不领情，一把甩开公孙雒的手，大声说道："大王若放松了对勾践的防备，以后一定会有灾殃的。"

"越王有美女自己不享受，而进献给大王，也算是有心。"伯嚭轻描淡写地说。

伍子胥一听，十分反感，狠狠地瞪了伯嚭一眼，提高声调说："贤士是国家的珍宝，美女是国家的祸根。夏朝因妹喜而灭，商朝因妲己而亡，周朝因褒姒而毁。历史的教训，请大王记取。"

夫差见伍子胥又来说教，厌烦而无奈地叹了口气。

伍子胥更来劲了，指着勾践滔滔不绝地说："老夫听说勾践昼书不倦，晦诵竟旦。他如此刻苦，不就是要向我吴国复仇吗？他行仁政、用贤人、纳谏言、进贤士，他广播善名、广结善缘，不就是想扩大自己的影响力吗？他终将成为吴国的祸害和大患。今天他又给大王送来美女，这不是他施的毒计又是什么？"伍子胥面对面地直言痛斥勾践。

勾践坐在那里，脸上红一阵、白一阵。

"越国进贡美女，已是惯例，吴国收了一批又一批，今日越王为给场面凑个热闹，送几个美女也在情理之中。"伯嚭打圆场说。

"以前越国美女是献给大臣，让大臣们享用；今日美女是献给大王，是想用美色蛊惑大王。"伍子胥愤然说道。

"献给大王也好呀，大臣们能享用美色，大王也应享受呀。一国之王，犯得着过清心寡欲的日子吗？爱美之心，人皆有之。”伯嚭不动声色地说。

伍子胥又要开口，夫差伸手止住了他，说：“国相之意，本王明白。是非曲直，本王自有分寸。越国贡品和美女，先尽数收下吧。”

伍子胥气愤而无奈地坐下来。

夫差站起身来，对勾践举起酒杯，示意众臣共饮，说：“来，来，来，饮酒吧！”

除了国相伍子胥，众臣齐齐地举起酒杯。

越国美女正要退下去，范蠡禀道：“大王，何不让她们为您跳个舞助助兴。”

“好吧，那就跳一个吧。”

一曲轻快、活泼的音乐响起，越女跳起了响屐舞。响屐舞本是蛮夷越族的本乡土舞，越女个个都会跳。领舞的女子身材苗条柔韧、舞姿美妙轻巧，时而犹如轻烟飘浮，时而犹如烈火燃烧，优雅而带野性。夫差不禁看呆了，以为神仙下凡，魂魄俱醉。

在领舞女子的引领下，越女一起跳了起来，节奏鲜明，欢快奔放，充满野性和挑逗。顿时，大殿里似乎沐浴着灿烂的阳光，洒满五彩的云朵，那木屐击地的声音，轻时如雨滴清脆，骤时如万马奔腾。夫差不禁被震撼了：他的血液里流动的就是这种带有野性的血；他的心里翻腾的就是这种带有野性的欲望；他头脑里回旋的就是这种带有野性的霸权。这种带着一股野性的舞蹈，激起了他心中的豪气、霸气和雄气。他大叫一声：“好！”便情不自禁地卸下刀剑，甩掉披风，从王位上走下来，面对领舞的女子狂舞起来。夫差跳的是吴舞，领舞女子跳的是越舞，两人舞蹈的风格不一样，却配合得天衣无缝，一个刚劲潇洒，一个柔美轻巧，不由得引起满堂喝彩、掌声如雷。

舞罢，越女尽数退下。夫差指着领舞女子叫道：“把她给我留下。”

这个领舞女子，便是西施。这一留，夫差就再也离不开她了。

那么，西施是何方人氏？为什么她能赢得夫差的心？

西施，本名叫施夷光，出生于诸暨苎萝村。苎萝又分东、西两村，夷光家住在西村，村里人便叫她西施。她的父亲是个樵夫，砍柴为生。她的母亲浣纱织布，贴补家用。西施从小就跟着母亲浣纱织绣，小小年纪就学得一手好绣艺。

三年前，文种奉勾践的指令，差人四处选美。可是由于越国年年向吴国进贡美女，国都及其周边的美女所剩无几。无奈之下，只好差人扩大范围，到山区、乡村去寻找。即便如此，收效也不大，选到的十个十二岁至十五岁的女子，相貌也是一般般。稍稍出众一点的，就是苎萝山下的两个浣纱女，一个叫西施，一个叫郑旦。

当差人把这群女孩带到文种面前时，十分抱歉地说："文大夫，小臣无能，虽然走遍越国的村村寨寨，但的确难以挑到出色的了。这十个女孩都来自乡村，她们从小在山乡劳作，辛苦地干农活、洗纱织布，这样的女子，恐怕吴王一个也看不上。"

勾践抬眼看去，那些女孩一个个脸色黝黑、皮肤粗糙、手大节粗的。站在中间的个子较高的女孩略胜一筹，脸型不错，眉眼耐看，不媚不妖，看上去还算顺眼，那就是西施。

"吴国宫内佳丽成百上千，个个都是百里挑一的大美女，哪一个不是如花似玉？吴王天天在百花丛中，什么姿色没见过？还会稀罕这些山乡女子吗？"勾践想着，不禁轻轻叹了口气。

"越国年年都送大批美女到吴宫，可吴王一个也没看上，全都赐给大臣了。"勾践不无失望地对大夫文种说，"吴王英俊豪放而不贪色，'美人计'对他可能很难起到作用。"

文种说："大王，是不是把她们交给范大夫？"

"事已至此，只能这样了。"

那天，范蠡回到蠡府，一副愁眉不展的样子，含笑问："夫君为何事发愁？"

范蠡问含笑："什么样的女子才能让夫差动心呢？"

含笑不解地望着范蠡。范蠡解释说："以前，越国已经向吴国进贡了许多女子，可是夫差的眼界和心气都高，一个也看不上。现在，越国已是难寻姿色上等的美人了。这次越王派人到处寻找美色，准备在吴国姑苏台修成之时献给夫差。但费了老大的劲，只是从诸暨苎萝等地选回来十个山野少女。"

含笑说："吴王宫中佳丽成群，个个浓妆艳抹、穿红戴绿、满身珠饰、比美争宠。吴王成年累月地看腻了姹紫嫣红，说不定会对山野女子感兴趣。"

"哦，有道理。"范蠡应道，"但如果没有特别的、绝佳的美色，夫差可能都不会动心。"范蠡说。

"其实什么是美，并没有一个固定的标准，只要你觉得好看，那就是美了。不同的人，喜欢的是不同的美。吴王是个豪放、率直、大气的人，矫揉造作、庸脂俗粉是不合他味口的。"含笑又说，"自然之美，是世上最动人的美。浓妆艳抹之美，美在表面；自然之美，美在内涵。其美表现在处事为人、言语谈吐、举手投足、学识技艺之间。能让吴王动心的，定是超俗的自然之美。"

范蠡点点头，说："以前，进贡给吴国的女子，只学了一点点宫廷美妆师教的化妆术。而这次，有劳夫人费心了。"

"要把一块璞石雕琢成美玉，需要技艺、工夫和耐心。要把山乡女子蜕变成绝世美女，不是一件容易的事，没有长时间的练习和领悟，是不可能的。"

"正是。"范蠡说，"三年时间够不够？"

"为妻愿为一试。"含笑回答道。

在三年时间里，含笑教这十名越女读书写字、宫廷礼仪、琴棋书画、音乐舞蹈、宫闱秘法以及为人处世之道。西施生性聪慧，一点就明，一学就会，处处胜人一筹，成为其中的佼佼者。

因此，西施能被夫差一眼看中，也就很自然了。

酒宴结束时，伯嚭遇见伍子胥，悄悄地说："国相，您是一片忠心，所说之言都是忠良之词，但要分分场合，不能让大王在大庭广众上面子下不来。"

伍子胥一点也不买伯嚭的账，反唇相讥，说道："老夫有什么说什么，不像某些人，只会察言观色，当面说人话，背后说鬼话。"

"我是好心劝您，您却把好心当作驴肝肺。您让大王的面子下不来，大王能顾及您的面子吗？"

两人不欢而散。

再说那西施，一进吴宫就受到了夫差的宠爱。夫差不再拿正眼看后宫三千佳丽，每天处理完国事，便与西施如影随行。伍子胥看在眼里、急在心里，虽然进谏时碰了一次又一次的钉子，他决心还是要再次劝告夫差，不要走上因色误国的危险之路。

有一次，商议完国事，夫差与伍子胥行走在后花园的长廊里，伍子胥不失时机地对夫差说："大王，美女乃亡国之物，万望大王慎重。昔纣王宠妲己……"

伍子胥正要引经论据地引导夫差，不料夫差打断他的话，说："本王知道了。本王欣赏美色，却不会因贪恋美色而误国事。本王知道国相大人担心的是什么。本王的确喜欢西施，可并不仅仅是因她长得美。本王喜欢的是西施的清纯善良、自然质朴、温柔可爱、天真无邪。要说美色，本王后宫佳丽成百上千，哪一个不是美若天仙？而西施，却以素衣加身、素颜面君，并没有故意以姿色来诱惑本王。而本王独独喜欢不加粉饰的自然之美。与她在一起，本王感到宁静、舒畅、开心、快乐！当忙完了一天的政事，疲惫不堪时，听她唱几首山歌、弹几支清雅的曲子，看她跳几个优雅的舞蹈，和她一起说说话、散散步，就觉得神清气爽，浑身舒畅！"

“大王，老夫再问一事，她可向您提过什么要求?”

“没有。”夫差肯定地说。

伍子胥沉吟不语。

“本王曾问她想不想家，她说：‘想。父母兄弟、骨肉之情，哪能不思念？但我来到吴国，吴国就是我的家；来到吴宫，吴王就是我的天。’又说，‘有吴国和吴王的庇护，越国和我的家人都会过得很好，所以很放心，不必牵肠挂肚。’我也问过她有没有什么要求，她说她唯一的要求就是请吴国多多护佑越国。”

“她倒是很会说话。”

“是啊，本王相信西施说的是真心话。”

“大王，红颜祸水，贪色误国啊！历史上有太多这样的教训，老夫不得不及早多次提醒大王。今日西施迎合大王，貌似无害；来日她若加害大王，后悔就来不及了。”伍子胥诚恳地说。

“国相所言极是。本王之所以喜欢西施，非常重要的一点，就是她从不过问朝廷之事，从不在本王耳边说是道非，更没有争权、争宠。”

“老夫担心越国施用美人计。”

“本王不会因色误国！夫差再糊涂，也不会让一个小小的越国女子毁了朝纲。”

“大王英明，老夫这就放心了。”

伍子胥虽没有说服夫差，但知道夫差在美色面前能明辨是非，也稍稍放下心来。但他心里想：“大王说西施不问国事、不说事生非、不图权财，老夫倒要亲自看看这西施，是何等人物？用什么魔法让大王入迷?”

某天，天气晴好，伍子胥独自到后宫溜达，见西施正面对一丛牡丹绣花，便向她走过去。一股淡淡的清香随风飘来，伍子胥循香而行，边走边观察西施，心里不由赞叹道：“此女子果然非同一般：没有刻意的修饰，没有故作姿态，但似乎有种美从骨子里向外渗出来，举手投足清雅而秀美。难怪大王为她着迷。”

伍子胥走近西施，与她搭话："你是西施吧？"

"正是，大人。"

"你知道我是谁吗？"伍子胥冷冷地问。

"不知道。"西施用一双清澈的大眼睛率真地看着伍子胥，虔诚而尊重地说，"但我看到您，就想起了我的父亲。"

"我想把你赶出去！"伍子胥恨恨地低声说。

西施似乎并未察觉到伍子胥话音里的恨意，以为是在故意逗她，便抬起头，满脸诧异地问："赶到哪儿去？"

"越国。"

"啊，太好了！"西施吁了口气，由衷地说。

"为什么？"伍子胥诧异地问。

"那样我就可以去拜祭我父亲了！"西施哀伤地说，"我父亲去世三年了。"

伍子胥心里"咯噔"一下，不由得想起了自己的父亲。自从楚国逃出来，已经十多年了，一袭悲怆从心底升起。他放缓语气问："你父亲是什么样的人？"

"我父亲严厉而慈祥。"

伍子胥心里道："与我父亲一样。"

他看了一眼西施，问："你喜欢父亲吗？"

"喜欢，他最疼我。"

伍子胥心里又是一颤，他想起了自己严厉而慈爱的父亲："哦，你为父亲弹奏音乐吗？"

"是的，想他的时候就弹上一曲。"她脸上露出遗憾的表情，继而，她抬眼看看伍子胥，说，"大人，我能为您弹一曲吗？"

"唉，这孩子，她见到老夫，就想起她父亲了吧。"伍子胥暗暗想道，不由自主地点了点头。

西施捧起古琴，手指轻拨。这是一首思乡、思亲之曲，悠扬婉转，如诉如叙，轻柔高雅，温馨动人。

“这美妙的音乐只应天上有啊!”伍子胥在心里叹道。他沉浸在音乐的旋律里，禁不住想起了楚乡的田野、父亲伍奢的慈爱……泪水渐渐涌入他的眼眶。他见西施弹得入神，便悄悄地走开了。

初夏的风轻轻吹拂着，清凉而清新，伍子胥猛地甩甩头，迫使自己从音乐的氛围中挣脱出来。他在心中问自己：“色性，祸水也；美女，妖孽也。这西施是何方妖孽？是不是老夫也被她迷惑了?”

可他又想起自己懂事、可爱又美丽的女儿，其容貌竟与西施一次又一次地重叠起来。他在心里深深地叹了口气：“唉，老夫明知她是越国的奸细、吴国的祸水，怎么见到她倒生出几分爱怜之心呢?”他见到西施，按捺不住地想起自己的女儿，生出一股强烈的思念之情。

他似乎自问自答，在心里默默应道：“是啊，这纯真善良的女孩，谁见了会不喜爱呢?”

此后，他虽然仍然派人紧紧地盯着西施，关注着她的一举一动，时时防范着她，却不再在朝堂上强谏西施了。

夫差对西施是越来越迷恋了，每天一下朝，便直奔西施宫，对其他嫔妃一概视而不见。众所周知西施是勾践所施的美人计的主角。她在众目睽睽之下、在伍子胥的虎视眈眈之下，仍然受到夫差的千般宠信、万般宠爱。其中奥秘，让世人百思不得其解，成为千古之谜。

夫差把西施拥入怀中，一缕似有似无的、清纯无比的香气，氤氲飘浮，引人入胜。夫差直觉得心旷神怡、神魂颠倒，有了美人异香，就忘记了一切。

他哪里知道，西施在到吴国前的三年时间里，每天服用百花丹。百花丹的花香已融入她身体的每个细胞，每个毛孔里渗透出的都是那迷人的、醉心的清香。

而那百花丹，是从哪儿来的呢?

那是范蠡和含笑用白梅、白菊、白茉莉、白栀子、白兰花、白百合等上百种白色花的花瓣、花蕾、花粉和花蕊等亲自秘制而成的。

更难的是，那花不是什么时候的都能采的，采摘花的时辰十分讲究，要于三月初三、六月初六、九月初九、腊月十二采摘春、夏、秋、冬百花花瓣和花蕊，再用秋分那天的纯净露水，霜降那天的纯净白霜，这叫作“春分的花蕾秋分的蕊，夏至的露水霜降的霜”，用蜂王浆、蚁王浆调配，再加上计家秘方，采用特殊的方法制成。

到了大寒那天，范蠡便陪含笑到深山里的炼香房制丹。制丹时，范蠡和含笑先清洁炼香房，沐浴净身，再闭门制作。其配方复杂、程序繁多，经过七七四十九天，才能制成“百花丹”。那气味从门窗缝隙里漏出来，竟能香飘十里开外。

含笑说：“芳香是上天赐给人类的蕴藏于大自然的珍宝。”她除了制作百花丹外，还有百花露，那功效真是神极了。洗澡时，在水里滴上一滴百花露，便遍体清香、透入肌肤。走路，一路飘香；入室，室内生香。西施被选到府上时，也是一身浊气，含笑便让她天天用百花露洗澡，用百花油擦脸擦手。西施的手原来节粗、皮糙、骨硬，夫人便让她天天用一种叫“软骨汤”的汤水泡洗、搓捏。半年后，竟成了纤纤细指，白嫩如葱。西施用了三年时间褪尽了所有的浊气，整个人彻底变了样，成了玉人儿、花人儿、美人儿。

每当夫差外出巡视、征战，风尘仆仆地回到吴宫时，只要一见到西施，他的心就会被幸福包围起来。有一天，他紧紧地把西施贴在胸口，轻声叫道：“你是上天赐给本王的至宝！本王要给你修个最漂亮的宫殿，名字就叫‘西施宫’！”

“大王不必花费，西施在吴宫，住在哪儿都比我家的房子舒适。西施已经十分满足了。”西施知足地说。

“不，这是本王的心意呀！本王不知如何才能表达对你的爱意，先给你修座宫殿吧！”

“不。大王，您的钱财应用在国家大事上，不能为西施而破费。”

“本王为你修宫殿花不了多少钱。建姑苏台时，越国献来许多上好的木材和砖瓦，属国、邻国也送来许多砂石。现在姑苏台已建成，还剩下很多材料，不仅可以修西施宫，还可以把国相府、太宰府都重新修缮改造一番。需要花费的仅仅是工匠的工钱而已。”夫差说。

西施垂下眉头，轻声说：“如果大王一定要修，也不能叫作‘西施宫’，请大王另行定名。”

“为什么？”

“西施只是一介民女，能侍奉大王，已是大幸。若以西施之名冠以殿名，民女实在承受不起。再说大王的后宫佳丽个个对大王忠心，让她们如何思量？人的一生不过几十年，而一座宫殿则可存留百年、千年，人名轻而宫名重，请大王另取宫名吧。”西施低眉轻声说。

“没想到你一个小小女子，还有如此深远的见识。这宫为你而建，你就是此宫的镇馆之娃。那就叫作‘馆娃宫’吧！”

西施的处事行为，倒是很符合夫差的口味，她不争宠、不害人，只是陪伴夫差过着快乐的日子，想着法子地让夫差开心。夫差也处处为她着想，不仅为她建馆娃宫，还设专跳越舞的响屧廊，种花赏月的翫花池、吴王井、西施洞……只要夫差想得到的名名目目，西施喜欢的点点滴滴，夫差都一一建造出来。

每天忙完政务，夫差就来到西施身边，陪伴西施照泉梳妆，携手西施赏花品茶，听泉于清幽山洞，弹琴于松竹山林，采香于轻舟飞船，消夏于湖滨湾畔。

在夫差眼里，西施纯美无比，而西施却没觉得自己有多美。她知道有比她更美的人，更知道她的美还要依赖于越国的百花丹。没有百花丹的滋润她会变老、变丑，身上奇异的香气也会渐渐消失。当百花丹快用完时，西施心中着急又无计可施，忧心忡忡、愁眉不展。

某天，夫差来到馆娃宫，见西施一副病恹恹的样子，心疼万分，忙问：“你怎么了？哪儿不舒服？”

西施双手轻捂心口，有气无力地说："回大王，西施心口疼。"

夫差一听，立马下令："传御医！"

吴宫御医的药，治不了西施的心病。随着西施忧虑和焦患的加深，病情越发加重了。夫差急得手足无措，说："本王如何才能减轻你的病痛、治愈你的病呢？"

西施说："大王，越国有一种民间偏方，叫作'百花丹'，能治西施的病。"

夫差一听就急令越国使者速速遍寻百花丹，进贡送药。

范蠡得知消息后，才想起自己忙于公务，竟然忘记了西施携带的百花丹已快用完，连忙将早已准备好的百花丹派人送往吴宫。

得到百花丹，西施紧绷的心松弛下来，心口疼的病不治而愈。夫差大喜，下令越国定期为西施送药，对西施的宠爱也更深了。

某天，夫差带着西施到山中游玩，放眼望去，一棵棵木棉树盛开着火红火红的花朵，热烈而灿烂。夫差不禁被木棉花感动了，心中充满喜悦、兴奋、自豪和骄傲，对西施说："你看，木棉的树干挺拔笔直，犹如堂堂伟男子；树干之上长满坚硬的树钉，犹如身披铠甲的战士；硕大的花朵红得耀眼酣畅，朵朵花蕊指向天空，好一股豪气，好一股霸气！"

"是啊，它真不愧为'英雄树'！"西施赞道。

"你喜欢它吗？"

"喜欢，而且仰慕。木棉是树中英雄，大王是人中枭雄。"西施双眼殷殷地看着夫差，纯真而热切说道。

夫差满腹的豪气中顿时涌出一股柔情。他把西施拥入怀中，让她的脸贴在自己宽厚的胸脯上，轻声吟道：

木棉树兮木棉花，
披铠甲兮身挺拔，
驰中原兮无敌手，
成霸业兮傲天下。

西施心地善良、待人友好，游玩时总是让夫差邀着后宫嫔妃同乐；观赏花卉，也与众多嫔妃一起前往；大王的奖赏，她总是与嫔妃们分享。西施走到哪里，哪里就充满清新和快乐。夫差宠爱西施，朝廷上下无人不知、无人不晓，众人都视其为常情，就连顽固坚持“美女亡国”的伍子胥也不再在朝廷之上慷慨激昂了。

二十三、葛丝换疆

夫差喜爱西施，到了无以复加的地步。每每夫差问及西施有没有什么要求，西施总是说：“西施别无他求，只愿大王眷顾越国，吴越永远和睦友好。”

“那是当然。越国是吴国的属地，越人是本王的臣民，你是本王的宠妃，本王自然会不遗余力地护佑越国。”

西施越是无所求，夫差便越是体贴入微地疼爱西施。

有一次，西施用随身带的葛丝丝巾为夫差做了一个坎肩式的背心，夫差十分喜爱，问：“这是什么布料？如此舒服？”

西施说：“这是葛丝。在我家乡的山上，长着一种长藤植物，名叫‘葛’。它的藤蔓细长而强韧，可以用来制成丝，颜色略黄，质地柔细，摸在手里润润滑滑，穿在身上舒舒服服，夏天穿着凉爽，吸汗又不贴身；冬天穿着温暖，柔软又舒适。”

夫差细看那上面的绣花，一朵朵栩栩如生、色泽高雅、构图清奇，不禁连连称赞：“没想到你还有这么好的绘绣手艺！”

西施说：“苎萝山漫山遍野长满桑树，家家采桑、养蚕，户户缫丝、抽丝、织丝、绣丝。西施从小就在溪边浣纱、织绣，靠此养家糊口。”

夫差说：“你不用再吃苦了。本王要让你拥有快乐和幸福。本王差人给你家送去金银财宝，让你父母尽享荣华富贵。”

“越国在大王的庇佑下，得以安宁，我父母吃得饱穿得暖，已是十分满足，大王不必另外费心。请大王把钱财用到您的伟业上。”

夫差把西施揽在怀里，疼爱地说：“叫本王如何不爱你！”

西施把坎肩给夫差穿在身上，夫差摸着她的手，轻声说：“难得你的一片心。这千针万线得费多少工夫？你这样辛苦，本王心疼。”

“西施愿意。”西施看着夫差，双目含笑地说。

夫差很喜欢西施做的坎肩，天天穿在身上。西施说：“若大王喜欢葛丝，何不让越国多送些过来？”

“好。”

“吴王喜欢葛丝之服”的消息传递到越国朝廷。越国君臣十分重视。文种说：“投其所好正是‘耗气术’中的一条重要计谋，请大王顺其意，生产大量的葛丝，让吴国君臣穿上华丽的服装。”

勾践说：“好，寡人明白。如果吴国君臣追求穿着、心志松懈、贪图享受，就不会用太多的精力来关注越国了。”

于是，勾践下令，发动越国民众，大量采集葛藤，生产大量葛丝，作为贡品。

其实，越国弹丸之地，是不可能采集到多少葛藤的。范蠡便建议勾践下令，鼓励越民到周边国家采集，并以高价收购。范蠡又派人私下到楚国、齐国、晋国等产地购回葛藤和葛丝，运回国内进行纺、织、染、绘，并从中挑选出精品作为贡品。

含笑、孟宛、仲楚和学生们日夜绘制美丽豪华、艳丽高雅的图案，将这些图案绘制到葛丝织成的丝面上。然后，挑选出最会织锦、绣花的能手作为老师，培训女绣工，带着女绣工集中纺织刺绣。她们个个兢兢业业，不敢有丁点瑕疵。

全国越女精工细织，织成了一百匹葛丝锦绸，勾践派文种为特使，外加九桶甘蜜、七件文笥（竹制方形盛器）、五双（一式两件）狐皮以及十船箭竹等礼物，进贡给夫差。

文种到吴国朝廷后，打开葛丝锦绸，顿时蓬荜生辉。文种一匹匹地打开，一幅幅美丽的画卷展现在众臣面前：有盛开的、雍容华贵的牡丹；有吴国图腾幻化成的、腾云驾雾的巨蛇；有变化万千、祥和舒展的蓝天白云；有展翅起舞、翱翔天空的云鹤；有活灵活现、千姿百态的群鱼……直让满廷文武看得目不暇接、赞不绝口。

夫差笑得合不拢嘴，说："没想到狭小而贫瘠的越国，居然还能做出品质如此之高端的葛锦！"

文种禀道："回大王，越王本想多给大王进贡葛丝，但越国国小地窄，葛丝产量有限。今日进贡的葛锦虽然不多，可也是越地全部的产量。越王担心葛锦贡品太少，怕大王怪罪，便加了些其他的东西送来，请大王笑纳。"

伯嚭趁机说："越王对大王果然忠心。越国是个百里之国，物产有限，如果它的封地更大一些，没准他们会敬献更多的贡品。"

其他文武百官也附和着说："是啊，可以让越国进贡更多的礼品给我们啊！"

"这么小的地盘，进贡这么多的礼品，着实不简单呀！"

夫差点点头，说："把越疆地图呈上来。"

侍从呈上越疆地图，夫差看着图，说："越国连年进贡，忠信有加，本王今日高兴，特褒嘉越国加封疆土！"说完，拿起笔在越疆地图上画了一个圈。

伯嚭捧着越疆地图，慎重地宣布："经吴王恩准：越国疆土由原来的一百里，增加为八百里。东起句角，西至檇李，南从姑蔑，北抵平原。"

众臣一听，心中不禁一愣，没想到夫差会如此大方，一下子送出去七百里地，那可是浴血奋战得来的！转念一想，越国会送来更多的贡品，也就释然了。于是，他们异口同声地说："大王英明，大王英明！"

夫差的这个不寻常的褒赏，也超出了文种的预料，他唯恐得而复失，连忙跪拜道："谢大王隆恩！"

伯嚭叮嘱说："越王须带领越人，更加顺从地听从大王的指令，兢兢业业地为吴国做事，殚精竭虑地为吴国进献更多贡品。若有违背，大王则可随时收回成命，将越国全部收归吴国。”

文种连声答应：“越王及越国诚服大王，越国愿为吴国效尽全力！”

伯嚭招招手，侍卫推出十个礼箱。夫差说：“这点回礼，你带回去给勾践吧。”

文种一再谢恩，满载夫差回赠的礼物返回越国。

伍子胥知道越国派大臣进贡来了，本来想上朝看看，但想想每次因为越国的事进谏，夫差都听不进去，还搞得自己与夫差之间越来越疏远、僵化，便在宫前止住了步。待到散朝，他听说夫差竟然加封了越国的疆地，而且一加就是七百里，不由得又气又急，一股怒火从心底直冲脑门。君言已出，事已至此，他再反对，也无济于事了。他蹒跚地回到家中，一声不响地躺到床上。

被离轻轻进来，看到伍子胥一脸的不高兴，十分惊诧地问：“国相大人，是不是奴仆得罪了您，让您生气啦？”

伍子胥没吭声。被离说：“国相大人，奴仆帮您按摩按摩头吧。”说罢，便手脚利索而轻柔地给伍子胥按摩起来。

被离的体贴，让伍子胥感到了些许慰藉，半晌，他深深地叹了一口气，说：“勾践犹如一头凶猛的野兽，以前吴王抓住了它，成了石室里的囚犯，本可以十分简单地把它杀死，可吴王却把它放走了，任它在南方的树林里奔驰，这可是放虎归山呀！如今，吴王只因为收到一些荒山的野草，就赐给虎豹可以横行的原野，怎不让我痛彻心扉呢？”

“国相大人，您也别太操心了，多多保重身体才是。”

“纵横七百里！七百里呀，尽为越壤！这等于把先王和吴国将士浴血奋战夺得的越国领土大部分都还给了越国，老夫心疼、老夫心疼呀！”

伍子胥在国相府里气急败坏。

听到越国疆土由一百里增加到八百里，越国君臣、百姓无不欢欣鼓舞，都为此而高兴，有的甚至喜极而泣。

当勾践打开夫差送给他的丰盛的回礼时，更是喜不自禁了：羽毛装饰的旌旗、机弩兵器、诸侯的服饰等。最让勾践高兴的不是别的，就是那套诸侯的服饰。这意味着越国不再是吴国的属地，夫差承认越国是“诸侯之国”了。

越国臣民见辛苦换来了巨大成效，无不安慰。越国多年来一直沉浸在苦闷、忧伤和痛苦之中，得到如此重大的喜讯，越国上下一片欢腾。勾践也不由得兴起，让乐师谱歌一曲，名曰《采葛妇歌》：

葛不连蔓棻台台。
我君心苦命更之。
尝胆不苦甘如饴。
令我采葛以作丝。
女工织兮不敢迟。
弱于罗兮轻霏霏。
号絺素兮将献之。
越王悦兮忘罪除。
吴王叹兮飞尺书。
增封益地赐羽奇。
机杖茵蓐诸侯仪。
群臣拜舞天颜舒。
我王何忧能不移。
饥不遑食四体疲。

越国百姓一边轻快地吟唱《采葛妇歌》，一边继续辛勤地劳作。虽然辛苦劳累，但心情却由愁苦变成了欣慰和快乐。越国君臣、军民更团结、更努力了。

勾践看着臣民欢天喜地的样子，心里格外开心。范蠡笑着对勾践说：

“大王天天想复国，其实复国的方式有多种，百匹葛锦换来七百里疆土，这可是一桩划算的买卖！这岂不是比动刀动枪、战场厮杀，来得轻松许多?”

“没错，依我们现在的兵力、国力，要从吴国手里夺回七百里江山，还真是不可能。”勾践说，“不动刀、不动枪、不流血、不死人，收复失地七百里，太妙了!”

“复国不难，收回国土便是。而要雪耻，让天下诸侯从心里驱除越国过去卑贱屈辱的形象，对我们刮目相看就难了。”范蠡说。

勾践刚刚露出喜悦之情的脸上又蒙上一层忧虑的阴影：“那怎样才能雪耻呢?”

“当大王登上霸主的圣位，所有诸侯国的国君对您顶礼膜拜的时候，您所受的所有屈辱、欺凌，就会变成您成功的前奏和铺垫，所有人都会对您遭受耻辱时坚韧不拔的精神而敬佩不已。”范蠡说。

勾践点点头，说：“是啊，寡人若能成为一代霸主，定能彻底雪洗往日的耻辱。可是，这可能只是做梦罢了。小小的越国又穷又弱，处于吴国的欺凌之下，要超越吴国和中原列强，犹如白日做梦。”

“事在人为。当霸主也不是遥不可及的事情。中原霸主轮流坐庄，每个霸主在位也不过几十年而已。吴国屡屡伐齐，为的就是称霸。依现在的局势看，吴胜齐败已成定局，吴国称霸是迟早的事。吴国与越国一样，本是边陲小国，经过二三十年的治理图强，现在逐步强劲起来。如果吴国连年征战，为争霸大耗国力，而我们努力积蓄力量，也许，我们用八年、十年时间，就可完成吴国三十年所做的事，我们的国力就能赶上或超越吴国。等吴国疲于征战、筋疲力尽时，我们就能轻而易举地战胜它了。这霸主之位还会遥远吗?”

“怎么比梦还荒诞的事，被你一说竟然就这样简单，犹如唾手可得似的?”勾践摇摇头，不可思议地说。

范蠡淡淡一笑，说：“世事本简单，世人将其绕来绕去地弄复杂了，您

只要化繁为简、捋杂顺一、认定目标，一步一步地走，便能获得成效。”

此后，越国臣民更是齐心协力、一致对吴。最讨厌的就是吴国监官了。他们天天待在越国，越民要像供菩萨一样地敬奉他们，更讨厌的是他们天天瞪着双大眼睛盯着越国，一举一动都向夫差汇报。于是，越民便在对付吴国监官上狠下功夫了。他们一方面笼络吴国监官，让其吃好、喝好、玩好。吴国监官在越国游山玩水、休闲娱乐，每月只是清点一下贡品，只要每月贡品达到规定的数额，便优哉游哉了；另一方面，他们发现个别吴国监官暗牟私利、将贡品中饱私囊，便向伯嚭、伍子胥等大臣密告，让朝廷重臣对吴国监官心存疑虑和不满。

再说，吴国监官们在越国的时间长了，不免思乡心切，向夫差禀报时只说越民一心归吴、心悦诚服，可以撤去吴国监官。说的次数多了，夫差也就相信了，同意不在越国派设监官，但强调越国的粮油果菜、珍宝奇石必须按时送达，贡品有增无减，若有延误，吴国监官和吴军即达越地。

夫差下令撤走吴国监官，去掉了越国的心腹大患，越国百姓不再提心吊胆地过日子了。勾践和范蠡便紧锣密鼓地部署练兵铸剑之事。

越国接下来又进贡更多的葛布、甘蜜、狐皮、晋竹等。夫差看到自己的赏赐有了丰厚的回报，心里也觉得满意。

有一次，文种和范蠡一起到吴国进贡，事后夫差让文种先行回越，而留下了范蠡。

“范大人啊，人们都说你能掐会算，你来帮本王算算吧。”

范蠡说：“除了一件事，大王面前无难事。”

“什么事？”

“横扫中原，称霸天下。”

“嗯，没错。这是本王的志向和目标。”夫差道，“可要实现它，真是太难了。你算算，本王的志向能否实现？”

“俗话说，世上无难事。在大王面前，岂有解不开的难题?”

“吴国位居东南，处于中原的边缘地区。本王帷幄筹划多年，称霸中原还是可望不可及呀!”夫差烦恼地说。

“征战中原，路途遥远，山水相隔，交通不便。吴国大军出师不仅辛苦劳累，就连辎重粮草的运输也十分不易。”范蠡说。

“是啊，本王正是为此犯愁，讨伐齐国，也是一拖再拖。”

范蠡剖析道：“吴军善战，水陆皆宜，尤其善于水战、水运。中原大军善陆战，忌水战，大王何不扬己所长，攻彼所短?”

夫差叹道：“本王当然知道，但谈何容易！吴国到齐国，千里海路，波涛汹涌，风雨难测，稍有不慎，便人死船翻。本王纵有天下第一的吴船，精悍善战的水军，也没有必胜的把握呀!”

范蠡点拨道：“海路不易，河路易呀!”

“哈哈，范先生真会说笑话!”夫差说，“吴齐两国，一南一北。而大江大河由西而东，请问范先生，除了海路，吴国走哪条河路能到齐国呀?”

“事在人为。大王若真想称霸中原，通往中原的河路就能出现。”

“唔？有这么神奇?”夫差似信非信地看了看范蠡，说，“本王的志向，就是称霸中原，只要能达到此目的，愿作出任何努力!”

范蠡摇摇头说：“太难了，说了也难以做到。”

“哈哈，这天底下没有本王做不到的事!”

“此话当真?”

夫差踌躇满志地点点头。

范蠡不慌不忙地呈上一个皮袋，说：“范蠡向大王献一计策。”

“打开吧。”

范蠡打开皮袋，拿出并展开一大张牛皮，说：“这是一张天下山河图，天下山河尽在其中。”

夫差眼前一亮，如获珍宝，目不转睛地看起来。

范蠡指着山河图说：“大江与淮水各自东流入海。若由大江入海，再由海口逆流而上进入淮水，行程上千里，可能要花费几十天的时间，且风浪难测。”

“没错。我吴国大军经这样一折腾，战斗力就会大打折扣。”

“可是，大王，从陆地上看，从大江边的吴国广陵到淮水边的淮安仅数十里……”范蠡打住话头，抬起头看着夫差。

夫差立刻会意，用手在地图上轻轻一画，说：“挖上一条大沟，将大江与淮水连起来。”

范蠡的手指接着向上推了推：“再向北与泗水相接，直达蔡、陈、宋、曹。”

“哈哈，南北贯通，如履平地，出兵中原，轻而易举。”夫差心领神会。

“泗水之尾，临近济水。泗济相通，则晋、郑、齐、鲁、周等，无所不至，天下通达了！”

夫差双眼在天下山河图上下左右地扫了一遍又一遍，大脑像车轮一样飞速旋转。半晌，他抬起头，拍着范蠡的肩膀，高声赞道：“好！范大夫不愧为当今天下一杰，只有你才能有如此宏伟的思路、奇妙的计策！”

“大王先别高兴，这是个很大很大的工程，说说容易，真要做起来就难了，不是一会儿半会儿能完成的。”范蠡看了看夫差又说，“当然，如能建成，将是举世无双的伟大创举，一劳永逸的千秋大业，子孙万代将受益无穷。”范蠡说。

“战时，我吴军凭水路直入中原，如履平地；平时，万众凭此四通八达，畅行无阻。好！好主意！”夫差坚定而自信地说，“本王想干的就是这种前无古人后无来者的大事！”

夫差说干就干。他在邗地（江苏扬州）修建邗城。邗城在大江之滨，以此为南端，开挖运河。北经樊梁湖（江苏高邮附近）等一系列湖泊，折向东北，入射阳湖，再向西北经淮安入淮河。从广陵到术口，为邗沟；

从术口到葵丘，为通沟。全长四百余里，耗时三年完成。

二十四、子贡游说

就在吴国立志称霸、大修邗沟，越国励精图治、秣马厉兵的时候，齐国朝廷发生了激烈的明争暗斗的内讧。

当时在齐国朝廷势力较大的有五大家族：田氏、鲍氏、晏氏、高氏和国氏。田氏家族的势力最大，其他四个家族都明里暗里与田氏争权。田氏家族的代表田恒是齐国的国相。他仁德爱民、治国有方，受到民众的拥戴。当政的齐简公却无所作为。田恒想扩大自己的权力，控制朝廷，但受到鲍、晏、高、国等卿大夫势力的阻挠。田恒便想着法子削弱他们的势力范围。田恒指派他们高、国两家的军队去进攻鲁国，明言是要让齐国在中原诸侯中立威，暗里是想借机削弱卿大夫们的实力。

鲁国的鲁哀公得知齐国来犯，十分担心。拥有七十二弟子的孔子也非常忧虑鲁国的安危。于是，他召集门生弟子，对他们说："现在齐国即将侵犯鲁国。鲁国是我们的祖国，鲁氏的列祖列宗供奉在这里，以后我的坟墓也要筑在这里。对于齐国的侵犯，我们难道不应该去阻止吗？"

孔子的话，得到了弟子们的响应和支持，他们争先恐后地要求阻止齐国犯鲁。颇具仁爱之心的弟子颜渊最先站出来，孔子没有同意；勇猛无畏的子路请求出马，孔子也不同意；当精明能干的子贡胸有成竹提出请求时，孔子点了点头。孔子知道子贡机智聪慧、口才绝佳，在众多弟子中，只有他才能完成这一任务。

子贡受命于危难之时，却从容不迫。他知道齐国国相田恒并不在乎齐国对鲁国战争的胜负，而是希望消耗、削弱政敌的力量，巩固壮大自己的势力。于是，他首先来到齐国面见田恒。子贡对田恒说："国相呀，您与其攻打鲁国，不如打吴国。"

田恒不屑地说："哪国强，哪国弱，攻打哪国能取胜，不是明摆着的吗?”

子贡笑了笑，说：“子贡所言，是一个帮国相取胜的策略。有道是：忧在内者攻强，忧在外者攻弱。国相，你现在的忧患不正是在朝廷之内吗?”

田恒看看子贡，没有吭声。

子贡接着说：“鲁国领土狭小，国君愚昧不义，大臣狡诈无用，破鲁当然很容易。但攻鲁的胜利增加的是卿大夫们的功绩，提高的是他们的威望和实力，他们更有资格与朝廷抗礼、与您为难。您得到的是什么呢?可能是大权旁落吧!”

田恒沉吟不语。

子贡又说：“吴国地域广阔、士卒精干、兵器精良、将臣善战，齐国攻打吴国难以取胜，卿大夫的部队会受损，家族财产会空虚，但这正好削弱了您对手的势力，国君也会更加孤立，您要控制齐国大权不是更容易了吗?所以说，您要增加齐国领土就打鲁国，您要得到齐国政权就打吴国，请您三思。”

子贡的话一下子言中田恒的心思。田恒耷拉下眼睛，不吭声了。

子贡接着说：“我听说您三次受封印却三次都没有成功，都是因为朝廷里有不顺从您的大臣。您知道，逆臣不除，您将永难取胜。现在您攻打鲁国，也是想巩固自己的地位，削弱对手的实力吧?齐国高、国两将攻鲁，一定可以破鲁得胜，可您什么也不能得到。夺得的土地，扩大的是齐国的疆域；战争胜利，提高的是出征大臣们的声望。您这样做，提高了齐国的声誉，增加了高、国两家族的威望。国君更加得志自负，高、国两个家族更加持功倨傲、肆意妄为，更有资格在朝廷争权夺利。您想要成就自己的大事，就难上加难了。这是您希望得到的结果吗?您在这种情况下，要维护田氏家族的地位和利益，必会与国君产生分歧，与大臣发生更大的利害冲突。所以，我认为您还不如下令去进攻吴国。吴王刚勇威猛、处事果断、令行禁止，百姓都善于征战、深谙攻守之道。齐国高、国大夫与吴国交战，还不被他们生擒活捉了！让您的对手去与强国交战而死在外国，这样，能够独立统治齐国的人，就只有您了。”

田恒听后，沉吟着说：“你讲得有道理，我虽然想按照你的话去做，但是，进攻鲁国的军队已经出发，假如再调头去讨伐吴国，那些大臣一定会怀疑我别有企图，甚至会引起朝廷的骚动，这可不好办！”

子贡说：“您现在可按兵不动，我马上去拜见吴王，让吴国去救鲁伐齐，于是，您就下令齐军去与吴军交战。”

田恒面露笑容，赞叹道：“先生高明。”

子贡的缓兵之计得到成功，齐国暂缓了对鲁国的进攻。

子贡知道夫差素有称霸中原的野心，便准备顺其思路，激发其霸欲，发兵攻齐。

子贡风风火火地赶到吴国。子贡拜见夫差，一见面就单刀直入地说：“当今时代，英雄辈出，各路诸侯争当天下霸主。大王，您可算得上英雄中的英雄了！”

夫差不太领情地说：“本王拥有富足的吴地，干吗要费心、费力地去争什么霸主？”

子贡说：“天下诸侯无不朝思暮想称王称霸。称王者，享有世代相承的禄位，富贵无上；称霸者，得到天下诸侯的臣服，所向无敌。这种荣耀、这种威风、这种高贵，是一国之主所难以企及的。大王您志存高远，称霸天下应是您追求的目标。”

夫差不置可否，反问道：“依你看，谁能成为天下的霸主？”

“如今天下强者，当属吴国和齐国了。吴齐两强各有所长、旗鼓相当、不分上下。谁的力量能稍稍增加，就能战胜对手而得天下。”

夫差漫不经心地边听边踱步。子贡见夫差面无表情，便加重语气说道：“不过，这种平局马上就会被打破了。”

“是吗？”夫差看了一眼子贡。

“是。齐国现在已出兵进攻鲁国，拟吞并鲁国，扩大疆土和实力，以此来与吴国争强。而万乘之国的齐国，要灭掉千乘之国的鲁国，应不费吹灰之力。因此，我非常为您担忧。”

夫差沉吟了一下，抬眼问道：“你的意思是?”

“大王，出兵吧，抗齐救鲁。”

“为什么?”

“这是大王战胜齐国、称霸中原的极好机会。救援弱小的鲁国，战胜强大的齐国，这是一举两得的好事。有仁爱之心的人，见人处于危难之中一定会伸出援手，其仁德的名声也会更为广泛地传播。有智慧的人，是不会放弃有利的时机的，抓住时机才能成就其功业。登上王位的人，会福荫子孙万代，留下永世的恩泽。现在，大王您若与越国等近邻亲近和睦，取得仁德之名，再抓住时机，出兵战齐慑晋，便能向天下诸侯展现吴国的武力威风；您若能救援弱小的鲁国，让周王室的德泽得以延续，便是向天下诸侯展现出您的恩义。如能这样，您不仅安抚了泗水之滨的诸侯，遏制了暴虐的齐国，震慑了强大的晋国，鲁国还成了您忠实的盟国，这岂不是名利双收吗? 中原的诸侯国家，都会臣服在吴国脚下，大王的霸业也就唾手可得了。”

夫差早就有意进攻齐国、问鼎中原，但他心中有顾虑，说：“你讲得有道理。别看齐国气势汹汹，我吴国精兵全力以赴，高举正义之旗，定能将它打个落花流水。但是本王心存疑虑，你知道，吴越之间是世仇，征战从来就没有停止过。越国如今表面上对本王服服帖帖，而实际上他们做梦都想报仇。那越王栖居在会稽山下，对内整治国政，对外联络诸侯，就是想找我吴国报仇。我吴国大军北上攻齐，他们在背后捅我一刀，我就受不了。还是等我收拾了越国再去攻齐吧!”

“大王，这可不行。机不可失，失不再来。吴国并不比齐国强，而越国又并不比鲁国弱，不等您收拾完越国，齐国早就把鲁国给吞了。天下大局已成定势，非吴即齐。凭着您的睿智、勇气和威望，战胜齐国卿大夫的军队，应该是胜利在望。但您要是犹豫不决，错失良机，等齐国吞并了鲁国，您就只能甘拜下风了。您即使灭了越国，又怎么比得上齐国吞并鲁国后的强大呢?”

夫差沉吟不语。

子贡又说：“对越国，大王您多虑了。越国即使心怀叵测，也无奈势小力薄，在您强吴面前只有俯首称臣。大王若对越国还有所顾忌的话，那我愿意去见越王，把越军调过来，接受您的指挥，与您一起打齐国，您看如何?”

“好啊，只要越国不作乱，本王就放心了。”夫差听后脸上露出笑意，说，“你能帮本王解除这个后顾之忧，本王就出兵伐齐!”

夫差随即派出信使通知勾践，并安排车马、护卫，送子贡到越国。

勾践听说子贡即将赴越，令范蠡隆重接待。范蠡命令民众清扫道路，率领仪官、仪队到郊外迎接，陪同子贡到官驿住宿。

范蠡与子贡一见如故，称兄道弟，相互趋慕。范蠡揖拜子贡道：“范蠡久仰子贡兄，今日得见，十分荣幸。”

子贡说：“少伯弟年轻有为、足智多谋、能文能武，子贡佩服。”

“现今世上，我尊为师长的只有两人：一是管仲，二是您子贡。”

兴起之时，两人促膝而谈，通宵达旦。在越国的日日夜夜，范蠡和子贡都形影不离，结成知己至交。

勾践十分高兴子贡的来临，及时将其接进越宫。勾践问子贡：“先生屈尊光临，到偏僻贫穷的越国，不知为何事?”

“我也就直言不讳了。大王，您的国家危在旦夕!”

勾践大吃一惊：“请快快相告。”

子贡说，“现在齐国已经屯兵鲁国边境，我刚刚去吴国拜见了吴王，请求他出兵救鲁伐齐。吴王有心相助，并与齐国争天下，但顾虑后院起火，想先灭掉越国再战齐国。现在只要吴王一声令下，越国就成吴疆了。”

勾践稳了稳神，说：“我越国甘愿臣服吴国，事事恭敬有加，年年贡品丰厚，吴王对寡人也是信任有余，怎么会突然翻脸要灭越呢?”

子贡说："您看到和听到的是表面的现象。您知道吴王是怎么说您的吗？他说：'越国如今表面上对本王服服帖帖，而实际上他们做梦都想报仇。'"

听到这里，勾践身上不禁渗出一身冷汗。

"大王，如果越国并没有向吴国报复的打算，却让人产生怀疑，这是愚笨的；若原本虽有报复的打算，却让人猜到了，这是危险的；报仇的行为还没有实施，已经先传了出去，这就更危险了。这三种情况，无论哪一种，都是成事的大忌。"

子贡的话，句句戳到勾践的心窝。他没想到自己深深隐藏在心底的秘密一下子被子贡揭露无遗，也没想到夫差原来对自己的心思了解得一清二楚，顿时慌了神。他抹了一把冷汗，伏下身向子贡稽首相拜，说道："从前，寡人因年轻不明事理，先王去世后，自不量力去与吴国交战，而失败受辱，也给先王带来耻辱。后虽幸免从吴国回到越国，却一直栖居在会稽山下，所守之地仅在海边，见到的只有鱼鳖。而吴国至今仍还耿耿于怀，欲灭越国而后快。寡人不知如何才能渡过难关，请先生多多指点，寡人一定听从您的教诲。"

子贡说："英明的君主用人之时，不会埋没他的才干。子贡听闻大王您善于用人所长，避其所短。分取财利时，重用仁人；解危救难时，启用勇士；治理民众时，委派贤人；安定诸侯时，指派圣人。史上能取得成功而登上王位的，不就是像您这样的君主吗？而那种倚仗权势强大、身居高位而行恶令于下的人，哪能称王称霸？"

子贡的话句句说在勾践的心坎上。勾践叹了口气，说："寡人心有余而力不足，如今自身难保，哪里还敢有什么奢望呢？"

勾践再次对子贡稽首行礼，掏出心窝地说："从前，吴国人多势众，侵犯我国，屠杀越民，铲平越氏宗祠，越国成为贫穷空匮之地，吴越两国成为世仇，越人对吴国的怨恨刻骨入髓。如今寡人侍奉吴王，如同子之畏父，弟之敬兄，但这都是无奈之举。今日亲得先生赐教，不胜荣幸。"

子贡说："我替你分析一下吴王的为人吧。"

勾践恭敬地说："勾践洗耳恭听。"

"吴王的为人，贪功名而不知利害。他刚愎自用，手下之人只能逆来顺受。他屡屡讨伐征战，士卒已难以承受。伯嚭似有智谋实为愚蠢，外强中干，巧言利辞，都是为了自己的利益；他善于伪装欺诈，以得到吴王的重用；他只顾眼前，不问将来，他顺从忍让吴王的过失，只想稳定自己的地位。这是一个残国之吏、灭君之臣。为此，夫差不可能成为天下霸主。"

子贡顿了顿，身体俯向勾践，压低声音说："以前，越国不是吴国的对手，但子贡知道，您这些年来韬光养晦，与吴国有得一拼了。大王您要是把握得好，也能手握胜券！但眼下，时机未到，您还得忍辱负重！"

勾践听了，十分激动，说："这些年来，寡人睡不安席、食不甘味、不爱美色、不近音乐，只希望有一天越军能与吴兵在中原之野决一死战，寡人也能与夫差决斗一场。即使越国作出最大的牺牲，本人肝脑涂地，也在所不惜。这就是我最大的心愿。先生现在的赐教，是使濒临灭亡的国家得以存活，即将死去的人得以重生。寡人一定听从您的吩咐，忍辱负重，等待时机。"

"好。现在吴王既然有伐齐之心，您应该以谦卑恭敬的礼仪表示尊重，奉上贵重的兵器、器物，并将部分越国的士兵交给吴王调配，以迎合吴王之心。那么，吴王就一定会去攻打齐国了。如果吴国不能战胜齐国，那就是君王您的福分；如果吴国战胜了齐国，必定又会乘胜调兵去对付晋国。请允许我北上去见晋国君主，让他与您一起共同对付吴国。吴国的军队先在齐国受到重创，后在晋国消耗受损。这样，越王您就有可能与吴国一比上下了。"

勾践听了，十分高兴。决定言听计从，对子贡之计一一照办。

当子贡离越返吴时，勾践送给他黄金百镒、宝剑一把、良马两匹，但子贡一样也不接受，说："越王好意，子贡心领，但断不可受。子贡将返回吴国，若带这诸多物品，吴王以为子贡受越王贿赂，岂不坏了大事?”

子贡回到吴国，向夫差汇报越国之行，把勾践的话变了个样：“我把大王想收拾越国的话告诉了越王，越王十分恐慌，害怕地说：‘以前我的命运不好，年少时就失去了父亲，自不量力，得罪了吴国，而致兵败身辱。幸亏吴王恩赐，放我回国，才能重新祭祀越国祖先，吴王的恩典，我到死都不会忘记，怎么会图谋吴国呢?’我看他还真是惊恐害怕，没准会派使者前来。”

子贡回到吴国的第三天，越国的使者果然来了，对夫差说：“越王勾践派遣使臣文种，特来问候吴王。越王听说大王将行大义，诛强救弱，去制服凶暴的齐国、安抚周王室，特派微臣献上越国先王收藏的宝器：精甲二十副、名为‘屈卢’的良矛一支、名为‘步光’的宝剑一柄，来预祝吴国出兵得胜。越国国小兵少，挑选出三千甲兵，愿跟随大王出战。越王还请求披甲上阵，伴大王随行。”

夫差听了，大为高兴。于是，他召见子贡，告诉他：“越国的使臣果然来了，越国主动要求出兵三千，越王也要求亲自上阵。你看应该如何处理?”

“大王可以接受他们的礼物，答应他们出兵助战，但要拒绝越王随行。”子贡说。

“好。”夫差下定了北上攻齐争霸的决心。

子贡又离开吴国去到晋国，对晋国国君说：“现在齐、吴两国即将交战，如果吴国获胜，在返回途中，必会以其兵力进攻晋国。”

晋国国君大吃一惊，说：“这可怎么办呢?”

子贡说：“不用惊慌，晋国只要让军队好好地休整，以逸待劳，随时准备对付吴国的侵犯就足够了。如果吴国不能及时战胜齐国，越国一定会乘虚进攻吴国，您可以与越国共同对付吴国了。”

晋国国君答应了。子贡这才放心地回到了鲁国。

二十五、吴王伐齐

上朝时，夫差把讨伐齐国的大事提出来，征询大臣意见。夫差说：“称霸中原，是当今世上每一个诸侯国的梦想，也是我吴国的梦想。现在，位于西方的、曾经号称中原霸主的楚国已被我吴国打得落花流水、俯首称臣。位于南边的越国已被本王收服，成为本王的附属之国。只有北方的齐国还在与我吴国较量。打败齐国，是先王的夙愿。可惜先王霸业未成身先亡，留下终生遗憾。本王一定要继承先王遗志，完成先王的夙愿，成为一代枭雄。如今百里邗沟已修成，最大的交通难关已攻克。今若讨伐齐国，壮观的吴国战船正好为邗沟的建成剪彩。我吴国水军可以从水路畅通无阻地直指北方，讨伐中原的老牌强国齐国。只要我们战胜了齐国，中原诸侯谁敢不臣服？”

大臣们一个个都激动振奋，摩拳擦掌，表示拥护。唯有伍子胥不吭声。于是夫差对伍子胥说：“请国相发表高见。”

伍子胥说：“我老了，不能参与计谋了。”

夫差对伍子胥倚老卖老的做法早有心理准备，便转而问伯嚭：“太宰意下如何？”

伯嚭回答道：“吴齐之间，终有一战，现在正是大好时机。大王兴兵救弱鲁、伐强齐，是件大好事。”

“我们出兵齐国，越国会不会乘虚而入？”夫差问。

“越国成不了什么气候，对我吴国形不成大的威胁，暂且不用管它。”伯嚭说。

听到伯嚭逢迎夫差、有意淡化越国威胁的话，伍子胥心里又急了，大声说：“大王，老夫本来是不想开口的，现在看来不说是不行了。即使是愚夫之言，圣明的君主也会择用的。老夫就再啰嗦几句吧。”他上前一步，振振有词地说，“老夫打探的情报表明，勾践多年来坚持省吃俭用、吃素食、穿素衣、不好色、不浪费。他寝不安席、食不求饱，却以重金收纳有志之士。他自己宁可穿破旧的衣裳，也要对有功劳的将士屡加奖赏。越国是吴国最大的隐患，勾践不死，必定会得到越国百姓的拥戴，树立起自己的威信。越国对于我吴国来说，绝不是疥癣之疾，而是心腹之患，不发作则已，一旦发作就有死亡的危险。齐、晋之国才是疥癣之忧，他们岂能跋涉江淮而与我争夺吴国之地？大王请放弃伐吴，以越国为心腹之忧。”

“国相所虑正是本王之忧，不过，这次子贡先生已作妥善安排：越国军队随我吴国大军出征，合力伐齐。本王将亲率大军伐吴，公孙雒则带一万侍卫军守护国都，密切防范越国。”

夫差又说：“本王不能一辈子囿于吴越之地、固守吴越之邦。在这弱肉强食的时代，你不战胜他人，就会被他人战胜；你不侵占他国，他国就会来侵占我国。要想立于不败之地，就必须称霸中原！”

伍子胥听了，不好再加反对。

伍子胥因夫差没听取他的谏言而坚持伐齐，心中耿耿于怀、闷闷不乐。他的烦恼没人倾诉，牢骚没处发泄，一股火气在胸中回旋。回到家里，躺在竹椅上歇息了一个时辰，才感到平静了一些。他的贴身侍奉被离斟了一杯清香的绿茶递给他。他呷了一口，问被离：“你知道吴国最大的敌国是哪个吗？”

“齐国，战胜了齐国，吴国就能称霸中原了。”

“错，齐国虽强，但与吴国相隔甚远，不会危及吴国。只要吴国不招惹齐国，齐国便不会攻打吴国。即便齐国发兵吴国，吴国也有把握打赢。”伍子胥说，“被离呀，吴国真正的对手是越国。”

“国相，您多虑了，越国哪里是咱吴国的对手？”

伍子胥摇摇头，又问：“你知道吴国最危险的敌人是谁吗？”

被离试探性地回答：“勾践？”

“错，勾践有什么好怕的？勾践本是头脑简单、四肢发达的南蛮。他任性、刚直，服软不服硬，犹如冥顽不化的石头。现在却变成了能伸能屈、百折不断的牛皮筋。你想，是谁改变了他？”

“吴王。”

“错，吴王虽然降服了他，却没有改变他与生俱来的骨子里的野性和蛮性。其实，老夫在先王和大王夫差身上也使出了全身的招数，可仍没能完全改变、去掉他们身上的蛮性。你知道是谁彻底改变了勾践吗？”

“不知。”

“范蠡。范蠡陪伴勾践为仆三年。三年里，他无时无刻不在开化、引导勾践，以滴水穿石、溪水雕卵一样的功夫，将一个顽蛮任性的勾践雕凿成一个隐忍不发、深藏不露的成熟君王。这可不是寻常人能够做到的！”

“范蠡算得了什么？国相大人，您才是天下公认的、能文能武的奇才啊！”

“没错，人称老夫足智多谋，所向无敌，但现在老夫遇到了对手，而且是强大的对手，老夫自愧不如呀！”

“范蠡有这么厉害吗？”被离将信将疑地问道。

“他的厉害不一般。他的计谋是阳中藏阴、阴中露阳，变化莫测呀！比如，要让敌国衰败，怂恿敌国修筑宫廷楼阁、消耗财力，这是惯用的招数。但这个招数到了范蠡手里，就变成了奇招，他敬献的千年巨木，人人惊叹，称为神木；建造的姑苏台，工艺木雕盖压天下群芳，让人流连忘返，人称天下第一宫；他颐指百里邗沟，将淮水、泗水、济水相互连通，人称千秋伟业。这些计谋是那么气势磅礴、空前绝后，又那么顺理成章、诱人入胜、欲罢不能。这哪里是常人能够企及的呢？你想，这计谋连老夫听了都动心，夫差能不动心吗？再说，那些计谋都是在老夫眼皮之下施行的。老夫明知是计，却找不出破绽，也找不到破解的良策。老夫若指其为阴谋，吴王及众臣皆不相信。老夫一点办法也没有。”

被离不知所措地看着伍子胥，想说点什么，却什么也没说出来。

伍子胥并未理会他，自顾自地说着：“棋逢对手无胜招，老夫汗颜呀。老夫在吴国修了个‘胥城’，他在越国修了个‘蠡城’，设计、用料、功能都远胜于老夫，战时御敌防身，平日居住舒适。”

伍子胥双目微闭，自审自责地说：“老夫屡屡进谏直言，也不怪夫差听不进去，老夫自己也觉得言辞无力。说老夫是奇才，老夫认为，范蠡他才是奇才中的奇才。当今世界，恐怕是独一无二了！”

“哦，小人看他平平常常，比一般人高大英俊那么一点点而已，国相大人不必因他而忧虑吧！”被离小心翼翼地说。

“唉，老夫怎能不忧虑？有了他，越国就能超越吴国；有了他，越国迟早会灭掉吴国。”

“灭掉吴国？”被离惊讶地叫道，转而一想，笑着说，“国相大人说笑话了。”

“老夫一直未弄明白，为什么范蠡一环套一环，一步跟一步，步步将吴国逼上绝路，大有欲置吴国于死地而后快之势。不是对吴国有着深仇大恨的人，是不会下手如此阴重的。可老夫窥测已久，仍未找到答案，不知是他深藏不露，还是真如他所说的只想施展才华。”伍子胥的手指轻击扶手，边思索边自语，“如果仅是尽显才华以流芳百世，这就好办，顺其意就行了；如果他心藏大仇，那吴国就没救了。”

沉吟了一会儿，伍子胥又说：“看来，范蠡不会满足战胜吴国，他是一个一不做二不休的人，他一定会灭掉吴国，把吴国从地图上抹掉！”

“真的？太可怕了！”伍子胥口气平淡的话，把被离吓了一跳，“国相大人，难道就没有办法对付范蠡了吗？”

“当然有。一是收买，二是干掉。”伍子胥顿了顿，说，“老夫曾从多条渠道用多种办法试图收买他，但都未成功。那么，最简单、最彻底的办法就是：干掉他！”

“这个，国相大人最拿手。”

伍子胥轻轻摇摇头，说："杀个常人比杀个鸡还容易，但范蠡能掐会算、武艺高强，干掉他并非易事。即使老夫亲自与他对阵，也会败在他手里的。他在吴为奴时，用石子砸鸟雀，用竹签扎鱼，人们视为儿戏，只有老夫知道他的武艺高深莫测。老夫老矣，力不过他，技不过他，智不过他，如何能赢得了他？"

"这种事哪能难倒您呀?！可杀了范蠡，还有文种啊。"被离说。

"老夫倒不忧虑文种。文种忠心、有才，可以帮助勾践稳定江山。但文种之计，老夫尽可破解；而范蠡在其中加上画龙点睛之笔，老夫就自愧不如了。范蠡若在吴国，老夫心甘情愿地将第一大臣的位置让给他，但他在越国与老夫为敌，老夫只能无奈地让他消失。"

"国相手下高手如云，这事尽在国相的指掌之间。"被离说。

伍子胥摇摇头，叹了口气，说："老夫曾暗中派人追杀他，可连派三人都未能成功。一个埋伏在他身边的刺客，不但没杀他，反倒被他同化，还把老夫的计谋给戳穿了；第二个刺客得到了刺杀他的时机，可是没杀他，反而自杀了；第三个与老夫倒是很贴心，技艺也很高强，但没想到他技高一筹，没几个回合，就被他给打瘫了。唉，天不助老夫。"

被离又不知说什么好了，伍子胥接着说："老夫杀不了他，便想借夫差之手灭了他。这就是为什么老夫一而再，再而三地劝夫差杀勾践的原因。如果夫差灭了越国，杀了勾践，范蠡就无安身之地了。但范蠡借助夫差外霸内慈的性格，竟然将老夫的计谋一一化解了，最后夫差放虎归了山。人言老夫不可理喻，谁知老夫心中的压力和忧虑？"

"小人知道国相大人一片忠心。"被离说。

"有范蠡，无伍员。老夫满盘皆输之时，就是老命终止之时；老夫命终之时，便是吴国灭亡之时。时已至此，事不宜迟啊！"

再说夫差积极准备伐齐。他调集了九个郡的兵力，接纳了越国的三千精兵。当万事俱备，十万大军即将出发时，他的心弦反倒松弛下来。

他在竹床上躺下来休息养神，不知不觉就睡着了，很快进入了梦乡。当他睡醒后，梦中的情节还清晰地回旋在脑海，心中有一种惆怅、疑惑的感觉，便唤："来人呀，快把太宰召来。"

伯嚭速速拜见夫差。夫差说："本王刚刚做了一个梦，不知凶吉，太宰快快帮本王解解梦。"

伯嚭问："大王做了个什么梦呀?"

"本王在梦中走进章明宫，跨进宫门，就看见两只烹饪食物的大鼎，鼎上好像在蒸煮食物，下面却没有火。有两只黑狗一会儿朝着北面吠叫，一会儿朝着南面吠叫；有两把铁铧靠在本王宫室的堂上；一股很大的流水，迅速地流过本王宫室的墙壁。前园的横索上长出了梧桐树，后房打铁的工匠手拿铁钳正在鼓风。"夫差边想边说，"你替本王测算一下，吉则说吉，凶则言凶，不要迎合本王的心意。"

伯嚭煞有介事地掐指算来算去，过了一会儿，回答说："大王，此梦大吉。"

"请解析。"

"大王将要兴师伐齐。梦中大王走进章明宫，喻示大王攻齐必胜、扬威中原。章，就是仁德远扬；明，就是功绩显著。"

"嗯，有道理。"

"大鼎蒸煮食物不必生火，是因为大王的气息旺盛有余。黑狗吠叫，是有人到来；吠叫不已，是来人很多。喻示四方归顺，诸侯都来朝见大王。"

夫差点点头。

"铁铧，农用之器。铁铧靠在大王宫室的堂上，是喻大王亲近农夫，体恤百姓，民心归顺，农夫致力生产。而流水则象征财源。流水过宫墙，是四方贡献的贡品进入吴宫，君王富足充裕。"

"前园横索上长出梧桐树，拟为宫女奏乐，琴瑟和鸣；后房工匠鼓风，那是乐府的鼓声欢愉。喻示吴国国泰民安、歌舞升平。"

夫差听了大为高兴，心情也放松下来，赏赐给伯嚭四十匹杂丝织物。

夫差又下令把公孙雒召来，把做梦的事告诉了他，问："你帮我解一解吧。"

公孙雒说："我智浅力薄，不懂方术之事、占卜之道，不能为您解梦。但是我认识一个人，名叫公孙圣。"

"这公孙圣是做什么的呀？"

"公孙圣是东掖门亭长、占卜大师越公的弟子。他自幼好学、见多识广、知识渊博，精通方术占卜，可为大王解梦。请召他进宫。"

夫差说："准。"

公孙雒便写了一封请帖，请公孙圣接到帖后，立即驾车到姑苏台为夫差解梦。

公孙圣接到请帖，打开读后便伏地痛哭，好半天没有起来。他的妻子上前扶起他，说："你呀，天天都想见君主，今天接到吴王的请帖，怎么倒哭个不停了呢？"

公孙圣仰天长叹，说："唉，可悲啊！我伤心的原因，你怎么会知道呢？"他站起身，对妻子说，"现在的时辰是壬午，在这个时辰，吴王召我进宫，我这一去，就不能活着回来与你见面了，我能不哭吗？"

他妻子说："夫君从未得罪过吴王，他怎么会加害于你呢？"

"吴王喜欢被人奉承、听顺耳的话。"公孙圣看着妻子说，"我如果迎合吴王说假话，则违背了我做人的准则，师道不明；如果我正言直谏，必身死无功。可我宁死也不愿说违心的话。"

他妻子说："夫君，你一生为人正直，这是最令我敬佩的。请不要牵挂我，按你的意愿去做，请切记。"

公孙圣与妻子抱头痛哭、泪如雨下、握手诀别。然后登上车，头也不回地走了。他抱着必死的决心，径直来到姑苏台拜见夫差。

公孙圣随公孙雒来到姑苏台，夫差问公孙圣，说："你就是越公的弟子公孙圣吧？”

“正是。”

“听说你擅长占卜，今日特请你来帮本王析梦，请你认真仔细地卜算。”

“遵命。”公孙圣低头叹道，“好船者溺，好马者堕。我生性爱说实话，恐怕也会因为直言而获罪。”

夫差笑着说：“本王就是要你说实话，是吉就说吉，是凶就说凶，不要有意迎合本王。”

“那我就直言相告了。”接着，公孙圣并没说话，而是伏在地上哭泣起来。

夫差耐着性子，见他半天不吭声，自顾自地哭泣，便不悦地问：“本王让你占卜，你哭什么呀？”

“我是为大王哭泣、为大王悲伤。”

“请说来听听。”夫差拉下脸，冷冷地说。

公孙圣缓缓抬起头，脸色冷峻、眼神深邃、口气凌厉，说：“章明宫的‘章’，同张，即慌张。喻示作战时惊慌失措地败落。‘章明’，意为大王丧失清醒头脑，处于智力混乱之中。大鼎蒸食物，下面却没烧火，是喻示君王将吃不到火煮的食物。黑狗吠叫，预示君王死后灵魂迷乱，不知所往。”

听到这里，夫差惊愕地张大嘴巴。夫差怎么都没想到，居然这人如此大胆地当面诅咒自己。而公孙圣对夫差的惊愕却视而不见，自顾自地说：“铁铧入宫，预示越人攻入吴国，吴国的宗庙、稷台将被掘毁；流水越宫墙，表示君王的宫室将被洗劫、空虚荒芜；前园长桐，横生的梧桐木不能制作日常用具，只能用来做成木俑陪葬；铁匠鼓风，是民众的哀叹之声。梦兆显示：君王不应出征齐国。请大王停止出兵，并与越国修好，或许能消灾避祸。若非去不可，大王也不应亲自出马，只要派遣大臣们去就行了。”

伯嚭、公孙雒听后惊恐万分，急忙摘下官帽，袒露上身，向夫差请罪。

夫差听了，怒火中烧，对公孙圣说的那些不吉利的话非常愤怒，说：“公孙圣，你怎么如此恶毒！本王尊你为师，你却用如此恐怖毒辣的言辞肆无忌惮地诅咒本王！”

公孙圣毫无惧色，目光冷若冰霜，说：“吴国作恶多端，本应受到诅咒。”

夫差也冷笑一声，说道：“本王有上天的护佑，不怕你的诅咒。你就先自受其罚吧。”

夫差指使身旁的力士石番用铁杖击打公孙圣。

公孙圣一边挨打一边诅咒，临死时对天大叫：“苍天有眼！夫差，你今天杀了我，我要化为厉鬼向你索命，用阴惨的哭叫声恐吓你，让你不得安宁！”

夫差听了，犹如火上浇油，气愤得浑身发抖，怒吼道：“给我打！打死这个恶魔！”

最后，铁杖都被打得断为两截，公孙圣须臾之间命归西天。

“来人呀，把公孙圣的尸体给我丢到秦余杭山中去！”夫差仍愤愤不平地说，“我要让虎狼吃你的肉，让野火烧你的骨，让山风吹散你的骨灰，看你怎么变为厉鬼吓唬人？”

事后，伯嚭向夫差禀报说：“公孙圣已被丢进深山喂野狼去了。不祥的乌云已经散尽，大王，现在可以发令出兵了。”

夫差说：“好吧。”

公元前484年7月，夫差率军北上讨伐齐国，顺邗沟抵达淮安，弃船登车，陆路进攻；同时，派遣大夫徐承率水军由海上进攻，水陆夹击。同时，鲁国与吴国联军，阵势壮观，共计十万人，鲁国军队为上军，吴国军队为中军和下军。

齐军主力由元帅国书统率，也以十万之众，严阵以待。

齐人虽然勇猛，但吴人更猛，把齐军打得落花流水，一举攻占了齐国的博地（山东泰安市南），随后吴齐两军大战于艾陵（山东莱芜市东）。

吴国的上、中、右军分别由大夫胥门巢、王子姑曹、展如带领，夫差亲自指挥。齐国大军是由元帅国书率中军、高无邳率上军、宗楼率下军。这一仗，吴军大获全胜，把齐军打得落落大败。齐国十万大军几乎被全歼，尸横遍野，血流成河。齐国元帅国书战死沙场。吴国俘虏了齐军的六位将领，缴获革车八百乘、甲首三千。此战的结局是，齐国献上大批金帛财物，向吴求和，并与吴国盟誓，承认吴国的霸主地位。这是吴国征战史上，规模最大、战绩最辉煌的一场战争。

当吴国大胜齐国之时，最担心、最害怕的就数田恒了。田恒担心夫差得寸进尺，局面不可收拾。他想："吴王野心勃勃，他手下的吴兵个个都是亡命之徒。本来是想借吴国之手削弱政敌力量，稳固田家的势力和地位，但现在吴军势如破竹，一旦局面失控，吴军没准会一直打到临淄城，这可如何是好？"他又感叹道，"没想到，我齐国大军如此软弱，高、国两将如此无能，竟然在须臾之间就被吴国收拾得一干二净。现在，田家政敌全被杀尽，再也翻不起大浪了，我得尽快想办法遏制住吴军的攻势。"

于是，田恒一面派人与吴国议和，一面派出使者，急驰晋国和越国求援。有子贡在前面的铺垫，齐、晋、越三国很快达成了联手抗吴的约定。田恒的使者对范蠡说："国相承诺，只要您与我齐国联手抗吴，齐国将重谢越国，并答应您个人的一切要求。"

范蠡对使者说："多谢田国相，倘若有一天，范蠡和家人在齐国落脚，请田国相关照。"

随后，田恒立即以信函回复范蠡："齐国大地，任君畅行；齐国都邑，任君享用。"

在艾陵战役中，虽然吴国也损伤过半，但取得的巨大胜利激励着夫差，他觉得霸主的宝座非己莫属了，从此，中原无人敢与之争锋，霸主的地位就要到手了。他本想回过头来再直逼晋国，让晋王交出盟主的权杖。这时军报传来晋国五万大军把守国境，严阵以待。同时又传来越国进犯吴境的消息。夫差一听，心里一紧："什么？勾践反叛了本王？攻进了姑苏城？"

夫差又急又怒，对伯嚭说："太宰大人，你带五千人马快马加鞭，快快回去看看是什么情况，并速速报告本王！"

同时，夫差二话不说，当即答应了齐国的求和，迅即罢兵回国。

伯嚭不敢怠慢，飞速赶回姑苏城。当他来到姑苏城门前，抬头一看，范蠡正站在城上对着他笑！

"范将军，快快打开城门。"

"范将军，你们这是干什么呀？乘虚而入吗？"伯嚭气愤地对范蠡吼道，"你们想反叛吴国吗？不用吴王动手，我伯嚭一声令下，就能杀得你们片甲不留地滚回去！"

"太宰息怒，我们哪敢得罪吴王和太宰呀！越国百姓听说吴王大胜齐国，高兴得不得了，倾巢而动，自发地跑到姑苏来庆贺了！可姑苏城的守门士兵不准大家进城，发生了一点小纠纷。这不，已经解决了。"

"解决了？说得轻巧！吴兵死了几百个，守城士兵的兵器都被你们给缴了，所有的城门都被你们给把住了，这是你们的解决办法？这是你们给吴王的庆贺吗？"

"太宰大人，您想，如越军意欲占领姑苏城，只会死几百个人吗？"

"你们怎么着也不该在吴王出征时打进城里来啊！"伯嚭的口气明显缓和下来。

"太宰大人，越国真要反，越国大军驻在姑苏城中，与吴国千里迢迢赶回来的疲惫之军拼一死战，您说说，谁会胜，谁会负？"范蠡顿了顿，盯着伯嚭的眼睛说，"那太宰大人今天您进得来还出得去吗？您的性命还能由您自己掌握吗？"说完，还把紧握剑柄的手动了动。

伯嚭连忙将眼光避开，余光扫进眼中的是无数双愤怒的眼睛，他不禁觉得不寒而栗。

“范将军真会说笑话，有什么要求尽管提，万事好商量！”

“越国的条件，其实很简单：强盛富足的吴国已成中原霸主，天下尽属大吴，请吴王免除越国的年贡，归还越国的全部国土。”

“应该，应该。”

伯嚭快报夫差，告之国内平安，让夫差放下心来。接着伯嚭又快马迎接夫差，将越国的要求婉转地禀报给夫差：“越国臣民听闻吴王大胜齐军、雄师凯旋，自发到姑苏城迎接。其中两国民众为争睹大王英姿，占据高地，发生小小争执械斗。”

当然，伯嚭没有禀报死伤数百人的消息。夫差问：“可有死伤？”

“百姓斗殴而已，现已完全平息。”

夫差长叹了口气，把一肚子的担忧、烦恼吐了出来，他不无懊恼地说：“小题大做，让本王错失收拾晋国的良机。这可是本王登顶霸主神坛最后的一步啊。”

夫差怎么会知道，这是范蠡为分散吴军兵力、解齐国困厄而施用的小招，现已达到目的，见好就收了。

当夫差回军姑苏时，姑苏城里已一片祥和，越国百姓排着长长的队伍，与齐民一起欢迎夫差凯旋。

这时，等候多时的勾践迎了上来说：“勾践向大王致敬、问安，恭贺大王横扫中原，战胜齐国，成为天下霸主！”

夫差开心地笑了。

“勾践备了美酒佳肴，恭候大王归来。”勾践又说，“此战大捷，大王即将成为中原霸主，往后中原诸侯必会年年进贡吴国，吴国更富裕、更强大了，请求大王把越土归还于我并豁免越国的年贡。”

“大王，区区越国，已经向我大吴进贡十多年了，所剩物品大王也看不上了，不如答应他吧。”伯嚭对夫差耳语道。

夫差大气而高兴地答应了。

这是周敬王三十八年，越国小试牛刀，初战小胜。自此以后，越国不再年年、月月向吴国进贡大量的物品，争取到了宽松的政治条件和经济条件。

二十六、借生还熟

吴国伐齐，勾践心中十分惬意，他想："这次吴国伐齐，虽然取胜，自身损失也不会小，调整恢复需要一定时日。伍员与夫差分歧也日渐严重，何不趁此机会攻吴复仇？"

于是，勾践召集众臣商议说："众位大臣，近年来吴国大修宫殿城池，开凿百里运河，耗费了大量人力、物力，国库已渐匮乏，士气已成衰势，而我越国的国库已比较充裕，我们是不是可以举兵报仇雪恨了？"

满朝文武皆知勾践的心思，更知越国近年虽有起色，但与吴国相比，实力还有一定差距。于是一个个缄默不语。

文种上前对勾践说："臣认为，我们的计策虽然消耗了吴国的部分实力和财力，但吴国现在的国力仍然比越国强。我们的国库虽然有所储备，但要打起仗来还是供不应求。再加上去年我国年成不太好，百姓的口粮也不宽裕。剖析吴国的内情，有三强三弱：第一强是吴国的国力强，国库丰盈，百姓富足，其弱点是吴国的法治严酷，刑罚繁多，法令混乱；第二强是吴国军队的战斗力强，其弱点是团结精神较差，多自负其能，互不买账；第三强是吴国的大臣谋略能力强，其弱点是他们互不信服，常勾心斗角、互相攻击。吴王志向高远、年富力强，但他骄纵自负、独断专行、刚愎自用。现在攻吴，越国仍然难有胜数，大王万万不可操之过急。我们一方面要利用他们的内部矛盾和弱点，分化其内政；另一方面仍要在消耗其国力上下功夫。"

大夫扶同说："吴国伐齐时，我们打进了姑苏城，影响了吴国的整个战局，虽然搪塞过去了，但吴王心中很是不爽。如果他把这事记在心里，迟早会找我们算账，把我们往死里打。如果吴王没产生疑心，我们就可以放心地继续做复仇准备。我们何不试探试探？”

文武官员连连点头称是。勾践沉吟良久，问：“如何试探？”

扶同说：“下臣未想出良策。”

勾践转向文种，问道：“文大夫，你想的是长远之计，寡人想的是当务之急。君子报仇，十年不晚，而寡人已经耐着性子等了十年，这种等待究竟还要多少年？你不是有‘胜吴九术’吗？可至今才亮出来几个？何不把你未施的计谋速速付诸实施，早日完成复仇大计？”

“良计、良术必须天时、地利、人和，不可和盘道出。不过，大王，现在就可试一小计。”文种上前一步说。

勾践心头一动，眉头一挑：“唔，说来听听。”

“微臣的小计便是：借粮。大王可以越地去年歉收、越民饥馑之由，向吴国借粮，并承诺来年加成偿还。”

“借个粮食，这也是计？”勾践不以为然，斜眼看向文种。

文种看出了勾践的疑虑，解释道：“此计是以借粮为名，探测吴国朝廷对越国的态度。如果夫差或者吴国大臣对我们心存戒备，断不会借粮给我们。如果上天有抛弃吴国的意向，那么，吴国就会答应我们的要求。”

“好吧，那就按你的计策来试一试。”

勾践派文种带着贡品和礼物，拜见夫差，并提出借粮的要求。

吴国朝堂上，文种拜见夫差：“禀大王，微臣文种这次前来，一是传递越王对大王的问候；二是向大王求助，借点粮食度荒。越国去年年成不佳，粮食歉收，眼下正处青黄不接之时，百姓饥乏，甚至有饥民饿死路边，越王特派文种前来借粮，请大王恩准。”

不等夫差开口，公孙雒推辞地说道：“吴越两国的年成相差无几，我吴国去年年成也不算太好，但也不至于旧粮不接新粮呀！”

“公孙大夫有所不知，越民连年把收获的五成上好的粮食送进吴国粮库，二成用于酿酒，进贡给吴宫。剩下的粮食留下种子后就不多了，丰年可以勉强度日，歉年就青黄不接了。”文种又说，“越民听说下臣要来吴国求助，心里充满期盼，都说若要渡难关，只有靠大王了。只有仁慈的大王，才有能力帮助属地的臣民；只有慷慨的大王，才愿救越国的臣民。大王若能借粮给越国，越民将万分感谢大王的恩赐！待到秋收后，越国一定载恩载德并加二成偿还。”

夫差听了，觉得很受用，又想想，越国的确每年把大量的粮食进贡给吴国了，再说赈灾济民，是向各诸侯彰显吴国仁德的好机会，便有意把粮食借给越国。

夫差正要开口，伍子胥上前谏劝道：“大王，千万不能借粮给越国。吴越两国，地接境邻，道路相通。吴越两国为三江所环绕，两国的百姓没有别的地方可迁徙，因此，不是吴国占有越国，就是越国控制吴国。借粮给越国，相当于拿自己的粮食去养育敌国。”

伯嚭察言观色，知道夫差有意借粮，便反驳道：“现在越国不是吴国的属地吗？属国有难时，主国理应帮帮他们。”

伍子胥瞪了伯嚭一眼，愤愤地说：“当年，在可以一举消灭越国、获取最大利益的时候，我们没有灭掉它，错失了最大的良机，这已经够遗憾的了。现在反而要把粮食送给他们，真正是倒贴。这种帮助敌国、亏空自己的事不能做。”

“不是送，而是借。越国答应秋后加成返还。”伯嚭说。

“哼，说得好听，他既是属地，我吴国让他交多少，他就得交多少，不存在加成返还之事。再说，把粮食给越国，无论是借、是送、是卖，都称不上德行，因此，不如不给。”伍子胥又加重语气说，“大王知道，范蠡极富才智，既勇敢又擅长计谋。据老夫所知，他正在训练士兵、修理战具，窥视着我吴国，时时在寻找复仇的机会。借粮之事，没准又是越国的一个计策，以此来探测大王对越国的态度。大王如果不细察明辨，轻易地借粮给他们的话，”说到这里，他顿了顿，从鼻子里冷笑了两声，说，“那就是越国的福气了！”

夫差说：“本王以德服人。天下诸侯都知道，越国是我吴国的属国。现在越国发生饥荒，越国的臣民就是本王的臣民，岂可坐视其忍饥挨饿而置之不理？本王在他们受灾之时施以援手，对这种仁爱之举，他们能不心存感激吗？”

伍子胥说：“大王，当年越国本无罪，是您发动战争攻击它，让它处于危困亡国的境地。您以为当年没有灭掉它，它就会对您感恩戴德吗？不会的。它即便自身力量不足，也会联合诸侯来复仇的。”

夫差想了想，觉得伍子胥说得也有道理，但反过来一想，又释然了：“越国有饥荒，本王用粮食帮助他们，对他们的恩德彰著、仁爱无边。勾践有什么理由联合诸侯来反对本王呢？他要真的反对我，天下诸侯又有谁愿与他这种以怨报德、以仇报恩的小人为伍呢？”

伍子胥摇摇头，说：“大王，圣人在遇到急难时，不会以做他人的奴仆为耻，但其志气、骨气还是能被人观察到。现在的勾践在您面前恭恭敬敬、跪拜有礼、遵命听令、俯首称臣，可是您只是看到他谦卑的样子，却没发现他深藏在内心的仇恨。您以为已经战胜、制服了他？其实他在心里并没有服输，时时都在企图报仇。大王呀，人们亲善地豢养幼狼，却改变不了狼子的野心。仇敌，是不能亲近的。大王淡忘了越国的杀父之仇，可越国却绝不会忘记向吴国报仇的。”

“大王怎会忘记杀父之仇？大王不计前怨、志向高远，不以一国一土为足，不以武力横行天下，广施仁政，以德治国，收服越国而归顺天下人心，以完成霸业。更何况，冤冤相报何时了？”伯嚭反驳说。

伯嚭一开口，就更加激起伍子胥的愤懑。伍子胥一腔怒火顿时化作尖锐而刻薄的言语，倾泻而出：“大王，正气旺盛，国家就稳固；阿谀之风盛行，国家就危险。今天我以一个先王老臣的名义，再对您说一句：越国正在一天天强大起来，要不了几年时间，他们就有力量攻破吴国了。

到那时，吴宫将会荆棘遍地。”他又想拿夏桀、商纣来告诫夫差，但想起夫差说过“国相总把夫差比作昏君暴主”的话，又改口说：“大王当年没有乘势灭掉越国，反而接受越王的求和，这是舍弃了上天赐给吴国的福祉，违背了上天的安排，必会带来灾祸。请大王尽快作出决定，像周武王讨伐纣王一样，讨伐越国。”

“伍国相危言耸听了，借几石粮食给越国，就会招致吴国灭亡？再说，周武王原本不是纣王的臣子吗？他率领诸侯杀自己的君主，虽然胜了，但这称得上义吗？”伯嚭不温不火地反问道，极具挑衅意味。

话没说完，伍子胥便反驳道：“虽然不义，周武王却因此而成就了名声。”

“周武王之所以敢杀纣王，是因为纣王无德无道、虐杀忠良，天下臣民怨声载道。周武王替天行道，才会得到臣民拥戴、成名天下。否则，臣子弑君，是大逆不道，遭世人唾弃的。”伯嚭带着讥讽的口吻说。

伯嚭的话像锐利的刀锋直逼伍子胥。伍子胥犹如被人当众在自己脸上扇了一个响亮的耳光，又羞又怒。他强压怒火，说：“窃钩者诛，窃国者侯。以臣伐君登上王位的事例，在历史上也不少见。周武王不也是一代明君吗？”

“国相，周武王是臣，纣王是君，国相怎么用武王伐纣来比拟吴国伐越呢？这岂不把吴国比作臣，越国比作君了吗？国相引喻失当了！”伯嚭冷冷地说。

伍子胥感到自己被逼到死角，便不顾一切地奋起反驳，直揭伯嚭的疮疤：“大王，伯嚭当面奉承您，是想蛊惑您，骗取您的信任。大王有所不知，他还利用大王的名气欺凌诸侯、聚财敛富、牟取私利。伯嚭只是迎合大王您的心意，却不顾及后患，绝对不可听信！”

伯嚭不急不忙地说：“邻国有急，千里驰救；济弱扶倾，救急赈灾。这才是王者的风范、霸者的作为啊！”

伯嚭的话还没说完，夫差伸出食指制止：“太宰，你不要多说了。”

接着故意带着挑逗的口气问，“你是在故意迎合本王的心思吗？这可不是忠臣之道！”

“伯嚭明白，”伯嚭坦然回答道，“君王想办的大事，为臣便不遗余力，全力辅佐，想方设法将事情办好、办成。如果说这就是阿谀奉承，那为臣就担当了。我是大王的臣子，我拥护、爱戴大王，时时处处为大王着想、为大王说话，这有错吗？这就是阿谀奉承吗？国相和我同为大臣，事君各有其法，但忠心相同。难道天天与大王对着干，对大王诸多挑剔，才算忠臣良将吗？”

伯嚭说完，躬身退下。

伯嚭的话又一次迎合了夫差的心思，说在了夫差的心坎上。他对伍子胥轻轻挥挥手，说：“是非曲直，本王自会明辨；审度决策，本王自有定夺。”

伍子胥怏怏不乐地低下了头。

伯嚭退朝回到家里，躺在竹制的躺椅上，努力想使自己平静下来。他闭上眼睛，双手平放在扶手上，似乎正在养神，可他的心里却像万马奔腾一般。上朝时与伍子胥的争执，历历在目，一股怒气在胸中盘旋，越聚越浓，越聚越多。他对伍子胥在朝廷上当着夫差和众臣的面，攻击诋毁自己，十分恼怒，喉咙里就像哽了一块鸡骨头：“他骂我利用吴王的威信谋私利、收贿赂，这岂不是往我脸上啐唾沫，搞人身攻击吗？”他粗粗地吐出一口气，心想，“哼，伍员，你想把我扳倒，踩到你的脚底下？没那么容易！你告我一个贪赃枉法，我就告你一个逆天谋反！”

想到这里，他感到必须马上派人到夫差那里去进一步上言，加深夫差对伍子胥的反感。于是，他邀来下臣、密友大夫逢同，细细密谋了一番。平日里，逢同不显山不露水，为人十分低调，而在关键问题上总会助伯嚭一臂之力。伯嚭对他十分信任。

按照伯嚭的旨意，逢同来到宫里。夫差也正在为今日胥嚭之争而烦恼，见到他，便问道："今日朝上为越国借粮之事，伍国相与太宰嚭意见相左，你意下如何？各位大臣事后有些什么议论？"

逢同说："依臣看，伍国相进谏，反对借粮给越国，也是为了大王和吴国利益，但他出言不逊，让人听起来有一种要挟的味道，似乎大王必须对他言听计从，这对大王也是太不尊重。"

夫差心里的阴霾更浓了。逢同继续口无遮拦地说："有大臣议论，说伍国相也太狂妄了，天下哪有在朝廷上骂自己国君的大臣！还有大臣为您担心，说伍国相的性格冷酷，说翻脸就翻脸，从来不讲什么父子之情、君臣之恩。"

夫差越听越烦，说："好了，别说了！伍国相是先王的忠臣、天下的壮士，他不是那种不懂感恩的人。"随后又交代说，"你的那些话千万不要对任何人说。"

逢同重重地点了点头。

夫差又传来伯嚭，警惕地告诫他说："你不要在国事上与伍国相争执不休，也不要出于私心而中伤他。你如果有意迎合我、攻击他，想借此打动我，这是不可能的。"

伯嚭恭敬地说："请大王明鉴，我不会诬告任何人，更不会平白无故地中伤伍国相，我是真心为大王担忧。您想想，在议大事之时，他哪里是竭尽全力辅佐大王、为大王出谋划策呀？总是大王想做什么，他就反对什么。有知不竭，是不忠，竭而顾难，是不勇。他作为一名臣子，却一而再、再而三地指责、命令自己的君主。下而令上，是无法。"

夫差正为伍子胥每每强词要挟心中不爽，伯嚭的话又一次与夫差的感受契合。夫差本是想让伯嚭与伍子胥在朝廷上少起争执，维持君臣、臣臣的和谐，没想到自己却从心底加深了对伍子胥的反感。

"伍员一再以忠臣谏君之名反对大王，可是大王，您想一想，他当真是忠君之臣吗？否也。他是楚国人，楚平王是他的君主，他理应尽忠楚平王。楚平王即便有千错万错，可他是君。伍员父兄千对万对，但毕竟是臣，君要臣死，臣不得不死。何况，楚平王杀他父兄，错也有他错的道理。而伍员为报私仇，无所不用其极。当他攻入楚都郢城后，毁了楚平王的棺木，将楚平王的尸体从墓地里挖出来，手持九节铜鞭打了三百鞭，打得楚平王骨折。这还不算，他还左脚踩在楚平王的肚子上，右手挖出楚平王的眼珠，骂道：‘你这个昏君，你生时枉有目珠，不辨忠奸！’更可恶的是，他为了羞辱楚平王，竟强娶楚平王的母亲为妻，他的心里装的全部是仇恨，没有了良知和人性。您想，他对他的国君如此，对您又能如何？”

夫差默不作声。

“君王是代天行事的，谁敢把君王当作仇人呢？只有他伍员。”伯嚭又说，“再说，君主也是人，孰能无过？再英明的君主，也不可能不做错事。做错了事、杀错了人，就要被毁棺鞭尸，那么，世上就没有一个君主可以完尸安寝了。像他这样仇恨心如此强烈、用计如此歹毒，为复仇不顾一切、私利至上的人，能算得上忠臣吗？”

“是啊，哪个君主能无过？”夫差若有所思地咕哝着。

“不达目的誓不罢休、为达目的不择手段的人，是很可怕的。”伯嚭说，“大王呀，您可得多加小心，伍员无所不用其极，为达一己私利是不择任何手段的。您回想一下，吴王僚便是被他杀死的。当年，伍员投奔吴国，吴王僚赏识并重用了他，但没有满足他借兵伐楚、诛杀楚王、为其父兄报仇的要求。当时楚的实力很强，吴国打楚国没把握，再说也不能让他拿吴国当枪使、报私仇啊。他就找到一个名叫专诸的屠夫，假冒厨子，设计了一场惊心动魄的谋杀。吴王僚爱吃鱼，他便把‘鱼肠剑’藏在鱼腹中，让专诸献鱼之时，在防范十分严密的情况下刺死了吴王僚。”

这些，夫差当然知道，但当伯嚭再次讲述时，他心里仍然十分震惊。

“吴王僚的儿子庆忌是个文武双全的英雄，伍员害怕庆忌来抢王位，便暗地里收买了一个身材瘦小、相貌丑陋的亡命之徒——要离。要离故意让先王杀了他的妻子，断了他的右臂，制造出他与先王有不共戴天的深仇大恨的假象，从而取得庆忌的同情和信任。当要离终于潜入庆忌的身边后，便在庆忌毫无防备的情况下，杀死了力大无比、武艺超人、骁勇矫健的庆忌。伍员用计之深邃、用心之狠毒，可以说史无前例、无人能比。先王答应帮他伐楚报仇，他才把先王扶上了王位。"

夫差没有吭声，眼睛微眯地沉思着。

"大王，您一次又一次地没有听取他的意见，他对您已是怀恨在心、忍无可忍了。昔日伍子胥可以杀吴王僚、刺庆忌，让先王登上王位，那明日他是不是也可能再来一个改朝换代，把大王的王位送给他人呢？在他心目中，我吴国改朝换代，只在他翻手覆云之间。如果他一旦生出恶意，是什么毒计都施得出来的哟！大王，您如果不早下手，其后果……"

听到这里，夫差不禁打了一个寒颤，惊出一身冷汗，问道："依太宰所见，该如何是好？"

伯嚭做了个横削的手势。夫差轻轻摇头说："他是先王宠臣，身居显位，哪能随意动他？即使……也得有个理由呀。"

"大王，君要臣死，臣不能不死。您要治罪，哪里需要什么理由？如果大王一定要让朝廷上下心服口服，不妨试他一试。"

"如何试？"

"伍国相早就想对您下手，只是顾及他儿子还在吴国，担心一旦失手，祸及其子。他只有这根独苗，如果他想对您下手，必先把其子送往他国。"伯嚭小声说，"如果他要求出使他国，您不妨给他一个机会，只管应允便是了。他若趁机把儿子转到他国，其反意则确凿无疑。到那时候就有理由、有办法收拾他了。"

夫差深深地点了点头。

第二天上朝，夫差下令借粮一万石给越国度灾。

此令一下，伯嚭心中无比安慰，他知道：一万石粮食，虽然数目不大，离越国要求的二万石差了一半，但说明夫差在情感上已偏向自己，自己和伍子胥在朝廷势力的对比中，明显占了优势。

伍子胥如同当头挨了一闷棍，心里一股冷气直往上涌，充满了愤怒和悲凉。

伍子胥在退朝后，心中愤懑地回到家中，一个人在房里生闷气、喝闷酒。被离轻轻敲开房门，走进去，敬上一杯绿茶，躬身说道："国相大人，这是刚刚采摘制作的绿茶，请您品尝。"

伍子胥坐起身，品了一口茶，双眉皱得紧紧的。

被离乖巧地说："国相大人，凡事不可往心里去，生闷气对身体不好。"

伍子胥叹口气说："这么大的事，我怎么能不往心里去？大王没有考虑国家长远的利益和安危，听信一面之词，连我这个辅弼大臣的话都听不进去了，而相信一个靠拍马屁混日子的小人。唉，吴国的寿命不长了！"

"小人知道国相大人忧国忧民，但也不要过于操心，别累坏了身体，现在吴国繁荣昌盛，怎么能说命不长了呢？"被离说。

"说多了你也不懂。你如果不相信我今天说的话，我愿意挖出双眼挂在城门上，我将亲眼看到吴国被打得大败。越国人长驱直入攻进姑苏城，吴王也会被他们俘获。"

被离听了，十分害怕，战战兢兢地说："国相大人，您喝多了，我扶您歇息去吧！"

"被离呀，我没醉，我说的是实话！"伍子胥悲恨交加地说，"不怪天，不怪地，不怪别人，只怪老夫我自己！我怎么瞎了眼睛，把这个佞臣贼子推到太宰的位置上，让他天天寒碜、辱骂老夫！是老夫有眼无珠呀！"

太宰府里，伯嚭密传逢同私会，一见面，两人都打心眼里高兴。

逢同提着一壶陈年老酒来拜见伯嚭，说："借粮之争，太宰得胜，相国败北，值得庆贺！今日我特地为您送来一壶好酒。"

伯嚭笑着回答："有好酒品尝，是件乐事。但庆贺为时过早，断不能高兴得太早了。"

"这次，伍老头一定气得发疯。我一想伍老头生气的模样，就禁不住笑出声来！"逢同说。

"伍老头哪里肯服输？不知又会想出什么馊主意来告我！"

"也是，他的鬼点子多得很！不然，我去探探？"逢同对伯嚭的用意心知肚明。

"你现在去国相府，是去讨骂呀？"

"他败得惨，必定会骂得凶。我就想逗逗他，惹他多骂几句！"

逢同来到国相府，径直去内殿见伍子胥。伍子胥正对着被离发泄愤怒和不满，见逢同未通报便直达内殿，吃了一惊，不禁勃然大怒。伍子胥指着逢同的鼻子，破口大骂："你好大的狗胆，敢私闯老夫宅邸！你快从实招来，受何人指使，是来幸灾乐祸的，还是来打探情报的？"

"国相误会了，逢同今日来，只是给国相大人送瓶好酒。您说的'幸灾乐祸''打探情报'可真是冤枉我了，您老人家洪福齐天，哪里会有什么灾祸呀？"

"是呀，我一大把年纪了，哪里还怕什么灾祸？怕只怕吴国有灾祸了！"听逢同说是来送酒的，伍子胥稍稍放下心来。

"吴国有国相，即使有灾、有祸，也被您给化解了。"

伍子胥一听，气又上来了："你跟你的主子一样，伶牙俐齿，见风使舵，都是卑鄙的马屁精。"

伍子胥站起身来，把心中聚集的恶气朝着逢同冲口而出，对逢同骂道："你身为伯嚭的下属，却不为国家的利益着想，只知道甜言蜜语迷惑大王。而大王分不清好坏，听信了你们这群人的话！大王不顾吴国利益，借粮给越国，完全是伯嚭的罪过！吴国灭亡的日子不远了！"

逢同任其怒骂，等伍子胥骂得差不多了，才告辞而去。

逢同离开国相府，就又去见伯嚭，告诉他说：“今天我到国相府，见到的情况和我们想象的一样，他真是气昏了。看来，他是不会善罢甘休的。太宰您可要多加小心，伍老头是个不好对付的硬石头。当然，这还要取决于大王的态度，不知大王是不是真的信任您、看重您？”

“吴王是个聪明人，他会衡量分辨的。再说，一个人的智慧所发挥的作用，不在于其地位高低、年龄大小，而在于其表达、交流、沟通的方式和待人接物的姿态。伍老头采用‘刚’性的表达方式，对吴王说话强硬、指责、要挟，提的意见再好，吴王也不见得听。我们只要顺从吴王的心思，处处以弱者的姿态出现，就有胜算的可能。我们团结起来共同对付他，不怕扳不倒他！”

伯嚭示意逢同靠近自己，用耳语对他一一交代。逢同连连点头。

二十七、子胥属镂

话说夫差伐齐大胜，踌躇满志，凯旋回到阖闾城，在文台上大摆宴席庆功。庆功会上，群臣一一到场，坐在首席的是伐齐有功之臣伯嚭，坐在次席的是勾践。当酒过三巡，众臣酒酣耳热，齐齐恭贺夫差“圣名显赫，威震四海”时，夫差当众行赏，并宣布：“君不贱有功之臣，父不憎有力之子。在伐齐之战中，太宰嚭立下了大功，本王把侍卫军的指挥权颁赏给他，增加封地三百亩。”

众臣齐声叫好，赞同地说这是实至名归。

伯嚭微笑着，谦逊地半低着头。

伍子胥年岁渐高，又反对伐齐，未曾参加伐齐之战，自然没有褒赏。本来他的职权比伯嚭高一些，但有了这一奖赏，伯嚭的实权、封地面积都超过了他。他心里不由得一怔：“他伯嚭的权力竟然高过老夫了？真是小人得志！”一股浓浓的妒意和恨意立马涌上心头。

夫差看在眼里，乐在心里，半讽刺、半炫耀地对伍子胥说：“国相大人，你不是反对本王伐齐的吗？本王要是听你的，哪里会有今天的胜利？幸亏老天保佑，先王和神灵庇护，齐国被我们打败了！国相，你还有什么话好说呢？”

伍子胥觉得自己当众受辱，如芒刺背，但他瞬间控制住自己的情绪，神定气足，铿锵地说：“大王，请不要高兴得太早了。伐齐得胜是值得庆贺，但这只是小喜，越国才是吴国的心腹之患。如果大王居功自傲、麻痹大意，吴国的命就不长了。”

“大喜之日，庆功之时，国相也该祝贺、高兴才好。”伯嚭拦住伍子胥的话头。

见伯嚭变相教训自己，伍子胥被压抑的火气一下子爆发出来，直指伯嚭吼道：“你只顾讨好吴王，佞言惑君，是误国误民的奸臣！”

伯嚭不恼不怒、不紧不慢地说：“忠臣忠臣，忠君之臣。如今，我是吴臣，谁是君？吴王是君。我维护吴王的利益，事事为吴王着想，拥护恭顺吴王的指令，就是佞臣？难道事事与吴王作对，天天对着吴王指手画脚才是忠臣吗？”

伍子胥一时语塞，接不上话来。

伯嚭得寸进尺地说：“我斗胆问国相一句：你是忠臣吗？忠臣就得忠君、忠国、忠民。你是楚国人，本该效忠楚国，而你却借兵攻打楚国，将楚平王的尸体挖出来，鞭尸三百，这是忠君、忠国吗？”

“那是楚平王杀我父兄，有错在先。”伍子胥辩白说。

“你纵容吴国士兵奸淫烧杀，死人无数，试问楚国的百姓也是有错在先？”伯嚭追问。不等伍子胥回答，他又说：“也许你会说你忠于吴国、吴君，可果真如此吗？祖王僚没答应你出兵报私仇的要求，你就设计杀了他，这是忠于吴君吗？你自称功臣，你的功劳是什么？就是用吴国先王和无数吴国士兵的血，为你报了私仇？”

伍子胥大怒，骂道：“哼！你这个没有血性的孬种，楚平王不是也杀了你的父亲吗？你连杀父之仇都不报，就是不孝！你这不孝子，有什么权力在我面前说东道西?”

“楚平王杀了我父亲，那是楚王的错。君王也有出错的时候，无论我和我的家族受过什么样的伤害和冤屈，我都能原谅他，这就是为臣之道。”

“你天天都在危言耸听地说越国将要灭吴，莫说现在越国还没有这个实力和胆量，即使你预测得不错，将来越国战胜了吴国，那也是天道轮回。在当今之世，胜败乃兵家常事，谁能保证自己常胜不败?伍将军你号称‘常胜将军’，不也打过败仗吗?先王兵败重伤之时，你不是总指挥吗?你不是在他身边吗?国君阵亡，你却毫发无伤，这是你的忠君之举?你拿忠言直谏为幌子，倚老卖老，要挟吴王，炫耀自己，贬低他人。这也是忠臣之举?”

伯嚭一反往常忍让的态度，言辞犀利，步步紧逼，直把伍子胥逼到死角。

伍子胥目瞪口呆、无言对答。他回过神来，气急败坏地说:“越国是吴国不共戴天之敌，吴国迟早要栽在越国手里。老夫也不想活得太长，怕亲眼看见大王成为越国的俘虏。”

夫差一听，不高兴了，说:“国相，你年纪大了还不安分，怎么老是说些不吉利的话?!”

伍子胥气急败坏，一股火气直冲脑门囟，口不择言恨恨地说:“好吧，老夫不说了!忠臣从此闭口，谗臣从此得志!吴国将灭，宗庙将毁，城廓将成废墟，宫殿遍生荆棘!”

夫差也冒火了:“国相，何必如此诅咒吴国，吴国没什么对不起你!本王今天高兴，看在先王的面子上，今天不治你的罪，你回家去闭门思过吧!”

一听“治罪”二字，伍子胥更来劲了，气得浑身发抖，说:“什么?大王想治老夫的罪?怎么治?杀了老夫?”伍子胥冷笑了一声，又一字一板地说，“来，今天老夫死给你看看!”说着就用手一把握住剑柄，作出欲拔剑的样子。左右大臣连忙拦住他，边劝边推把他送出朝廷。伍子胥边走还一边愤愤地叫道:“从前昏君桀王杀死良臣关龙逢，夏朝灭亡;暴君纣王杀害忠臣比干，殷朝颠覆；现在吴王要杀忠心耿耿的老夫，看来吴国的亡期不远了。”

夫差听了，脸色铁青，心里反感至极：“这老家伙活得不耐烦了，出口就骂本王是昏君、暴君，真是忍无可忍！”

伍子胥说：“老夫都是为了吴国好，可大王你竟然不识好人心。你要是杀了我，你就是夏桀、商纣一样的昏君了，你好好想想吧！”说完，甩手而去。

夫差和伍子胥心里都明白，君臣之间和睦的关系已经不可挽回了。

然而，第二天，伍子胥与众臣一样按时上了朝，朝廷上似乎又恢复了往日祥和议事的状态。

伯嚭首先上奏：“伐齐之战，我军大获全胜，但并未乘胜追击。为什么呢？因为吴国本无意灭掉齐国，而是要齐国屈尊于吴国，认可吴国霸主的地位。可是，由于担心越国乘虚入侵，我们撤兵时走得匆忙。齐国国君虽然口头上已表示臣服我吴国，但没有订立正式的盟约。现在，我们应趁热打铁，立即派一位使者与其签订盟约，让齐国明文承认吴国的盟主地位。并告知齐国：如有反悔，我吴国大军将再次讨伐齐国，不胜不休。”

夫差点点头。

伯嚭又接着说，“只要齐国承认吴国为盟主，中原诸侯各国必随声附和。这样，大王的盟主地位便触手可及了。”

夫差边听边思索，沉吟地说：“主意不错，可谁能担此重任呢？”

几位大臣同时自告奋勇地要求出使齐国。

这时，伍子胥也连忙上前一步，禀道：“大王，讨伐齐国，老夫本应披甲上阵，无奈年事已高，未能出征。但老夫也不能袖手旁观，为大王的霸业早日成功，与齐国签订盟约的事，老夫愿为之一试。”

听了伍子胥的话，夫差心中不禁一怔，不经意地朝伯嚭的方向瞟了一眼，他想起了伯嚭的话："如果伍国相要求出使他国，大王应允便是了。他要是趁机把儿子转到他国，其反意则确凿无疑。"

于是夫差不动声色地说："好。吴齐大战是当今世上最强的两个国家的较量，非同小可。国相久经沙场、所向无敌，您代表吴国去齐国签订盟约是最合适的了。您德高望重、足智多谋，定能马到成功。若盟约不成，您有权下战书，我大军已万事俱备，随时准备出发。请国相尽早动身。"

伍子胥知道自己在吴国已经处境艰难，性命朝不保夕，日夜为儿子的前程担忧。当夫差同意派他出使齐国，他心中暗喜："总算找到一个机会，为伍家延续一脉香火了。"

当晚，伍子胥让儿子扮为侍从，随他一起出使齐国。然后，将儿子的姓改为王孙氏，托付到好友齐国鲍氏家族的鲍牧家中。

伍子胥以为这一切做得人不知鬼不觉、天衣无缝，谁知其一举一动全在夫差的监控之中。

伍子胥的公差进行得十分顺利。齐国在大败之时，损失惨重，已经完全丧失了对吴国讨价还价的资本，再加上伍子胥气势压人，齐简公大气都不敢出一口，对于吴国提出的条件，一一应允，很快就签下了盟约。

当伍子胥踌躇满志地向夫差呈上吴、齐两国的"盟约"，沾沾自喜地回到国相府时，不禁惊呆了。

原来，伍子胥在踏进国相府大门时，一眼看见夫差派的内臣已在府内等候他。内臣将一把剑交给伍子胥，留下一句话："予以此死"。

伍子胥细看那银光凛冽的剑，觉得十分眼熟，不禁心中一惊："这不就是先王的'属镂'剑吗?"以前，他得阖闾的宠信，常见阖闾把它拿出来欣赏。阖闾死后，这把剑就交给了夫差。他心里一下子明白了："吴王命令他用这把剑自尽。"

伍子胥手握"属镂"，不禁怒火中烧，冷笑了一声，傲慢而自负地想："夫差，你小子想杀老夫？你送来一把剑，以为老夫束手就擒了吗？"

伍子胥呼唤一声："被离！"

往日，被离如影随形，只要伍子胥一叫，便会应声出现在眼前。今日却未闻被离应答，也未现身。

伍子胥又提高嗓门，大叫了几声，仍无回音。他正想再呼唤护府队长，却蓦然发现府内空无一人。

国相府的护府队，是一支特别精悍的队伍，每个队员都是伍子胥亲自挑选的，个个都有以一胜百的好身手。可现在，他的铁杆护卫队在哪儿呢？他环顾四周，一个人都没有，连把守大门的护卫也了无踪影。他心中立刻明白了："不好！老夫被算计了！"

伍子胥二话不说，提着剑直闯吴王大殿，指着夫差，大声斥责道："你父亲的霸业是怎么来的？是老夫浴血奋战打出来的！你的王位是怎样来的？是老夫把你推上去的！当年，你父亲说你智慧不足、决断不力，存妇人之仁，恐怕守不住先王打下来的基业，不肯传位于你。是老夫一而再，再而三地举荐你，才终于说服了他。没有老夫，哪有你的今天？可你，却恩将仇报，置老夫于死地，真是天地不容、天地不容呀！"他怒发冲冠、双目圆睁，义愤填膺地说，"你年纪轻轻，就如此心狠手辣呀！"

夫差冷笑一声："心狠手辣？能比得过你吗？"

"吴国能有今天，夫差你能有今天，全都是老夫的功劳！你这个忘恩负义的小子，竟敢赐死老夫？老夫何罪之有？不就是说了几句逆耳忠言吗？"

夫差盯着伍子胥的双眼，问："你是吴国的忠臣吗？那你为什么把儿子送到齐国？你百般阻挠伐齐，是为了吴国，还是为了给你自己留后路？"

一听这话，伍子胥一下子像泄了气的皮球，愣住了。他万万没有想到自己最最隐秘的事情，夫差竟然了如指掌，不禁大声哀号："我忠耿一生，到头来犯了一个天大的错误，被夫差这小子抓住了把柄。呜呼，老夫该死！"

伍子胥拖着宝剑，再次回到国相府。伯嚭派十名侍卫紧随其后，并派逢同到伍府监督执行。

伍子胥坐在内殿，手捧宝剑，老泪双流，悔恨地说：“我一辈子神机妙算，没想到竟败在夫差这小子手里，可悲矣！老夫蠢呀，为什么当年要把这小子扶上台？老夫有眼无珠啊！老夫忠心耿耿地为吴国呕心沥血，夫差这小子不仅不听老夫的忠谏之言，还反过来算计老夫！你今日杀了老夫，来日你也会不得好死！”

骂完夫差，他又骂起了伯嚭：“伯嚭，你这个奸臣，恨只恨老夫没有看透你！老夫以为你只会溜须拍马，天天在夫差的耳边说奉承话，谁知你设计杀人的本领也如此阴毒，竟把老夫置于死地，还安上一个反叛之名。伯嚭，我诅咒你，你将来会比我死得更惨！”

伍子胥对天高呼：“上天啊，老夫刚烈耿直，没能斗过阿谀贪佞之辈，死不瞑目、死不瞑目啊！”

再后来，伍子胥不哭也不骂了，咬牙恨恨地说：“夫差小子，你不听老夫忠言，总有一天，你会死在越国人的手里。”

接着，他大声叫唤：“来人哪！”

逢同走了进来。

他对逢同说：“我死之后，要把我埋在高处，在我的坟墓上种一棵梓树，它长大了，越国人就打进吴国了。把我的头挂在南门城楼上，我要看越国人是如何打进吴国的，要看夫差是如何死在越国人的手中的！要看伯嚭是如何被碎尸万段的！”

说完，伍子胥自刎而亡。

逢同把伍子胥自杀和死前说的话一一禀报给夫差。夫差听到伍子胥的诅咒，气得牙齿咬得咯咯响。

“国相自杀身亡，该如何处置？”逢同问。

“成全国相的意愿，将其头挂到姑苏城南门上，让太阳晒干他的头颅，让大风吹干他的双眼。”夫差下令道，“诏示天下：无论居位多高的人，只要想背叛我吴国，就是这样的下场！”

“那尸身呢？”逢同又问。

“装在袋子里，丢到江里去吧，让鱼鳖吃光他的骨肉，看他还怎么诅咒吴国？”夫差又说。

伯嚭即让人将伍子胥的尸身装在“鸱夷”（用皮革制成的袋子）里，投入钱塘江中。

公孙雒听说伍子胥自杀的消息后，早上就没有上朝。夫差召来公孙雒，问：“你是不是对本王有意见，怎么连早朝都不上了？”

公孙雒回答说：“我不是对大王有意见，而是感到害怕。”

夫差问：“你害怕什么？是不是觉得我对伍子胥处罚得太重了？”

“大王年轻气盛，听信别人的话，未与群臣商议，一气之下，就把位于国相之位的先王老臣给杀了，我因此而感到害怕。”

“本王不是听信谁的一面之词而杀伍子胥，实在是伍子胥背叛吴国，还想要图谋加害于本王。”

“大王，国君的大臣里，一定要有敢于直言的谏臣；位于上位的大臣，一定要有敢于直谏的吏属。伍子胥虽位居先王老臣，但如果他不忠不信，甚至想谋害大王，那就另当别论，的确是不配称为‘先王老臣’了。”

夫差又问：“太宰嚭是伍子胥引荐来吴的，他俩同是楚国人，他会不会也存反叛之心？不然，把他也给收拾掉？”

“不能。大王您要是杀了太宰嚭，那就是杀了两个伍子胥了。您等于一下子失去了左膀右臂。楚人的计谋的确比吴人多，您不妨继续利用他，只要他出的主意对吴国有利，就采用，但心里要时刻提防，以防有变数。”

“你说得有道理。”夫差比以前更亲近、信任公孙雒了。

话说越国借到了吴国的万石粮食，朝廷上下皆大欢喜，越民免受了饥馑之灾，一门心思加紧农田耕作。越国本就土壤肥沃、气候适宜，加上越民精耕细作，到了秋天，越国的粮食获得大丰收。

文种下令全国农家将颗粒饱满的稻谷挑选出来，以偿还吴国的借粮。

眼见全国百姓辛苦种出的粮食又要送给吴国，勾践心里说不出是什么滋味，只觉得有一股郁闷之气在胸中窜来窜去，忍不住大声宣道："把文种大夫给寡人叫来!"

文种前来见勾践，跪拜道："下臣文种拜见大王。"

勾践却背对着他，一言不发，理也不理。

直到文种第三次唱道"下臣文种拜见大王"，勾践才黑着脸、冷冷地说："春借万石粮，秋还一万二；借的春粮是陈谷烂米，还的秋粮却要粒粒精良，岂有此理?!"

文种低着头，一声不吭。

"你是在帮越国，还是在坑越国?"勾践顿了顿，咬牙切齿地说："你竟胆敢当着寡人的面说这还是什么'复国之计'！文种，你这是戏弄寡人、戏弄越国!"

文种仍一声不吭。

"文种，你可知罪？你今日不说出个子丑寅卯，越国的精粮一粒也不准送到吴国!"

"大王，俗话说，天机不可泄露。"文种用眼角扫了一下左右。勾践摆了摆手，示意左右退下。

"从速禀来!"

"大王，借粮、还粮本只是一宗交易，之所以称其为'计谋'，必有奥秘在其中。"文种抬起头，禀道。

"奥秘何在?"勾践问。

"请大王过目。"文种掏出一个小袋子，呈给勾践。

勾践打开一看，是色泽金黄、粒粒饱满的谷子："这不就是我越地生产的最上等的谷子吗?"

“没错。大王，奥秘也就在其中，您能看出来吗?”

勾践反复看了又看，摇摇头不耐烦地说：“别故弄玄虚，如实禀来!”

“大王，这是经过处理的谷子，外表与正常的谷子并无二致，一般人是看不出来任何破绽的，煮饭磨面都没问题，但用来做种子，却是不能发芽的。”

“哦。”

“如果吴人对我们的上等谷子心生喜爱，进而用来作为种子，您想想，会是什么结果呢?”

勾践恍然大悟，脸色渐渐平和下来，又问道：“大夫用何法处理的谷子?”

“大王，其实很简单，只要用大锅将谷子蒸蒸就行了。”文种略一停顿，接着说，“当然，要掌握蒸谷子的火候和成色是有诀窍的：蒸的时间长了，谷子外壳的颜色就会变深，且失去了光泽，很容易被人看穿；蒸的时间短了，则达不到‘杀生’的效果。”

“一万二千石谷子的处理，不是件小事。若在任何一个环节出了问题，或是泄露了一丝丝风声，就会招来灭顶之灾。文大夫有何办法做到滴水不漏?”勾践问。

“严控核心环节，严保核心机密。”文种答道。

“农家负责挑选精良的谷子，商家负责收购谷子并送到粮栈，粮栈负责将谷子送到官仓。这些环节只须按部就班地做好就行了。”

“谷子的处理，在官仓里秘密进行，全程由范蠡大夫负责。他从侍卫军中挑选了一百二十名忠君之士，在官仓地库中支起三十口大锅，日夜加工不熄火，五天五夜就完成了。范蠡大夫亲自掌控火候、时间和温度。承上天的关照，连日来天气晴好，这些稻谷已被晒干装袋，只等大王一声令下，便可运往吴国。”

勾践端详着手中的谷子，感慨地说：“含辛茹苦、一丝不苟，这谷子才可能如此色泽均匀、光润饱满。足智多谋、深思熟虑，才能谋划出如此神计。寡人明白你和范蠡大夫的良苦用心了！”勾践眨了眨眼睛，眼内泛起一丝泪光。“请文种大夫择日送粮吧！”

夫差见越国送来的稻谷颗粒饱满、纯净光润，十分高兴。

伯嚭见夫差高兴，说：“看来越国人还是挺讲信用的。大王，送到御库，专供宫厨用吧。”

夫差摆摆手，说：“越国送来的稻谷色泽均匀，颗粒大而饱满，香气四溢，真是让人爱不释手。如果说越地肥沃，我吴国亦然，为什么越国种出的稻谷比我国的优良，一定是他们的种子比我们的好。”夫差说，“发给民众吧，让他们试试，看我吴国能不能生长出这么好的稻谷。”

吴国百姓见越国稻谷饱满粒大，认为是良种，纷纷拿来做种子。

吴王夫差十四年（公元前482年），吴国百姓在春种时节播种下越国的稻种，而种子未能发芽。当他们发现问题而赶种第二茬时，已严重耽误了农时。吴国那一年粮食歉收，大多数农田收获无几，有的甚至颗粒无收。一年荒，三年穷。吴国虽然富裕，但经此一劫，国力又打了折扣。而夫差对越国的这一计谋竟然没有发觉，只以为是越国的稻谷到了吴国水土不服。

夫差对于国内粮食歉收、粮食库存锐减倒不担心，心想诸侯国会送来贡粮，百姓们紧紧裤带也就过去了。他一门心思想的是争霸天下。

而这一年，越国粮食大丰收，国力进一步加强。

二十八、越剑陈弩

当范蠡提到越国军队还不足以与吴国主力相匹敌时，勾践便急切地问道：“大将军可有强兵之计？我们还要准备什么？”

“下臣的计谋中有一条，就是强军队，高明的战略、高涨的士气、高超的武艺、高级的兵器，是强军队的要点。”

“请详细解说。”勾践说。

“要想打胜仗，有一个非常重要的因素，那就是要有精锐的作战武器和精湛的作战技能。我们的士兵是勇气有余、技能不足。器不利，艺不精，如何打得过强盛的吴国？这些年来，吴国之所以逢战必胜，非常重要的一条就是他们的武器精良。要想战胜吴国，我们就要拥有比吴国更先进的战斗武器，将士们要掌握比吴国士兵更精湛的武艺技巧。”范蠡说。

“大将军不是武艺高强吗？你把一身功夫教给士兵，不就行了吗？”

范蠡摇摇头说：“微臣的一点点本事，是防身之术，用在战场上是远远不够的。”

“那谁能担起此任？”

“去朝廷之外寻找，高手在民间。”范蠡对勾践说，“望大王不拘一格，大胆起用民间高手。不管出身尊卑，不管居位高低，凡是身怀绝技、出类拔萃者，请大王大胆起用。这一来可以发挥民间智者的能力，让他们有机会展现自己的才干，效力于国家；二来可以防止地方官吏利用这些人造反，制造内乱。”

“准。可民间能有比范大人更厉害的高手吗？”

“当然。下臣的武艺比起民间高手，只是一点点皮毛功夫。范蠡愿向大王推荐一位剑术高手。”

“谁？”

“在越国南方的山林中，有一位女子，她的剑术高超出奇。”

“你如何得知？”

“下臣本是山野之人，从小喜爱舞棍弄棒，只要遇到民间高手，必拜其为师。这位女子便是范蠡当年拜过的剑师，范蠡叫她‘无名剑师’。她的剑法巧妙异常，舞起剑来只见一片白光。范蠡早就想让她到军中任教，曾多次寻找她的踪迹，只是她常年游历于山水之间，难见踪影。直到前几日，范蠡到楚越边界走访民间时，听说有一女子独自持剑猎杀了一头猛虎，便急忙赶过去，终于再次见到了她。下臣请她出山，为越军教授剑法，开始她一口回绝。下臣再三恳求，她被我的诚心打动，又因我是她喜爱的、唯一的徒弟，才答应出山，但限期三个月。大王，越军若能学习她的剑术，哪怕只是掌握皮毛，便能以一当十、以十当百，请大王聘她为三军剑师，教授剑术。”

勾践开始心中疑惑：“一个山野女子能有多大本事？”转念一想，“范蠡的武功十分了得，他的师父必定不是等闲之辈，不妨先召来看看。”于是，他大声说：“准奏！”

十多天后，范蠡携一位四十多岁的女子来到越宫见勾践。勾践一看，站在面前的女子身材修长、皮肤黝黑、长发飘逸，一双大眼神采充盈，嘴角微微上翘，略瘦的脸庞秀丽明朗，眉宇间透出些许野性。她一手轻抚腰上的剑，飘然走上大殿，轻巧、灵动而矫健。

那女子径直走上大殿，向勾践揖手行礼，说：“山野女子应大王召唤，前来拜见大王。”

勾践问：“听说你的剑术十分了得，你师出何门？跟谁学的剑？”

那女子说：“回大王，我的剑术不是什么人教的，是我自己感悟、练习出来的。我出生在深山老林中，从小在荒无人烟的野岭中长大。说到老师，峻岭中的所有动物都是我的老师。我汲取各种不同动物的伸、展、跳、跃、移、避、让、进、攻等姿势法术的精髓，领悟天地运行的动势规律，经千百次琢磨、练习而成。”

“那你的剑理是什么呢？”

女子回答道：“大王问得好。小女笨拙，难以言表。学习剑法比较容易，剑理却幽深而奥妙。剑术的技巧在于练，剑理的破译在于悟。剑理的精深博大，与阴阳之道相通，与天地运行相融。小女说不清什么是剑理，只知手执兵刃进行格斗时，最重要的一点就是，体内要活力四射，外表要沉稳安详。”

“此话怎讲？”

“内实精神，外示安仪。”范蠡伸手指向女子，打趣地说，“换句话说，就是外表看起来是个文静娴淑的女子，出手却像只被激怒的猛虎。”

“有意思。”勾践抿嘴笑了出来。

女子也微微笑了笑，边说边舞起剑来：“当你全神贯注，体内的潜能和活力被充分激发时，你身体的周围就能形成一个强大的气场，不用眼睛扫视，也能感知、应对对手的一举一动。即使是在黑暗的夜晚，也会感到有如太阳照耀般明亮。翩然起跳，如野兔腾空；紧咬对手，如影随形；呼吸运气，往来搏击，毫无阻碍；纵横顺逆，无声无息。”

“布形候气，与神俱往。杳之若日，偏若腾兔。”范蠡在旁边总结说。

君臣只见剑影飞舞、幻化无穷，剑光把那女子的整个人包围得密密实实。大臣们一个个看呆了。

“真是出神入化！”

“哇，这架势，一人可以当百，百人可以当万。”

勾践心想：“这剑倒是舞得让人眼花缭乱，但究竟是花拳绣腿还是真功夫，寡人得试她一试。”他大声下令道：“侍卫官，上一百勇士！”

侍卫官一声令下，一百名威武雄壮的宫廷侍卫齐刷刷地站出来，手持长戟把那女子团团围在中间。侍卫官又一声令下：“上！”侍卫们举起长戟刺向那女子。只见那女子不动声色，一手舞剑，轻盈地挥向迎面而来的长戟，只听得“唰唰唰”的一阵响，那长戟“嗖嗖嗖”地一支接一支地飞到墙角，堆成了一座小山，那速度快得让人目不暇接。那些勇士被一股不可抗拒的、强有力的气体冲得东倒西歪。

当女子收剑立定，过了半晌，勾践才回过神来，心想：“山野之女，竟然懂得如此深奥的道理，拥有如此精湛的技艺，真是奇迹！”问道：“这位女子，如此高深的剑术技艺，要多少年才能学得会？”

“小女六岁练剑，今年四十六岁，整整练了四十年，至今还未完全悟透剑法的真谛。但是，入门并不难，三个月就能初见成效，半年能有大的长进。”那女子说。

勾践大喜，喝彩道：“好，太好了！”接着问道，“这位女子，姓甚名谁？”

“山村野女，无名无姓。”那女子应道。

“你的剑术，堪称一绝，越国因你而骄傲。寡人给你赐名为‘越女’。”勾践说。

“谢大王。”越女跪谢。

勾践下令：“传令：从今日起，越女奉寡人之命，传授越女剑法。水陆三军各选派百名将士，拜越女为师。这批将士学成之后，再传授给越国三军，做到越军人人懂剑理、会剑术。”

“是。”

越女一招一式地教三军将士练剑，深入浅出，认真严格。她虽是一名女子，但无论身居高位的将领，还是虎背熊腰的猛士，没一个人的剑术能赢她，也没一个人敢轻慢她。

三个月后，越女教会三百名越军将士一整套基本剑术。正当越国将士酣然练剑时，越女向勾践提出了辞行。

勾践挽留她，说：“越女呀，将士们学剑才刚刚开始，你怎么就要走了呢？”

越女说：“师父领进门，修行在个人。小女子只能领个路。”

“寡人欣赏你，你就留在这里吧，我越军将军全都是男子汉，寡人破格赐你为女将军，如何？”

越女谢绝说：“谢大王赏识，但小女子过惯了无拘无束的生活，离不开荒山野岭，望大王成全小女心愿。”

“以前你无名无声，谁也不知道你。可现在你名声大振，越军上下无人不知你剑术精湛，你的名气甚至传到了中原。你这一走，还会有其他国家请你出山……”

不等勾践说完，越女便莞然而笑，说：“请大王放心，我身为越人，只教越人剑术，且仅此一次。今日辞别，隐入山林，再不会向任何人传授剑术。”

说完，轻步退出。勾践连忙示意侍卫阻拦，可哪里来得及，只见越女飘然而去，转瞬之间便无影无踪。

勾践心中顿时怅然若失，大叫一声："追！"

范蠡走上前，禀道："大王不必追赶，也不必可惜。越女已经做了她应该做的事。大王，该放手时就放手吧。"

"怕只怕……"

范蠡知道勾践担心越女又把剑术教给他国，说："大王尽管放心，越女说一不二、人品高洁，是会恪守信用的。"

范蠡不顾勾践的耿耿于怀，进一步禀道："如今三军将士操练了越女之剑的基本剑法，平日可以健身壮体、防身护体，短兵相接、临战肉搏时可以以一对十、以少胜多。而在两军对垒的、大规模的战争中，要想取得胜利，有再高的个人武艺都不抵事，'吉凶决在其工'，必须拥有先进的远距离杀敌的武器和善于使用武器的将士。而要做到这一点，还得另请高手。"

勾践见范蠡频频阻挠追赶越女，虽心有不甘，也只得作罢，点点头，问："高手何在？"

"范蠡再举荐一位弩箭高手。"

"弩箭？"勾践问。

"楚国是一个擅长射术的国家。我认识楚国的一个神射手，名叫陈音，是一位使用弩箭的高手。"范蠡说，"我们射箭，用弓；陈音射箭，不用弓而用弩。施机设枢、人力加上机械力而发射的弓叫作弩，弩发力又快又猛，十倍于弓。他百发百中，鸟不及飞，鱼不及回，兽不及走。要远距离地攻击敌人，杀敌于百丈之外，弩箭是最好的武器了。而经过陈音改进的弩，还能三支连发，是当今最先进的弩了。"

勾践顿时有了兴趣，叫道："噢，如此神奇？快快引他来见寡人。"

当陈音来到勾践面前时，勾践心中暗暗吃惊。本来以为称为弩箭高手的陈音是个高大英俊、身手不凡的青壮年，却没想到是个脸色青黄、满面皱纹、矮小瘦弱的老头子。浑身上下唯一引人注目的是一双炯炯有神、闪烁着睿智光芒的眼睛。勾践对他有几分怀疑，心想先出几个题目考考他。

勾践摆出一副漫不经心的样子，问道："寡人听说你精通箭术、箭道，百发百中。"

陈音说："多谢大王。陈音只是楚国的一介平民，自幼喜爱制弩之工、射箭之术，而对于神秘、深奥的弩箭之道却知之不多。"

"没关系，就讲讲你知道的吧。你可知道弩箭的起源吗？"

陈音回答道："弩由弓而来，弓由弹而来，弹则起始于古时候的一位孝子。"

"孝子？说来听听。"

"古时候，我们的先民生活简单，饿了就打猎，食鸟兽之肉，渴了就饮泉水，死了就用茅草裹了丢到野外。有一个孝子不忍心父母的尸体被鸟兽蚕食，便守护着父母的遗体，并用竹子做成弓弹发射石头，驱走飞禽走兽，从而发明了弹弓。后来人们总结为八个字：'断竹，续竹，飞土，逐宍'，即截断竹子，用弦把竹子连成弓，用弓射出泥丸，驱逐飞禽走兽。"

勾践再问陈音："你的射术，师承何人？"

"最早的弓箭大师是神农大帝。神农大帝从小小的弹弓上得到启发，发明了弓箭。他在弯曲的木头上，绷上弹性很强的动物皮或筋做成的弦，而成为弓；又把树枝或竹子削成尖锐的、有杀伤力的箭。神农大帝凭借弓箭威震四方。"陈音说，"后来，有个名叫弧矢的楚人，箭术十分了得，每射必中。他教出一位优秀的徒弟叫羿，他就是传说中射下九个太阳的英雄。羿又传授给逄蒙，逄蒙传给楚国的琴氏。琴氏又在弓箭的基础上加以改进和创新，发明了射程更远的弩。后来琴氏将弩箭之术传授给楚熊渠的三个儿子，也就是三个侯王。从三侯到楚灵王，弩箭之术代代相传，在保家卫国的战争中起了重大作用。楚灵王以后，箭术分出好几个流派，但大多并非琴氏的真传。唯有我的祖先得其绝技真传，传到我已经是第五代了。”

“哦，这么说来，你也是师出有名、得其真传了。弩箭之术代代相传，在楚国应该是知之者众了。”

“大王说得没错，弩箭在楚国十分普遍，它不仅是军队作战时的武器，也是一种老少皆宜的玩具，大人孩子都会玩。起初，我也是用来做游戏的，后来因我体弱力薄，便将其用来射杀猎物，还进行了一些改进，其威力比一般弩箭更强了。”陈音说。

勾践又说：“请你介绍一下弩的构成吧。”

陈音侃侃而谈：“小小的弩，说简单就简单，它主要是由臂、弓、机三部分组成；说复杂也复杂，它是一个联动式的装置，由郭、刀、牙、山、牛、弦、矢、金、卫、叉、缥、敌等多个部件组成。整个弩就犹如一个小小的国家，各个部件犹如国家的不同部门，各司其职，又相互联系、相互配合，且缺一不可。”

“唔？一个弩，竟然能用‘国家’来比拟？”

“没错，其理相通。郭，就是弩的机身，它好比守护臣民的方城，将所有部件保护其中；刀，又称悬刀，是弩的发射装置，它好比是国君颁发诏令的地方，国君一声令下，全国上下齐动员，只要扳动‘刀’，整个弩就立即行动起来，把箭射向目标；牙，犹如国家的执法部门，约束着将士兵卒，使其不得擅自行动，弩在发射前，要用牙扣住弓弦，没有‘刀’的指令，是不会让箭发射出去的；山，也称望山，是弩的瞄准装置，通过望山瞄准目标，则可以一箭中的。正如国君挥手指向敌阵，将士则奋勇向前一样。”

说到这里，陈音谦虚地说：“陈音愚笨，对弩道仅知其皮毛。”

勾践听了，心里暗暗佩服，不禁对他刮目相看，脱口说：“陈音呀，你对弩的剖析，就是一套治国的道理呀。”

陈音谦虚地恭手致谢。

“弩箭一发射，就飞到百丈之外，这么远的距离，怎样才能射得准呢?”勾践说,“寡人愿意听你讲讲正射之道。”

“夫射之道,身若戴板,头若激卵;左足蹉,右足横。左手若附枝,右手若抱儿。举弩望敌,翕心咽烟。与气俱发,得其和平。神定思去,去止分离。右手发机,左手不知。一身异教,岂况雄雌!此正射持弩之道也。也就是说,用弩射击的关键要领,就是要身体端正、保持平衡、瞄准敌人、屏住呼吸、稳扣扳机。”

“弓弩的制作至关重要。你会不会制弩?”勾践问道。

“报告大王,制造弩机,是陈音的擅长。他的弩机快、稳、准,非同一般。”范蠡回答道。

“小人愿以自制之弩献丑。”陈音拜道。

陈音取出弩,安上箭,对着在高空中翱翔的雄鹰发射出去,只听得“嗖”的一声,雄鹰应声而落,赢得将士们的一片喝彩声。

勾践高兴地说:“太好了,你就竭尽平生所学,好好训练寡人的士兵吧!”

陈音拜谢说:“大王放心,道出于天,事在于人,人之所习,无有不神。只要肯下功夫,您的士兵个个都能成为神射手。”

“好,寡人任命陈音为我越军射击总教练,负责全军的弓弩制作和射击训练。都城北郊五十里地,专辟为弓弩工场和训练场,挑选三百能工巧匠,跟随陈音学习弩机的制作,三军将士皆向陈音悉心学习弩箭的使用和操作。”

越国将士见有新的技艺、技巧学习,一个个兴致盎然、情绪高涨。

三个月后,越军将士都掌握了弩机的操作和发射,大多做到了箭无虚发。八个月后,大部分越国士兵都能自制弩机。这样,弩箭成了越军远距离作战的重要武器,越国军队的战斗力大为提升,越国士兵的自信心大大增强。

陈音全力传授技艺,耐心细致,深得军中将士的尊敬。

某天,陈音请勾践检阅弩箭大军。勾践见到越军在陈音的训导下,一个个技艺非凡，心中十分惊叹，对陈音点头称赞，说："陈总教练，强将手下无弱兵呀！"

"多谢大王夸奖。陈音只会一点小把戏，不足挂齿。是大王英明，造就了一支非同寻常的军队！"

勾践听了，心里高兴，反问陈音道："总教练，依你看，越国军队与楚国军队相比，哪国强？"

陈音答道："越兵个个苦练弩法箭技，奉为杀敌利器。现在，越国军队有了弩箭，莫说楚国军队无法抵抗，就是号称天下第一的吴国军队也是稍逊一筹了。大王，您现在是所向无敌了！"

勾践哈哈大笑，说："陈音呀，你劳苦功高，寡人要重重赏赐你！"

陈音却双手一揖，对勾践说："陈音仅此小技，现已如数奉出，再留在这里已无必要。再者老夫年老体衰、连月劳累，已力不从心，近来天气忽冷忽热，老夫又感风寒，咳嗽加剧，望大王赐老夫回楚地乡下养病。"

勾践暗想："陈音的弩箭之法，千万不能被他国所得、所用。否则，他国也能训练出比越军作战力更为强悍的队伍。"他不动声色地说，"寡人心粗，不知总教练身体有恙。文大夫，即传宫廷御医为总教练诊治。"

陈音连声称谢。

勾践不容置疑地对陈音说："总教练只管安心养病，寡人要让你安度晚年，坐享荣华富贵。等你病好了，寡人给你封爵封地、娶妻纳妾。"

"不敢当，不敢当。"陈音连连推辞。

十来天后，皋如前往帐中看望陈音："总教练，身体可痊愈？"

陈音说："风痨咳嗽，积年老病了。"

皋如看看陈音的脸色，说："看你气色仍不佳，就好好休养吧。"

"皋如大人可有事？"陈音问。

"后天，越王准备到西山去打猎，本想邀你一起去。但你现在身体还未完全恢复，就不用去了。"

陈音说："皋如大人，陈音愿陪大王一行。"

皋如摇摇头，说：“看你虚弱无力的样子，哪能打猎？”

“大王曾说只见弩箭在操场上的演习，不知在沙场征战中的威力。陈音想先让大王看看弩箭在猎杀中的威力。”

“那就下次吧。”

“皋如大人，你就答应吧。陈音一世，轻若尘埃，而越王和范大夫却看重我、厚待我。我心中十分感激。意欲知恩图报，却心有余而力不足。我自知时日已不多，恐怕错过了这次就难有下次了。”

皋如垂下眼帘，轻轻拍拍他的肩，说：“难得你的一片诚心。出猎辛苦，你可要多加小心！”

西山山势险峻、丛林密布、飞禽成群、走兽穿梭，还不时有猛兽出没。一路上，勾践兴致勃勃，放马驰于山野之中，与陈音谈笑风生：“陈总教练，范蠡大夫说你身怀百发百中的绝技，寡人今日要观赏观赏！”

陈音箭技出众，只见他心平气定、操作娴熟、箭无虚发。无论是展翅高飞的大雁雄鹰，还是在丛林中飞窜的野鸡狐兔，都是一箭中的。勾践赞叹地说：“今日得见，果然名不虚传，你让寡人开眼界了！”

随行将士个个争先恐后，大显身手，尽情发挥所学之技，不到申时，车上、马上便载满了猎物。大家伙儿兴高采烈地准备收兵回朝。陈音此时已精疲力竭，瘫软无力地坐在大树下歇息。就在这时，远处丛林中出现了一只大野猪。将士们见了又兴奋地围剿起来。箭簇像蝗虫般地射向野猪。野猪发疯似的横冲直撞，最后竟然向勾践直冲过来。

“不好了！”

陈音听到惊呼声，一跃而起，一把抽出箭筒里剩下的十来支长箭，一眨眼工夫全部发射出去。只听得“嗖嗖嗖”一阵箭响，就见野猪嚎叫着倒地挣扎。猎手们欢呼着蜂拥而上，勾践也兴奋不已地正准备驱马上前时，突然听到闷闷的“咚”的一声响，他回头一看，陈音倒在了地上。勾践叫了声：“不好了，快来人！”便翻身下马，只见陈音口吐鲜血、脸色惨白、气息微弱。随行御医诊视后对勾践禀报说："总教练患陈年老疾，本已病入膏肓，再加上发弩用力过急、过猛，震断了经脉，已回天无力了。"

勾践十分痛惜，下令厚葬陈音，为他修筑了宽大的墓室，让能工巧匠将陈音制弩、射弩、骑射的精美图像绘制在墓壁上。同时，勾践将西山更名为"陈音山"（今浙江省绍兴市西南角），让越人、越国将士永远铭记他。

四年后，勾践在治理国家、安抚民心、整饬军队等多方面都取得显著成效，得到军臣、士兵、民众的一致拥护。同时，范蠡还派人编结、修补作战用的甲衣，修理、补充矛戟、铁铩等兵器，整理作战用的各种羽饰、仪仗、旌旗等器物，修整战船、桨锚、风帆，紧锣密鼓地为讨伐吴国做准备。越国士兵士气高涨，个个同仇敌忾。他们在海上刻苦训练、演习水战；在山地练习陆战、攻城、攀爬；在平地训练作战方阵、搏斗等，形成水路、陆路攻无不克的强有力的军队。这样，近战用刀、剑，远战用箭、弩，水战船只、陆战盾矛，全都准备齐全了。

勾践视察了水陆大军，见范蠡把军队治理得有条不紊、井然有序，十分高兴。他问军中兵士："你们有没有信心讨伐吴国？"

士兵们齐声高呼："有！"

勾践见军力大增、士气高昂，又想出兵攻打吴国。他再次问范蠡："如今我越军训练有素、装备整齐、士气高涨，可不可能讨伐吴国了？"

"大王，若论陆战，我军已有好的基础。而吴越之战的胜负，关键取决于水战。吴军的强项就是水上作战，这却是我们的弱项。"

"弱在哪里？"

"首先弱在装备，其次弱在水上作战的经验。吴越人均懂水性，但吴国水军久经沙场，历经无数次水战，而我越国水军与敌方交手不多，临场经验不足。再说，吴国在多年的水战中，积累了丰富的造船技术。而我们的船只无论从数量还是质量上都还远远落后于吴船。”

范蠡说：“吴国水军已称天下第一。大王，如果没有称霸天下的实力，就不要急于与吴国交手。如果我们战胜了吴国，那么离称霸天下就仅剩一步之遥了。吴国为了称霸中原，征服了一个又一个国家，我们蓄力待发，等吴国耗尽全力把中原列国收归其麾下时，我们只要战胜吴国就行了。现在，我们要隐忍负重，闷头聚集财力、物力，不动声色地打造一支天下无敌的水军。”

“造船进展如何？”

“我已汲取吴、齐、楚国船舶的优点，设计出最新颖的大船，名曰‘艅艎’。此船造成后，可载三百将士，可抵挡海上的大风恶浪，可以说是所向无敌。还有一个月，大船便可试水了。现在我们要严守机密，万万不可泄漏了军机。否则，吴国掉过头来先收拾我们，我们必败无疑，今生今世恐怕再无还手之力。”

“吴国进攻齐国需要大量船只，我们在为吴国造船的同时，下大力气制造我们的当今世上最坚固耐用的船只。同时，要下大力气训练水兵，造就一支能驾驭狂风恶浪的水上劲旅。”

“好，按你的意见办。”

吴国的水上装备首屈一指，其造船技术也堪称一绝。几年前，夫差一心想战胜齐国、称霸中原，需要更强大的水军和又多又好的船只。吴国便要越国向吴国进贡船只，并爽快地答应了越国学习造船技术的要求。于是范蠡带领一批工匠到吴国船坞实地学习了吴国船只的结构、制作方法、机枢设置等，得到了全套制船图纸，掌握了大型战船的制造技术。这样，越国一边为吴国打造战船，一边秘密地设计更高水平的战船。同时，他们派遣越国将士与吴国水军一起作战，掌握了吴军水上作战的技术和经验，并用其训练越国水军。

又经过六年的整饬，越国发生了翻天覆地的变化。勾践进行伐吴的全面准备工作，实现农、工、商并驾齐驱、共同发展。农业方面，越国以兴修水利、奖励农桑，增加粮食积蓄为主，搞好战备。范蠡还设计修建了富中大塘，有效地防止旱涝灾害。他们大量开垦土地，扩大农作物的种植面积，田间管理和耕作技术也迅速提高，农产品的产量大幅增加。同时，越国把狩猎逐步转变成养殖，建立起许多专业化的牧场。分别在都城的郊外开辟养殖场。由于越国洼地、湖泊多，范蠡又指导越民开辟养鱼池，发展淡水养鱼业。

一整套手工业也先后建立起来，越国在离城十五里的官渎设置了工官，专门管理工业、手工业方面的事务。他们首先开发了与战备有密切关系的冶金工业，再加上越国传统精湛的冶炼工艺，越国刀剑和兵器堪称一绝。

他们还在离都城十五里、交通方便、森林茂密的木客山建立了伐木场，派遣上千工人到那里采伐大量木材，用以造船和建房。

在离城三十里的朱余，建立海涂盐场，进行盐业生产。这样，越国生产力在短期内有很大提高，建立了相当丰富的物质基础。

越国本是个水乡泽国，河道纵横、湖泊棋布、平畴沃野。范蠡、文种辅佐勾践，顺应天时地利，将沼泽之地治理成了鱼米之乡。

越国发展得井然有序，冶炼业、手工业、养殖业、船运业、农业成龙配套。越国的国力以肉眼可见的速度强大起来。

勾践认为时机已到，又欲乘机伐吴，他说："寡人为报仇雪耻，已经等了十一年了。在这十一年里，寡人励精图治，众臣齐心协力。如今兵强马壮、粮草齐备，而吴国正是青不接黄的春荒之时，我们该报仇雪恨了吧?!"

这一次，没有人反对，众臣都知道勾践报仇心切，其意难拂。越国将士备战练武、跃跃欲试，报仇呼声日高。再说越国的实力也是今非昔比了。

勾践和众臣的目光都投向范蠡。

范蠡从容不迫地说："大王，越国报仇雪恨的准备工作已经部署到位。如果大王再忍耐一些时日，待到明年夏天动手会更好。”

“为什么?”

“明年夏天，诸侯各国将到鲁国的黄池盟会，推举天下盟主。届时吴王必与当今盟主晋王有得一拼。晋王不会轻易放弃盟主的位置，而吴王是志在必得，不当上盟主决不罢休。为此，吴王会带着主力部队北上，准备与晋国比试高低。如果吴晋争夺激烈，大战一场，我们便与晋国前后夹击，让吴王有去无回，灭掉吴国；如果晋国无意与夫差争位，我们也可乘其后方空虚攻入吴国，杀杀夫差的威风。”

勾践听了，觉得有道理，说：“范将军言之有理。众大臣各就各位、积极准备、抓紧训练，待到寡人一声令下，我越军便大举进攻，力争旗开得胜!”

二十九、黄池盟约

公元前482年6月，夏日炎炎，鲁哀公与当时中原诸侯盟主晋定公，约定与诸侯各国的国君在位于济水与黄沟交汇处的黄池举行会盟大会，吴国也接到了邀请。这次盟会的召集人是鲁国和晋国。鲁国是周天子的所在国，晋国是现任盟主。鲁国实力不强，夫差并未将其放在眼里。如果吴国能在这次盟会上战胜晋国，就能稳操胜券，坐上霸主的宝座。而战胜晋国，夫差是自信的。

夫差想：“如今吴国驰骋天下、所向无敌，早就成了实际上的天下霸主。而晋王却在那里稳坐不动。本来在伐齐大胜后，就应该收拾晋国，把我吴国的霸主地位确认下来的，却因军情误报而错失良机。而这次盟会，是一个难得的机会，再也不能错过了。这是一次外交、实力、军事、智慧的综合较量，本王一定要在盟会上把盟主之冠夺过来。中原称霸，成败在此一举。”

因此，夫差既兴奋又紧张，决心孤注一掷，誓与晋国一争天下。夫差调集全国可用的精兵，旌旗招摇、甲胄鲜明地浩浩荡荡由邗沟北上，来到济水东侧的黄池与诸侯盟会。

当吴国声势浩大的战船满载精兵停泊在黄池边时，各国诸侯无不震惊。吴国大军精锐彪悍、声势壮大、霸气尽露，各国诸侯都不得不刮目相看。

盟会上，明争暗斗最为激烈的自然是夫差和晋定公。

晋定公是现任盟主，自然不愿让位。但看到吴国气势逼人，也别无他法，只有想着法子来拖延时间。今天举行繁冗的仪式、程序，明天安排郊游狩猎。开始夫差对狩猎还饶有兴致，当众炫耀百发百中的箭法。晋定公也不吝辞藻地奉承他："吴王真是上马可治军，下马可治国啊！"夫差自然是耳顺心乐。可是，过了一天又一天，从六月下旬拖到了七月上旬，还没有进入歃血的程序，夫差心里犯嘀咕了："晋定公这老奸巨猾的家伙，明知斗打不过本王，这是想拖垮本王吗？"

眼看携带的粮草一天比一天少，公孙雒心中暗自着急，向夫差禀告道："大王，这盟会不知要拖到什么时候，我们的粮草不多了。"

夫差说："不是让你安排及时给我们补充供给吗？车船到了没？"

"前几日到了几船，但还是远远不够。不知为什么，近两日未见船到。"

夫差的眉头锁得更紧了："三万大军每天需要的粮草是一个巨大的数目。从吴国到黄池，路途遥远，变数莫测。一旦粮草断供，后果不堪设想。再如果，越国趁我吴国精兵悉数外出之机进攻，那……"夫差猛地摇了摇头，不敢往下想了。

"速速派人回吴地催运粮草！"夫差命令道。

"一连三天均已派人催促，但无回音。"公孙雒回答。

"再追派快人快马！"

"是。"

"我们得想办法加快盟会的进度，不能由着晋王在那里耗费时间。"伯嚭说。

"晋王是主，我们是宾，也不能造次啊！再等等吧。"

谁知这一等就又等了十多天。夫差终于耐着性子等到“歃血为盟”的这一天。按约定，谁最先歃血，谁就是新的盟主。夫差本以为凭自己的实力，理所当然是新的盟主，谁知晋定公却论资排辈，说晋国与吴国同为姬姓，但晋国的首任国君是周武王的儿子，比吴国的开国之君要高出好几辈。硬说吴国没资格当盟主，晋国才最有资格。

而夫差认为，当今世界谁最强大谁就最有资格当盟主。晋定公虽然心里明白自己只是一个有名无实的国君，晋国的权力已被韩、赵、魏、智、范、中行六大家族瓜分，被称为中原霸主的晋国已经衰落。但是晋定公哪肯在自己手里把盟主之位拱手交出去呢，便想千方找百计地反对夫差。两人各执其词，僵持不下。各国诸侯愕然。

就在盟会进入僵局的时候，吴国的信使匆匆赶到黄池。夫差一见有来使，知道有重要情况，便故作生气，拂袖而去。

回到军营帐房，夫差便急切地召见信使。可是他没有等到急需的粮草，而等到了噩耗。吴国信使带给他的是一个爆炸性的噩耗：越国趁吴国国内空虚之际，向吴国发起了进攻。

夫差最担心的事发生了，他大吼一声：“封锁消息，绝对不能走漏半点风声！”

夫差大手一挥，卫兵立即上来杀死了信使。

夫差急忙同伯嚭、公孙雒商议对策，说：“现在越国趁我大军北上，国内空虚，对我发起了攻击，各位大臣意见如何？”

“国内只有太子姬友守护，势单力薄，应立即发重兵回吴地救援。”公孙雒说。

“重兵一撤，吴国没有了威慑力，晋王一定不会放弃盟主之位。我们南征北战，为的就是称霸中原，现在半途而废，岂不前功尽弃了吗？”伯嚭说。

正在商议之时，吴国的信使又风驰电掣般地来到黄池，报送的信息更加紧迫：越军逼近国都！

这火上浇油般的消息，让夫差心急如焚。当众臣还没回过神来，第三位信使又火急火燎般地赶到：国都失守！

紧接着，第四位、第五位、第六位、第七位吴国信使带来一个比一个更凶险的消息：

越军攻进阖闾大城！

太子姬友被杀身亡！

阖闾大城被洗劫一空！

越军在城内放火焚烧！

原来，夫差前脚踌躇满志地带着重臣和精兵强将赴黄池会盟，勾践后脚便召集大军发兵攻吴。越国悄悄将重兵囤在吴越边境上，只等勾践一声令下。范蠡说："大王不急，时日未到。下臣特地测了卜筮，卦象显示：七月攻吴为大吉。"于是，越国没有急于发起进攻，而是等夫差到达黄池，与晋定公周旋数日，粮草所剩无几时，出动二万七千人马向吴国进攻。越军兵分两路，一路精兵五千人，以破竹之势攻入阖闾城，另一路大军严防吴国大军从黄池回援。

都城只留下太子姬友和王孙弥庸带着弱兵守护。太子姬友生性温和，认为越国是吴国的臣国，是不会攻打吴国的。当勾践带领大军来到阖闾城，谎称要去黄池帮助夫差，想进城歇歇脚时，姬友信以为真，打开了城门。结果越国士兵潮水般涌入阖闾城，大开杀戒。

姬友手下的兵力不多，本想凭着坚固的城门死守，等候主力回归增援，可哪里"固守"得住？勾践憋了十几年的恶气，如今等到时机，还能不一吐为快？在范蠡的指挥下，越兵像潮水一样地涌进阖闾城门，势不可挡。姬友和王孙弥庸、寿于姚带兵奋力抵抗，但寡不敌众，溃败得一塌糊涂。姬友虽有士兵保护，但寡不敌众，转眼间被乱刀杀戮。

勾践欲下令乘胜进攻，范蠡却提出反对意见："大王，我国精锐尽出，国内空虚，若吴国大军归来，直攻越国，我们将腹背受敌，无法收拾。要灭掉吴国，现为时过早。吴国主力回来后，见国破人亡，必孤注一掷，在这种情况下，我们并没有胜算。这次，我们给夫差杀杀威风，见好便收吧。”

勾践无奈地点了点头。

范蠡下令不许进入阖闾小城。越兵们便在阖闾大城烧杀抢虏，把大城的金银财宝洗劫一空，抢走了吴国的所有船只，还放火烧了不少房屋。

夫差的脸黑了，心里痛得像刀剜一般。为防走漏风声，他一连下令杀了七个信使。

在巨大的噩耗面前，夫差犹如五雷轰顶，伯嚭也惊骇不已。平日里踌躇满志、决策果断的夫差，一下子方寸大乱。夫差问重臣：“越军已经攻入吴国，本王没心思在这里与晋王磨蹭了。我们是现在就班师回朝，迎击越军呢？还是明天让晋国先歃血后再回国？”

伯嚭分析道：“我们现在的处境是进退两难。进，夺取盟主之位必遭晋、鲁诸国阻扰；退，班师回朝路途遥远，难解吴都之急。能否向楚国求援，让他们出兵攻击越兵，我吴国大军随后赶到。这样，便可两不误。”

夫差摇摇头，说：“求援楚国？岂不是引狼入室。楚国与我吴国向来有隙，恐怕不等我大军回吴，楚越便联手灭了我吴国。”

在这危急时刻，公孙雒却从容不迫、气定神明，说道：“如果我们现在急匆匆地回兵吴国，必定引起诸侯各国的警觉。当他们得到越国攻进吴国的消息后，必会落井下石。从黄池到吴国，路途遥远，如果宋、齐、晋、陈等国趁机沿途攻击我们，我们将难以招架。”

夫差微微点了点头。

“如果让晋国先歃血，晋王继续当上盟主，执掌了控制各诸侯国的权力，我们就必须听从他的安排。他按部就班地施礼仪、走程序，还要到鲁国去拜见周天子，我们想走也不一定走得了。”公孙雒语气坚定地说，

"现在唯一可行的办法，就是竭尽所能，先夺取盟主之位！我们赢了黄池这一仗，再回去收拾勾践也不迟。"

"如何才能尽快得到盟主地位，请出良策。"夫差又问。

"临危不乱，方显英雄本色；转危为安、转死为生，方显超群智慧。现在，我吴国已十分危急，无退路可言，无生路可恋。我们必须速战速决，以最大的威势与晋国一比高低。我军三万大军压境，晋定公岂敢与我一战？大王，请展示您的大智大略，褒勇惩怯，激励将士斗志，让晋国和各诸侯国臣服在您的脚下。"

"好！"夫差的英气和豪气又被公孙雒激发出来了。

夫差在一夜之间把带来的三万兵士分成左、中、右三路，每路百行，每行百人，一万人摆成一个方阵，由一名将军率领。各方阵兵士披甲携器、旌旗猎猎。中军将士全部身着白色战袍、白色铠甲、白色旗帜，插着白色箭翎，如天上飘来的大片白云。左军一万将士身着红色战袍、铠甲，举红色旗帜，插红色箭翎，如一大片火焰。右军全用黑色，犹如一大片乌云，翻卷而来。

七月六日，吴国大军开到会盟地，摆开架势。天刚蒙蒙亮，夫差亲自鸣金击鼓，三万将士齐声呐喊，犹如天崩地裂一般，大有不战而屈人之兵的气势。各国国君深为震撼。

吴军军容如火如荼，军威如狼似虎，哪国国君还敢与夫差相争？晋定公见势不妙，也只能甘拜下风，不得不认可吴国为盟主。

夫差取得盟主之位后，摆出一副仁德宽厚的架势，免除了诸侯国的贡品、贡礼。会毕，各国国君皆大欢喜，高高兴兴地返程回国。

快速而妥善安排好会盟的后续之事后，夫差一声令下，吴国三万大军快马加鞭地向吴国飞奔。

越军明白自己还不是吴军的对手。得到吴国大军班师回朝的军报，便速速鸣金收兵而去。

等吴军回到都城，越军早已满载而归了。越军抢劫财物、焚烧阖闾大城、抢走船只，夫差都不足为惜，最让夫差痛彻心扉的是：姬友死了！这是他寄予厚望的儿子。

按照夫差的脾气，一定是咽不下这口气，一定是有仇必报的。但这次，他忍了。一是勾践及时派皋如前来赔罪，说是自己管辖不严，一群乱民骚扰了吴国；二是乱民有眼无珠，混战之中竟然误伤了太子。皋如还说，越王正严查加害太子的凶手，已经抓了十多个歹徒，只等吴王发落。

夫差知道：吴国在伐齐大战中，兵力、财力、物力损失很大，最近几年年成一直不好，国库亏空未能弥补，军士急需休整，自己也体力不如从前了，只得咬碎了牙齿往肚里吞，便故作大度地说："这次，你们乘我军外出，到吴国都城烧杀抢虏，杀害了太子，实属十恶不赦。吴国将士义愤填膺，要求举兵灭了你越国。本王新任中原盟主，也就不计较了，勾践知罪便好。但你们切记下不为例，管好自己的将士和臣民，不得以任何理由侵犯和骚扰吴国。你们若有反意，我吴国大军立马将越地夷为平地！"

皋如连连称是，再三拜谢。

至此，吴国归还了越国的全部土地，吴越双方签署了互不侵犯协定。吴国放心了：越国不会再乘虚而入了。越国也放心了：又争取到积蓄力量、壮大国力的时间了。

"越国的国土已经全部收回，寡人复国的愿望已经实现。"勾践说，"但越国在世人眼里仍是一个吴国强权下的属国，寡人心里蒙受的羞耻未洗呀！"

范蠡禀道："大王如果要雪洗受辱之耻，必使越国国力强于吴国，真正打败吴国。世人才会对越国刮目相看。现在，我们与吴国军队的实力相比，虽有差距，但已相差不远了。等我们军队具备与吴国主力部队正面匹敌且稳操胜券时，才是大王的雪耻之时。而大王雪耻之时，便是登上中原霸主神位之日。"

勾践当然想当霸主了："那就再等等吧！"

这一等，又等了四年。

三十、笠泽之战

吴国黄池称霸回国后，夫差自觉身心疲惫、体力不支。他毕竟是五十大几的人了，从吴国到齐国的千里征战，刀林箭雨、风餐露宿，让他辛苦劳累不堪；到黄池与晋国对垒争霸、应对越国偷袭，让他神经过度紧张；越国反叛，姑苏台被焚、姬友战死，又让他痛彻心扉。他不能不好好地休整一段时间了。他心中没有称霸中原后的喜悦，却充满了失去太子的悲哀。

“唉，为当这个中原霸主，本王付出的太多了！本王失去的是吴国的后继之人啊！老年丧子，哀哉！”夫差悲伤地想，“太子姬友生性仁慈和善，过于懦弱，不一定是王位最佳继承人。但他是本王的儿子啊！可太宰禀报的是吴越斗殴之中飞箭流矢误伤，连凶手都不知道是谁，本王只能对空悲叹！”

这回，夫差是打碎了牙齿往肚里咽。他心里根本不相信伯嚭的鬼话，知道是越国乘虚而入。“但知道又能怎样？”他对自己说，“本王累了，身累，心更累。已是中原霸主，不想再打仗了，厌了。”

夫差伸伸懒腰，只觉精气神就像被抽空了一样，浑身绵软，双腿酸软无力。他在心里问自己：“夫差呀夫差，当年的英气、豪气到哪儿去了？五十来岁的人就老了吗？”

在很长的一段时间里，夫差都打不起精神，将朝政大事交给伯嚭和公孙雒处理。

“大王，要不要教训教训越国，替太子友出口气？”公孙雒问。

“越国是怎么对待这事的？”夫差问。

“越王下令通缉凶手，但混战之中，也搞不清楚究竟是谁杀了太子，先后抓了十多个嫌犯，并处了死刑。”公孙雒答。

“我国将士已征战一年有余，亟须休整。若再度伐越，以疲惫之师对抗越国的亡命之徒，恐怕不利。”伯嚭说。

夫差也想讨伐越国，但人家勾践已经自己处罚了，还能说什么呢？再说现在吴国军队也是疲惫不堪、亟须休整。修筑邗沟花费了大量财力、物力；连年征战，吴国国库亏空，夫差已感到心有余而力不足了。虽说当上了霸主，但当时已免除了各诸侯国的贡品、贡礼，所以徒有虚名，并无实惠。越国也闹“独立”，不再进贡了。夫差深感补充国库不是一件容易的事。

夫差也知道越国国力正在迅猛提升，很快就能赶上或超过吴国，如今要拿下越国也不是件容易的事了。他向伯嚭问道：“若勾践这小子恩将仇报，该怎么办？”

“越国的力量与我们相比，还有一定的差距，大王不必担忧。”伯嚭心里也不想打仗，也想休养享福。

“话是这么说，可他们老是今天来打一打，明天来攻一攻，也挺讨厌的，万一我们防备不严，让他们钻了空子，我吴国就危险了。本王把这个任务交给你，你给我一天十二个时辰盯着他们，不能稍有懈怠。”

“大王，咱们光盯着他们不行，得来点颜色给他们看看。如果越国再来骚扰，我们以精锐之军，一下子把他们打趴下，他们就不敢再轻举妄动了。”伯嚭口里答应得斩钉截铁，心里却不以为然。

“好吧，这事就交给你了。”

在往后的几年里，吴越之间平静而祥和。夫差抹干心里的血泪，重新立二儿子姬鸿为太子。

夫差心神松弛下来：登上了盟主的宝座，完成了一生的夙愿，也该享享福了。宫里有西施和嫔妃们日夜悉心陪伴，舒适而安逸，比起南征北战的血腥和艰辛，真是一个天上，一个地下。

当然，夫差仍时时警惕地盯着越国。但每天得到的军报是勾践也在享受玩乐，整日声色酒食、骑马打猎，好不快活。时间长了，夫差也就被麻痹了。

夫差见天下太平，心想："吴国将士抛家弃子跟随本王打天下，也该让他们回归家园，享受天伦之乐了。"于是，他下令"休养生息"。吴国军队只留下部分精锐，其他的士兵则解甲归田。

在吴、越两国皆歌舞升平的表象下，其实并不太平。

越国一刻也没有忘记报仇雪恨的大事，勾践天天跑马打猎、饮酒寻欢，全是做给夫差看的，是麻痹夫差的"障眼法"。勾践正在暗暗使劲，督促大臣们紧锣密鼓地做好进攻吴国、战胜吴国的准备。范蠡一边安排最优秀的匠人制造大船和兵器，一边通过越国商人用高于市场的价格大量收购吴国粮食，掏空吴国粮库。在青黄不接的季节，越国又以非常高的价格兜售粮食，掏空吴国的财库。

这样一来，吴国连年闹饥荒，三四年过去了，也没能恢复元气。越国却财力雄厚、粮库充裕、军队强大，君民同仇敌忾、磨刀霍霍地准备报仇雪恨。

在这四年里，越国修建了堪称一流的战船，其性能、规模超越了中原诸国、超越了楚晋，也超越了吴国。越国弓弩，经过改进，其射程更远、威力更强，成为了有力的远程杀伤性武器；越国刀剑，其数量、质量都堪称一绝。越国用精美的工艺品、奢侈品将各国钱币吸到了自己的国库里，又用钱币把周边国家的粮食换到自己的粮库里。

在这四年里，过去进贡给吴国的宫女、工匠，陆陆续续地返回越国；被吴国军队掳作奴仆的越人，先后回到家乡。最后只剩下西施和她的贴身宫女梅蕊还在吴宫未归。

到公元前478年，越国万事俱备，把讨伐吴国的计划，提到了议事日程。

范蠡向勾践进言道："大王，我们以前与吴国较量，运用的是乘虚而入的策略。这么多年里，我们的主力并没有与吴国主力正面相对。而要真正战胜吴国，必须打败吴国的主力精锐部队。这才是一场真正的较量，一场非常关键的大战。我们必须全力以赴，重创或全歼吴国主力部队。大王，我们的陆军和水军都准备好了，请您巡视。”

“好。”

在越王城西北边、离城五十里的海湾处，建有一个秘密的军港，叫作“固陵军港”。这里是越国战船、战舰集结、隐藏的地方，也是越国水军训练的大本营。它三面环山，十分隐蔽。海上的飓风刮不进来，又相当安全。

当年发现巨大神木的鹰坠岩下，建有秘密造船场。鹰坠岩船场修有一条通向大海的水道。越国工匠造出的战船，就从这条水道，直接下水抵达固陵军港。几年过去，一艘又一艘的战船集结到这里。

勾践来到固陵军港。他放眼望去，只见大大小小的战船密密麻麻布满整个港湾，连绵十里开外。战船上，旌旗招展、猎猎生风，千帆竞发、阵势浩大，将士林立、威武雄壮。见到此情此景，勾践只觉得一股豪气蒸腾而上，欣喜而畅快。

范蠡指着停泊在船埠旁最大的一艘船说：“大王，那艘大船是船中之王，名曰‘艅艎’，是为您准备的王船。”

勾践见艅艎高大宽敞、装饰华丽、豪华大气，满意地连连点头。

范蠡又说：“这王船具备吴船的所有优点，并远远超过了吴国艅艎。它的船体质轻而坚硬，是当今世上最完美、最优越的王船。”

勾践大步迈上艅艎，迎着海风，站到船的最上层，领略着王者的风范。他自己也不禁被越军、越船的气势震撼不已。

范蠡站到勾践身边，指着不远处船型高大、形似楼阁的战船，对勾践说：“这种船叫‘楼船’，它的攻击力和防护力都很强大，是能攻能守的战船。它的甲板四周设有像城墙一样的女墙和战格，既是作战时的防护掩体，又是攻击敌人的战位。大将们用它做指挥船，再合适不过了。”

勾践点点头，又指着远处一种船头又尖又翘的船，问道：“这是什么船？”

范蠡答道：“这船舶名叫‘突冒’，是一种进攻性强的战船。它的船体结构十分坚固，船首装有坚硬而突出的冲角，水战中可作突击队冲向敌阵，甚至可用它的冲角直接摧毁敌船。”

勾践微笑着，眼中闪烁着骄傲的光。

范蠡指着一种轻便快捷的战船，说：“这是桥船。它体积小、速度快，是战斗中的先锋队。”

数量最多、规模最大的是士兵们作战的战船。范蠡介绍说：“士兵们乘坐的战船统称为翼船，分为三翼，即大翼、中翼和小翼。大翼，长十二丈、宽一丈六尺，可载近百人，分为上下两层：上层是作战的士兵，下层为划桨手和操船手；中翼，长九丈六尺、宽一丈三尺；小翼，长九丈、宽一丈二尺。翼船的船型狭长，桨手众多，有快速灵活的特点，是水战中的主力战船。大、中、小翼船相互配合，作战效果更好。”

还有一种战船范蠡没有提及，它介于楼船和大翼之间，船体高于大翼而矮于楼船。船桨与战位合并设置，既是战位又是桨位。船体坚固而稳重，船首像突冒一样装有冲角。体积内空大，适宜远征和运输。

勾践问范蠡：“现在我越国的水军、战船，与吴国相比谁更厉害？”

范蠡说：“从战船数量上看，我越国的战船比吴国多出三成；从质量上说，我们的战船比吴国的更大、更快、更坚固，战斗力更强。从水军战斗力上说，我们的武器装备已经超越了吴军，将士的数量超过了吴军，越军的士气高过了吴军。大王，与吴军正面对垒的时机已经成熟了。”

勾践大喜，说：“寡人朝思暮想，等的就是这一天。这一天终于来到了！”

于是勾践在全国发出了战争动员令，准备向吴国宣战了！

范蠡又向勾践进言道：“大王，大战之前，必先安抚后方。后方安定了，前方将士才能无所顾忌、无往不胜。”

“如何安抚后方？”勾践问。

“请大王下令：凡是家中有父母、无兄弟者，可以退甲回家，照顾父母。父子都在军中的，父亲回；兄弟都在军中的，兄长回。若在作战期间，家中父母兄弟姐妹生病，越王会像对待自己的家人一样，为其诊治。家中有人不幸死亡，越王会代为出殡，像为自己的亲人一样安葬。前线士兵生病了，越王将为其治病施药，安排膳食。”

“准。”

越国军士没有了后顾之忧，一心准备死战。

勾践忍辱多年，报仇雪恨之心急切。临战之前，范蠡对勾践说：“大王，两军对垒勇者胜。重赏之下，必有勇夫。现在，鼓舞士气最为重要。您希望越国士兵个个斗志昂扬，奋不顾身地冲锋陷阵吗？”

“当然。”

“请大王重任大臣将军，同时恩威并用、奖惩分明，鼓舞士气。”范蠡说。

“好。”

勾践任命范蠡为统帅三军的大将军，文种为越国国相。同时对大臣一一晋封。

某天，勾践带兵行进在郊外，大将军范蠡在前面开路，看见一只大青蛙趴在路中间，大军、战马来到它面前，它也一动不动，全无退让的意思。于是，范蠡计上心来，对勾践说：“大王，有只战蛙挡在路中间，似乎在向我们宣战。”

勾践下车一看，只见挡在路中间的大青蛙，瞪着两只凸出的圆眼睛，腹部胀鼓，面对浩浩荡荡的越军毫无惧色，勾践立刻明白了范蠡的用意。

勾践马上对大青蛙深深地鞠了一躬，肃然起敬地说：“这只大青蛙像个准备打仗的斗士，在大军临境之时毫无惧色，面对强敌不畏惧、不退缩，让寡人不得不肃然起敬。”说完，向它行了三个大礼。

接着，勾践面对大军将士，大声说：“寡人仰慕冲锋陷阵、勇往直前、临危不惧的英雄！要是我们的士兵都能像这战蛙一样奋不顾身、同仇敌忾，有什么敌人不能战胜呢?”

勾践敬重勇士的消息传开，越国将士说：“越王尊重勇士，我们难道连只青蛙都比不上?”于是，尚勇之风风靡全国。

越军全军士气高涨、军纪严明、同仇敌忾，摩拳擦掌地准备与吴军作殊死战斗。

公元前478年（周敬王四十二年，越王勾践十八年），越国向吴国正式宣战。

勾践任命范蠡为越国三军统帅，越太子鼫与为中军将领，诸稽郢为左军将领，灵姑浮为右军将领，调动二万精锐之师，在吴淞江边的笠泽摆开战场。

吴越两军对峙布局，隔水扎营。夫差心中倒也不慌，他调动三万吴军与越军对垒。夫差知道自己的军队近年来没有打仗，战斗力有所下降，但认为吴国的士兵不怕死，以三对二绰绰有余；虽然范蠡足智多谋，但是伯嚭即使算不上身经百战，也是经验丰富、智勇双全的战场老手了。

“大王，上次越军偷袭我国后方的账还没算，现在他们反倒又来骚扰，打上门来了。太可恶了！让我们好好教训教训他们，让他们知道我吴国的厉害!”伯嚭说。

“越国的中军将军是谁?”夫差问。

“越太子鼫与。”公孙雒答道。

“勾践的儿子鼫与？年纪尚小吧。”夫差说。

“刚满十六岁。”

“勾践让十六岁的娃娃带兵打仗，开什么玩笑?”

“据说是范蠡一再保荐推崇的。其实，旗号是鼫与的，真正坐镇的还是范蠡。”伯嚭说。

夫差“嗯”了一声。

“听说，越太子鼫与身高八尺、英俊威猛，射得一手好箭，百发百中，从小拜范蠡为师，武艺高强。”伯嚭说。

“大王，请小心那范蠡。他恐怕不是一个好对付的人。”公孙雒提醒道。

公孙雒话没说完，就被夫差打断了：“太宰，请布阵。”

越军将大军开到笠泽江边，左军部署在吴营上游五里的地方，右军则部署在其下游五里的地方。

伯嚭对越军动向掌握得一清二楚，说：“看来越军是想分两路渡江，对我吴军形成夹击之势。我们占据有利地势，以逸待劳，不必动手过早，待他们过江时出击，把他们消灭在江水之中。”

同时，伯嚭又趁着夜色，把军队分成两路，悄悄地埋伏在江边，只等越军一上岸，还未立稳足就迅速包抄上去，将其全歼。

丑时是夜最深、天最黑的时辰，范蠡命令越军左右两路大军都作出渡江的态势，一时间，鼓声轰鸣，吼声震天。

伯嚭、公孙雒及其埋伏在江边的吴国大军，也立即紧张起来，箭上弓、刀出鞘，士兵们不眨眼地盯着江面，一个个踌躇满志地等待越军自投包围圈。可是，过了好半天，还没见到江中有越军，更没越军上岸来。

伯嚭心中疑惑：“这是怎么回事？从越军擂鼓到现在，已经快一个时辰了，他们的渡江大军早就该上岸了呀，怎么还没见到人影？”他伸长脖子、瞪大眼睛，使劲地向江面张望。江面黑乎乎的，什么也看不到。

伯嚭咕哝着说：“昼战旌旗，夜战火鼓。白天指挥靠旌旗，夜晚指挥靠火把和鼓声。怎么只闻越军的鼓声，未见越军的火炬？”

他俩正在疑惑，伯嚭忽然大叫一声：“坏了，我们中计了！范蠡那家伙，向来不按常规出牌的，左右两路越军渡江是他施的诈术！”

就在这时，军使急报：“十万火急，越军攻入我中军大营了！”

伯嚭的头“轰”的一声，犹如炸开了一般，气急败坏地叫道：“我们上范蠡的当了！快，撤消埋伏，回救大本营！”

原来，范蠡让左右两军造势，是为了分散吴军注意力。他真正的动作是，下令越国最精锐的中军六千将士口中咬着筷子，不出声、不出气地渡江直攻吴军大本营。吴国中军空虚，主力都到左右的江边迎战越军去了，哪里抵挡得住越国的精兵。越国中军出其不意地、风驰电掣般地发起冲锋，剑指吴国中军。

当吴国左右大军回兵营救时，越国的左右两军立即渡河追击。越国三军一起擂响战鼓，杀声震天动地，弩箭齐发。越国军队里外夹攻，把吴军冲得七零八落。在越国中军和左右军的围攻和夹击下，吴军大败。

天亮时分，笠泽江畔，遍地都是吴国士兵的尸体，吴国主力大半被歼，残余部队落荒而逃。越军首战大败吴军，中军将军太子鼫与旗开得胜。

范蠡并没有乘胜追击，而是鸣金收兵，高举胜利的大旗凯旋。这一仗，让所有的诸侯国都知道了：越国战胜了不可一世的当今盟主吴王夫差！

当然，越国绝不会就此收手。

当吴国兵败舔伤之际，越国又不惜一切地在吴国和吴国周边地区高价大肆收购粮食，颗粒不漏。

又过了一年，也就是公元前476年（勾践二十年），吴国再受天灾，吴民饱受饥馑之苦，到了吃糠咽菜的地步。吴国国力和国库都已是从未有过的空虚。至秋天，范蠡对勾践说："大王，报仇雪恨的时候到了！"

勾践下令，集全国军力、兵力，讨伐吴国！这一次，吴军完全不是越军的对手，基本上没有还手之力，五战五败，节节败退。越军乘胜追击、连战连胜，一路打到了阖闾大城。

越军层层包围了阖闾大城。阖闾大城坚厚牢固，易守难攻，吴军凭借城墙工事，顽强抵抗越军。

开始，越军强攻南门。驻守南门的吴国将士拼死守城，十分勇猛。到了晚上，还在城门上挂起巨型的伍子胥怒发冲冠的画像，并用火把照得通亮，十里开外都看得见。越国士兵都听说过伍子胥曾说要把他的头挂在南门上，亲眼看越国打进吴国，以为是伍子胥显灵，一个个心中畏惧。到了半夜，电闪雷鸣，还下起了暴雨，疾风刮得飞沙走石。吴军乘势反击，把越军打得丢盔卸甲、瓦解崩溃。范蠡连忙下令暂停攻城，屯兵姑苏城郊外，好不容易才稳住阵脚。

范蠡了解到南门是吴军防守最严密的地方，而东门兵力则较弱。他为了解除将士对伍子胥的畏惧之心，便说："我刚刚打了个盹，梦见伍员穿着白衣，乘着白马，对我说：'我早知越兵一定会来，所以要求把我的头悬挂在南门。可我对吴国的忠心未泯，实在是不愿越兵从我头下入城，但是越国讨伐吴国，自是天数注定，我怎么能制止得了呢？你们就改从东门入城吧。'"越国士兵的军心才安定下来。

第二天夜里，范蠡让大将诸稽郢在南门摆起阵式，向伍子胥的画像揖拜叩首、致敬谢罪。吴国将士以为这是越兵的战败服输之举，便毫无戒备地观看越国的谢罪仪式。

这时，范蠡带着重兵悄悄东移，直抵东门。

南门的"谢罪"仪式还没做完，阖闾大城的东门就被攻破了。范蠡带领大军从东门鱼贯而入，将姑苏城，又称"阖闾小城"团团围住。

百足之虫，虽死未僵。姑苏城里储备丰富、机关遍布、暗道密集。范蠡虽然带越军将姑苏城包围得滴水不漏，可夫差在里面却稳坐不动。吴越之战处于僵持状态。

这一围，便围了两年有余。公孙雒眼看姑苏城的粮食越来越少，劝夫差说："大王呀，与其被越军困死在这里，不如鱼死网破地跟他们决一死战。咱们背水一战，只要能突围出去，就有了生机。"

"你估计范蠡还能坚持多久？"

"吴越相邻，越地辎重粮饷运到这里本来就不难，他们又拥有先进的船舶，水陆运输极其便利，范蠡哪里会有后顾之忧？他们还就地取材，把我吴国的粮食、钱财都充作军粮、军饷了。这样下去，围个三年、五年，甚至十年、八载他也不会犯愁。可我们耗不起呀！"

“我们还能坚持多久?”夫差问。

“城里的吴民吃光了树皮草根，现在连老鼠都抓光了。宫里的粮食已经所剩不多，最多只能挺三五个月了。”

“把我们困死在姑苏城，是越国的奸计。我们要想方设法破局。”

“对，我们不能坐以待毙，向越军下战书吧，咱们来个鱼死网破!”

伯嚭带领吴军登上城墙，拉开架势欲与越军一战。可越军只围不战，无论吴军是挑衅、下战书，还是上阵骂战等，越军就是不接招。最后，伯嚭让士兵大骂勾践是胆小鬼、缩头乌龟、忘恩负义的小人……把勾践气得浑身发抖。勾践愤怒极了，正想带着士兵冲上去时，范蠡劝阻道：“大王，您在朝廷里精心策划的计谋，怎么到了战场上就轻易改变了呢?我们整整谋划了十多年，不能毁于一旦啊！别理睬吴国的激将法，只要您稳得住，战胜吴国就能成功。”

勾践点点头，心里冷静下来。

“估计再有三五个月，就能见分晓了。”范蠡说。

就这样，越国只围不打，一如既往地把姑苏城围得滴水不漏。范蠡下了一道死命令：“不迎战、不进城，里三层、外三层地围住姑苏城！凡是放下兵器、投降越国的吴国百姓、军士、将领，一律放行，妥善安排。凡是与越国作对的人，格杀勿论。”

越军将士严密注视吴军动向，城墙上一有吴军士兵露头，越国的飞弩便射了过来。

这样，吴国求战不得，宫里的粮食也见底了，只得另想他法。

“好汉不吃眼前亏，咱们向越国求和吧。”公孙雒说。

“唉，看来也只有求和了?”伯嚭也说。

“求和?本王脸面无光!”夫差无奈地说。

“大王，生命可比脸面更重要呀，为了活命，顾不上其他了。”公孙雒说。

“去吧，对勾践说，夫差甘拜下风，愿意接受一切条件，希望求和。”

夫差垂下头说。

为什么范蠡长围而不攻呢？姑苏城里就算有金山银山，两年多来也吃空喝光了呀，只要范蠡一声令下，越军攻城岂不势如破竹吗？吴军哪里还有还手之力？但范蠡不攻，一是姑苏城内暗道纵横、机关密布，越军进得去出不来，有万般能耐也施展不开；二是攻城必会伤及平民百姓。范蠡不愿伤及无辜，力争兵不血刃地消灭吴国。虽说城里的越人大多已分批撤出，但西施和姑苏宫里的越国侍女还未出来。攻城，他怕伤了西施、梅蕊和吴宫里的其他越人。他要让夫差把她们毫发无损地交出来。还有很重要的一点是，勾践也一直未下达攻城令。

范蠡对阖闾城长围不攻，勾践更希望长围不攻，为什么呢？

一是复仇。重兵围住了姑苏城后，勾践心中十分畅快：夫差已成瓮中之鳖。想起夫差，他心中涌起一种报复的快感，就像猎人一样，坐在陷阱边，看着掉在陷阱里的猎物奄奄一息、垂死挣扎、束手无策的样子。他洋洋得意地想："夫差呀夫差，当年你囚我三年，如今我也要囚你三年；当年你让我妻子陪囚，如今我要你的妻妾儿女一起陪囚；你让我受囚禁之辱、吃奴仆之苦，如今我也要让你尝尝求生不得，求死不成的滋味。我当年受的苦，如今该让你十倍、百倍地加以偿还！"

二是担心内乱。以前，勾践心急火燎地要攻打吴国报仇雪恨，现在，彻底报仇雪恨的时候到了，勾践反而不急了。随着越国离最后的胜利越来越近，勾践内心的忧虑也越来越重。勾践担心什么呢？他担心的不是别人，就是范蠡。他担心范蠡功高盖主，危及自己的王位。他想："虽然范蠡把寡人的儿子鼫与推在前面，但实际军权仍掌握在他的手里。范蠡打仗的确是一把好手，他的智慧和权威用在打仗上，其妙无穷。范蠡的军权和智慧集中用在战争上，自己是安全的。但一旦战争结束，他的权智用到与寡人的较量上，那恐怕十个寡人也不是他的对手。寡人斗不过他，就得受制于他，搞得不好，甚至性命难保……"想到这里，不禁渗出一身冷汗，"如今的姑苏城已不堪一击，一攻必破。灭吴之后，危机就集中到寡人身上来了。可惜、可恨的是寡人至今也未找到对应的良计、良策。”

就这样，攻城之事一拖再拖，竟然长达三年之久。

公孙雒求和来了，他带着求和书，言辞恳切地认输，求勾践放吴国一条生路，一切条件都好商量。

“先把西施和其他越人全部放出来，再谈余事。”范蠡说。

夫差得到消息后无奈地对公孙雒说：“把越人放回去吧，姑苏城也养不起他们了。”

“大王，那西施……”公孙雒问。

吴王挥挥手，表示你不用管了。

入夜，夫差来到西施房间，拉着她的手相对而坐，看着西施瘦削的脸，一时千头万绪，不知说什么好。沉吟了一会儿，夫差看着西施的眼睛，问：“西施呀，你爱本王，还是爱越国?”

“越是我的祖国、家乡，大王是我的夫君、爱人，西施都深深地爱着。”西施说。

“唉，让你在本王和越国之间做选择，是一种残酷，也是一种无奈。”夫差说，“但是现在越国已经打到吴宫门前来了，他们要取本王性命了!”

“这是西施最不愿看到的。西施只愿吴越两国永世友好、和睦相处。西施希望大王佑护越国，让越国免受战乱；也不愿看到越国征战吴国，让大王处于厄难之中。”

夫差叹道：“西施呀，天道轮回，世事难料。当年你求本王护佑越国，如今本王却要求你护佑吴国了。”

西施垂下双目，泪水滴答滴答地掉在地上：“西施愿为大王效尽全力，但只怕心有余而力不足。”

西施信任地看着夫差，说：“大王，西施仰望大王，犹如仰望天上之星月。大王博学多才、胸怀大志。西施希望大王做个仁慈的国君，结束百年征战，为百姓创造一个安定的家园。”

夫差苦笑了一下，说：“本王何尝不想做个仁慈的国君？可是，战争是残酷的。本王不杀死敌人，敌人就会杀死本王；本王不灭他国，他国就会来灭我吴国。烧杀抢掠的确为无奈之举。西施呀，本王也想施恩天下，当个万民拥戴的好君主，甚至梦想一统天下，让天下百姓永不受征战之苦、杀戮之痛，都过上平安、富裕的生活。为此，本王努力了。不是本王不勤奋，也不是本王无能，是上天不助本王也。人意不如天意，老天爷不看好本王，本王恐怕只能以失败告终了。”

“吴国为中原盟主，富足兴旺，怎么一下子就会被打败？伍国相说西施是红颜祸水？难道真是西施害了大王？”西施不解地问。

“西施呀，当你来到越国时，伍员就说你是越国施的美人计，是越国派到本王身边的奸细。本王不是昏庸之辈，不会被任何美色所左右，岂会被你的美色迷惑而丧失斗志？正是你的知书达理、体贴鼓励，更加激发本王的雄心斗志，本王才会对你宠爱有加。本王明白，你对本王的爱是真的，你对本王的情是真的。即便到了如今这般窘况，本王也不怪你，你给本王带来过许多的快乐和安慰，也没做对不起本王和吴国的事情。”

西施看着夫差，说：“西施曾多次央求大王，不要与越国打仗。因为我的父母、兄弟、姐妹、朋友都在越国。一旦打仗，我的父兄就得上战场。不知哪把刀会伤到他们，不知哪根箭会射中他们。”

夫差说：“正因为越国是你的祖国、你的故乡，所以本王看在你的份上，二十多年来对越国关照有加，未对越国动过一刀一枪，即使越人杀了本王的太子，本王也没对越国动手。”

“可西施真的不知道，为什么越国要来打吴国。请大王治西施的罪。”西施说着，眼泪像断了线的珠子一样淌下来。

夫差抚摸着西施的头发，说：“西施，这不是你的错，你这样善良、纯洁的女子哪知世间的血腥险恶。”

夫差又说："称霸天下是每个国君的梦想，大国国君如此，小国国君也如此。本王想成就大业，越王何尝不想？本王一直善待越国，而今日越国攻吴，其原因不仅仅是吴越之间的宿仇，更重要的是越国想要称霸天下。即使吴越无仇，勾践也会攻吴，因为战胜吴国就能成为当今天下新的霸主了。如果勾践不伐吴，其他国家也会伺机伐吴，试图一统天下。天下统一是人心所向、历史必然，可是由谁来统一天下，这只能由天来决定，不是光靠个人努力就能实现的。"

西施抬起泪眼，说："胜败乃兵家常事。大王在西施心目中永远是顶天立地的英雄。"

"时势造英雄。顺时势而上且成功者，即为英雄。在此之前，本王会毫不惭愧地说：'夫差算得上当世英雄。'"夫差深深叹了口气，说，"但今天，等待本王的将是身败名裂。"

夫差从怀中掏出一方锦帕，那是西施的绣品，中间是一朵红艳艳的木棉花，右侧是夫差作的一首诗《英雄花》：

木棉树兮木棉花，
披铠甲兮身挺拔，
驰中原兮无敌手，
成霸业兮傲天下。

夫差珍惜地抚着锦帕，感慨地说："西施呀，本王喜欢你绣的英雄花，将它时时带在身上。外出征战时看到它，就如同看到你鼓励的目光。可惜呀，英雄花总有凋零的一天，本王今日心碎，再吟一首《英雄叹》吧：

木棉树兮木棉花，
今凋零兮坠泥下，
昔英雄兮今日寇，
愧天地兮血泪洒。"

西施听了，眼泪“唰唰”地往下淌。

“西施，夫差本想给你一个幸福的人生，让你享福一辈子，可夫差没做到。成者为王败者为寇，吴国的败局已定。至此，夫差不知该如何安置你。夫差曾想与你一起回到越地的苎萝山，你浣纱我种田。可是，这也许只有等来世了。”

西施紧紧地握住夫差的手，说：“西施愿与大王共同面对失败。大王为寇，西施愿为寇妾。大王赴死，西施愿与大王同行黄泉路。”

夫差深叹一口气，说：“败寇败寇，如今夫差自认作‘寇’恐怕都不行了。我认输、认败、认作寇，而勾践仍会害怕我这个‘寇’将来又成王。夫差恐怕只有一条路可走，只能是‘不成功，便成仁’了。”

夫差把西施揽在怀中，把西施的双手紧紧贴在心口上，说：“往日，夫差盼望你陪伴。但今日，夫差不要你陪伴。夫差去的地方，你不能去。现在姑苏城已水断粮绝，你跟着本王守在这里，只有死路一条。而你回越国，说不定还有一线生机。若你能活着，夫差死而无憾。”

“西施哪有回头路可走？到头来可能也只有死路一条。”

“不，你不能死。夫差该死，西施不该死。夫差是王，理应承担一个国家的责任。而你是一个越国平民、弱女子，无须为吴国的任何人、任何事赎罪。你要好好地活下去。你是越人，你可以回到越国，但我不知道勾践会怎样对待你，本王怕他加害你、伤害你。夫差也想过把你送到其他诸侯国，可是，那些诸侯国连本王都不尊重，怎么会善待你呢？本王英雄一世，到头来连自己最心爱的女人都没法保护，惭愧啊！”

说着，夫差已是泪流满面，西施也泣不成声。夫差抚着西施的脸颊，说：“你还年轻，能活下去的话，就找一个真心对你好的平民过日子吧。”西施泪水汹涌而出，顺着夫差的指缝淌下来。

“西施，夫差对不起你。”夫差深叹一口气，“对于你我来说，死要比活容易得多，但你一定要想方设法地活着，做一个平民，平安地过一辈子。”

“大王，你也要活下去。”

“西施，你在夫差最得意时来到夫差身边，你看到了夫差的辉煌，也看到了夫差的失败，你会笑话夫差吗？”

“不，大王成也英雄，败也英雄。”

“好西施，你是上天创造的奇迹。你的容貌美得倾国倾城，你的心灵纯得无与伦比。上天把你赐给夫差，是夫差的福气。只可惜以后夫差再也不能宠你、爱你、保护你了。”

“大王……”

夫差在西施的太阳穴击了一拳，西施晕了过去。

夫差传来公孙雒，将西施和梅蕊送出姑苏宫。临行，梅蕊对夫差深深鞠了一躬：“梅蕊代西施姐姐谢大王。”

夫差难过地闭上眼睛，无力地摆了摆手。

公孙雒秘密地将西施送出姑苏宫，将其交给范蠡。

接着，范蠡叫来铁驹，说：“我把西施交给你了。”

“遵命。”

“你要先将她秘密送回越宫，直接交给越后。”范蠡慎重地交代说。

“交给越后？”铁驹摇摇头说，“西施到了越后手里，岂能有活路？越后必置西施于死地。”

“没错，西施非死不可。越后不杀她，勾践也会杀她。”范蠡面无表情地说。

铁驹惊恐地说：“大将军，难道你也不救西施？西施连一条活路都没有了吗？”

“是。任何人都救不了她！她唯一的活路是死。”范蠡肯定地说。

“唯一的活路是死？”铁驹喃喃地说。他突然灵光一现，连忙问：“将军说的是先死而后生？”

“对。”

“如何才能使她死而复生呢？”

“你把西施交给越后，越后一定会置她于死地，而能不能复生就看你的了。”

“我怎样才能让她复生呢？”

范蠡对铁驹耳语了一番。

铁驹重重地点着头。

西施和铁驹同在苎萝村长大，两小无猜，情投意合。但后来越国战败，勾践和范蠡赴吴国为奴，国民皆为阶下囚。勾践、范蠡归国后，铁驹成为范蠡手下的一员猛将。西施被进贡给夫差，不得已与铁驹劳燕分飞。如今铁驹再次见到西施，自然是悲喜交加，但他连句话都顾不上说，便将西施抱上一辆战车，向越国急驶而去。

铁驹一行到达越宫，已是深夜。铁驹一刻也不敢耽误，径直密报越后雅鹂：“报告王后，铁驹今已将西施接回。本想将其呈给大王，但人人都说西施是祸水，是倾家亡国的妖女，怕她迷住大王，所以不敢走漏风声，直接禀告于您，现听候您的发落。”

“你不要将此事告诉任何人，一个时辰后，我在江中的画舫上等你，你把西施带来。”

“遵命。”

一个时辰后，雅鹂端坐在画舫中央，铁驹将西施带上。雅鹂让人摆上茶酒，拉着西施的手叙谈起来。越后说：“人人都说西施美，今日一看，果然是沉鱼落雁之容，倾国倾城之貌。”

西施低着头，轻轻说：“西施本是越国民女，谢谢越后夸奖。”

“越国有今日，有你的一份功劳。没有你在吴宫陪吴王，吴王会天天盯着越国，我们哪有机会报仇雪恨呢？”

“我永远记着我的祖国，天天在心里为越国祈福。”

“按你的功劳，理应求大王为你封赏，要是男子还会封个官爵，但你我身为女子，哪能为官呢？”

“越后言重了，民女没有死在刀枪之下，今日能回到越国实属万幸，哪里会奢求赏赐?”

“是啊，你能回来，我也高兴。你在吴国辛苦这么多年，回到越国本该好好休息休息，我也有意留你在后宫侍奉大王，但我又怕大王一旦见到你，就像吴王一样迷上了你。你知道大王卧薪尝胆、十年生聚、十年教训，才有今日，的确是来之不易呀。”

“越后，民女别无他求，只求回到生我养我的苎萝山，浣纱洗浆。”

“西施啊，世上哪有回头路啊，你现在想回到过去已是不可能的事了。你一旦成为吴国妃，就不可能再为浣纱女了。”雅鹂叹了口气，接着说，“你已使吴国灭亡，我不能再让越国灭在你的手里。西施呀，不是我心狠，是你的命生得苦。自古红颜多薄命，女人最大的忌讳就是长得太美，而你就正好犯下这一大忌，所以灾难总会伴随着你。你到吴国，吴国就日日走下坡路，直至王死国破，如今你回到越国，越国也就会国不安、家不宁。我知道你是个顾大局、明大义的女子。以前你为越国复国而献身吴国，如今你就为越国再献身一次吧。”

“从我到吴国的那天起，我就知道自己背上了罪孽。虽然我没有一天不在思念越国、思念家乡，但成为敌国妃，就愧对越国。西施自知，不敢苟活。”两行清泪从西施的眼中涔涔而下。

雅鹂说：“西施姑娘深明大义，我也成全你。这的确是无奈之事，为了越国，为了越王，我不得不这样做，只望西施明白我的心。”

“西施明白。西施死而无憾。”

“好，望西施姑娘走好。”

说完，一挥手，冲出两个彪形大汉，将西施捆起来，脚上绑上石头，装入皮袋。这时画舫已划入江水中心，雅鹂亲眼看着大汉一脚蹬开船舱底部的入水口，一把将西施推进水口、沉入江中。

雅鹂心里虚虚的，见西施沉入江中，便一挥手，画舫飞般地离开湖心，朝岸边驶去。

话说铁驹早已安置水性特好的小蛟龙带人潜在画舫下，而系在西施脚上和石头上的绳子也全为活扣。西施一下水，他们便让她用芦秆呼吸，悄悄地游向远方。

按照铁驹的安排，小蛟龙将西施悄悄地安置在太湖边的程村，住在一对老夫妻家里，闭门不出。

从此，人们都以为西施已不在人世。

三十一、勾践称霸

再说勾践稳坐越宫、胜券在握，泰然地等待前方战事的好消息。正当艳阳春暖、柳绿花红之时，他细细思量："我贵为一国之主，却像苦行僧一样过了二十多年，现在也该寡人享大福了！"他让妻妾陪他赏花饮酒，开始他还挺高兴的，但没过多久，他就觉得那酒越来越不是滋味。他想："夫差饮酒有西施相陪，而西施美貌绝伦、能歌善舞。再看看身边的一群妻妾，只觉得一个个鼻歪眼斜、笨拙有加。西施是那种让人看一眼就心跳、一辈子忘不了的女子，而身边的这些女子看了只觉晦气、丧气。"他一想起西施，就欲罢不能，巴不得立刻见到西施。

连日来他怏怏不快，脑海里浮现的全是西施的面容，他从心底里长叹一口气："勾践呀勾践，你身为越王，而越国美色却无福享受，被那夫差占去！"想到此，只觉得心中之郁气直往上涌，他使劲往下咽，却怎么也咽不下去，大叫一声："传文国相！"文种急来拜见，他下令道："传令大将军，速速派人遍寻吴宫，找到西施，谁也不准动西施的一根汗毛，立即送到越宫，越快越好！"

此后，勾践像热锅上的蚂蚁坐立不安，急切地等待西施，但一连过去了好几天也没见动静，一问军情，才知西施早已回到越国。

勾践黑着脸叫来文种，问："西施呢？"

文种回道："西施已于前日入后宫。后事下臣不知。"

勾践的脸一下子沉了下来。文种知道勾践一心想得到西施，便说："那天军士送西施入宫，恰遇越后，越后将她带走了。"

勾践强压心中之怒，故作平和地说："西施为我越国女子，为成就复国大计，舍身成仁，本王如何不惦记她呢？"

这时，雅鹂从后屏走出来，说："大王，西施被我处理了，再也不能祸国殃民了。"

"你？你好大的胆子！"

"大王，臣妾对那西施又恨又怕，唯恐她害了吴国又害越国，害了夫差又害夫君。"

勾践冷笑一声："恐怕王后怕的是，寡人把她留在后宫，像夫差一样宠她吧？"

雅鹂说："正是。"

"你把她怎么样了？"

雅鹂平静地说："溺于江中了。"

"什么？你……"勾践气得说不出话来。

雅鹂说："臣妾原本想让她回到苎萝山老家度日，但担心你又会把她召入宫中，被她的美色所惑。她能让强大的吴国土崩瓦解，也能让越国化为灰烬。臣妾和大王忍辱负重，艰苦创业二十多年，岂能让她毁于一旦？"

她停了停，又说："西施倒是个明白人，她说她生在越国也要死在越国，愿让江水为她送葬。于是臣妾成全了她，用画舫将她送到江中，她从底舱的下水口落下去就再也没上来。"

"哼，我今天才看清你竟然如此心狠手辣！"勾践愤怒地说。

雅鹂略带歉意地说："臣妾做得是有些过分，但这也是不得已，为了越国，为了夫君，也为了我自己，不得不这样做。"

勾践沉痛地说："西施是越国报仇雪恨的功臣。夫人，你，你怎么能将其溺于江中呢？寡人怎么向世人交代呢？来人呀，不惜一切代价，把西施给找回来！活要见人，寡人要重重予以赏赐；死也要见尸，寡人要厚礼安葬她！”

勾践虽然恼怒，但事已至此，也无可奈何了。而他心里的那个结，却越结越大，总想找个像西施一样美的女子。他朝思暮想、魂牵梦绕，却又无计可施。那可恶的雅鹂明里暗里盯得紧紧的，不让他有丝毫的非分之想。而越是这样，他心里的那团火便越烧越炽，怎么也按捺不住。

他传来文种，说：“吴王有西施，本王要拥有比西施更美的女子，你快快去访寻吧。”

文种当即提出反对意见，说：“大王，万万使不得。美色是灾难，红颜是祸水。吴王因西施而亡国，大王明鉴，千万千万不能重蹈覆辙！”

勾践愠怒地说：“本王岂是贪恋美色？本王是要争一口气，夫差拥有的本王也要拥有，而且要超过他！”

文种无奈，推托地说：“西施不过一山乡女子，其美天生一半、调教一半。”

“唔，此话怎讲？”

“女子的外在之美在于天生，内在之美在于调教。外在之美如花，长看生厌，日久衰老；而内在之美如酒，越品越香，日久更醇。”

“嗯，西施是调教了三年才送到吴国去的，那就请文国相遍寻美色，挑一百个女子，让范大将军调教出比西施更美的女子！”并下令道，“传范蠡大将军。”

范蠡从阖闾城赶回越宫，一听是勾践求美之事，心中十分不快。他知道当年勾践就想得到西施，不愿把西施送给夫差，这事一直是勾践的一块心病。

范蠡回复勾践说：“天要灭纣，而生妲己；天要灭吴，才会有西施。天下西施只有一个，不可能再有第二个。大王德性高尚，天助大王成就霸业，怎么会让美色来侵蚀大王呢？再说，伐吴之战还未结束，请大王容后再议。”

范蠡的话把勾践噎得直翻白眼，却无话可说，直恨得牙痒痒，心中暗暗叫道："范蠡呀范蠡，不要以为你有点功劳，就把寡人不放在眼里，明里暗里教训我，到时候看我怎么收拾你！就凭你的居功自傲，就能治你个逆君之罪！"

范蠡辞别勾践后，快马加鞭地赶到蠡丘围，拜见计然："先生，夫差已成瓮中之鳖，只要一声令下，吴地便成越国之土了，学生今日前来……"

计然打断范蠡的话，轻轻地说："我知道，你是来告别的。"

"是的，先生。灭吴已是触手可及的事了。"范蠡说，"灭吴之后，学生欲离越隐退。不知先生意下如何？"

计然说："从用兵看，不利之时，走为上策；从处事看，功成隐退是为义举；从做人看，不贪功利，是君子之为。你的选择是对的。"

计然又问范蠡："你将行向何方？"

范蠡答道："齐国。一是隐退齐国相对比较安全，中原列国中，齐国国力最强；二是出走路线，海路比陆路安全，可以有效地躲避越王的追杀。我多次从海上往返齐越，熟悉齐越的海上航道；三是齐国重经济，其国策有利经济发展。学生若想为民谋福、为民谋利，齐国的条件最好；四是齐国国相田恒与学生有一些交情，应该能够善待学生。"

"你的想法与我不谋而合。我在齐都淄博有一好友，含笑和仲楚、季越可以先到他那里暂住，等你找到落脚之地，再设法去接他们。"

"请恩师与含笑同行。"

"不可，我一走，天机就泄露了。"

范蠡说："恩师要是不走，勾践必会迁怒、怪罪于您，学生放心不下。"

"你不必牵挂我，我虽年岁已高，但身体仍康健，应付勾践是没问题的。"

"恩师的大恩大德，学生铭记心上。"范蠡双手作揖，敬道，"学生今日一别，不知何时才能再见恩师。先生之恩，永世不忘，今日拜辞先生，还望先生多多保重。”

“事不宜迟，迟则生变。你现在就要做好脱身的各项准备，不动声色地指挥好最后的战役。这边我自会妥善安排，含笑和仲楚、季越即日就撤离越国，五日之后便可到达齐国。”计然说，“当他们进入齐国国境后，你就可以拿下姑苏城，直奔齐国了。”

范蠡点点头。

计然又一次叮嘱：“机不可失，失不再来。吴国战事要速战速决，决不能再拖延。此事成功与否，关键在于神速。”

“学生明白。”

再说勾践选美之事被范蠡一口回绝后，他心中暗暗琢磨：“那范蠡在寡人面前说得正人君子一般，难道他对美色就不动心吗？寡人现在什么都有了，就只缺美色，所以心中渴求。他对美色不动心，是不是已经拥有了美色呢？”

于是，他把大臣们的妻子一个个地排比，在他看来，虽然都多少有些姿色，但和西施相比，差距都太大了。勾践早听说范蠡夫人长得丑，从没往心里去，现在一琢磨，不免觉得蹊跷。范蠡才华过人、英俊潇洒，如何就娶了一个丑女？更令人不解的是每年挑选的进贡给吴国的美女成群上百，那范蠡竟然一点也不动心，就连倾国倾城的西施也没往眼里去。想到这里，勾践不禁叫出了声：“这就奇了，他一表人才、风流倜傥，却不为美色所动？从古至今，可有过如此不懂风情、呆傻的男人？”

他思忖了好一阵子，心里叫道：“没有！”

他嘴角露出一丝冷笑：“哼，我倒要亲自试他一试。”

勾践又速速传来范蠡，假意问了几句战事，便说：“爱臣一心为国，经营征战多年，劳苦功高，如今大局已定、胜券在握，是享福的时候了。听说大将军内眷相貌平平，本王准你挑几个绝色美女作妾，怎么样？吴越美女由大将军任挑、任选！”

范蠡十分镇静地说："为臣的糟糠之妻贤惠能干，对我体贴入微，我心满意足，并无纳妾之意。再说吴国虽败，而姑苏城和吴王仍在，围城重兵丝毫不得松懈。谢大王厚爱。"

勾践笑着说："好，好，范大将军以国事为重，不愧为国之栋梁。"

范蠡走后，勾践陷入沉思，他轻轻摇了摇头："天下之美为何不能让他动心？难道对女人没有兴趣？"勾践马上否定了这一猜想，"不对呀，他身体强健、能征善战、力可匹敌，膝下已有三个儿子，一个个长得英武俊杰。"

勾践又想："要么他深宅藏娇之美盖天下，天下之美不再让他动心；要么他胸怀野心，排开一切杂念和儿女之情，欲与寡人争天下。"

想到这里，勾践心里直抽冷气，感到有一种危机向他压来。勾践大叫一声："来人！快把皓进大夫给我传来！"

勾践问皓进："你见过范将军的夫人没有？"

"见过。身材姣好，但相貌奇丑。"

"都说范氏丑，丑到什么样子，谁人见过？你见过？"

"没有。她终日以布遮面。"皓进回答。

"未曾谋面，你怎么就能断定她长得丑呢？"

皓进低下头："人们都是这样说的。"

"如是丑女，如何配得上大将军？"

"听说，大将军夫人小时候面部严重烫伤，但她琴棋书画无所不精。"

勾践问："嗯，范氏身材与西施相比，谁更好？"

"单论身材，大将军夫人无与伦比。与西施相比，可以说'有过之而无不及'吧。"

"大将军可有小妾？"勾践又问。

"没有。至少是下臣未听说过。"皓进说。

勾践点点头，说："知道了，下去吧。"

勾践心里有了底，思忖着："这就对了，她从来不让人见到她的真面目，要么是奇丑，要么是奇美。现在看来，恐怕是扬丑藏美吧！"

想到这里，窥视他人隐私般的好奇心和一种膨胀的占有欲使他整个人都兴奋起来。

第二天，勾践以慰问大臣家属为由，亲自到将军府送钱、送粮。将军府总管前来相迎。勾践说："有请大将军夫人。"

含笑一出来，勾践的两只眼睛就死死地盯在她身上，口里说："范大将军为越国征战在外，寡人不能不关心夫人及其家人的生活，今特前来，看看夫人有没有什么难处。"又说，"范大将军与寡人是生死之交，亲如兄弟。他不在家，寡人必须尽一份心，不然，就对不起范大将军的友情了。"

含笑不卑不亢地说："感谢大王的好意和真情，我和家人一切安好。"

听到含笑轻柔的声音，勾践的心都萌化了。

在大将军府，含笑有人陪伴左右，勾践不敢造次，只好说："大将军长期在外征战，有什么难处就告诉寡人，寡人帮你解决。如果孤独寂寞了，寡人就过来陪你说说话。只要你愿意，寡人马上就来到你这里。"

含笑回绝说："多谢大王。大王只须操心国家大事，不必为我家费心。"

过了两天，勾践传令，让含笑到越宫面见。含笑知道勾践用意不善，便急急派人密告国相文种。文种说："夫人多加小心，文种会在暗中保护你，你就放心地去吧。"

含笑一身宽大的素装、一块灰色的面布，站在勾践面前，普普通通，毫无动人之处。勾践心想："这女人的确太一般了。再一转念，她是有意装扮成这般模样的吧？"

开头，勾践假装关心地说了几句关照之类的话，接着便问："你知道本王为什么要你进宫吗？"

"不知道。"

"含笑呀，寡人见了你一面，魂魄就被你勾走了，你那悦耳动听的声音让寡人魂牵梦绕，巴不得时时守在你的身边。"

“大王一身正气，是全国官兵臣民的楷模，令民女敬重。”含笑沉稳而恭敬的话，把勾践拒于千里之外。

“你说得没错，寡人卧薪尝胆、励精图治、以德治国，一心为着越国和霸业，什么时候对美色感过兴趣？吴越绝色、宫廷美女，多得数都数不清，我一个也看不上。唯有你，含笑，你让我动心、让我钟情。自前天见到你，我就茶不思、饭不想、夜不眠，今天是请你给我治病来了。”

含笑说：“大王身体不适，请尽早看御医，恕含笑无能为力。”

“寡人得的是心病，只有你能医。寡人日理万机、身心交瘁，听到你的声音，寡人便疲惫顿消、心满意足了。”勾践说，“我是越国之王。越疆之内，我无所不能，你也得听寡人的。寡人没有什么歹意恶念，只是想一睹芳容。这个要求不为过吧？”

含笑说：“含笑为范蠡妻，请大王自重。”

“范蠡的生死贵贱，攥在寡人的手心里。你不会置之不顾吧？何去何从，你自个儿掂量掂量吧。”

含笑沉默不语。

勾践以为软硬兼施起了效果，便向含笑凑了过来。含笑轻声而坚定地叫道：“大王，请自重。”

“笑话！天下美色尽属寡人，寡人想要谁就要谁！”这时不管含笑说什么，勾践是一个字也听不进去了，他两眼直勾勾地盯着含笑，喃喃地说，“什么从小毁了容，谁信你那一套假话？你骗得了别人骗不了我。来来来，让寡人看看你的脸！”说着便向含笑扑过去。

“含笑天生丑陋，担心吓着大王。”含笑边躲避边说。

“你怕吓着寡人，用块布把脸遮着？寡人福大命大，妖魔鬼怪都不怕，还怕你丑？”说完，又扑过来。

勾践像喝醉了酒一样，满脸通红，说：“寡人就想看看你！别怕，只要你顺从寡人，寡人不会亏待你！”

含笑轻巧而灵活地避着，勾践不敢弄出大的声响，恼羞成怒地低吼着："你不要敬酒不吃吃罚酒！寡人是越国之王、天下之霸，你要是不顺从，小心你全家，还有范蠡……"

正在这时，侍从高声叫道："越后驾到。"

雅鹂径直走进来，看看勾践，又看看含笑，平静地对含笑说："将军夫人，大王关心你，你还不快快摘下面罩谢恩？"

含笑抬起手，缓缓揭开面罩。勾践两眼直勾勾地盯着，只见面罩下露出一个短短的下巴，接着是外翻的厚厚的嘴唇，朝天的大大的黑鼻孔，不对称的、丑陋的眼睛……不等看完，勾践只觉得一阵恶心，差点吐了出来，连忙挥挥手说："快，快，快走！"

再说姑苏宫里，夫差送走了西施，心中不再有牵绊，咬咬牙说："现在，本王只有孤注一掷了。"

阖闾城里已是山穷水尽、弹尽粮绝，再耗下去定是死路一条，夫差冒死突围，率领残兵余卒趁着夜色奋力一搏，鱼死网破杀出一条血路，冲出姑苏城，往姑胥山方向逃去秦余杭山。

秦余杭山山高林密，夫差一行摆脱越国追兵，在隐蔽之处暂作休息，随身携带的几块干粮，早已消耗殆尽。夫差饿得头昏眼花、视线模糊、双耳雷鸣、心慌气短，看见水田里的水，也顾不上干净不干净，双手捧起来就喝，喝罢，喘了几口粗气，看见路边水田里的庄稼，习惯性地叫道："太宰，那是什么？"

没人回答。

他回头看了看，没见着伯嚭，便问身边的公孙雒："太宰呢？怎么没见太宰？"

"回大王，那边是快要成熟的稻谷。从阖闾城出来，就没见伯嚭的踪影了，该不是突围时被越军杀了吧？"公孙雒应道。

夫差摇了摇头："上天让伯嚭降生，就是让他来灭亡吴国的。现在本王还没死，吴国还没灭亡，伯嚭怎么会死呢？"

伯嚭确实没有死。他没跟随夫差上秦余杭山，而是悄悄地从阖闾城出来，回到了自己的封地。当越军里三层、外三层地围困姑胥山时，他已在封地里优哉游哉了。

夫差饥不择食，用手采来还未完全成熟的稻谷就直往嘴里送，又蹲在田埂上用手捧了田里的水喝起来。吴军将士也像他一样，以生稻谷充饥。吃罢喝罢，夫差感叹地说："可悲啊，这岂不是应验了公孙圣'君王将吃不到火煮的食物'的话吗？公孙雒呀，幸亏还有你在本王身边，不然，本王真是众叛亲离了呀！"

公孙雒说："秦余杭山西坡树高林密，在那里休整相对安全一些，您吃完东西就赶快动身吧，从这里到那儿还有十几里路的距离。"

夫差抬头朝秦余杭山的方向看了看，说："以前，我把公孙圣丢在了这座山里，你到前面去呼唤一下，假如公孙圣还在山中，就应该有声响回应的。"

公孙雒对着山谷大叫"公孙圣"，山中响起了回音，三呼三应。夫差听后大惊失色，心里十分恐慌，双脚无力，面如死灰。夫差连忙祈祷："公孙圣，本王知道你的一片忠心了。你若保佑本王重振家园，本王将世世代代真诚地侍奉你。"

可夫差的话还没说完，范蠡带领的追兵已到，将其一层又一层地包围在中间。这情景像极了当年吴军将勾践围困在会稽山。

面对强大的越国军队，吴军已无反击之力。夫差说："我们现在走不了也逃不脱，就在这里扎营，听天由命吧。"

吴军将士就地取材，以大树为柱，用石头、树枝、茅草搭起一座简陋的房子充作军营。

穷途末路之际，公孙雒对夫差说："当年大王放过了勾践，勾践应该不忘您的恩德。如果我们请降，他若念及您的旧情，说不定能留给我们一线生机。"

无奈之下，心高气傲的夫差不得不向勾践请降了。

夫差派公孙雒前来见勾践。公孙雒像当年的文种一样，肉袒膝行，到越营请降："吴国君主不知天高地厚，得罪了越国大王，请越王原谅。二十年前，越王被重重包围在会稽山上，但吴王同意了你们请降的要求，让越王重新回到越国。如今大王举兵战胜了吴国，望您也像当年一样，赦免吴王的罪过，允许吴王求降，给他一条生路，吴王将永远不忘您的恩情。如果大王能够应允，吴国愿意臣服越国。"

公孙雒说得诚恳而可怜，勾践却不为所动。他故意侧身问范蠡："大将军意下如何？"

范蠡说："大王，不能同意吴王请降。我们辛辛苦苦地策划、准备了二十年，今日到了报仇雪恨的时候，岂能就这样放弃？"

范蠡果断地对公孙雒说："当年在会稽山，上天将越国赐给吴国，吴国却不接受。今天，上天将吴国赐给越国，越国怎敢违天逆命呢？放弃上天的赐予，将会反过来受到上天的惩罚，遭受灾祸。公孙雒，请回去吧。"

公孙雒退出越营，却迟迟不愿离去，抱着侥幸心理在门外等候。

范蠡回过身来，对勾践禀道："大王，您忍辱负重二十多年，不就是为了今天吗？大功即将告成，您千万不要半途而废，否则将前功尽弃。"

"你说得对。但寡人回绝了夫差的降辞，诸侯各国会不会指责寡人不仁不义呢？"

"夫差是咎由自取。若顾忌诸侯有异议，大王不必亲口拒降，让下臣去处理吧。"范蠡说。

"好吧。"勾践说。

范蠡来到帐外，对公孙雒说："大王已授权范蠡，范蠡将全力进攻，请使者赶快回去吧，不然别怪我不客气了！"

可是，吴国使者公孙雒不死心，一而再，再而三地向勾践求情，往返六次，勾践都避而不见。范蠡见公孙雒对夫差一片忠心，感叹地说："公孙大人，夫差今日的下场，是他罪有应得，不是你求情能够化解的。

吴国昔日种下的冤仇，怎能不得到报应呢？你让夫差想一想，当年吴国灭徐国时，血流成河，杀死了多少人，多少冤魂要报仇啊！你再让夫差想一想，当年吴国占领楚国郢城，奸淫烧杀，干了多少伤天害理的事呀！”

“那都是先王在位时的事，与吴王没关系呀。”

“没关系？父债子还。吴国先王种下的孽，现在得由夫差来吞这苦果。”范蠡说，“再说，夫差不也是想灭掉越国吗？他杀了多少越国士兵子民？他羞辱越王，让一国之王做他的奴仆。他年年搜刮越国钱财，还想吞并中原各国，其野心比吴国先王有过之而无不及。如今越王要报吴国攻越之仇、文种大人要报吴国践楚之仇、范蠡要报吴国灭徐之仇。夫差得尝一尝亡国的滋味！”直说得公孙雒抬不起头来。

夫差听了公孙雒的回报后，仰天长叹：“范蠡呀范蠡，你的确是智者中的智者、高手中的高手。你的确比伍员智高一筹，伍员一再告诫本王的是要防止勾践复仇，他哪里想到，你范蠡还要为徐国复仇呢？”

范蠡把姑胥山围得滴水不漏，战鼓擂得震天响，越国士兵的呐喊声直上云霄。公孙雒再次来到勾践帐前，哀求请降，说夫差愿意答应勾践提出的所有条件，只要求保留吴国国号，放夫差一条生路。他长跪不起，一再叩首，额头都磕破了，鲜血把地面染红了。勾践看在眼里，心有所动，便对公孙雒说：“看在你对君主一片赤诚的份上，寡人可以不杀夫差，放他一条生路，并把甬东岛作为其食邑。那里有三百户人家，可以服侍他。但保留吴国国号是不可能了，寡人定将吴土全部收归越国领地。”

夫差知道后，毅然地摇了摇头，说：“夫差与吴国同在。如果吴国国号保不住，夫差岂会苟且偷生？我夫差英雄一世，岂能舍弃吴国、吴民而独自苟活，囿于孤岛终其一生？请回越王：‘上天降祸吴国，夫差回天无力，夫差认了。夫差老了，不能侍奉大王了！’”

夫差拒绝了勾践的“恩赐”。勾践对范蠡说：“哼，死到临头，还不识抬举！”

明月高悬，夏风吹拂。姑胥山上，范蠡带领越军重兵把守。山上一片孤寂，只听虫鸣蛙叫，未闻人声鸡啼。范蠡坐在营房外的大石上苦苦思索。家丁快马传来家书，他知道含笑及家人已顺利到达齐国，心中暗暗叫道："这场大仗该结束了！"

范蠡立即与众将领再一次商议进攻之事。傍晚军报送来勾践的回折，仍然是围而不攻。范蠡和众将领一致认为，现在进攻的条件已经成熟。范蠡说："将在外，君令有所不受。各位做好今晚子时进攻的准备，争取寅时结束战斗。"

子时一到，越军队列整齐、军容严整，像铁桶一样把吴营围了个里三层外三层。范蠡一声令下，十万支火把一下子全部点燃，把夜空映得通红。越军士兵精神振奋、斗志昂扬。这时，一支带有绢书的箭从吴国军营里向范蠡射来，范蠡一把抓住了它，打开一看，上面写着："吾闻狡兔死，良犬烹，敌国如灭，谋臣必亡。今吴病矣，大夫何虑乎？"范蠡将绢书一把塞进衣襟内。

范蠡正要下令击鼓时，军报飞马赶来，送来一封急件。范蠡一看，是勾践仍然不准进攻的军令。范蠡只觉得血往上涌，一股英气直冲天庭，他一声没吭，"唰"地一声扯开战袍，袒露出右臂，接过鼓手的鼓槌，重重地击了三下。一时间，军号嘹亮，呐喊声冲天，各路人马势如破竹般地从各个方向逼向吴营。

鼯与大声叫道："夫差，你给我站出来！"越军齐声呐喊："夫差，出来！"

夫差从吴营走出来，站到包围圈的正中心。

范蠡对着夫差，数说其罪状："吴王，听着，你有五大罪过，你自己明白吗？第一大罪，杀害伍子胥。伍子胥忠信而先知，结果身首分离，浮尸江中；第二大罪，杀害公孙圣。公孙圣正言直谏，却惨遭杀害，抛尸山野；第三大罪，齐国无错，却遭蛮横侵犯、生灵涂炭；越王身为越君，无过而为囚奴，这是第四大罪；你重用奸佞、听信谗言，断送了世代基业，这是第五大罪！你认罪吗？”

“本王认罪。”夫差低声应道。

駈与对范蠡说：“大将军，下令吧，一刀把他给砍了！”

范蠡摇摇头说：“我是臣子，他是君主，臣不弑君。事已至此，不必着急。我现在即便不杀他，他也跟死了没两样。让他自己了断吧。”

范蠡左手拿着战鼓，右手举着鼓槌击鼓，对夫差说道：“苍天在上，大军在下，何去何从，快做抉择！你想等越军军士来砍断你的脖子，折断你的骸骨吗？”

夫差说：“我认命了！”

夫差回身走进吴营，反手关上大门，对公孙雒说：“请给我一块帛布。”随后示意所有人都离开营房。

夫差右手举起“吴王夫差剑”，左手拇指和食指捏着剑刃，快速从下向上滑去，那剑发出轻微的金属声。这剑是他的至爱，也是他的骄傲：“夫差剑啊夫差剑，你伴着本王走南闯北、血刃沙场、所向无敌。今日又将陪夫差结束一生。”

他的目光从刀尖缓缓扫到刀柄，一生的作为也历历在目。他万般感慨地自语道：“本王的一生，是风起云涌、豪迈辉煌的一生，本王活得不惭愧。本王在位二十多年，把一个远在南隅、受人歧视的南蛮小国，治理得强盛无敌，先后战胜楚、晋、齐等大国、强国，实现了先王夙愿，横扫中原，成为一代霸主。本王驰骋沙场，从东海到中原，创造了无数个以少胜多、大获全胜的战场奇迹，迄今为止，无人能超越。本王修建了世上最精美、最宏伟的姑苏台，它将是历史上永久的骄傲；本王修凿了横跨江、河、淮、泗四大江系的四百里邗沟，使天下水路四通八达、扬帆无阻，这史无前例、超群盖世的丰功伟业，将福荫子孙万代。本王不枉此生！”

夫差一甩头，接着说：“本王原以为可以功成名就、流芳百世，可没有想到，前世今生种下的仇恨，今日结成了毒果。这毒果得由本王来吞下它。”

想到这里，夫差释然地笑了笑：“这也是命中注定，上天哪能让一个人独领风骚呢？有大得者必有大失。”

他高高举起“吴王夫差剑”，抬眼看着它熠熠闪光的刀刃，叹息而愧疚地说：“本王英雄一世，出生入死，何时怕过死？可今日，本王怕了……”

说到这里，他深深地低下头，不由哽咽得说不出话来。他把剑尖插在地上，单膝跪下，仰天长啸：“苍天啊，这就是轮回报应吗？子胥啊，我错怪你了，我今日才明白你的一片苦心和忠诚，实在是太迟了！列祖列宗，你们把吴国交给我，可我今日把吴国弄丢了，我怎有脸面来见你们啊！”说到此，夫差大恸。他仰面朝天、放声哀号。夫差的哀号声犹如火山爆发，惨烈而悲壮，撕心裂肺，地动山摇。

少顷，哀号声戛然而止，一切归于寂静。

良久，公孙雒推开营门，见夫差脸上盖着白色帛布，手中紧握着“吴王夫差剑”，鲜血流得满地遍是。他扯下一块幔帘，盖在夫差身上，静静地坐在他的身边。营外如雷霆般的战鼓声、士兵的呐喊声，他如同没有听见一样。

越国的战鼓再次擂响，越军潮水般地涌进吴营，一个多时辰，战争全部结束。越军的旌旗高高飘扬在秦余杭山上空，迎接着黎明的到来，胜利的欢呼声响彻云霄。

事后，范蠡将夫差葬在太湖边的卑犹山上。范蠡默默站在夫差棺前，心中默念道：“夫差呀夫差，你的先祖先王欠下了无数血债，不能不偿还，徐国的深仇不能不报。父债子还，所以你才会死得这样惨。吴国造下的罪孽天谴人怒，才有今天的灭亡。不过，范蠡心中对你个人仍存敬意：作为男人，你是文武智勇俱全的佼佼者；作为王者，你也不愧为一代枭雄。”

于是，范蠡按照国君的礼仪，厚葬了夫差，并命令全体越军一人掬一抔黄土，覆在夫差的坟上。

这一年，是勾践二十三年（公元前473年）。

越国灭掉吴国后，伯嚭以为自身无恙，面有喜悦和得意之色，内心等待着越国的赏赐。一听到夫差兵败自刎的消息，便到吴宫来见勾践。

伯嚭一副功臣的气派，声音洪亮地对勾践祝贺道："恭喜大王，贺喜大王，罪臣伯嚭请求处置。"大家都很讨厌他，以鄙夷的眼光看着他。

皓进见了，愤愤地说："你这个佞臣小人，还有脸面来见我们大王？"他上前一步说，"大王，把他拖出去宰了！"

"皓进大夫，要杀我，不是那么简单的事吧？！文大人，你说呢？"

文种面无表情。

伯嚭嘴角挂着微笑，不慌不忙地说："文大人，当年越王被困会稽，向吴国求和时，你是怎样求我的？大人应该没有忘记吧？当时大王是怎样承诺的，大王也应该记得吧？"伯嚭一副理直气壮的模样，"当年求和，有言在先，有朝一日越国取胜，即封我伯嚭为相。文种大人可曾记得？"

文种说："记得。"

伯嚭要的就是文种的这句话。他脸色平静地站到旁边，用眼睛的余光观察着勾践的反应。

皋如大声喝道："你这个不忠不义的家伙，在最危难的时候你临阵脱逃，离开了自己的君主，现在还有脸到这里来邀功，真是恬不知耻。"

伯嚭说："邀功？伯嚭本无心邀功，而要论功劳，旁人我不敢比，但可与文种大人比一比。他和我皆为楚人，皆辅越王复国称霸，只是他是明辅，我是暗辅，要论功评赏，我俩应不相上下。大王和文国相都心知肚明，没有我，越国哪能步步得利、手操胜券呀！"

不等勾践发话，伯嚭又把眼光转向范蠡："范大将军心里最明白，要不是我暗中保护，多方斡旋，今天还有越国和越王宝座吗？"

皓进说："你身为吴国重臣，却做出危害国家、国君的坏事，导致吴王自杀、吴国灭亡，你这样的逆臣贼子该千刀万剐！"

伯嚭并不理会皓进，面对勾践，侃侃而谈："大王，您以为吴国是我祸害的？其实不然。我只不过是吴王的一个谋臣，决断都在于吴王。当初我劝吴王与越国议和，是为吴国好，也为越国好，并不是刻意吃里扒外。吴国之所以亡国，是吴王穷兵黩武、耗尽吴国元气的结果。越国不灭吴，楚国也会灭吴；楚国不灭吴，中原强国也会将它灭掉。"

他停了停，又接着说："大王您有今天，是我的功劳吗？当然也不全是。是大王高瞻远瞩、英明决策、坚韧不拔的结果，我只是做了一些微薄的事。大王，有人说是我灭了吴国，我有这么大的能耐吗？楚国、齐国、越国均举全国之力灭吴而不得，我小小伯嚭能灭掉吴国？太抬举我了吧！如果说吴国灭亡是我的罪责，那反过来站在越国的立场上，岂不是说今日越国胜利的功劳都归于我了吗？我可不敢贪天功为己有。"说完，他故意用眼睛重重地瞟了皓进一眼。

"微臣今日来到这里，一不是来邀功，二不是来请赏，只是在百家争霸的当代，我敬慕越王已经很久了。以前我投奔夫差，是走错了路。如今我弃暗投明，也是过错吗？大王看得上我，是我的福分；大王看不上我，我无怨无悔。"

勾践心想：伯嚭这家伙的口才果然厉害，难怪一代枭雄的夫差也被他哄得晕头转向。

这时，范蠡上前一步，禀道："大王，请重赏伯嚭大人。"

勾践心领神会，下令道："伯嚭大人一直暗中帮助越国，是越国的功臣。寡人记得自己的承诺。从今天起，伯嚭高任越国右相，保留其原有的封邑，另赏封地三百亩、黄金三千两、锦三百匹。"

伯嚭大喜过望，连声称谢。满朝文武对其怒目相对、忿忿不平。

两天后，伯嚭满面春风、踌躇满志地来上朝。

勾践客气地对伯嚭说："先生所期求的高官厚禄都已经得到了，您还有什么要求吗？"

伯嚭说："伯嚭知足，没什么要求了。"

“寡人知道，先生是吴国的太宰，一人之下万人之上。而在越国只能任右相，这也太委屈您了。您的君主现在阳山，不如去跟随您的君主吧，他会给您更高的爵位。”

伯嚭一听，大惊失色，转身夺门而出。勾践打了个手势，一群军士拥上来，伯嚭立刻葬身乱刀之下。接着，勾践下令将其满门抄斩。

接着，勾践召来范蠡、文种，商议如何取得天下霸主名号的大事。

勾践说：“灭吴以后，越国便是天下第一。但如果说是称霸天下，还差最后一步，那就是获得霸主的名号。想当年吴国为了获得名号，用三万大军在晋国大动干戈，才在险中取胜。现在，我们用什么样的办法才能得到霸主名号呢？”

文种禀道：“当年吴王以武要挟、强拿硬要，虽然把盟主的名号硬夺到手，但诸侯各国对他口服心不服，也不给他上贡。每年所得的贡品比不上以前越国一个国家进贡的数量，搞得国库空虚、军力衰退。他那个盟主的地位是虚的。今日大王必须以仁为怀、以德服人，才能让中原诸侯由衷诚服、真心拥戴。”

“如何才能把寡人的仁德传播天下呢？”

范蠡说：“大王要获得名号、成为霸主，必先做到两条：一是得到周天子的认可；二是得到各诸侯国的拥护。诸侯各国虽然各自为政，但只要我们以诚信、仁德和实力彰显天下，内怀诚心，外显威势，便能让天下诸侯信服。”

“周天子的号召力显著下降，有的诸侯国对周天子的话已爱听不听了，周天子的认可还重要吗？”大夫若成问。

“没错，周天子毕竟是天下共主。霸主名号得到了周天子的钦封，才算名正言顺。大王要尊重周天子、扶持周天子、拥戴周天子，惩罚对周天子不恭的诸侯国，抑强扶弱，戒恶返善，您的作为就会得到天下人的赞许。”

勾践听了，轻轻地点了点头。

“如果周天子能赞许越国，他说一句，就比我们自我标榜一百句还强。”范蠡说。

“得到周天子的好感容易，而得到诸侯国的拥护可就难了。诸侯各国各自为营、实力可观，我们用什么办法才能得到他们的拥护呢？”皓进问。

“成大事者必须有大气和大量。以前，那些诸侯国的国君总是把夺得的地盘占为己有，而失去国土的国家又会不遗余力地要夺回自己的国土，争来夺去，战争连绵不断，百姓连年遭殃。多年来，吴国凭借自己强大的军事霸权，掠夺了许多土地。您要是把吴国征战得到的土地归还给各国，这些国家能不拥护您吗？这些国家不必再为争夺土地而征战，中原地区的人民得到安定的生活。这样，周天子想做而没有做到的事，您越王做到了，天下人能不颂赞您的雄才大略、仁德高尚、冠绝当代吗？”范蠡说。

“好，按你说的办！越国有了吴国的大片土地，疆域超过了许多中原大国，即使归还了原来吴国侵占他国的土地，也毫不影响越国的地位。”勾践爽快地说，“把沛地归还给宋国，把浮陵归还给楚国，把临沂、开阳归还给鲁国。”

于是，勾践派出使者，向各诸侯国归还吴国侵占的国土，建立友好亲善的邦交关系，宣传勾践的德治仁政。中原各国异口同声地称赞勾践，一致拥戴勾践为中原盟主。

同时，勾践又派遣使者向周元王进献厚礼。周元王心中十分高兴，赐给勾践衮冕，命为“东方之伯”。所谓“东方之伯”，也就是位于东方的首领的意思。勾践终于取得了霸主的名号，成了春秋时代的最后一位霸主。

接着，勾践挥师北渡江淮，与齐、晋约定在徐州（今山东薛县）举行盛大的诸侯会盟。盟会上，勾践得到各诸侯国的认可，顺利地签订了盟书，各国不仅确认了勾践的盟主地位，还将吴国淮、泗之间的领土正式划归为越国的疆域。

盟会上一片祥瑞之气，各国君主握手言欢。勾践风光无限，各诸侯国君臣众星捧月般地簇拥着他，赞美之声不绝于耳，祝贺之辞排山倒海。

“越王，您克勤克俭、励精图治，把一个弱小的国家治理成当今强国，成就霸业，真是史上绝无仅有的奇迹。”鲁国国君说。

“我们对蛮横的吴国，久有怨恨之心，却奈何他不得。如今被您给收拾了，真是大快人心！”齐国君主说。

“夫差霸凌欺人，不得人心。越王您施仁德于天下，天下心悦诚服。”晋国国君说。

勾践听了这些溢美之词，心中十分受用。他看着各国君主仰望自己的样子，切实地感受到压抑心底多年的屈辱一扫而光，心里豁亮得如同蔚蓝无瑕的晴空，意气如同瀑布般地迸发。心中暗暗感叹道：“过去，中原人看不起我们，称越人为‘南蛮’，我们身居边陲海滨、刺身纹花，被视为落后而愚昧的异族。如今我们终于洗尽了身上的屈辱和鄙视，再也不受人欺辱了。我们战胜了强大的吴国，得到了中原各国的拥戴，称雄于东方。今天，寡人终于挺直腰板、扬眉吐气了！”

勾践心中喜不自胜，但他并没有喜形于色，在各国君主面前一直保持一种谦和有礼的姿态。

在从徐州返回吴国途中，勾践终于按捺不住内心的骄傲和自豪，得意之情溢于言表地对文种说：“文国相，世人大概都没想到，我小小越国能称霸天下，泱泱中原大国也拜倒在咱越国的脚下。啊，细数古往今来，圣人治理天下之术，有谁能超过寡人的吗？”

文种见勾践得意忘形、目空一切，便向他浇了一瓢冷水，回答说：“恐怕不能这样讲。一个贤明的国君得天下，并不完全是因为国君个人具有高超的能力。范蠡大将军早就预测到，天地瑞兆将会应验在越国。您今日能登上霸主之位，是天地赐予的浩荡惠泽。您知不知道，范大将军还有许多预见和计策没对大王讲。”

这瓢冷水，一下子让越王清醒了许多，狂妄之心一下子收敛起来，脸色变得惶恐而忧虑。

一回到阖闾城，勾践就把范蠡召来，问：“大将军，你在多年以前，就预言寡人能够称霸，今日你的预言竟然成真了。寡人听说大将军精通阴阳进退的方法，能够预测未来的事情，通过推论、引申以往的情况，可以推知千年后的情况。你能将预见的情况，讲给寡人听听吗？寡人愿洗耳恭听。”

范蠡说：“依据阴阳进退的方法，虽不可能完全准确预测未来之事，但要称霸四海，这却是至珍之宝。如果大王不泄露个中机密，让我以后慢慢为大王讲解。”

勾践心中暗喜，连忙说：“大将军愿意教诲寡人的话，寡人将把这些计智谋藏在心里，至死不忘。”

“阴阳进退的方法，原本就是天道的自然变化，不值得奇怪。刚进入阴年，年成就好；进入阳年久了，年成就变坏。这就是在暗昧不清中预见未来。因此，圣人见到任何事情都不会惊疑，这就叫‘通晓时世’，这是圣人不肯传授的秘密。尧、舜、禹、汤，都有预见未来的本领，即使遇到荒年，他们百姓也不会困窘穷苦的。”

勾践口里说：“讲得好。”但他心里却十分不满意，他心中耿耿于怀，认为范蠡只是重复了以往讲述的内容，并未把新的、真正的预测之术告诉他，可他也不能逼迫范蠡，只能慢慢从他口里往外挖。于是，他故意特别重视范蠡的讲话，让人用朱砂把范蠡的这些话记录在绢帛上，再三说：“寡人将把绢帛藏在枕匣中，天天阅读，当作治国至宝。”

当然，范蠡也只是应付应付勾践，他心里已经作了新的打算。这也是范蠡依天地之道而确定的计策。

第三章　隐退江湖与商海传奇

三十二、庆功之夜

公元前 473 年秋，暮色降临。

勾践捧得“东方霸主”的名号，旌旗招展地从中原凯旋，到达原为吴国都城、今为越国之都的姑苏城休整。

姑苏城内，一片歌舞升平的景象。文台之上，设置了高大宽敞的贺台，张灯结彩、灯火通明。今夜，勾践大摆酒宴、酬犒群臣，庆贺越国灭吴复仇的伟大胜利，庆贺自己成为“东方霸主”。文官武将喜气洋洋，敲锣打鼓，痛饮狂欢，通宵达旦。

文种张罗着庆功大典。庆功大典丰盛而豪华，宴席从吴宫大殿一直摆到殿外的广场上。喜庆的笙歌欢快地鸣奏着，朝廷文武百官、有功将士齐聚一堂。勾践坐在大王宝座上，气度非凡。

今日，范蠡自然是座上首宾。二十多年来，他没有一天不忙碌，没有一天不辛苦。今天勾践让他好好地享受一下“大将军”的滋味：“大将军，开怀畅饮吧，二十年的屈辱一朝雪洗，怎能不一醉方休呢?”君臣无不欢乐。

大将军范蠡看着这喜庆热闹的场面，心中思绪万千。当他来到越国时，年方二十有余，风华正茂、胸怀大志，立志成就一番大业，谁知坎坎坷坷、风风雨雨，转眼间在越国度过了二十三个春秋，早在槜李之战大破吴军，创造了以少胜多、以弱胜强的军事奇迹；越国在会稽大战失利后，他随勾践到吴国为仆三年，呵护前后，终使勾践得以生还；后经十年生聚，他辅佐勾践将一个弱小贫穷的越国，发展成一个实力雄厚的、富足的强国；又经十年教训，他使越国军队成为调教有素、所向无敌的劲旅，使越国居民摆脱愚昧落后，成为懂礼义、有教养的臣民。多年征战，终于消灭吴国，让越国赢得东方霸主的地位。二十三年中，他呕心沥血、忠贞不贰，用年华、智慧和生命换来了成功和业绩。勾践由阶下囚而成为一代霸主，他也由一介贫寒之士成为统率三军的越国大将军。按理说，他功成名就、大权在握，往后就该享受荣华富贵了，应该感到自豪、满足、欣慰。但此时，他没有那种大胜以后的轻松感，也没有雪耻复仇以后的自豪感，一种说不清、道不明的阴影笼罩着他。将士、大臣们的狂欢，热闹喜庆的环境，似乎都与他无关。他也像其他人一样笑着、应酬着，但在他心底却有一根弦绷得紧紧的。

豪华气派的文台大厅，以前是夫差接见贵宾的地方。须臾之间，现已易主，勾践端坐在文台正中的雕金嵌玉的王位上，威严而矜持。宴桌旁，将相齐聚，几案上摆满了食品佳肴、水果陈酿。在这大喜的场合，勾践心里也是一点也不轻松。他不时用他那细长锐利的眼睛似不经心、实为有意地扫视着大臣们。他要用所有的感官来感觉他身边的每一个人，特别是那几个德高望重的大臣，不放过任何蛛丝马迹。

庆宴开始，勾践高举酒杯，高声说道："寡人能有今日，实为不易，多亏各位将士、大臣生死相随、鼎力相助，往日的耻辱、苦痛，今日一扫而光，寡人大摆三日盛宴，望各位尽情欢乐！"

庆贺仪式隆重而盛大，祭天、祭地、祭祖宗、祭阵亡将士。

祭罢，便开始敬酒。祝酒之词一个比一个说得动听，欢呼之声不绝于耳。

当庆功宴会达到高潮时，皓进对勾践禀道：“大王，即事作操，功成作乐。在这大喜之时，大王何不以乐助兴，以乐助酒呢？”

勾践说：“好啊！请乐士舞女表演，众人尽情欢乐吧！”

乐师奏起欢快的乐曲。

大臣将士争相献歌、献舞，鼓声恢宏、琴声悠扬，歌者狂、舞者劲。乐师、歌师、舞师，个个神采飞扬。

大厅里、贺台上笑声盈盈、觥筹交错，无不为越国的胜利而自豪、为勾践而喝彩。若成见勾践兴致正浓，便上前来，进言道：“大王崇尚仁德，诲化有道之国，诛除无义之人，复仇还耻，威加诸侯，成就了霸王之功。您的功劳应该绘成壮美的图画，供后人瞻仰；您的品德应该镌刻在金石之上，让后人铭记；您的声誉应该谱成美妙的音乐，供万代传唱；您的英名应该撰写书帛，流芳百世！”勾践听了，微微一笑，本来紧缩的心里升起一股甜滋滋的味道。

这时，乐师上前禀道：“大王，鄙人为越国战胜吴国谱歌一首，名为《伐吴》，现愿将此曲献上！”

“好！”勾践应允道。

乐师带领乐工引琴击鼓，宫女翩翩起舞，乐声优美、豪放、雄壮而威武。群臣兴致更加高涨，豪饮狂欢，伴着音乐伸展出奔放的舞姿，沉浸在胜利的喜悦之中。乐师浑厚、洪亮的歌声在热闹喜庆的气氛中更为悦耳：

吾王神武蓄兵威，欲诛无道当何时？

大夫种蠡前致词，吴杀忠臣伍子胥。

今不伐吴又何须？良臣集谋迎天禧。

一战开疆千余里，恢恢功业勤常彝。

赏无所吝罚不违，君臣同乐酒盈卮……

听着听着，范蠡心中一紧：“糟了，这乐师怎么能在大王面前颂扬臣子的功绩呢？还把文种和自己的名字在歌词中亮了出来。”他从帐帘缝隙中向勾践看去。不看不打紧，一看心中便一沉：刚才还略露喜气的勾践，脸上罩上了一层冷霜，眉心凝着一股阴气，手中的酒杯冷冷地推到案几边上，双眼微眯，向文种扫去。范蠡似乎感觉到文种不由自主地颤了一下，他的心也不由自主地紧了一紧。但须臾之间，勾践恢复了常态，他面带笑容，连声称道："好，好，好！"范蠡又朝文种看去，文种也正把目光投向他，四目相对，两人心中顿然明白。而乐师对席间动向全然不知，自顾自地唱着。范蠡示意文种止住乐师，文种灵机一动，立起身来，向勾践进祝酒辞。他高声唱道：

皇天佑助兮我王受福，
良臣集谋兮我王之德，
宗庙辅政兮鬼神承翼，
君不忘臣兮臣尽其力，
上天苍苍兮不可掩塞，
觞酒二升兮万福无极。

群臣正在兴头上，文种一唱，众人相和，一片欢腾。范蠡再看勾践，只见勾践脸上笑着，眉头冷气略减，举手端起酒杯抿了抿。群臣举杯碰盏，未发现个中蹊跷。这时，皓进向前迈出，走到贺台中央，向勾践颂道：

我王贤仁，怀道抱德。
灭仇破吴，不忘返国。
赏无所吝，群邪杜塞。
君臣同和，福佑千亿。
觞酒二升，万岁难极。

此时，群臣大悦，同声高呼"大王万岁""伟业万极"。曳庸、皋如纷纷献赞辞、进喜酒，勾践脸色才逐渐放开，一一作答。但范蠡知道，一直到宴毕，勾践心中并无喜气，脸上虽然强笑着，心里的阴霾却从眼睛、眉头渗漏出来。

为什么呢？范蠡知道勾践的不快是冲着自己来的。勾践本想把灭吴之事再拖一拖，并下达了暂不进攻的旨令。而自己竟胆大包天，未奏报他批准就擅自诛了夫差、灭了吴国。勾践一定认定自己是为了抢头功，且不把他放在眼里。

事情正是如此。勾践的恼怒本强压在心里，现在经乐师一激，又冲了出来："如此天大的事，他范蠡都敢我行我素，完全没把我这个越王放在眼里，怎叫寡人不恼怒万分！"

勾践用眼角的余光扫了一下范蠡。在这千人济济的欢庆场面上，范蠡正与众臣欢笑畅饮，他感觉范蠡是个打了胜仗的将军，自己却是个打了败仗的国王。他越想越气，心中叫道："反了，反了！范蠡在外面与我顶着干，文种在内与我顶着干，我这个国王在他们眼里什么都不值，说的话就像放屁！"他咬咬牙，又暗暗骂道，"太可恶，太可恶了！一定得除掉这两个楚人！否则，寡人危在旦夕、性命难保、江山难保！"

范蠡何尝不知勾践对他又气又恼、又恨又妒。他更明白：吴国已灭，越国已强，吴越争战已经结束，他不能再在这里待下去了。但他得把事情理顺，堂堂正正地走。

表面上，勾践和范蠡都与众将官们同庆胜利、饮酒作乐，其实一场新的战斗正在帷幄运筹之中。

宴毕归家，范蠡心中久久不能平静。他深知勾践的为人，其举手投足，所思、所想总瞒不过他。他想："乐师对我和文种的赞誉之词，更加触动了勾践深埋心底的担忧和忌虑。我和文种一个主持政务、一个主持军务，协助吴国正乱、批患、折难、广地、殖谷、足家、强主，禄位仅在勾践之下。功高盖主，这正是让君王心中感到最危险、最不安的。勾践对我和文种是绝不会手下留情的。"

思来想去，不觉已到三更天，范蠡起身沐浴洁身，取出北斗龟甲，卜算吉凶。他默默祷告："我对越王忠心耿耿，对越地一往情深、意欲长留，请明示凶吉。”他连占三卜，皆为大凶。他又祷曰：“我忠心对越王，越王对微臣却疑忌在心，既然有二十三载的出生入死之情仍不能取信于越王，不如激流勇退。如弃官而去，不知凶吉，请明示。”再卜三卦，皆为吉。

于是，他将贴己的副将卢虞和大儿子孟宛叫来，说：“大祸将降于我身。越王是个深藏不露、喜怒不形于色的人，而今夜他对我和文种大夫的疑虑，已明显表露出来了，看来灾祸已临、迫在眉睫，我们必须尽早离开这里。”

卢虞说：“大将军今夜就走？”

范蠡摇摇头说：“我身居要职，不得擅离职守。不辞而别是非礼。不合礼义之事，断然不能做。”

卢虞说：“那么您将作何安排？”

范蠡说：“我将向越王提出辞呈。”

卢虞说：“如果越王不准呢？”

“提不提辞呈是为臣的事，准不准辞是君主的事。为臣请辞，而君主不准，臣下也是有言在先、有辞而别了。”

“大将军重礼重节，怕只怕到那时候您想走也走不了。”

“我所担心的也正是这一点，但事已至此，我对生死已置之度外，生死凶吉皆天意，只能顺应其发展了。你跟随我多年，情同手足。今日灾祸临头，恐危及性命。孟宛随我征战，武艺提高不少，但年纪轻、阅历少，请你在他身边多加保护和照看。其他家眷、儿女已另做安排，不用牵挂。事不宜迟，你俩现在就离开这里。”

孟宛听罢，倒头便拜：“儿决不离开父亲，儿愿与父亲同生同死、患难同当！父亲不答应，儿则长跪不起！”

卢虞也跪拜在地，说：“大将军浩气凛然，我愿肝脑涂地，今生今世与大将军相随！”

范蠡长叹一口气，扶起他俩，接着把所安排的事项细细相告，卢虞、孟宛一一点头应允，随后驾车急驰而去。

送走卢虞、孟宛，范蠡又叫来侍卫军将领铁驹，对其细细交代了一番。然后，他拨亮灯、拿起笔，疾书书简一封。这是写给文种的。

安排完毕，东方已现出晨曦。范蠡洗了把脸，穿好朝服，熄掉灯，掩上门，走到院里，深深吸了吸潮湿而清新的空气，留恋而深情地环视四周，心中叹道："越国的弟兄们啊，我和你们共同度过了二十三个春秋，现在，我不得不和你们告别了。"

是夜，勾践也是彻夜难眠、思绪万千。他的案桌上堆着高高的竹简，这全都是嘉奖奏折，现在，他必须对报仇雪恨的有功之士予以褒赏。

勾践打开嘉奖奏折，见第一个名字便是范蠡，气就不打一处来。他一把将桌上的嘉奖奏折高高举起，恨不得狠狠地摔向地面。但是，他瞬间冷静下来，把嘉奖奏折轻轻放在案台上，告诫自己："不可操之过急。现在刚刚打完胜仗，理应嘉奖范蠡。如果马上治他的罪，恐怕在朝廷内外引起大的反响、影响政局的稳定。这事，得从长计议。"他自我宽慰地想，"寡人被他给气昏了！"

于是，他提笔写下个"准"字，冷笑着自言自语："欲擒故纵，我得先将他稳住，再作处理。"

卢虞和孟宛带着范蠡写给齐国国相田恒的密信，乘着快船、骑着快马直奔齐国，日夜水陆兼程，直奔齐国国都临淄。

铁驹挑选了一百多名最精锐的将士，将一艘经过改进，综合艅艎、楼船、突冒、大翼的优点，适宜远航、载重量大、稳定性好、轻捷的大船，装上了充足的粮食、酒、饮用水、书籍和其他各种必备的生活用品，悄悄地在太湖边的一个隐秘之处静候。

三十三、功成隐退

勾践二十三年（公元前 473 年）九月。

庆功宴第二天上朝之时，越国文武大臣个个喜庆之色未消，喜悦之情犹存。勾践环视了一下大臣，问道："今日有何事须商议，一一奏来。"

文种上奏道："越国如今大胜，霸主名分已定，大王早日决策，让凯旋的将士休养生息。"

曳庸也上前说："军士离乡，时日已久，思家之心日甚。大王若褒赏勇士，留下精锐，让军士返乡团聚，必会民心大悦。"

皓进向前一步，禀道："今日凯旋，将士劳苦功高，望大王论功行赏。"

勾践听着，未置可否，面露犹豫之色。灭吴之后的几个月里，勾践一直琢磨着一个问题："越国大臣、将士艰苦奋斗多年，征战伐吴多年，早盼着加官进爵。对有功将士加官褒赏，自是不在话下。而有的大臣已声威颇高，特别是范蠡、文种，早已德高望重、重权在握，在民众中的威望有些方面甚至高过自己，该怎么办呢？"

"若晋封，范蠡、文种已居高位，一人之下、万人之上，重权在握，无级可晋；若奖赏，也只有增加封地、加封其族人亲属了，如果这样，他们的势力也就更大了。要是他们居功自傲，不把寡人放在眼里，寡人如何掌控得了他们？他们本为楚人，若心起反意，岂不是后患无穷、危及王位了？翻云覆雨之间，越国便变成了楚地。"当年石买的话音又响在他耳边。

勾践叹了口气，心里说："若不晋封，于情于理又说不过去。拖延时日终究不是解决问题的办法，但何为万全之良策？"

范蠡对勾践知之甚深，勾践的心思他自然明白。他想起先生计然的话："越王为人，鹰视狼步，可与其共患难而不可与其共享乐。"心中也叹道，"越王是个嫉妒心特强、疑虑特深的人，他在心里对我和文种大夫早已时时防备着，无论我如何诚心、忠实、善意地对待他，他都不可能真正地信任我。现在他心里觉得最难办的事，就是如何安排、处置我和文种大夫了。我现在重兵在握，令他日日夜夜如坐针毡。他想收回兵权，一时还找不到说辞；想除掉我，也还未能找到由头，也不是时候。唉，勾践呀勾践，当年，你身为阶下囚，把我当作知己和朋友。如今，大业初成，就思谋着如何除掉功臣、集中权力，真是可笑又可悲！”

范蠡想起了吴国大胜楚国后销声匿迹的孙武，心中不禁感慨道：“难怪孙子兵法的三十六计中‘走’为上计，孙武自己最后也是用的此计脱身的。”

刚上朝时的喜悦气氛，逐渐变成严肃氛围，勾践觉得自己心上的压力越来越大，便想退朝，他站起来说：“今日所议之事，寡人再考虑考虑，退朝吧，各位大臣继续宴饮。”

这时，范蠡赶紧上前一步，禀道：“请大王留步，臣有要事相禀。”

勾践一怔，警觉地看了范蠡一眼，落下座来，说：“有事禀来。”

范蠡说：“大王，微臣请罪。”

勾践故作一愣，反问道：“大将军何罪之有？”

范蠡说：“微臣懂得‘君忧臣辱，君辱臣死’。主上有忧虑的事情，作为臣下的就应竭尽全力为其排除忧患，主上受到困辱，臣下就该以死赎罪。从前大王在会稽受辱，微臣就该担当死罪。微臣之所以没有以死赎罪，不是不该死，也不是不愿死，是想着要替越国报仇复国，替大王洗辱雪恨。现在吴国已灭、国耻已雪，大王称霸中原。现在是我请求赴罪的时候了，为此，特向大王请罪。”

群臣一听，不禁愕然。

勾践听罢，沉吟不语，心想：“这家伙真是太厉害了，他了解寡人的一举一动，就连我的心思都识透了。他对我知之过明、知之过深，若再长伴左右，真令我不寒而栗，必须及早除之！”

想到这里，勾践恨不得立即高声叫道“准奏”，治范蠡于死罪。但随即他就冷静下来，心中想：“不，不，不可操之过急。寡人现在杀了他，可解心中之忿，但会在大臣和民众中引起巨大的反响。”他看了一眼范蠡，心想，“范蠡所求，正中我意，不如顺水推舟。”他又一转念，“范蠡深于算计，这也许是他投石问路吧，寡人在重臣面前不能太露、太急，不如也探探他的深浅。”

“大将军所言差矣，寡人之所以能有今日，全靠范大将军鼎力相助。越国赖大将军之功，才得国富民强，寡人思恩图报还来不及，正在考虑如何为你加官晋级、追加封地，哪里会对你问罪呢？”勾践脸上堆出一团笑，眯着两眼，眼缝里射出犀利的光，看着范蠡说。

“在下不求有功，但求大王恕过。”

“好，寡人今日高兴，应允大将军的请求，从今天开始，寡人只记众臣的大功，宽恕大将军和所有大臣以前的一切过错。”

范蠡马上应道：“谢大王！大王能赦不死，在下感恩不尽。”停了一下，他接着说，“下臣请大王允我戴罪辞官，还我一介草民之本。”

勾践没想到范蠡会来这一招，愣了愣，一时不知如何回应。他想过如何对付范蠡要官、要权、要钱、要领地，没想过范蠡要辞官，但他很快就回过神来，说：“大将军为何要离开寡人呢？寡人赖将军之劳，才有今日；越国赖将军之功，人旺谷丰。你跟寡人历经千辛万苦，才完成复国雪耻之梦，享福的日子刚开始，寡人正欲重赏于你，大将军怎么能离开寡人呢？”说着还挤出几滴眼泪。

“多谢大王赏识，范蠡已居高位。现大王仇已报、国已强、功已成、业已就，在下已近五十，是该退位的时候了。在过去二十多年里，微臣对家小顾及颇少，妻儿时有怨言，在下愿隐退山林、欢度晚年，从此不问政事、老死江湖。”

“你哄得了别人，岂能哄得了寡人？你能助寡人成就霸业，也能助他人一统天下。你若离开越国而投靠他国，越国岂是对手？万万不可放他走！”勾践的大脑急速飞转，心想，“他过于聪慧，寡人的一切尽在他的算计之中。寡人不是他的对手。此人切不可留。”想到这里，眼里不由得闪出一丝杀机，“现在还是先稳住他再说。”

于是勾践开口说道：“大将军大智大谋，怎能埋没于荒山野岭之中？

大将军英名天下知，寡人复国依仗你，治国同样需要你。复国难，治国更难，寡人的霸业刚起步，须臾离不开大将军的辅佐。大将军怎能说隐退呢？”

“大江后浪推前浪，如今英雄辈出，大王手下人才济济，微臣老矣，愿大王起用新的人才。”

“大将军未到五十英年，何提‘老’字？寡人须臾离不得大将军，视大将军为手足膀臂，是寡人的支柱，没有大将军的辅佐，寡人将寸步难行。”

“多谢大王的信赖和褒奖。称霸天下靠的是大王的宏才大略、鸿福齐天。有没有微臣，大王也能成就霸业。”

“大将军，是不是因为寡人对你的赏赐少了？”勾践想给范蠡一个下马威，也想镇一镇打算邀功求赏的群臣，便故意若有所思、沉下脸说，“依大将军的功劳，奖赏什么都不为过。你想得到什么赏赐，尽管直说，寡人一概应允，这总可以了吧？”

“急流勇进，伟丈夫；急流勇退，真君子。当年追随大王，是想成就一番功名；如今辞别大王，是欲修炼心性。在下不求赏赐，只求隐退。”范蠡坚持地说。

“大将军，寡人如此诚心地挽留你，你却执意要走，我该怎么说呢？其实，我一直都在考虑怎样来奖赏你。现在，你已位居一人之下、万人之上，寡人再拿什么来赏赐你、挽留你呢？”勾践故意若有所思地说，“这样吧，你能留下来继续辅助寡人，寡人与你共享越国，把越国的一半分给你，你看怎么样？”勾践以退为进，说话的口气诚恳，深邃的双眼却紧紧盯着范蠡，不动声色地看他的反应，似乎要窥测他内心深处的隐秘。

满堂文武惊得大气都不敢出：“越王要把王位分出一半给范蠡？”

一听此言，范蠡心中便完全明白了勾践的用意：“越王在向大臣暗示自己以辞职来要挟大王，欲谋王位。”

范蠡神定气静、从容不迫地说：“越国是大王的越国，江山是大王的江山。微臣追随大王只是为了施展自己的才华，微臣在越国二十余年，才华已施、壮志已成。知足者常乐。微臣在越国已身居高位，此生心满意足矣。如今，微臣去意已定，欲追随孙武，享山野天伦之乐。”

勾践嘴角露出一丝冷笑，步步紧逼，低沉地、一字一板地说：“寡人真心待你，不惜一切地挽留你，你竟然一言半语都听不进去，你心里、眼里还有寡人吗？如果大将军执意要离寡人而去，就是大将军不忠、不仁、不义，那就别怪寡人无情了。你若背离寡人，寡人不仅可以治你的罪，还可以治你妻儿的罪，诛杀你的全家。你不为寡人着想，也要为你的妻儿着想吧？请你三思。”

勾践的最后几句话，冷冽之气侵肌刺骨，威吓之势咄咄逼人，满朝文武不禁都倒吸了一口冷气，心中明白：“越王对范蠡的威胁，也是对我们每个大臣的一个警告和下马威。”

范蠡垂下眼睛，揖手答道：“多谢大王，在下明白了。”

勾践从鼻子里轻轻地“哼”了一声，说道：“明白就好。”便拂袖离座而去。

大臣们面面相觑、哑口无言，木桩般地呆在那儿。曳庸低头垂目、不露声色，心中却暗暗高兴。

勾践回到后殿，立即传来曳庸，叮嘱道：“立即派人暗中把守将军府，蚊子、苍蝇都不准飞出来一个！”

曳庸领命而去。

在太湖之畔，有一座风光十分秀丽的包山，在包山山麓，有一座质朴、简洁而典雅的建筑，这就是范蠡的将军府。将军府门前平坦宽敞，站在宅前，极目远望，太湖山水尽收眼底，烟水渺茫，特别是在清晨和傍晚，清风徐来、水雾飘渺、如仙如梦，叫人心旷神怡；宅后绿树葱茏，苍松劲柏、青梅翠竹，远看如画如黛，近看美不胜收；院内四季鲜花盛开，芳香四溢，显得格外安谧、和谐、温暖，充满春意和生气；室内摆设清素而高雅、简洁而明快，使人觉得温馨而又庄重。人们把这里叫作

“阳城”，又叫“范蠡城”。

阳城的交通十分便利，西边设有水门，直通太湖水路，东、南方有两个陆门，路面平整宽阔，两辆马车可以并行。

范蠡前脚走进阳城，曳庸后脚就安置士兵将其团团围住，大门、后门都盯得死死的。

殊不知，将军府里有一条不为人知的暗道，一直通往城外。范蠡一到家，迅即换上一身平民短装，从暗道出去，登上一辆很不显眼的人力小车，飞快驶进一条小路的拐弯处。在那里，停着一辆五匹马拉的货车。货车上装着满满一车酒，盛酒的器具是一个个用牛皮做成的酒囊，这样不管路途上如何颠簸，皮囊也不会破碎。当地人把这种皮囊叫作“鸱夷”。范蠡一上马车，就钻进一个皮囊里。马车向平门急驶而去。

平门，是姑苏城的进出关口，查防甚严。但此时正是百姓上市之时，城门来往进出的行人特别多，守城士兵见是一辆普通马拉货车，只是略加盘问，便放了行。一出平门，马车直奔巢湖边。

巢湖边一条远行的大船泊在码头旁。码头上人来人往，一派繁忙而安定的景象。一辆接一辆的货车正往大船上卸货。铁驹一身船工打扮，和船工们一起肩挑背扛地上着货。船上装有布匹、粮食、农具和各种山货，越国官兵看守巡逻着，给繁忙之中添上一种严肃而紧张的气氛。这时，大船上的货已装得差不多了，船工们吆喝着，忙碌地准备起锚，巡逻官兵也放松了神经，与船老板搭讪起来：“老板，这趟往哪儿运货啊？”

船老板答道：“鲁国。”

“几时才能回来呀？”

“少说也得十天半月吧。”

“快装快走吧。”

“好嘞，别的好说，得带点儿酒，海上风大浪大，没酒可不行。”正说着，那辆装满酒囊的货车疾驶而来，没等车停稳，船工和民工们边埋怨车夫的姗姗来迟，边七手八脚地将酒囊抬上船去。船老板与巡逻官搭讪着，把一小坛酒送给巡逻官。巡逻官喜滋滋地闻着酒香，不经意地挥挥手，让船放行。车一卸完，船便像风一样地驶走了。

载货大船行至半路，神不知鬼不觉地放下一叶小舟。小舟快速驶进一个隐蔽处，小舟上的人登上一艘停泊在那里的船舰。接着，船舰入杨湖，经蠡口，出渔浦，入大江，奏广陵，消失在大海之上。

这时，范蠡走出船舱，向着越国的方向揖手拜道："越王，范蠡就此一别了。"

又是早朝之时，勾践走上大殿，眼睛向下一扫，只见满朝文武整齐地排队在两边，唯独未见范蠡。他又仔细扫视了一遍——的确没有范蠡，他心中一紧，暗觉不妙，开口便问："范大将军为何未上早朝?"殿下无人回音，静得连掉下一根针都听得见。

勾践感到一股血气从胸中往上升腾，直冲脑门。他大叫一声："快说，范蠡呢?"仍然没人吭声。不过，只是一小会儿，勾践就冷静下来，他轻轻干咳了两声，不紧不慢地问："文国相，你可知道范大将军今日为何没有来上朝？他到哪儿去了?"

文种答道："为臣不知。"

"速派人前去查个明白，令范大将军立即面见寡人。"

"是。"

官差急急驰车来到大将军府，曳庸安排的人还苦苦地守在将军府周围，得令便急不可耐地撞开将军府大门。曳庸带领手下遍寻里外，终不见范蠡，只有一仆人在家，仆人说："实在对不起，范大将军不在府上。大将军交代说，越王若差人来，有书信侍候。"说完，呈上范蠡写给勾践的信。

曳庸面见勾践，说："阳城之内，未见范大将军，只有书信一封。"

勾践接过书信，抽开一看，信中写道："君行制，臣行意。今日留书，特与告辞。"

勾践看完愀然变色、又气又急，把曳庸骂了个狗血淋头，忿然怒道：“好一个范蠡，竟然先斩后奏，未经本王许可就离寡人而去了。曳庸，还不赶快派人把他给追回来！”

“大将军到哪儿去了？信里有没有说呀？”

“你自己看吧！”勾践把信摔向曳庸。

“谁知道大将军的意愿是什么？他会到哪里呢？下臣到哪里追他呢？”曳庸茫然地看着勾践。

勾践厉声说：“封住所有的城门、陆路路口和水路港口，在全城挨家挨户地搜！”

曳庸带着追兵赶到江边，只见烟水茫茫、一望无际。在城里连搜三天，连范蠡的影子也没见到。

听到回报，勾践闷着头待了半天，心想：“范蠡出走，犹如猛虎归山，后患无穷矣。范蠡智勇过人，他能助我建立宏基伟业，也能助其他国家强盛富饶。他一旦为其他国家所用，寡人的霸主地位就不保了。寡人若触怒了他，他反过来攻打越国，越国岂不是命在旦夕吗？”勾践越想越怕，不禁渗透出一头冷汗来。

勾践急急召来文种和皓进，说：“今日大将军不辞而别，请两位高臣商议，如何才能追回他。”

文种说：“大王，吴国新灭，诸侯始顺，大局尚未完全稳定，范大将军于越国有奇功，今日辞官也是急流勇退，对大王也是一片忠心。大王不如成全他，让他闲游江湖。”

勾践强装婉转地说：“大将军跟着寡人艰辛几十年，今日打下江山，我如何能让大将军舍福受苦？”

皓进说：“大王美意，范将军无福领受，既然他主意已定，大王何不顺其意、全其志。若强行相留，恐怕会适得其反。”

文种说：“大王您是知道的，大将军有鬼神不测之机谋，他既然要走，必是先把后续之事安排妥当了，即使要追，恐怕也是追不到的。”

顿了顿，文种又说："范蠡对天时、地利、人和无一不精，对阴阳占卜无一不晓。他选择出走的时辰应该是最佳时辰。若是按星辰推算，昨日属玄武，玄武高照，天空威行，系日前之神，利出行。若按阴阳之说倒推，范大将军若是巳时出行，是没有人能阻挡的。微臣希望大王不要再派人去追寻范蠡了。"

皓进也说："大王若要追，即使追到了大将军，估计他也不会回头。大王若杀了他，必会在大臣、国民中引起巨大的反响，诸侯各国也会另有异议；大王原谅了他，他也还是会再走的，所以请大王由他去吧。"

勾践问："范蠡的妻儿可曾带走?"

文种答道："他的妻儿一直住在蠡丘围。"

勾践说："立即派人把蠡丘围严密守护起来，一个人都不准出门。若范大将军回蠡丘围，则速速报来。"

皓进进言道："大王息怒，范大将军向来对大王忠贞不贰，今日离越，并无反叛之心，只是遵循古人功成隐退的训导而所为。就算他有罪，也该由他来担当，与其妻儿无关，您若问罪家眷，倒叫朝廷上下人心浮动。大王一向宽容大度，宽厚待人，不如善待范蠡家眷，更显大王气度。"

勾践思忖："若杀了范蠡的妻儿，他必复仇。"想到这里，不由得不寒而栗。他摇了摇头，心想："范蠡出走，他妻儿还在寡人手下。有这人质在手，他就不致轻举妄动。范蠡讲义气，寡人若厚待其妻儿，他就绝不会有负于寡人。再说他也绝不会舍下妻儿于不顾，寡人不妨将其作诱饵，只要范蠡一露面，就会落入寡人的网中，那时就由不得他了。"

于是，勾践道："两位大夫所言极是。大将军有负于寡人，离寡人而去；而寡人不能有负于大将军，理应善待其家人，保证其家人的安全。"

接着，勾践又下令："从即时起，派重兵保护阳城和蠡丘围，不准任何人打扰和侵犯大将军的家人。"

蠡丘围内，热气腾腾、人欢马叫、车水马龙，官窑里炉火熊熊，一番忙碌的景象，一如往日。工人们只是多日未见夫人和仲楚、季越，计然说他们到楚国购买织布和绘画的材料了，大伙儿也深信不疑。

某日，突然大批越国士兵包围了蠡丘围，里里外外搜了个遍。家中什物原封未动，家人却不见了踪影。众工匠才知范蠡家已人去楼空。

勾践得知范蠡家眷已撤走，心中气急败坏，表面上却不动声色地说："此事严格保密，不要惊动水陆两军，谨防兵变，也别让朝中大臣们知道。"勾践对曳庸耳语，"若能抓到范蠡，即将他送到寡人面前；他若不从，违抗君令，则就地诛之。"

"遵命。"

勾践回到后宫，背着双手，快步地走来走去，牙齿咬得咯咯响。

雅鹂忙将勾践扶着坐下，边给他捶背边说："大王不必烦恼。范将军功成名就、急流勇退，是件大好事呀！何不成全他？"

"成全他？可他能成全寡人吗？他要是借助他国之力反戈一击，我越国岂不危在旦夕了？"

"大王，依雅鹂看，范蠡不会做对大王和越国不利的事。他要是有反意，在您身边，岂不是轻而易举的事吗？何必还要舍近而求远？"雅鹂说，"现在大王的第一件事，就是要稳定人心、军心，稳住越国的政局。为此，大王，您必须善待范蠡和他的家人，让天下人知晓大王的宽容和仁慈，不忘功臣之功，以安朝野臣民之心。"

"唔，言之有理，王后果然深思熟虑、高人一筹，寡人明白了。"

第二天上朝，勾践向百官通报了范蠡离越的消息，他说："范大将军功成名就、急流勇退，寡人百般挽留，但范大将军去意已定，于前日离开越国，不胜遗憾！"

接着，勾践颁旨："大将军劳苦功高，为越国的振兴立下了汗马功劳，现将会稽山南百里之地封给范蠡大将军，任何人不得侵扰。若有侵扰、冒犯，则论以国法，处以重罪。"

大臣们一个个俯首恭听，大气都不敢出。

勾践又对大臣们说："没有范蠡大将军，就没有寡人的今天。寡人不才，没能留住大将军，此生之大憾矣，但寡人早晚论政，必有大将军在座。"

于是，勾践命令良工巧匠为范蠡铸了一尊金像，放置在自己的座侧，每日敬拜，以示尊重。

勾践还摆出一副敬天地、尊贤士的姿态，春天祭祀三江，秋天祭祀五湖。并为范蠡建立祠庙纪念他的功德，说是要让他的功绩流芳千秋、世代相传。

这样，全国上下无一不交口称赞勾践重情重义、宽厚仁德。

三十四、鸱夷子皮

话说范蠡出走以后，勾践暗中派人在国内严密查访，又对三江五湖细细搜索，却连一丝痕迹也未发现，他到哪里去了呢？

事实上，范蠡从太湖乘船，直奔大海去了。

连日来，天气晴朗，大船顺着东南风快速行驶着。海面上一望无垠，天际上抹着一道道白色的云彩，显得那么开阔、那么壮观，层层波浪在阳光下闪烁着银子般的亮光。范蠡站在船头，心绪像海水一样卷起层层的波澜。他心里涌起了对二十多年来事业成就的自豪和壮烈；涌起了对复国、兴国、世事变迁的感叹；涌起对文种和计然的敬慕、怀念和担忧；涌起了对妻儿的思念和忧虑；涌起了对未卜前程的思索和顾虑。

他望着那浩瀚的海水，心旷神怡，在心中叹道："是啊，天地如此广阔，何处不能成就一番事业，有什么事值得忧愁和烦恼呢？斗转星移，天力而为；兴旺衰退，皆随天意。"

他仰望满天繁星，不由感慨万千："登上高山之巅，便见万物渺小；登上万人之巅，便觉尘事皆休。过去我是一人之下，万人之上；现在我落入尘埃，居万人之中，犹如这繁星中的一颗，自由而惬意。"

“为父母报了仇、为徐国雪了恨，我感受到从未有过的轻松和舒畅。”想到这里，他的嘴角不由泛起轻轻的笑意。

不一会儿，他深邃的目光又黯淡下来，在心里轻轻地问自己：“灭了吴国、报了国仇，但我的国在哪里？我找回了失去的徐国吗？没有。找回了失去的家园吗？没有。找回了我死去的亲人吗？没有。”

“要重建徐国，必须从齐国、宋国的手中夺回徐国原有的领土，得打多少仗、死多少人？萌生多少仇恨？且仇仇相报、恨恨相加，有意义吗？没有。即使徐国成功重建，在诸侯倾轧争夺中，能维持多少年？多少小国被吞并，连称霸一时的强吴都灰飞烟灭了，何况一个新生的小国。合久必分，分久必合。天下战乱中，最强的大国终会战胜所有的诸侯国，实现天下统一。天下太平是人心所向；天下一统是大势所趋。逆势而行，注定是要失败的。”

范蠡思绪翩跹：“国域是国君的界限，并不是百姓的界限，百姓的界限即天下。国君是国域之王，百姓是天下之王。那么，我还寻找徐国的国域做什么？”

“不能为百姓造福，身为国君也枉然。能为百姓造福，即使没有国君之称，也是百姓心中至高无上的王。”他扪心自问，“现在我希望得到的是什么？漂泊流离、焦心积虑、戎马生涯二十余年，现在我想过安定富裕的生活。”

“天下百姓希望的是什么？结束战乱，过安定富裕的生活。贫穷，是天下百姓的困扰。我要为百姓摆脱贫穷而有所作为。”

“一国君王大多只为一国之民着想，并不顾及他国之民，所以往往为了己国之利而殃及他国之民。我想尝试一下，一国之王做不到的事——为天下黎民谋利益，为天下百姓谋福祉。”

“大地只赐惠于智慧者。智慧者应顺天地之规律、揭示天地之奥秘、开发天地之蕴力，则能财源滚滚、取之不尽、用之不竭。既然如此，就让我用自己的智慧和力量，为百姓谋福生利吧！”

范蠡心里说："我与伍员同出楚国、同为一代名将、同为吴越争霸的英雄、同样坎坷悲壮。只不过我汲取了他的教训，及早作了防范。伍员入鸱夷浮江而死，我乘鸱夷入海而生。我藏在鸱夷里，躲过了勾践的搜查，今能不死，多亏鸱夷的掩护，它是我的护身神器。我愿做'鸱夷子皮'，护佑天下百姓，让他们得到平安和富足。此后，天下少了个范蠡，多了个'鸱夷子皮'。"

这时，铁驹从船舱探出头来，轻声叫道："大将军，海风大，您快到船舱休息吧。"

范蠡点点头，走进船舱。铁驹为他端上一杯酒，问道："大将军，我们什么时候能够靠岸？"

范蠡自嘲地笑了笑，对铁驹说："从今以后，越国的大将军'范蠡'已逝，而齐国的海边将出现一位大难不死的平民、商人，他的名字叫'鸱夷子皮'。以后叫我'鸱夷子皮先生'吧。"

铁驹慎重地点了点头。

范蠡轻啜一口酒，说："如今咱们四海皆能为家。至于在什么地方落脚，那只能随天意了。我们往北走，向齐国的方向航行，到哪里觉得合适，就在哪里落脚吧！"

范蠡习惯性地看了一眼置放在桌子上的"司南"。这"司南"是范蠡的至宝之一。当年，越国每年都要向吴国进贡，他在收集向吴国进贡的贡品时，发现了一个定位盘，形状像一把汤匙，有一根长柄和光滑的圆底，把它放在光滑的木盘上，这木盘叫"地盘"，用涂有漆的光滑木板做成。将"汤匙"轻轻一推，"汤匙"便转动起来，等它停下来时，长柄指的方向便是南方。后来，一是表示此器源于南方，二是此器的主要功能是指示方向、分辨南北，便将它取名为"司南"。

范蠡思忖："在行军打仗时有了这定位盘，就不会迷路了。"于是他细心斟酌，辨出这"汤匙"是用天然磁石研磨而成的。磁石的磁性聚集在两头，一头是北极，一头是南极，北极总向南，"汤匙"的柄头便是磁石的北极。后来，他自己找来上好的磁石，仿做了一个定位盘，工艺更精、更细，定位更准确。地盘改用青铜制成，盘的四周还刻上八卦、天干、地支等。这样，这定位盘不仅可以指示方向，还可以用来推算时间、占卜凶吉，比起当年进贡给夫差的那个要强许多倍了。

平时范蠡将它置于案前，战时则嵌在战车上。这次他特意带上它，有了它，大船在茫茫大海上航行就不会迷失方向。

大船一直朝着“司南”的匙柄逆向航行，也就是朝北行驶了四天四夜。范蠡心里估摸着：“如果没出错的话，还有一两天就可以到达齐国海域了。”范蠡权衡天下局势，认为留居齐国为上策。他心想：“如今，越国已成东方霸主，晋、宋、鲁、卫、吴皆归顺越国，我如果到这些国家，仍然在越王权力的控制范围之内，这些国家的国君慑于越王的威势，一定不敢收留我们。而齐国的国力雄厚，虽然几次战争消耗较大，但其实力仍然仅次于越国，各诸侯国和越国在齐国面前均不敢轻易造次。同时，齐国位于黄河下游，富饶美丽、疆域辽阔，在前相管仲的治理下经济发达，到齐国安身比较安全，在齐国寻求新的发展也比较有利。”再说，范蠡还希望能得到一位好友的帮助和庇佑，他相信这位好友一定愿意帮助他，也一定有能力帮助他。这位好友便是当今齐国相田恒。

傍晚，范蠡从船舱向远处看去，看到远方出现了一条隐隐的黑线。他不禁心中涌起一股遏制不住的兴奋——那是地平线，也就是说，快到目的地了。他看看天，天阴沉沉的，飘着细雨，风力加大了，风向也开始有所改变。他观察云象，云层厚厚的，急剧地变化着，凭着多年积累的天文经验，他知道要刮大风了，风向将变为西北风。

范蠡对舵公说：“快，向西北前行。”

舵公立即下达了加速前行的命令。船工们也看到了地平线，一个个兴奋得不得了，一起奋力摇橹划桨。地平线越来越清晰了，而风也越来越大了，强劲的西北风，把大船直往大海深处推去。船工们顶风冒雨划着桨，汗水、雨水和海水混在一起，谁也顾不上擦一把。舵公叫起了响亮的号子，所有的船工一起“嗨哟、嗨哟”地和着号子，拼命划桨。而风越刮越大，把大船推向大海深处。人们眼巴巴地看着地平线渐行渐远、化为乌有。

直到卯时，大风才渐渐平缓下来。经过一夜的奋战，全船的人员都累得精疲力竭，瘫在甲板上动弹不得。范蠡心中叹道：“天威无比，人力真是微不足道啊！怎能不应顺天意呢。”

他朝南方拜了几拜，正襟盘坐，虔诚地向上苍默默祈祷：“愿上天保佑我们顺利到达齐国。”

然后他拿出龟甲占卜，卜卦显示：大安。他心中松了一口气，又向南方拜了三拜，心中默道：“感谢上天保佑！”

天边露出微微晨曦，范蠡站在船板上，深深吸了一口清新的带有咸味的海风，辛苦劳累一扫而光。雨停了，风也停了，大海安静下来，变得温顺而柔和，一切都显得那么和谐、静谧，昨夜的风雨没留下任何痕迹，似乎什么也没发生过。

当太阳冉冉升起之时，范蠡看着这壮丽的日出，眼睛又一次湿润了：“天地之大，无所不容，什么忧愁、烦恼、危险、痛苦，在大海面前真正是不足挂齿，我将把我的智慧、才华、生命全部融入这天地之间。”

清晨，海上吹起了东南风，船工扯起船帆，大船平稳地向前行进。

昨天一夜的大风，也不知船到了什么地方。原来预计四天四夜可以到达齐国的海岸边，现在已成泡影。如果没有昨夜的大风，也就该差不多上岸了。但现在天水茫然一片，莫说没有海岸线，就连小岛屿的影子也没见一个。他想：“昨夜刮西北风，大船离海岸线远了。今日刮东南风，大船一定是向海岸线方向行驶，也就顺风而行吧。”

就这样又顺风行驶了两天两夜，第三天已近傍晚，船工们在船板上聊天的聊天、养神的养神，铁驹从船舱走出来，叫道：“饭熟了，开饭啰！”突然，他的话戛然打住，视线停在远方收不回来了，好半天，才大叫一声：“那是什么？”他揉了揉眼睛，定睛再看：是的，一点不错，一条黑线。船工们一起朝他指的方向看去，又一起大叫起来："海岸线！海岸线！"人们欢呼起来，抢着拿起船桨朝岸边奋力划去。

范蠡看着海岸线，欣慰地笑了。夜半时分，大船终于靠了岸，众人迫不及待地登上了陆地。范蠡对照地图，努力判断方位。

直到第二天清晨，他们才看到这里是大片的盐碱地，沙多草稀、荒无人烟。范蠡带着大家顺着海岸线向北走，沿路踏勘，选择最佳的安身位置。铁驹走在最前面，就在太阳已经偏西，大家已疲惫不堪时，听到铁驹站在高处叫道："快来看，那是什么？"

大家连忙跑到高处，只见海面上有一片黄色的水，与海水形成明显的对比。范蠡心中大喜："内陆之水！"他一琢磨，"入东海之水，从南到北，有江水、河水、淮水和济水，我们已经到了东海的北头，那么，这不就是济水了？"

浮海出齐，行程千里，范蠡一行来到什么地方了呢？

事实正如范蠡所分析的一样，这里正是济水的入海口、莱夷岛的东岸。

原来，大船靠岸之处为齐国的莱夷，也称为"莱国"。莱国地处渤海之滨，幅员广阔、地薄人稀。他们的落脚地就是济水流入渤海的莱州湾，莱州湾边有个鲜为人知的地方叫"薄姑"。薄姑在济水与渤海的夹角处。济水从西向东日夜奔流，携带着大量泥土，沉积在这里。经长年堆积沉淀，形成了一片平地，地势平缓、树木葱茏、土质肥沃、杳无人烟，是一个十分理想的隐居、安家之处。大海边、济水畔，范蠡决定将这里作为安身之处。他对大家说："济水入海之处，是上天赐给我们的宝地。我们就在这里落脚安家吧！"

于是，他们在济水的入海口泊下大船。

薄姑，这块地方大小适中，坐北朝南、背风向阳，前面有济水流过，后面是一座小山，东边是大海，前面和西边是平坦的土地。他们就地取材，盖起了房子。房子盖好后，将船上的东西卸下来。船上载着金银钱币、粮食、种子、布匹、酒、农具、日常用具、自卫武器等，原来，铁驹早将生产生活所需物品准备得一应俱全。

船上的一百多个船工，都是跟随范蠡多年的将士、贴心贴己的随从。大体安顿好后，范蠡要送他们回家，他们哪里肯走，便全部留下来，同范蠡一起重新开始新的生活。

三十五、文种之死

深思熟虑，离越奔齐的范蠡，心中难以割舍的就是二十多年来心心相印、披肝沥胆的文种。每到夜静更深之时，范蠡就想起了他，为他担忧。在十年生聚、十年教训之时，他与文种一个治内，一个涉外；一个理政，一个领兵，是勾践的左膀右臂，种蠡二人的情谊非同一般。

是他俩，提出治国十策，使越国由穷变富、由弱变强；是他俩，在会稽战败后，一个伴君赴难、化险为夷；一个主持国内事务、安抚百姓。他俩里应外合，珠联璧合；他俩肝胆相照、一片忠心、呕心沥血、竭尽全力，在二十多个春秋中使越国发生了翻天覆地的变化。

灭吴雪耻后，勾践挥师北上挺进中原。临行之时，范蠡问文种："大业成就，指日可待，往后之事你将作何打算？"文种说："夺江山易，坐江山难，得霸主之位容易，而保霸主之位难，你我辅政二十余年，终得天下，若能继续辅弼大王坐好天下，也就聊慰平生了。"

范蠡叹口气说："我总有个感觉，在盛名之下，是难以长久安居的，月满则亏，水满则盈，若身居高位而不退，恐怕会有危险了。你我重权在握，越王必存心防备。心存戒备则疑窦生，疑窦生则灾祸临，你我不能等到灾祸临头之时再作打算，不如及早隐退。"

文种说："越王心迹，我何尝不知，但我们在越国惨淡经营二十余年，一草一木、一垒一台皆有情，哪忍轻易离去？勾践虽多疑，但你我对越国有如此大功，若不放心，最多也就是不再重用了，终不致置你我于死地吧。再说，我年事已高，已无他求，只愿安度暮年了。”

“文兄呀，忠臣名将在功成名就后被杀戮的事例比比皆是。历来的君臣只能共患难，难能共富贵。文兄虽只求安度暮年，但只怕树欲静而风不止，君思安而不能，请三思。”

“越国为什么能打败吴国？越王的霸主地位是怎么来的？天下谁人不知我们是大功之臣？你我全心助越，何罪之有？”

“当权力成为君主唯一的追求时，哪里还有真挚的感情？哪里还会铭记大臣的功劳？患难时与共，安乐时相残，历史上有无数文武僦才、忠诚志士都败在佞臣谗言之中，死在君主的权杖之下。”范蠡苦口婆心地说，“名誉、地位皆过眼云烟，不值得留恋。文兄，有句俗话：‘功高震主，谋高震国。’我俩在越国的地位、名声和功劳都太高、太大了，这是不祥的。我们可不能像伍员那样被装进牛皮袋扔到江中，我们必须自保。”

文种说：“少伯之忧，不无道理；少伯之情，我已心领。但你也不必过虑，正因我俩功高位显，勾践定然不敢轻举妄动。再说，我又能到哪里去呢？回楚国，已举目无亲；隐居山林，我的身体已经不起雨寒风霜。”

“文兄，政治之斗与战场之斗一样，是血腥的、不讲道理的。你切切不可抱着侥幸心理。”

“少伯，你的心意，我知道了。我要是年轻十岁，也不会待在这里，还会去闯一番新的事业。但是，我老了，没时间也没精力了。凭我为越国作出的贡献，坐享一天是一天吧！”

正是文种这种不以为然、听天由命的态度，让范蠡不得放心。范蠡出走时，特留下一封书信给文种。

那天傍晚，文种处理完政务，驰车回府，有一名家丁模样的人站在道边，见他下车，急步迎上来说：“禀报大人，小人在此专程等候，有一密信需亲自面呈大人。”说罢从怀中掏出信交给他。文种一看信封，见是范蠡的笔迹，忙不迭收起来。等他抬起头来时，那家丁已不见踪影了。

文种回到卧室，关上门，挑亮灯，将怀中的信掏出来，细细一看，果然是范蠡的亲笔信。信中写道："吾闻天有四时，春生冬伐；人有盛衰，泰终必否。知进退存亡，而不失其正，惟贤人乎。蠡虽不才，明知进退。高鸟已散，良弓将藏，狡兔已尽，良犬就烹。夫越王为人，长颈鸟喙，鹰视狼步，可与共患难，不可共处乐；可与履危，不可与安。子若不去，将害于子，明矣！"

文种将信反复看了几遍，陷入深深的沉思。他知道勾践的为人，明白范蠡的话是有道理的，但他不愿也不敢把事情往坏的方面想，心中叹道："虎毒不食子，忠臣若子，爱之不及，何以加害！"他又想了想，思忖道，"若勾践要杀我，我已在樊笼之中，岂容远飞。若连我这样的有功重臣，仍受其咎，越国盛世必不长久，我也就认命了。"

再说勾践回国后，应该对灭吴有功之臣进行嘉奖、晋升和赏赐，而勾践就像忘记了一样，对奖赏一事只字不提。同时，任用了一大批越国新臣，对原来同甘共苦打江山、流血汗的重臣渐渐疏远，召见的次数也稀少起来。范蠡辞退之事，给老将旧臣们也是一个警示。老将旧臣们知道勾践的心思，哪里还敢提及嘉奖赏赐之事？大多尽量避开勾践，唯恐惹出不测之祸，有的告老还乡，有的托辞称病，渐渐淡出朝政。文种心中惦记着范蠡的忠告，也就推说身体有病，请假在家，并请辞国相的职位，不再去上朝议政。

即便如此，勾践仍时时盯着他，寻找机会整治他。

文种以为自己不去上朝，不理国事就能安然无恙，其实勾践左右仍有人不断进谗言。有一天，曳庸对勾践进言说："文种自以为功劳大，奢望大王重奖。如今大概是嫌大王赏赐的奖赏太少，心中怀有怨恨，所以不上朝吧。"

皓进说："文国相辛苦劳累多年，现在是该享福了！"

"哼，有福，我越王不会享用？越人不会享用？轮得上楚国人在这里作威作福吗?”曳庸轻蔑地说。

“怎么能相信楚国人呢?吴国的教训就在眼前:伍员利用吴国报了私仇,还想驾驭吴王,吴王不信他那一套,他便起了反叛之心。伯嚭明里阿谀迎奉吴王、暗地里却吃里扒外,在吴王危难之时弃之不顾。说到底,吴国就是败在那两个楚国人手里的!而我越国也长期被这两个楚国人把持着,谁知那范蠡、文种肚子里装的是什么水?搞不好,我们也会吃他俩的亏、上他俩的当!”皋如说。

“范蠡逃之夭夭了,便宜了那小子。这文种还在这里等赏赐。大王,不如趁早……”曳庸做了一个杀头的手势,随即嘿嘿一笑,说,“危难之时,让那两个楚国人帮忙顶着。吃香的、喝辣的时候了,还用得着楚国人帮忙吗?”

皋如说:“那范蠡不见踪影,谁知道他干什么去了?若范蠡在外、文种在内,里应外合,大王能有一天安宁吗?种蠡两人能灭强吴,岂不也能灭我越国吗?”

勾践不寒而栗,心中谋道:“是呀,除掉文种,则范蠡孤掌难鸣了。”

皋如又说:“那文种与范蠡是至交、至友,难道不知道范蠡的去向吗?他只怕是隐匿不告。”

“文种若知而不报,就是欺君之罪。”曳庸添油加醋地说。

勾践想:“范蠡出走,一直杳无音信。他与文种俩亲如兄弟,若他俩真要里应外合,寡人命休矣。没准,范蠡离越也是他俩的计谋,若此,寡人便是他们的瓮中之鳖、网中之鱼了。”

勾践越想心越寒,直觉得一日不除这心腹大患,一日寝食难安。勾践似乎漫不经心地说:“你们别一口一个楚国人了,人家劳苦功高,又无过失,哪能……”

不等勾践说完,曳庸接过话头就说:“大王,您是越国的君主,臣民是您的仆人,您要杀一个人,还要什么理由吗?”

勾践本来就恐惧文种才能过人、威望过高、难以制挟,想除掉文种,又苦于找不到借口。左右的话拨动了勾践的心，勾践咬咬牙，心中暗暗叫道："是啊，寡人想除掉一个人还需要什么说辞吗？想杀就杀，想什么时候杀就什么时候杀！"

勾践二十五年丙午平旦（公元前471年），这年的秋天似乎来得特别早，秋风萧瑟、黄叶飘零，文种府里也是一片萧条。文种病休在家已近半年。这天，勾践突然来到文种府上，说是看望病中的文种。勾践径直入内，文种闻讯连忙强打精神，迎勾践入座。

勾践见文种一脸病容，知其不是伪装，但因为不除文种终为一患，便有意解开佩剑放在座位上，对文种说："寡人听说'志士不忧其身之死，而忧其道之不行。'你认为此话有理吗？"

文种答道："是的，大丈夫以行道为重，死不足惜。"

勾践又说："你曾提出阴谋九术，寡人仅用了五术，就已使吴国灭亡了，还剩有四术留在你的心中，但在寡人这里已没有用场了。接下来，文大人在这里将'道之不行'，你打算怎么办？"

文种答道："大王伟业已成，为臣无须思考这个问题了。"

勾践说："那寡人替你指条路：你愿意用这剩下的阴谋四术，辅佐越国先王，去战胜吴国的前人吗？"说完，便升舆而去，而在座位上留下了那把佩剑。

文种愣在那里，好一会才回过神来："越国先王？先王在地下。辅佐先王？不是让我去死吗？"

"没想到少伯的预言这么快就兑现了。"他在心里叹了口气，"勾践呀，你也是太性急了，其实文种已经病入膏肓，你不杀文种，文种也活不了多少时日了。你今日赐死文种，将在青史上留下'诛杀良臣'的败笔，何苦！"他不禁仰天长叹道，"古人说：'大恩不报，大功不还。'我真后悔，当初没听少伯的劝告，今日终被越王所杀。唉，这是我不听善言的报应吧?！我太愚蠢了，愿后世忠良以我为鉴戒。"

他拿起那把佩剑仔细一看，只见剑匣上刻有"属镂"二字，知道这就是夫差听信谗言，赐伍子胥自刭的那把剑。他看着宝剑，又自个儿笑了起来，自言自语道："百年以后，人们议论起来，知道我与伍子胥同为人君之忠臣而死于谗言，又同死于'属镂'之剑。我能与伍子胥相匹配，死而无悔了！"遂伏剑而死。

勾践听到文种自刎的消息，十分高兴，说："寡人从此无忧也。"

后来文种被葬在卧龙山上，这座山因文种而改称为"种山"。

后来，文种被赐死的噩耗传到莱夷，范蠡得知后痛惜不已，十分悲伤地说："文兄不像我及早脱身，死得真是可惜啊！"

月夜，他来到海边，面向东南方深深鞠躬哀悼文种。

再说文种被赐死的消息传到蠡丘围，计然一听，大叫一声，便向后倒了下去，口吐白沫，两眼发直，人事不省。众人忙将其扶到床上，经大夫诊断，皆说是受刺激过深、过强而致。计然昏迷三天后才醒来，醒来后便疯疯癫癫，一会儿说要跟文种走，一会儿又说要见勾践，给勾践敬酒，一会儿把朝服搬出来穿上又脱下，脱下又穿上，一会儿又赤膊跑上街去，下人均无可奈何。消息传到勾践那里，勾践知道他得病的缘由，也不好说什么。勾践想，计然与文种交情深，七十多岁的人受不起刺激也在情理之中，只淡淡吩咐："让大夫给治治吧。"

当然，勾践不敢贸然杀计然，计然知天、知地、知鬼神，天文地理无所不晓，所测之事皆准。"说福不灵说祸灵，如果惹恼了计然，说出些什么不吉利的话，可就糟糕了。"他想起当年夫差杀公孙圣的事。计然已经七十多岁了，风烛残年，没有范蠡、文种，估摸翻不起浪来了。他心里诅咒道："这老家伙，用不着寡人动手，也活不了几天了。"

三十六、成子情谊

话说范蠡投奔齐国，除了天时地利以外，还有一个至关重要的原因，那就是他有一个知己好友。这位好友便是田恒，也叫田成子——原齐国国相田乞的儿子，如今是齐国重权在握的国相。

当时，范蠡任越国大将军，田恒任齐国国相，两人职位相当。齐越两国国事往来密切、外交关系友好，两人便常有接触，性情相投、情谊深厚，私下结为莫逆之交。范蠡叫他成子，他叫范蠡为少伯。

田恒看到在范蠡的辅佐下，越国由弱变强、由穷变富，发生了翻天覆地的变化，不由感慨地说："有少伯在，天下霸业非越国莫属。若少伯能辅助齐国，则齐国天下无敌。"

范蠡对田家的爱民之举特别钦慕。

田恒的祖父田桓深知"欲得天下，必先得人心"的道理，十分讲信义、爱百姓。别的贵族、商人收购粮食用大斗进、小斗出，他家却是大斗出、小斗进。原来齐国的量具是升、豆、区、釜、钟，从升到釜是四进位制，由釜到钟是十进位制。田家另外制作了一套家量，从升到釜是五进位制，从釜到钟是十进位制，这样田家的家量就比齐国通行的公量大得多。他家往外借粮食时用家量，收回粮食时用公量，就是大斗出，小斗进。这样田家的信义、名声天下皆知，百姓归之如流水。当时齐国的赋税特别重，相当于农民收获的三分之一。而皇家贵族的领地是可以免缴赋税的。田家就把归附自己的农民变为"隐民"，即把自家的土地租佃给他们种，这样这些农民就有了靠山和依托。后来，齐家一直以爱民施善而著名，在齐国声名显赫。

齐简公时，田恒继承了父亲田乞的爵位，任齐国的左相。公元前484年，吴国举大军讨伐齐国，田恒本意是想借吴军之手，削弱齐国国内旧贵族和自己对手的势力，稳固自己的根基。可是吴军出手过重，把齐军打得落花流水，大有挥戈临淄，灭掉齐国的趋势。情急之下，田恒紧急求援范蠡。当时，越国力量还较弱，攻打吴国有很大风险，如果吴国回过头来讨伐越国，越国也有灭顶之灾。但范蠡二话没说，立即派出五千精兵打进吴国。

夫差听到越军伐吴的消息，不得不调头回吴。这样，范蠡解了齐国之急，田恒感激不已。这一仗，田恒的政敌损失惨重，除了右相监止外，基本失去了竞争能力，田恒在朝廷的地位更稳、权力更大了。

田恒重权在握，田氏家族在齐国如日中天，引起了其他贵族的不满，齐简公和部分大臣也对其又忌妒、又恐惧。当时担任右相的是齐简公的宠信，叫监止。监止在暗中活动，一股反对田氏家族的暗流逐步形成。

监止与田恒政见不一致，经常发生分歧。监止属于以国君为首的保守持旧的贵族派，而田恒是以田氏家族为首的新派。每遇论政，他俩总是针锋相对。当时有个名叫鞅的人向齐简公献计，认为田恒与监止不可并存，怂恿齐简公趁早除掉田恒。田恒的处境十分危险，一场激烈的斗争已是不可避免。

田恒一方面在朝廷低调行事，处处小心谨慎，对大臣们彬彬有礼，对齐简公尊敬有加，缓和田氏家庭与旧贵族的矛盾；另一方面他继续像祖父、父亲一样，广施恩泽、减轻赋税，大力推行仁政，吸引大批百姓前来投靠。同时，他极力促进和维护田氏宗族内部的和睦与团结，对田氏宗族里的杰出人才委以重用，形成了强大的政治班底。田恒在齐简公面前不得宠，但深得民心。

齐简公也担心田氏家族势力过大的问题，总想找机会除掉田恒。

公元前 481 年 5 月，田恒与齐简公的亲信监止发生矛盾。齐简公虽然顾及田氏宗族在齐国举足轻重、树大根深，若对其动武，田家必抱成一团决死一战，但他仍然大力支持监止动用武力对田恒进行讨伐，并想借此机会亲自镇压田恒并搞垮田氏家族。

在监止率领军队向田恒进攻的危险情况下，田恒一方面组织田氏护卫军进行抵抗，做最坏的打算；另一方面向他国求援。当然，田恒首先想到的便是好友范蠡。范蠡正在越国富国强兵、积极备战。他派快马向范蠡求助，准备在迫不得已时逃往远在东南之隅、正在兴起的新起之秀越国。田恒派人送书简到越国，向范蠡表示：“现在，齐王听信佞臣之言，欲置成子于死地。虽然君要臣死，臣不能不死，但成子无罪，死于非命实在是心有不甘。若举兵反抗，又怕犯弑君之罪，正是左右为难。田家军虽然齐心协力，但势单力薄，恐怕难敌朝廷国军。一旦失败，成子在齐国将无立足之地，不知少伯能否伸出援手，在越地为成子留一线生机。"

范蠡非常爽快地回复他，说："成子义名，天下皆知。齐王妄杀良臣，必将遭天下诸侯唾骂。两强相遇勇者胜，请成子不要犹豫，以正义之名奋起反抗，范蠡将尽全力支持。万一田家军受挫，范蠡将出兵迎接成子入越，决不让任何人动你的一根毫毛。"同时，范蠡立即出动一万大军，紧急奔赴齐国，支援田恒。

田恒有了强大的援兵，又解决了后顾之忧，便当机立断地带领田家军，与监止调来的军队展开生死决斗。最终一举击溃了监止的军队，监止失败逃走，被人抓住杀死。齐简公听说监止兵败，吓破了胆，逃到舒州（今山东滕县南）时被田恒的部队抓住处死了。

田恒立齐简公的弟弟骜就位，即齐平公，自己为国相。

田恒任国相后，担心周边国家借他弑旧君、立新君一事寻衅，进攻齐国，便着手同各诸侯国建立良好的关系，得到各国的认可和支持。范蠡率先带领使者对其表示祝贺，表示愿结友好之盟，互帮互助。在范蠡的推动下，晋、吴、鲁、卫等国也相继与齐国建立起友好关系。晋国的新兴势力韩、赵、魏三家也与田成子结盟、互相支持。田恒又把原先占领的土地，归还给鲁国和卫国，鲁卫两国也心悦诚服地与田恒言归于好。

后来，齐国政权完全掌握到国相田恒手里。田恒对范蠡表示深深的感谢，说："没有少伯的支持和帮助，就没有成子的今天。"

齐越两国在交往中，范蠡与田恒相互支持，友谊愈加深厚。那时，田恒就邀范蠡到齐国谋政，感叹地说："若少伯能入齐，咱俩共议国事，便是成子一生中最大的幸事了。"

但范蠡不肯答应，说："越国虽然逐渐强盛起来了，但大仇未报、大耻未雪、壮志未酬，不得半途而废，且一臣不事二主，既为越臣，就不思其他。若有朝一日到齐国，只愿做你手下的一介平民，允许我有立足之地，也就心满意足了。”

田恒哈哈笑着说：“君至齐国，求之不得。齐国大地，任少伯选择。”

当日一句戏言，如今却成为事实。

范蠡本想亲自去拜访田恒，以求得到他的帮助，但又怕田恒挽留为臣。他考虑再三，拿出竹简给田恒写了一封信，让铁驹送到田恒的国相府上，信的意思是：“我如果舍弃现在越国的官爵地位，到齐国当臣民，不知你意下如何。”

田恒接过信简，认真看过，就向铁驹问起范蠡近况，铁驹只说：“范大将军一切安好，只是想激流勇退，找个安静处所享受天伦之乐。”

当时交通不便，信息传递也慢，越国也封锁了范蠡出走的消息，所以田恒还不知范蠡已离开越地、到达齐国。他笑道：“求之不得，求之不得！齐国的大门永远向大将军敞开，大将军什么时候到齐国，我都伸开双臂欢迎他！”

他把来信看了两遍，沉吟着说：“少伯若能到齐国与我共议国事，那将是齐国的福气了！”接着便回了一封信简交给铁驹，说，“你告诉大将军，田成子诚挚地欢迎大将军到齐国，希望他能到齐国供职，我将面呈齐王，为大将军封地百里、享受皇家贵族的待遇。”

铁驹回答道：“多谢国相厚待，但大将军征战操劳多年，想找个僻静的地方休养生息，定不愿意打扰国相。”

“那大将军可有看中的地方？”

“小人不知。”

“哦，请稍等。”田恒安排铁驹用餐安寝，他便去见齐平王。

田恒回来时拿着一封信简，对铁驹说：“齐王得知大将军有意投奔齐国，十分高兴。恩准：齐国之域，由大将军任选百里安居。他到了齐国，只要出示这封信简，便可万事无忧、通行无阻。”接着又问，“大将军何日能到齐国？”

铁驹答道：“到时候国相就会知道了。国相之恩，大将军来日必会重谢。”说罢，告辞走了。

范蠡看了田恒的信简，甚觉欣慰，有了齐平王和田恒“齐国之域，任选百里”的应允，便不必顾虑官家盘查、民间猜忌了。于是，他便带领大家在这里建房、垦荒、种菜、种粮。

三十多人忙碌了两三个月，这里成了一个大村庄。

当这一切打点停当，已近春节，范蠡思念妻儿之情一日胜一日。他知道勾践正在诸侯各国搜寻自己及其家人，含笑在临淄人生地不熟，恐怕有变，便悄悄把含笑和仲越接到薄姑。他又与卢虞和孟宛取得联系，很快卢虞和孟宛也来到了这里，一家人终于团聚了。至此，范蠡心中只剩下一份牵挂，那就是落难的西施。

范蠡看见铁驹坐在海边发呆，知道他是在想念西施。便对铁驹说：“铁驹呀，想西施了？”

铁驹看着范蠡，点点头，说：“先生，我想把西施接到这里来。”

不等范蠡回答，铁驹又说：“西施能活到今日，全靠先生全力护佑。但若她继续留在吴越之地，将生死难卜。即使她能保住性命，也只能在责骂声中度过余生。吴国人骂她红颜祸水、妖女丧国；越国人骂她媚颜求宠、愧对祖宗。就是回到生她、养她的苎萝山，她不知如何面对故乡的父老乡亲。更何况，她的父母已经先后去世，苎萝山已无亲人。”

范蠡说：“你先听听西施姑娘的意见。她如果没有更好的去处，不怕劳累艰辛、不怕风险波折，就让她到薄姑来吧。”

铁驹倒头便拜。

范蠡让铁驹带上足够的银两、带着两个兄弟，骑着快马，直奔程村。

当铁驹再次见到西施时，紧紧握住西施的手，一往情深地对西施说：“我们终于可以一起远走高飞了，让我们白头到老，再也不分离了。”

西施却黯然神伤地说：“西施已死。”

“对，西施已死。因为你擅长缫丝、抽丝、织丝、绣丝，范大人给你改名为‘丝女’，其隐意为‘施家之女’。从今以后，你就是丝女。”铁驹说，“铁驹爱丝女，愿意守护你一生一世。”

“越后曾说过：‘你一旦成为吴国妃，就不可能再为浣纱女了。’我已不再是以前你心目中纯洁的少女。”

“不，丝女是纯朴的民女，可以自由地追求自己的幸福和爱情。”

“红颜祸水，红颜薄命。西施罪恶深重，不敢再有非分之想。过去的西施害了夫差；现在的丝女，不能再害铁驹了。”

在往后的岁月里，世上少了个西施，薄姑多了个丝女。铁驹对丝女呵护备至，丝女对铁驹体贴入微。铁驹与丝女以兄妹相处，相伴到老。

三十七、海滨盐场

范蠡已是一身儒雅的装束，是地地道道的“鸱夷子皮先生”了。“鸱夷子皮先生”在干什么呢？他天天在海边转悠。

这天，范蠡又独自一人坐在海边的礁石上，放眼蓝天白云，耳听海浪涛声。范蠡在心里喟然叹道：“天能生物，地能载物，人是万物之灵。这茫茫宇宙、浩浩大海，给了人类多少恩泽呀！大海行船，交通便利；海生鱼虾，人能食用养生；海水贮盐，惠及生灵。”

范蠡又想：“茫茫海水无边无际、取之不尽、用之不竭，它所蕴含的盐也是无以计数的，为什么获取食盐却如此艰难呢？”

范蠡了解到，当地人也有以海水制盐的传统。他们从遥远的海边把海水一桶一桶地挑回家用火煮，要运回很多的海水，燃烧很多的柴草，花费很长的时间，才能煮出很少一点点盐，成本高得离谱，生产量小得可怜。盐是人们生活的必需品，人不吃盐就浑身没有气力，因此，市场上盐价十分昂贵。

“难道就没有节省而简便的制盐办法了吗？天地之间的万事万物总是

平衡的，只是我们没有找到明智的办法。上苍赐给我们如此浩瀚的、可以制盐的海水，就一定有制盐的好办法。”

怎样才能找到用力少而功效大的制盐方法呢？他想起了“桔槔”。

所谓“桔槔”，就是用两根长条的直木，一根竖立在井边或河岸，直木顶端用绳索结住另一横木，横木前端结绳挂上水桶或陶瓶，后端结上石块或其他重物，利用杠杆原理，引绳子往下，则桶或瓶下落井中汲水，提绳子向上，则装满水的桶或瓶就被拉上水面，这是一种既省力而又高效的汲水办法。孔子的学生子贡游历至晋国时，路过汉水北岸，看见一个农民，用旧的方法抱着一个装满水的陶瓮去灌田，非常费力气而效果很小。子贡就劝他采用桔槔汲水灌溉的方法，说可以“一日浸百畦”，用力少而功效大。春秋后期，人们就普遍使用桔槔汲水灌溉田地。

他来到大海边，看着大海，任凭大海的波浪拍打他的脚踝和小腿。他感慨地说：“万能的上苍，有什么力量比太阳更大呢？有什么火焰的威力比太阳更强呢？有了太阳、大地和大海，人们还会愁缺少食盐吗？”

海水一会儿涌上来，没过他的脚，淹着他的腿，一会儿，从脚下缩回去，退到几尺远的地方。他想：“谋事在人，成事在天。上苍让海水会自己爬上来，我们又何必费那么大的力气把它挑到那么远的地方去加工呢？若在海滩边就地取材，岂不省时、省力了吗？”

“怎么样才能利用太阳的光和热呢？面积越大，能接收的太阳光也就越多，田地里的庄稼得到太阳的照耀而生长，那么，能不能让海水也像庄稼一样长成盐呢？对，开辟盐田！”他看了看平滑向上的海滩斜坡，心想，“如果把海滩斜坡建成层层向上的梯田，再用桔槔把海水层层传送到高处的盐田，那将会是一番什么样的情景呢？”

他眼前幻化出层层叠级的梯田式的盐田，田边耸立着接力式的桔槔，层层盐田里结满了白花花的盐粒……

第二天，范蠡一家和随行将士来到海边，齐心协力地开垦盐田。开始的日子十分艰苦，他们的住地离周边乡镇远，购买粮食和生活用品非常不方便，所带银两也不多，大家都勒紧裤带过日子。范蠡一边加紧制盐，用盐换钱，一边用仅有的一条船从各地购买并运回生活必需品。

有一日，大儿子孟宛问范蠡："父亲，我们以后就在这个偏僻贫穷的地方艰难地生活下去吗?"

范蠡说："事在人为。别看眼下我们很艰苦，但只要我们顺应天意去努力，一定不会受穷的。"

他又说："要说穷，越国原来也十分贫穷、受吴国欺辱，人民过着贫穷的日子，但我和文种大夫辅佐越王，只用了十年时间，就使越国富强起来。又用十多年的时间，成为了霸主。治国与治家同理，你想，为父的谋略能使一个国家富足，难道不能让咱家兴盛富足吗?"

"能，一定能。"孟宛问，"但是，我们现在一无所有，百事都得从头起，就凭这几十个人，何年何月才能兴盛?"

"治国与治家，其理相通。治国讲究天时、地利、人和，兴家亦然。我们来到这里安家，从天时看，齐国在众诸侯中首屈一指、经济繁荣、政局稳定、鼓励农桑，经商务农均方便；从地利看，这里土质肥沃，垦荒不受限制，可以种植粮食、蔬菜和园林，同时，这里的滨海是天然的盐场，制盐有取之不尽、用之不竭的资源；人和，这里没人知道我们的底细，没有政治的烦扰、没有战事的纷争，有一个安静、和平的环境。"他顿了顿，又说，"虽然我们到这里白手起家，但天无绝人之路，靠山吃山、靠水吃水。这里的大片荒地，冬春开垦出来，种上粮食就有收获，可免饥寒之苦；夏季可在海滨开出盐场，费工少而收益大，晒出的盐品质好，可卖好价钱，这里水路通畅，直通齐楚，是经商的理想之地。我们务农桑、置盐铁，先求立足，再求温饱，然后求盈利，只要度过当前难关，不愁不富裕兴旺。"

孟宛信服地点点头。

范蠡舒了口气，望着儿子的双眼，深情地说："求一家人的生计，不是件难事。我追求的不仅仅是存活，我追求的是一种境界、一项事业！”

孟宛坚定地说：“父亲，孩儿理解父亲的鸿鹄之志。”

他们在海边开辟盐田，依着海滩上的地势建起一级更比一级高的梯田。海水朝涨夕落。涨潮时，海水漫进盐田里；海水退潮时，海水就留在盐田里了。早晨，范蠡带领众人用桔槔和戽（一种汲水灌田的农具）把海水从下面的盐田往上送，直至每块盐田都装满海水。夏日的太阳和海风，以巨大的威力将盐田里的海水迅速蒸发掉，一天下来，海水就变成浓度很高的盐水。傍晚，范蠡带着家人用戽把盐田的盐水扯到上层的干田里，盐水在干田里再晒一到两天，就成了“初盐”。

他们把晒成的“初盐”运回家，进一步晒干或者用火炒干，就成了可以食用的粗盐。

某一天，卢虞和孟宛正在盐田劳作，忽然看见大海的远处驶来一条船。当船渐行至近处时，卢虞看见了，驾船的正是好友铁驹。铁驹带着西施和一帮旧部将士投奔范蠡来了。

没过多久，当年逃离越国的海桐带着一批壮士从邗沟驾船来到临淄，又从临淄步行数百里，追随到这里。

铁驹、海桐的到来，带来的精壮兵士达到五百余人。五百多人齐心协力，一栋栋房屋平地而起、一片片盐田应运而生、一畦畦菜地变成了绿色、一片片荒地变成了良田。转眼间，薄姑就充满了生机和活力。

范蠡主动拜访了莱国君。莱国君对范蠡的到来颇为欢迎，再加上范蠡有田恒的信函，更是事事给予便利。莱国君说：“莱国地处东海之滨，幅员广阔、土地贫瘠、人烟稀少，百姓过着贫穷的生活。先生愿留莱地，本君求之不得。”

范蠡要求在海边开发盐田，莱国君从来没听说过“盐田”，心中十分新奇，也十分赞同，便大手一挥，爽快地说：“海边本是寸草不生的盐碱地，只要先生看得上，要多少给多少。”

有了莱国君的接纳和支持，范蠡放心大胆地干起来了。

开春后，他们在山坡上种上桑树、茶树，没多久，满山便是一片翠绿。到了夏天，潮涨时海水涌进盐田，太阳一晒，水分一蒸发，盐便形成了。女人们把盐扫起来，男人们用船装上，从济水河向上，运到陶、葵丘、黄池、践土等地去卖。卖得的钱便置办货物运回来，拿到齐国国都临淄等地出售。这样，取自天然的盐，竟变成了黄金，且一去一回还翻了倍。大家劳苦耕作，庄稼长势喜人，当年秋天就有了数百石的收获。

当范蠡一家来到这里时，这里一片荒芜，谁也没有注意他们。离他家最近的一户人家，也有一里多路。有一天，邻居家突然发现竟然有一帮人在海边大动干戈，便好奇地走过来看看。

范蠡与他交谈中才知道：邻居家姓徐，一家六口人，安居乐业、深居简出，基本与外界隔绝，倒也自得其乐、自食其力、自给自足。

原来，邻居徐家乃是有识之士，通读诗书、学识渊博。他见诸侯相争、战事连绵，不愿参与其中，便隐居此地，自称“安公”。因安公姓徐，范蠡心里便多了一份亲情，对其特别友好。

安公与范蠡一见如故，谈得十分融洽、投机，安公问及范蠡如何称呼，范蠡说：“鄙人号为‘鸱夷子皮’。”

安公觉得此号颇为特别，便问及来处。

范蠡说：“我本是一介商人，因风暴落入海中，幸亏有鸱夷子皮相护才得以生还，所以号‘鸱夷子皮’。”

安公思忖：“鸱夷子皮先生谈吐不凡、处事不凡，定是不凡之人。”

两人从此结为朋友，闲暇之时常在一起交谈、下棋、弹琴、论商、议政。范蠡问安公：“安公就打算在此地终此一生吗？”

“安分守己，安贫寡欲，自得其乐。”安公说，“鸱夷子皮先生胸有鸿鹄之志，定能干出一番大业！”

“同你一样，求安为上。你是满足于‘贫安’，但我不满足于‘贫’，我求的是‘富安’。我要让我的家人和弟兄们过上富足的日子。”范蠡说。

“求贫易而求富难。”安公摇摇头说。

“人往高处走，水往低处流，人们总是向往幸福、美满、富足的生活。一朝又一朝的英明君主、一代又一代的英雄豪杰都想造福百姓、造福天下，可大多事与愿违。你知道为什么吗？”

安公又摇摇头。

“君王是一国之主，拥有一方土地，所产之物只是天下物产的一部分。只有各国货物相互交流、天下物产相互流通，才能物尽其用，天下百姓才能过上富足的生活。”范蠡两眼放光，“我想试试。”

安公伸出大拇指，说：“了不得！鸱夷子皮先生的愿望若能实现，必将名垂青史！”

后来，安公见他家开辟盐田，收益日丰，心为所动。在范蠡的鼓励下，他家也在海边辟出盐场。范蠡手把手地教他制盐，还帮他售盐、购货，常邀他结伴而行，安公受益匪浅，对范蠡赞赏不已、感恩不尽。

夏天的大海，天气多变，原本万里无云的蓝天，不知从哪里飘来几朵乌云，平地响起几声雷鸣，瞬间便涛声大作，下起大暴雨。搞不好，已经晒成的盐粒就会泡了汤。范蠡擅长观天象、测风雨，每每暴风雨来临之前，他都提前通知盐场收盐。这天，天气晴好、阳光灿烂，盐田里长出了白花花的、晶灿灿的盐，大家都喜滋滋地忙碌着，盼望趁着太阳大，多晒一些盐。

就在这时，范蠡下令：“立即收盐。”盐场的工人火速行动，扫盐、装筐，挑起盐筐就向仓库飞跑。

旁边的农民看见盐场收盐，便毫不犹豫地跟着行动。每当他们刚刚收完盐，乌云便布满天空，电闪雷鸣，豆大的雨点从天而降。人们看看仓库里白花花的盐，又瞅瞅倾盆大雨，不禁笑开了花。

有人调侃地说：“先生，您跟老天爷是亲戚呀？老天爷事先告诉您要变天下雨？”

有人赞叹道：“先生真是神机妙算啊！跟着您有饭吃、能发财！”

范蠡微微一笑，说：“物极必反，热必生雨。久阴必有久晴，久晴必有久阴，这是自然规律。最近连续晴朗了好几天，今天刮起了西风，远远的天边还升起一簇扇形的积雨云，那一定是要下雨了。”

“哦，是这样呀！那您教教我们吧！”

于是，范蠡便教盐工们辨风识云、预测天气变化，还教给他们一些气候谚语，如：

早晨下雨当日晴，晚上下雨到天明。

久晴西风雨，久雨西风晴。

早上生霞，等水烧茶；晚上生霞，干死蛤蟆。

蜻蜓飞得低，出门穿蓑衣。

炸雷雨小，闷雷雨大。

有雨四方亮，无雨顶上光。

这些谚语通俗易懂、朗朗上口，大人孩子一学就会。这样，即使范蠡外出了，当地的盐工和百姓也能大体判断出晴雨，看好盐场。

同时，他雇用了许多农民，在海滩大开盐田，不到一年时间，就开出了百里盐场、建起了十二座盐房。

当时齐国承续了管仲的国策，对盐铁政策放得较宽。田氏家族在夺取政权的过程中，为了争取新兴地主和商人的支持，允许他们自由生产和自由运销盐铁产品，采取免税或低税政策，取得政权后，这一政策就延续下来。

范蠡的海盐在齐国畅销无阻、收益甚丰。诸侯各国对食盐的需求大，他生产的海盐，通过济水源源不断地运到各个国家，各个国家的钱财也顺理成章地、源源不断地流到范蠡的手中。

“老爷，咱们的生意越做越大了，也该有个名号才好。”卢虞提议说。

“对，咱们取个名号吧！”

可思来想去，也没想出个名堂。

“就叫‘鸱夷子皮’吧。”

“鸱夷子皮，就是储酒盛酒的皮囊。这东西老百姓家家都有，可大可小、可方可圆。”卢虞边说边点头，“这个名号好，好就好在‘俗’上，百姓们一看就记住了；这个名号又很妙，妙就妙在独一无二，天下恐怕没有第二家商号与此同名。”

“鸱夷子皮”的海盐受到中原各国的欢迎，特别是经过精加工的“精盐”，价格虽高，却总是供不应求。

精盐好销价格又高，那就多多生产呀！精盐是将粗盐溶化、过滤，滤掉杂质和沙土，再用大锅熬干，便制成了精盐。这精盐又纯又白，比起粗盐来，质量高出许多倍，受到了各国王公贵族的青睐，是各国王公显贵餐桌上的必需品。

可是精盐的制作工序麻烦、耗时多，更需要耗费大量的柴草。海边的柴草不多，从外地购回不仅成本高，而且非常不方便，范蠡为此事煞费苦心，却一直找不到解决的好办法。

盐场里，宿沙顺、乔木忙碌了一天，二十五口大锅里的盐卤已熬了一整天，眼看一堆堆像山一样的柴垛一个一个地消失了，盐卤才熬到三成，还要煮上两到三天，才能成盐。乔木累极了，吃完饭便靠在墙角的柴堆上，宿沙顺与他聊天，他听着听着就睡着了。

宿沙顺蹲在灶边抽了一管烟，便自顾自地忙着，看看每个灶里的火烬是否燃烧透净，又一边半疼半怨地数落乔木，一边拾掇着屋角乱七八糟摆着的箩筐、木桶等。有个筐里剩小半筐盐，他便顺手倒在盐锅里。

第二天一早，天边刚露出晨曦，宿沙顺就睁开眼睛，一骨碌爬起来点火煮盐，他依次将一个个灶里生上火，开始了新一天的熬盐劳作。忽然，他听见轻微的“噼啪”声，一看，原来有一口锅里结满白花花的盐，时有盐粒在大火燃烧下的锅里爆出。而其他锅里的盐卤与昨晚一样，还得熬上几天。他十分惊喜而诧异：“哈，为什么这口锅里结出了盐？”正惊诧着，范蠡来到盐坊，他忙不迭地喜滋滋地喊道："先生，快来看，这锅里出了盐！"

范蠡一看，果然二十几口锅里都是盐浆，只有一口锅里已经全部成盐。

"这是怎么回事？"范蠡问。

"我种盐了！我种的盐，种盐成功了！"宿沙顺高兴得语无伦次。

"种盐？"

"是，种盐。我昨晚下了种，没想到我昨晚倒上了半筐盐，今天就结出了一锅白花花的盐。"

范蠡一把拉住宿沙顺，坐到板凳上，说："你别急，慢慢告诉我，你是怎样种的盐。"宿沙顺按捺住激动的心情，把昨晚的每一个细节都回想起来，向范蠡叙述。

范蠡又问："你怎么知道种盐能生盐的？"

宿沙顺说："我是从我爷爷那儿听来的。我爷爷也是从上辈老人那儿听来的。说是能种盐，但谁也没摸透那盐脾气，爷爷常常是种十回、二十回，也未必能成一回，哪一次瞎猫碰上个死老鼠就生出盐来了！"他又说，"我只知道有种盐这事儿，想起来就往锅里撒点盐，却总也没见盐生出来。谁知昨晚运气好，真是有心栽花花不发，无心插柳柳成荫！"

"好！太好了！"范蠡对宿沙顺说："咱们把那盐脾气摸个透，行不行？"

"行！老爷怎样指派我就怎样做！"

盐坊有二十五口大锅，每口大锅的盐水要煮熬五天。宿沙顺把二十五口大锅分成五份，也就是每天有五口锅成盐，每天有五口锅装入新的盐卤。这样保证每天都有盐从盐坊生产出来。为了区分不同时间出盐的锅，把盛入新盐卤的锅叫作"一天锅"，熬过一天的叫"两天锅"依次类推。

范蠡心中思忖："宿沙顺多次种盐，唯独昨日生出盐来，看来，这个关键可能就在盐卤的温度和浓度上。”他对宿沙顺说，“今天晚上，我到盐坊来，你把昨晚做的事全部再做一遍，把剩盐倒在‘两天锅’里。”

转眼又到了收工的时候，范蠡默默地坐在盐坊里抽烟，漫不经心地听宿沙顺有一句没一句地唠叨，也不答话。宿沙顺像昨天一样，收工、熄火、吃晚饭、抽烟、聊天、拾掇场子，一个时辰很快便过去了，到倒剩盐的时候，盐卤已是半温了。这时，范蠡对他说：“这里有五袋盐，你一口锅里倒一袋，并把袋子放在锅边。”宿沙顺看了看，这五个袋子装的盐有多有少，分量不一样，他知道范蠡正在动脑筋。他干完活，对范蠡说：“先生，做完了！”

“不，这边还有。”宿沙顺这才看见，在一天锅、两天锅、三天锅边都放有小盐袋。他按范蠡的要求一一倒入锅中。

至此，范蠡站起身，对宿沙顺摆摆手，说：“行了，咱们睡觉去吧！”

“先生您……”

“我今天就睡这儿了，给我支铺吧！”他指了指带来的铺盖。

“这怎么成？”宿沙顺诚惶诚恐地说。

“怎么不成？不成，我就睡你的铺了！”

宿沙顺忙不迭地把自己的行李挪开，给他铺好床。

宿沙顺很快就进入了梦乡，醒来时，又到了晨曦初露时。他一骨碌翻身起来，见灶台上有一点火光在一闪一闪地，再定睛一看，是范蠡坐在灶台上抽着烟。他知道范蠡心里牵挂着盐锅的事，一定是一夜没睡好觉，不禁感动地轻轻叫道：“先生！”

范蠡从灶台上蹭下来，笑着说：“宿沙顺呀，今天锅里长出盐来了！”

“真的？”宿沙顺喜出望外，跑到灶边一看，晨曦照在白花花的盐上，在黑暗的盐坊中显得格外醒目，闪现出银子般的光芒。他喜得双手一抡，大叫一声：“先生，真是奇了！这盐又生出来了！”

“这是你昨天下了盐种呀！”范蠡笑着说。

宿沙顺喜得一蹦老高，接着情不自禁地在盐坊里围着盐锅飞跑起来，边跑边欢快地叫："哦，种盐啰，种盐啰！"盐工们被他的欢呼声叫醒了，睡眼蒙眬地围过来，一看白花花的盐，也一个个兴奋激动地欢呼起来："哈，咱不用煮，盐就自己长出来了！"

大家欢喜雀跃的时候，范蠡把灶台上的小口袋一一收起来，笑着走出了盐坊。宿沙顺看到小口袋上写满密密麻麻的小字。

过了几天，范蠡来到盐坊。盐工们纷纷停下手中的活计，围了过来。大家知道，范蠡一来，定有大事。果然不出所料，范蠡对大伙儿说："弟兄们，我们盐坊出了个神奇的人，他得到了一个神奇的发明！"

盐工们你望望我、我望望他，不知谁恍然地说："宿沙顺，宿沙顺种盐！"

"对，宿沙顺！"大伙欢快地叫起来。

"宿沙顺发明了种盐术，成为咱们盐坊煮盐的最新、最好、最省的方法，那就是'宿沙顺煮海法'！"

"不，不，不！别拿我开玩笑！这法子不是我想出来的！我是听爷爷说的！我爷爷又是听他爷爷说的！"宿沙顺腼腆而尴尬地说。

大家开心地哄然大笑。

"没错，今天我们能用种盐术制盐，是海边人民祖祖辈辈从无数次的经验中逐渐摸索出来的，如今才能派上了大用场。我们就以宿沙顺爷爷的名字'宿沙祝'来命名吧，这就叫作'宿沙祝煮海法'！"

"好，'宿沙祝煮海法'！这个名字好！"大家叫道。

宿沙顺大声说："要说发明，先生立的才是头等功！我爷爷知道可以种盐，可不知道怎样才能种好盐，蒙对一次是一次。是先生有心、有办法，硬是摸出了真正的种盐技巧，种一回生一回，种十回生十回啦！"

"千万别小看这似乎很平常、很小的发现，它其实是一个造福黎民的大发明。"范蠡停了停，庄重而严肃地说，"海盐贵如金。盐是每个人都需要的必需品，每个人都希望得到它，而得到它却十分金贵。海水无边无垠，取之不尽、用之不竭，贵就贵在难以把它从海水中熬制出来。十年树木长百斤柴，百斤柴熬一斤盐，正因如此，盐贵如黄金，只有富贵人家才买得起。且这样下去，方圆百里的树木不用多长时间就会被砍光。而有了宿沙顺的这个发现，熬制一斤盐省下七十斤柴，百斤盐就能留下一片森林。山有绿色，人有健体，这是造福黎民的大功大德啊！”

“宿沙祝发现了这一奥秘，我们就让宿沙顺给大家伙儿讲一讲怎样种盐吧！”

宿沙顺腼腆地说：“先生，还是你讲吧，我哪讲得清楚？”

“好，我来说吧。”范蠡顿了顿，说，“种盐三窍：一是三成撤火。即点火煮制锅中盐卤，待其水分蒸发掉三成、剩下七成时，撤去柴火；二是半温种盐。即将盐卤凉一个时辰左右，至半温时，撒入少量盐种；三是静置凉透。撒入盐种后，切勿搅动锅中盐卤，待其凉透。凉透后即有白花花的盐粒结晶析出，捞出晾干，就是上等好盐。”

范蠡讲得简单易懂，许多工匠很快便掌握了种盐的技术。范蠡又让工匠向附近百姓传授种盐技巧。这时，宿沙顺有点想法了，对范蠡说：“先生，我们找到了种盐的方法，这可是天大的诀窍啊！如果我们秘不外传，独得奥妙，手握一门决窍，岂不是可以赚得更多的钱吗？为什么要传授给天下百姓呢？”

范蠡说：“钱财取之于天地，造福于百姓，悟透了为人处世的道理和方法，有了智慧，就永远不会受穷。再说钱财是身外之物，生不带来，死不带去。一个人吃、喝、用、住所需要的钱财是微不足道的，天赐予我们的恩泽是宏大无比的。”

宿沙顺说：“先生说得不错，可钱多不咬手，谁会嫌钱多呢？”

“平则衡，不平则灾难生。我们从外地来到这里，财源滚滚、日进千金，这是上天对我们的眷顾。一家独富，而众人贫困，必招来嫉妒和灾祸；自己富裕，让大家也富裕，则可得到尊敬和安定幸福。如果我们一心只想自己赚大钱，怎叫齐国贵族不忌妒、齐国土著百姓不生歹意？这样，祸事也就会接踵而至。上天创造了人，就一定赐予了众生生存的财富。财富是上天赐予广大黎民的，只是黎民不知如何才能得到它，所以受穷。如今我们悟出了获得财富的一点诀窍，也是受上天之托，为黎民百姓取财，所以应该归之于民。”

宿沙顺默默念叨：“受上天之托，为黎民百姓取财。先生，您真是百姓的财神爷！”

范蠡在自己兴家的同时，也尽力帮助周围的老百姓。在范蠡和工匠们的传授和指导下，百姓们也纷纷学着生产精盐了。

以前，海边百姓打的鱼、煮的盐，都是肩挑人扛地到集市上去卖，换取一些生活、生产用品，路途遥远，十分辛苦。现在，范蠡帮百姓代卖、代购，在当地用较高价收购当地百姓的盐、鱼、帛丝及绣品，又从外地购回他们需要的货物，用较低的价格售给他们。

消息传开，一传十、十传百，十里八乡的百姓都来这里卖货换物，从早到晚，提篮的、挑担的、赶车的、骑驴的，人来人往，热闹非凡。

秋收时节，莱地方圆百里喜气洋洋，五谷丰收、山林丰收、海盐丰收，桑麻纺织品更是多姿多彩。绸缎绢纱，除了从海路、水路运销之外，还可从陆路运到临淄、宋国等地。

不到三年，范蠡交给莱国的租税就高达三千万金，比此国原来十年税赋的总和还要多。莱国君喜不自胜，免去普通百姓和小商贾的税赋。莱国君与范蠡也成了好友。

莱国人烟稀少，范蠡便让莱国君鼓励增加人口。

范蠡说：“有人才有力量，人多好办事。莱地沉睡万年的山泽、田野需要开垦，无垠的渔猎之利需要人去获取，一人生产所得到的收成，十人也用不完，何乐而不为呢？”莱国君觉得十分有道理。

于是，两人商定增加莱地人口的计策。范蠡说：“要增加人口，先鼓励本地的青年，把外地的女子娶回来。”

“外地女子娶不起呀，咱们这里的穷小子，付不起聘礼。”

“要多少聘礼？”

“一张羊皮就足够了。”

“哦，对于准备娶外地女子的小伙子，我赐给他两张羊皮。”

“两张羊皮？够了！这可是一份厚重的聘礼了。”

“出嫁到外地的女子，我将赠给她们珠玉为嫁妆，让她们漂亮华贵地出去，别让外地人看不起咱莱地人。”

此后，只要听说是莱地人，人们都会刮目相看。再后来，莱地人竟成了有钱人的代名词，外地女子以嫁到莱地为荣，外地男子以娶到莱地女子为傲。

莱地人跟着范蠡，年年得到丰厚的收益，男耕女织更勤奋，投奔而来的百姓一天比一天多，有的从很远的地方投奔过来，心甘情愿地来此地做工。

范蠡除了指导当地农民开辟盐田、种植庄稼外，还指导他们挖掘鱼池、纺纱织锦。范蠡从临淄买回来二十多部缫丝机和十多部织机，让工匠仿制。每个成年妇女分发一部缫丝机和织机，并教给她们使用的方法，直至她们学会为止。她们织出来的布匹锦缎，范蠡如数全部高价收购。

周围的百姓都效仿他，春耕、夏耘、秋收、冬藏都以他为榜样。人民甘其食、美其服、安其居，投奔而来的人络绎不绝。

人口多了，自然地形成“日中为市”的集市，这里水陆兼通，成为商埠。这里货物好、价格合理，流动的商贾、百姓就多了，小商贩多到难以计数，百姓一天最多可达数万。齐盐产量大增，行销天下。最红火的是每年的春社，这里的春社远近闻名、商贾云集、百姓涌动。齐国最穷的莱地变成了齐国最富有的地方。

人多、货多，问题也多了起来。范蠡一方面制定货物交换和经商的规章；另一方面用军事治理的办法进行市场控制和管理，起到震慑的作用。为此，打架、斗殴、偷盗、淫乱之事在这里不见踪影。

范蠡的作为一传十、十传百，附近几十里的百姓都效仿他家，纷纷在海边办盐场。百里海岸形成规模庞大的制盐基地。普通百姓学会了制盐，却无法将盐销售出去。范蠡便购置了十条大木船，将百姓们的盐收购起来，往中原各诸侯国销售。

这样，范蠡的船队自济水入河水，再分送到渭水、泾水、洛水、汾水，将海盐、鱼、漆、丝销往齐、鲁、曹、宋、卫、周、晋、郑、秦等国，再从各国购货，分送到各国国都和繁华的城镇去销售，使各国之间的产品互相流通。

范蠡用高于本地的价格收购当地百姓出售的海盐和土产。他若能卖得好价钱，还另外把赚得的钱拿一部分出来分给大家。范蠡还用货物经营盈利的一部分，用于办理公益之事。范蠡办起了私塾学堂，名曰“鸱夷书房”。他买回一车书简，请来安公当教书先生，让盐村和周边乡村的孩子们读书识文。他在海边修筑起船运码头，方便船工装卸起运货物。

不到三年时间，这方百姓便富足起来，范蠡房宅周围建起了许多新的住房，有了专门的吃水井，形成一个新的、繁荣的集镇，人称“鸱夷邨”。鸱夷邨通往海边和邻村的道路、桥梁修理得宽敞通达。范蠡家在短短的三年时间里，创造的财富不计其数，除了用在改善四周百姓生产生活和扩大经营外，家庭积累也富甲一方。

外地的百姓，听说这里有一位“鸱夷子皮先生”，能让所有的人过上好日子，便纷纷投奔而来。就这样，百姓都众口一词地赞扬他、敬重他，鸱夷子皮的名声和“鸱夷子皮”的名号不胫而走，越传越远了。

三十八、猗顿拜师

“鸱夷子皮”三年致富、富甲天下的名声越传越远，许多慕名之士前来拜访。有周围十里、百里的平民百姓，来参观他的盐田、良田，一饱眼福的；有来自百里外的乡绅富豪，寻访他的生财之道的；还有王公贵族怀好奇之心前来探访的。以致后来惊动了国相田恒，传到了齐平公耳中，这自是后话。

对这些来访者，范蠡只是让管家卢虞好生接待，自己并不出面。凡来访的人都受到热情的礼遇，好茶、好饭相待，问及耕种、养畜、制盐之事，卢虞都一一认真解答。他解答不了的，便先请教范蠡再为解答，倾尽所能进行指点和帮助，让求访者慕名而来，满意而归。但来访者问及“鸱夷子皮”之事，卢虞则只是说“鸱夷子皮”乃一介商人，在海上遇难漂泊至此地，便在此地为生，重置家业。求访者大多希望见上主人一面，但范蠡一概不见，卢虞也直言相告，说主人忙于生意，无暇见客。

再说在鲁国的一个小集镇上，有一个小餐馆。一个二十七八岁的青年独自一人坐在墙角的一张桌子边，正低着头闷声不响地吃着一碗面条。这青年长得眉清目秀、斯文清瘦，一双大眼黑亮黑亮，却是一脸忧愁。他吃得很慢，一双筷子在碗里拨过来、拨过去，半天才拨拉几根面条到嘴里，细嚼慢咽，一碗面条端在手里半个时辰了还没吃到一半。

正在这时，风风火火地走进一群人。这群人兴高采烈，个个喜气洋洋。一进门就大声吆喝店小二，点酒、点肉，要了一大桌子菜，热热闹闹地大碗地喝酒、大块地吃肉、大声地高谈阔论。那青年人的注意力不由自主地被这群人吸引了过去。

一个身体壮实的中年人说：“鸱夷子皮真是神机妙算，百言百中！他说今年要发大水，你看，今年果然涨了大水！”

一个长满络腮胡子的工匠说：“听说他能通天，哪年是什么年成他全知道。去年天大旱，别的商家都找我购水车，作抗旱浇地用，他却找我订船，一订就是上十条，我家做不了，还找来一大帮工匠帮着做。当时我们都笑鸱夷子皮，说河里的水都干了，做船派什么用场？会不会用来烧水煮饭？他听了也不见怪，笑笑说：‘今年用不上，明年就用得上了。’你看看，真被他说准了。”

一个眼露精明的工匠说：“他订的船多着哩，齐国临淄及周围十里、八里的工匠去年一冬都在帮他造船，造了大几百条船，今年夏天楚、赵、燕、齐发大水，大船小船都俏得不得了，那些国家全都找到他这里来买船，他的船一下子全都卖光了，还都卖出好价钱，你说他能不发财吗？”

“是呀，上天保佑他，他做什么，什么就俏！我真信服他！鸱夷子皮讲义气，他赚了钱，给我们的工钱也高，一下子付给我三百两银子。我从娘胎里下来，就没见过这么多钱！今年我算是跟着鸱夷子皮发了大财。”络腮胡子说。

几个人你一言我一语地边吃边聊，好不尽兴。

“我就认定一条理，只要跟着鸱夷子皮，就一定有钱赚。”

“哎，我听说鸱夷子皮占卜准得很。”

“是啊，他家有北斗龟甲和百茎蓍草，百算百灵。”

“什么是北斗龟甲？”

“这你就不懂了。要想占卜灵验，必须要用神龟甲。”那人自得而神秘地说，“而鸱夷子皮家的龟甲有一尺二寸长，是世上少有的稀罕宝贝。”

“什么地方有神龟，我也去找一个。”

“哈，你做梦！你以为什么人都能得到神龟吗？神龟通常是与百茎蓍草在一起的。”

“我见到过，我们村后的河边长有蓍草。”

“那算什么呀？百茎蓍草是一个根里生发出一百根茎，每根茎长到一丈长，这可是稀罕物，少见得很。据说，只有有大福的人才能得到。”

“哦，我长年采药，爬过无数的高山、见过无数的蓍草，但我所见到的蓍草，一丛最多只有二三十根茎，最长的也只有一二尺长。而且这样的蓍草一般都长在悬崖峭壁上，看得见摸不着。”

“百茎蓍草的下面必有神龟守着。谁家能得到神龟，谁家必能大富。”

“大富？可以挣到万贯家产？”

摇了摇头。

“十万？”

“百万？”

“可富至千万。”

“哇！真不得了！”

“得到神龟，财宝就跟着来了？”

“是呀，鸱夷子皮有神龟指点，知道什么能赚钱、怎么样赚钱，能不富吗？”

“我也让鸱夷子皮给我算算，做什么能赚钱？”

“把你一个人算富了，光让我们受穷？不行，不行！”大伙儿一边打趣一边哄笑着。

说者无意，听者有心。坐在墙角桌子边的那个青年把这番话一字不漏地听进耳里、记在心里，边听边琢磨。那伙人吃完饭走了，他还在那里愣着。他想：“是啊，这鸱夷子皮若真有这般神奇，我何不找他给我算算，我该怎么办？”

他叫来店小二，问：“小二，刚才那帮大哥说的鸱夷子皮是哪里的人？”

小二瞧瞧他，说：“你是个两耳不闻窗外事的书生吧？这你都不知道啊？他们说的是在莱夷海滨治产的鸱夷子皮呀，他到莱夷不过两三年时间，就赚得家产万贯，成为天下第一富豪，哪个不知，谁人不晓呀。”

他回到家里，收拾了几件衣服，带了点干粮，揣上家里仅有的银子，直奔齐国莱夷。

有一天，他来到了莱夷，问路边小店的老板：“请问，鸱夷子皮住在哪里？”

小店老板说：“你是从外地来的吧？在这里，没人不知道鸱夷子皮。你往前走，看到一大片新簇簇的房子，那就是鸱夷子皮的盐村了，他就住在那里。”

“哦，我要去找他。”

“鸱夷子皮经常出门在外，你要见他不容易。”

“那我怎样才见到他呢？”

“其实，见鸱夷子皮又难又容易。他珍惜人才，从不拒绝有才之士。”

“小生不才，却有心向学。”

“那你就试试看吧，能不能见到他，就看你的造化了。”

有一天，盐村来了一位自称求访的人，衣衫褴褛、风尘满面，声称要见鸱夷子皮。卢虞接待了他。他说：“学生名叫猗顿，从鲁国来到这里，专程寻访拜见鸱夷子皮先生。”

卢虞对他说：“我家主人从不见客，你有什么事，就请对我讲。”

而猗顿却声称：“我从鲁国一路寻访到这里，为的是拜见鸱夷子皮先生，不见到鸱夷子皮先生，决不离开这里。”

卢虞说：“我家主人日日繁忙，无暇顾及其他，你到此地不易，有什么事赶快办完，办完之后还是早早回家，干自己的事吧，别误了自己家的活儿。”

猗顿说：“不。我决心已定，一定要见到鸱夷子皮先生。”

卢虞问：“你执意要见鸱夷子皮，有什么要紧的事吗？”

猗顿说：“我要拜鸱夷子皮先生为师，向他求教。”

卢虞说：“十分对不起，鸱夷子皮先生不在家，已外出多日了。再说，他即使在家，也是一不收徒弟，二不收门生。”

来到这里的求访者大多希望见上主人一面，但卢虞说主人外出未归，归来也不见客，求访者也就作罢。但猗顿却不一样，卢虞多次劝说，他仍执意要见鸱夷子皮。

“我要一直等到鸱夷子皮先生回来。”猗顿说，“不见到鸱夷子皮先生，不亲耳聆听他的教导、得不到他的指点，我就不回去了。我愿做鸱夷子皮先生手下的一名农工。”

从第二天起，猗顿便与农工一起下地干活，边打工边等待鸱夷子皮。

再说范蠡从楚国一回来，卢虞就禀报道：“有个名叫猗顿的青年，每天到府上来找您。我说您出了远门，一时半会儿回不来，他不急也不走，每天来打听，已经有十多天了。”

“他有什么事？”

“他口口声声说是要拜您为师。我看他说话行事有礼有节，像是个知书达理的人。”

第二天早晨，范蠡刚吃完早饭，那青年又来到屋前，心诚意切地说：“我只求见鸱夷子皮先生一面。”

范蠡说：“既然他远道而来，又守候多时，就让他进来吧。”

那猗顿一见范蠡就长跪不起，道：“学生拜师来了。”

范蠡拉他起身说：“我生意繁忙，无暇其他。你有什么难处说出来，看我能不能帮你出出主意。”

猗顿说：“学生家住鲁国猗氏之南、西河之滨。猗氏地处偏僻、丘陵连绵、土质贫瘠。看看您的家业，白手起家，三年之内富比王公。您是人，我也是人，却相差十万八千里。我真是惭愧死了，简直没有脸面活在世上。我虽然辛勤劳作，不敢有半点懈怠，但总是没有多少收获。我种地，耕得比别人家的深，施的肥比别人家的多，但一年辛苦收的粮食连口粮都保不住，长年忍饥挨饿。我看种庄稼不行，就又植桑养蚕。我比别人家勤快，照顾得比别人家的仔细，但一年下来，连自家穿的寒衣都没有，更不用说织布换钱了。一个年纪轻轻的大男人，自己吃不饱、穿不暖，连生身父母都供养不起，却又无可奈何。”

范蠡打量着猗顿，见他脸颊清癯、眉目清秀、双眼清澈，便说：“我看你举止文雅，是个读书之人？”

“是，虽家境贫寒，但父母省吃俭用、忍饥挨饿也让我读了四年私塾。”猗顿说，“我熟读孔老先生的《论语》，知道要孝敬父母，让父母过上好日子。可孔老先生没说怎样赚钱养家糊口，所以我满心仁、礼、孝，却让父母衣不遮体、食不果腹。我心中惭愧不已。”

“既是读书之人，就应知道世上之事不可强求，只有因势利导，才能成功。”

“道理是明白，就是不知怎样才是因势利导。”

“想要致富，必须因时、因地、因人，讲究天时、地利、人和。你认真想一想，你的家乡做什么可以生财，三天后告诉我。”

“这个问题，我已经想了三年了。我不用再想三天，现在就可以告诉您：我的家乡穷得没有生路，哪里谈得上生财呀？”

“不用着急，慢慢想。”范蠡说，“所有财富都是上天赐予的。财富无处不在，天下没有一块土地是无用的，就看我们如何去发现它、挖掘它。”

猗顿点点头，陷入沉思。

范蠡想道：“此人颇为真诚，从鲁国走这么远的路，向我讨教致富的路子，可见他决心之大、毅力之韧。若天下人都像他一样，求富心切、求富心真，哪里还会有穷汉、饿鬼？”

三天后，猗顿来见范蠡，哭丧着脸说：“我什么生财的办法也没想出来。要是能想出生财的办法，我哪会至今仍受穷？”

“你的家乡出产最多的东西是什么？”

“我的家乡太穷，什么东西也没有。我家方圆十里全是丘陵，山是穷山，树都长不起来，只长荆棘和野草。”

“草多？”

“对，满山遍野全是野草。”猗顿说，“我家附近山草比较稀疏，但越往远走越茂盛，到了三里以外，山草就慢慢多了起来。有的山窝窝里，野草可以长到一人多高。我们把它砍了晒干，用来烧火做饭。”

“野草是个宝呀！野草在你眼里是柴禾，在牲畜眼里就是粮食。”范蠡轻松地说，“天赐之物，你为何不用呢？有草就可以放牧啊！”

“是啊，我家也养猪羊，到了年末，家家户户杀猪宰羊，等我宰了猪羊上市场，又卖不起价，除去本钱，所得之利寥寥无几。今年，我拿出家里的全部积蓄，又找亲戚借了些钱，一口气买了十头猪仔、一头小牛，准备好好干上一年，能有一个好的回报，谁知猪仔喂了不到两个月，就发生了猪瘟，我硬是眼睁睁地看着小猪一只接一只地死去，一只也没能留住。我欲哭无泪呀。现在家里一贫如洗，一家人要吃、要穿、要过日子，请给我指出一条致富之道，教给我致富秘诀吧。”

范蠡叹了口气，说：“你口口声说要学致富秘诀，其实哪有什么秘诀呀，我也只是因势利导、顺势而为罢了。你翻山越岭到我这里，我给你出个主意吧。”范蠡说，“有句俗话，叫作‘靠山吃山，靠水吃水。’搬到草多水好的地方呀！有山、有水、有草，还能缺吃少穿吗？”

“山窝窝草多，但搬到山窝窝里做什么呢？”

“放养牲畜。”范蠡说，“你想想，羊吃什么？”

“吃草。”

“对，你就先养羊。当羊长大了，你卖了羊就有了钱。有了钱就买狗、买猪。有了狗，就不怕盗贼骚扰；猪长得快、赚得快。等钱多了，再买牛马。你想想，你家还会受穷吗？”

“我家也养过猪，一年养一头，全家天天为找猪食忙碌，还喂不饱它，猪越长越瘦、越小，连本都不够。”

“你家一年养一两头猪，能有什么赚头呢？即使养上十头、二十头，做得好的可以维持生计、略有盈余；做得不好的可能连肚子都混不饱，哪里能发财呢？”

“正是。”

“你想发财致富，就不能光想着用你后山上的草，你要从家里走出去，寻找最好的牧场。也不能只养几头牲畜，而要当成一项事业来干。”

“草长得好的地方倒是有，但那里离我家比较远。”

“家？有志者，四海为家。”范蠡沉吟着问，“你为什么不考虑放弃草少的地方，到草多的地方安家呢？”

猗顿心里一激灵，一下子愣住了：“搬家？”搬家对于一个乡村农家来说是件大事，他从来没想过“迁徙”二字，“搬到哪里？”

“哦，走出家门，到大自然里去寻找天下最好的牧场！”他的双眼放光，兴奋地叫道，“但什么样的牧场才是最好的呢？”

“草肥、水净、向阳坡。”范蠡说，“人居南室，畜牧南坡。南边向阳，日照充足，冬暖夏凉，牲畜繁殖得快。要选择土质肥沃的山坡。肥沃的山坡上，山草必会肥嫩茂盛。肥草营养丰富，牲畜就能长得肥、长得壮、成活率高。牧场要靠近河边，河水要干净。水不干净，牲畜喝了容易生病，而疫病是牲畜的大忌，一旦有疫病发生，所有的努力都会付诸东流。”

猗顿连连点头。

接着，范蠡对他说：“老天爷赐予人们的财富，必须经过努力才能得到。要致富，必须靠自己的努力，世上哪有什么天上掉银子的神话？当然，努力不仅仅是埋头苦干，更要有智慧、胆略和悟性。你今日诚心求致富之计，我没什么良策，只能送你两句话，一句是：先明理，再行事，顺其自然；另一句是：欲速富，畜五牸。”

“牸？就是雌性牲畜吧？”

“对。这五牸，就是母牛、母马、母猪、母羊、母狗。”

“养五牸能致富吗？”

“能不能致富，就看你自己的造化了。一般说来，只要经营得法，养母牛、母羊，两年可翻番、五年能致富、十年发大财。如果你能用心、专心地做事，当年盈余、三年致富并不是神话。”

猗顿眼里闪着热切、希冀的光芒：“太好了！感谢鸱夷子皮先生授我神机。”说罢跪倒便拜。

“快快起来。回家乡后，你切不可操之过急，路得一步一步走、事须一件一件做。在天运顺畅之时、地气丰润之地，必能生财。按照我的指点，一要选好牧场、二要安好家、三要选好种畜。只要你扎扎实实、勤奋好学，一定能有好的收获。”

猗顿千恩万谢地拜辞范蠡。

猗顿没走多远，卢虞便追了上来，对他说：“老爷说借给你十两银子。不计利息，但三年之时必须归还本金。”

猗顿双手接过银子，感激不已。

卢虞又交代说："这钱，你不可用来卖米度日，更不可随意乱花。你用这银子去买仔畜，每十头母崽配一头公崽。你若能用心经营，三年以后，你还得起十两银子，我家老爷就高兴了。"

猗顿连连点头。

卢虞又说："老爷还送给你一本医简和十斤麦子。我家老爷说，这竹简上记载有治疗畜禽疾病的良方，你必须先熟读医简，才能养牲畜。这十斤麦子是我家老爷精心挑选出来的良种，请你珍惜并好好种植。"

猗顿千恩万谢、兴高采烈地往回赶。他行路走累了，坐在路边休息之时就把范蠡送的医简拿出来细读。医简上细载了养殖的办法和防治各种牲畜疾病的草药配方，他越读越有味，越觉得自己以前的无知和盲干。晚上他在下榻之处细细思索范蠡的话："先明理，再行事，顺其自然。""欲速富，畜五牸。"慢慢品出了一定的思路，不禁大叫一声："太妙了！太妙了！"

以前猗顿春天买一头牲畜，辛苦喂养一年，到冬天还是只有一头。如果在隆冬之前杀了牲畜卖肉，但那时肉多价低，再好的肉也卖不出个好价钱。如果把牲畜留下过冬，但冬天没有青饲料，牲畜只能吃干饲料，一个冬季下来，增加不少成本，还会掉肉、掉膘。这两种办法，都是搞得好，只能略有盈余；搞得不好，还要倒贴本；如果遇上瘟疫、盗窃什么的那就不用说了——血本无归。

而按范蠡指点的方法，喂养母畜则是一次投资、多次受益。在春季买回母畜，只要喂养得当，当年就能产仔，仔儿只要喂一两个月就能上市，一窝猪娃卖得的钱，比一头大猪的肉钱还要多。一头小牛犊的价钱更是可观。

猗顿回到家乡，顺着西河一路勘踏寻找，终于找到一个十分理想的地方。这地方离他家八里多路，土质肥沃、荒无人烟。山上树木葱茏，山下有一大片平坦地。山麓在这里形成一个半圆形，使得这里夏季南风吹拂，凉爽宜人；冬季北风吹不进来，温暖如春。天气晴朗的清晨，可见一片紫气萦绕。方园上十里，长满鲜嫩肥美的牧草。更令他高兴的是不仅有西河从这里流过，还有清冽的泉水从山上流下来，终年不断。

他大喜过望，不久就与父母一起来到这里，就地取材搭起房子和羊圈，开始了他的畜牧事业。

猗顿用范蠡送的银子买了十头小母羊、一头小公羊。喂养了五个月，小母羊全怀上了崽。到深秋时节猗顿出售了五十多头羊崽，新添了二十多头小母猪崽，全家过了一个丰盛的年。再后来他用出售小猪崽的钱添了小母牛和小母狗。从第二年起，猗顿家的猪崽就一批接一批地产出来，牛羊也迅速发展起来。猗顿家的牛、羊、猪崽强壮，成活率高，三乡四邻的人们都来争买他家的畜崽，并把这里叫作“猗氏里”。

猗顿对范蠡送给他的十斤麦种十分珍惜，一粒粒看得比珍珠还贵重。他挑选最肥沃的地种下这种子，悉心栽培，秋收时只见那麦子沉甸甸、又大又饱满。他把收获的麦子又留作下一年的种子，三年之后，他家田地里全部种上了这优良的品种。在这一带，一亩田地里的麦子只能收获百十来斤，现在他家一亩地的收获达到三百多斤。同样的劳动，所得到的收获却比原来多得多，猗顿心里乐开了花。

猗顿勤勉又节俭、求知欲强，在向范蠡求学的过程中得到了启发，懂得了凡事要善于动脑筋想办法，从那以后，他总是先把事情的道理想明白，把办事的方法想明白，再动手去做。这样，他一年所得的利润是以前的十倍、二十倍。三年间，他便由一个贫寒之士，变成了牛羊成群、谷粮满仓、在鲁国小有名气的富裕之士。猗顿的名声也慢慢传开了。

猗顿饮水思源、富不忘本，又一次踏上到齐国的路途——这次他是去还钱谢恩的。他赶着三辆大车，车上装满布匹、粮食、银两和土特产山货，他要感谢让他走上致富之路的范蠡，表示自己的一片心意。但当他赶到海滨之时，才知道范蠡已离开盐村，到齐国临淄辅政去了，只有崖柏和苏铁留在那里操持。

崖柏和苏铁热情地接待了他，但怎么也不收他带来的礼物。崖柏说："您是来感谢鸱夷子皮先生的，但他已经不在这里了，我们不能收受您的礼物。鸱夷子皮先生离开盐村时，把这里的诺大的产业全部留给了手下的弟兄和当地齐民，又怎么会接收您的钱财礼品呢？请回吧！"

猗顿一听，崇敬之情油然而生，连声赞道："鸱夷子皮先生真是天下德高义重的奇人！我无论如何都要当面向他表示谢意！"

于是决定到临淄去见范蠡。

三十九、齐王拜相

田恒和田氏家族经过多次较量，战胜了庆氏、鲍氏、栾氏和高氏等大家族，成为齐国最大的家族。被田恒和田氏家族推立为王的齐平公，对其也只能是言听计从。田恒担任齐国国相，已彻底掌握了齐国的实权。但在与诸侯各国，特别是吴国的征战中，齐国的国力也受到很大的损伤，如何尽快增强国力、重振威风，成为田恒心中最为紧要的大事。而就在这时，又传来一个噩耗。

这天，齐国主管历法的大司马禀告齐平公说："大王，天将降灾，齐国将受其大祸。"

"何灾？何祸？"齐平公问。

"据多位名士巫师卜测，后年中原大地将遭遇百年不遇的大旱，齐国首当其冲。届时将赤地千里，农田颗粒无收。更严重的是，连续三年，皆为'凶'签，预示此灾将延续三年。若不及早作好准备，将民不聊生、饿殍遍野。"大司马神情严肃地说。

田恒一听，不免心中焦急忧虑，忙问："可有化解良策？"

"若有大贵之人助力，或可减轻灾祸。同时须破财免灾。"

"需多少财，才能免此大灾？"田恒问。

“此灾甚大，天下大旱，三年无收。需财无数，倾尽皇库金银，恐怕也未足够。”

“大师们可有办法？”

“大师们也没什么办法了，但测得天下大贵大富之人就在齐国，若得他的帮助，齐国也许能躲过这一大劫。”

“天下大贵大富之人？谁？”

“此人位居东方，请大王派人往东方找寻。”

于是，齐平公与田恒商议前往东方找寻大贵大富之人。

田恒说：“齐国最东边的，是临东海的莱国，可下旨莱国国君遍查速报。”

“莱国贫穷，没听说有大贵大富之人呀！”

“听说，莱国近年突飞猛进，由穷变富，库存丰富、财力雄厚！这其中必有缘由。”

“那国相就速速下令，让莱国国君寻找大富大贵之人。”

没几天，莱国就向田恒奏报了“鸱夷子皮”海滨制盐、富甲一方、造福黎民的事。莱国君还发表感叹道：“这个鸱夷子皮，是个了不得的人物，虽说如今人才辈出，但我看天下贤才良士，难有人能与其相比。齐、晋、秦、楚朝野之中，也难找如此贤能之士。”

“鸱夷子皮”利用荒地和海水制盐致富的事，以前国相田恒也略有耳闻，但未引起重视。如今见到莱国的奏折，田恒心中疑惑：“这个鸱夷子皮是何方神圣？竟有如此大的神通！”

田恒又想：“此人一定不是等闲之辈，那会是谁呢？”

田恒知道，沿海一带人烟稀少，土地因海水浸蚀，全是盐碱含量很高的沙地或盐碱地，太阳一晒，白花花的一片，什么作物都不长，只有海鸥、海鸟在这里栖息。能在这里富及王侯的，一定是旷世奇人。那会是谁呢？他猛然想到了范蠡。他知道范蠡来到了齐国，但并不知道他具体落脚在齐国的什么地方。他想：“难道东海之滨的巨富鸱夷子皮就是范蠡？”

田恒核对了“鸱夷子皮”的来历，细细思索，发现鸱夷子皮到达莱国的时间与范蠡离开越国的时间相吻合，恍然大悟地说：“对，一定是他！他三年前来到齐国，只有他才能创出如此神迹！”

田恒知道，要把一个国家治理好，必须要有一位贤德、博学、智慧的大臣。当年，齐桓公拜管仲为相，成就了齐王的霸业，使齐国在春秋前期成为中原最发达的国家。田恒视范蠡为“当代管仲”，他认为范蠡与管仲的出身、经历、才干都十分相似，是一位不可多得的栋梁之材。他说：“若有范蠡任齐国的国相，齐国定能所向无敌。”管仲出身低贱，年轻时三次求官被逐，经过商，当过军士，属于士的身份，一个普通的百姓当上了齐国的国相，全凭其贤才。范蠡也是出身贫寒，家中一贫如洗，饱受世人的冷遇，年轻时虽满腹才学却无人任用，后来他来到越国，以他的能力、品德和智慧，位居大将军。他俩走过了同样的道路。田恒认为范蠡具有管仲一样的才智和贤明，决定无论如何要找到范蠡，让他来辅佐朝政。

第二天早朝时，田恒对齐平公禀道：“人们都在传说一个神奇的故事，一个在海上遇难的人，多亏羊皮囊的保护，才得以生存。他自称‘鸱夷子皮’，在我国东部的大海之滨落脚。在那没有人烟的荒蛮之地，垦荒制盐，在三年时间里，就成为一名大富商，家资巨万，是个难得的人才。也许这个人就是我们要找的大富大贵之人。如果能让这样的贤人来辅佐朝政，定能使齐国国富民强。”

齐平公说：“本王求贤若渴，能有这等奇才大谋之人，本王求之不得。”

田恒又说：“若能找到鸱夷子皮，还望大王委以重任。”

“当然，全凭国相作主。”齐平公大度地说。

“请大王任其为右国相，田恒愿为左国相。”

齐国的右国相比左国相权更重、位更高。

齐平公不禁诧异：“此人有如此重要？”田恒点点头，说：“对，这关系着齐国的生死存亡。田恒甘愿居其后。如果此人在齐国不能得到最大的重用，乃是齐之悲哀。”

“准奏，听凭国相安排。”

“请允许田恒亲自前去拜访。”

“准。有劳国相出马。”

田恒微服私访，亲自来到莱国的海滨。

田恒一进入盐乡，不禁耳目一新，海滩被开垦成层层盐田，一层更比一层高，一畦接一畦，整齐规范，十分壮观，一眼望不到边。盐工们有的忙着把低田里的盐水往高田里舀，有的把高田里的浓浓的盐卤往大缸里舀，有的把沉淀过的盐卤往盐厂里挑送。盐厂里人声沸腾，风箱呼呼响、炉火熊熊烧，二三十口大锅热气腾腾，一片红火繁忙的景象。

田恒细看这里的盐，一种是直接由海水晒成的原盐，微黄的结晶颗粒较大，用舌头一舔，咸味深长；另一种是经过过滤制作的精盐，细白如雪、纯净晶莹，堪称珍宝。田恒爱不释手，感叹道：“这鸱夷子皮真是奇人、神人，他在短短两三年时间里，能将这片荒蛮之地变成聚宝盆，绝非等闲之辈，齐国有他，何愁不能国富民强？”

田恒见盐工们一个个身强力壮、眉梢带喜，便问其中的一人：“你们在这里干活，东家对你们好不好？”

那人答：“怎么，你也想到这里来干活？”

田恒说：“是呀，不知在这里干活怎么样？”

那人说：“咱东家心地善良，是世界上最好的东家。我们在这里，东家管吃、管住、管发银子。在这里干一年，比在其他地方干十年还强。我思垅来了就不想走了。”

思垅指着一年轻男子说：“他叫子夫，今年才十九岁，爹妈死得早，前年也是这个季节，他讨米讨到这里，又病又饿，昏倒在路边。也算他命里有福，遇到了我们东家，那天东家刚好从那里经过，把他给救了回来，给他治好了病，还让他在这里干上了活。你看他现在长得像根铁柱子，脸色黑里透红，一担能挑一百七八十斤的盐水，哪里看得出他就是当年的‘柴火棍子’！如今他已攒了一百多两银子，在盐村建了新房，年底就要娶媳妇了。”

“他媳妇可俊哩，是咱盐村的大美女。”

子夫嘿嘿地笑着，咧着嘴，搓着手，腼腆中带着压抑不住的自豪和开心。

田恒问：“那你们东家是哪里来的大富豪？”

子夫说：“他是被海上的风暴冲到这里来的。他刚到这里的时候跟我们一样穷。”

思垅说：“我们东家呀，你真不能不服他，他靠山吃山、靠水吃水，白手起家，开挖盐田、租船卖盐，一下子就把生意做起来了，就像变魔术一样。我们祖祖辈辈在这里，就没想到过这海水比银子还贵重。我们东家点石成金、点水成银，没两年工夫，过去寸草不生的地方变成了聚宝盆，荒无人烟的地方变成了热闹的村庄。现在呀，恐怕齐王国库的钱还没咱东家多咧！”

田恒看着仓库里堆积如山的盐包，又问：“这么多的盐，卖得出去吗？”

子夫说：“这你就不用愁了，这盐是有多少卖多少，我们东家路子宽得很，从济水到黄河，从黄河到长江，中原千里、诸侯二十多个国家都用我们的盐。我们的盐质量最好、价格最低，从王公贵族到普通百姓，谁都抢着要。”

思垅接着说：“咱东家一船盐运出去、一船货运回来。盐呢，总能卖个好价钱，赚头十分丰厚。他又用卖盐赚的钱，从各个国家买回非常珍贵的货物，什么珠宝、毛皮、铜器铁器、丝绸布匹……应有尽有。这些东西，又是各国王公贵族、富庶之家钟爱的物品，个个抢着买。咱东家一进一出两头得利，不富也难呀！”

“这么厉害？我怎么没听说过？”田恒问。众人一听，哈哈大笑。

“我们这里，原来是一片荒地，也没有什么人烟，后来，鸱夷子皮先生收留了许多流亡的奴隶和平民，给他们丰厚的报酬和丰盛的粮食，使他们安居乐业。鸱夷子皮先生善良而仁厚的名声不胫而走，四方的百姓像流水一样投奔到这里。这不，才一两年时间这里就成千人大村啦，建起的新房一栋比一栋漂亮，家家开小店，各种货物一应俱全、方便实用、价格便宜，有些东西齐都临淄买不到的，在我们盐村都能买到。我们盐民的日子个个过得殷实富有，这都多亏咱东家！只要我们跟东家去跑船，东家都让我们捎带一些外地的俏货回来卖。现在，不说百里内外的人，就连一些皇亲国戚都专程从临淄跑到我们这里来买东西。”子夫说。

“这么说，你也发财了？也算小富翁了！”

思垅的眼睛笑得眯成了一条缝，乐呵呵地说：“是呀，我去年回家过年，带回一百两银子，我奶奶喜得嘴都合不拢，说八辈子没见过这么多的钱。我家还清了债务、修缮了房屋、买了一头壮牛，第一次过了一个丰厚的年。”

“我想见你们东家一面，不知可否？”

“东家行无踪去无影，即使偶尔在家，也是概不见人，有事只须找管家就是了！”思垅说。

“那么，请引荐管家。”

思垅和子夫将田恒引到管家处，田恒对卢虞直言相告：“我想见你们东家，就说好友田成子求见。”

卢虞曾在临淄见过田恒，一见国相亲自到达盐村，大吃一惊，忙不迭地通报给范蠡。

听说好友田恒来到，范蠡急忙迎了出来。

寒暄之后，范蠡问田恒：“您国家重任在身，今日怎么有空来到这偏僻的地方？”

“因为这里有田成子的好友呀！”田恒爽朗地说。

“既然如此，何不饮酒细谈、作乐助兴！”范蠡知道田恒多才多艺，琴棋书画、文韬武略集于一身，便令家人泡上香茶、温上美酒、端上菜肴、摆上琴瑟箫竽。范蠡说：“国相远道而来，我们没有什么好招待的，让我们且酒且诗，一醉方休吧！”

“好，且酒且诗，一醉方休！”田恒笑应道。

范蠡轻声吟道：

考槃在涧，硕人之宽。
独寐寤言，永矢弗谖。
考槃在阿，硕人之薖。
独寐寤歌，永矢弗过。
考槃在陆，硕人之轴。
独寐寤宿，永矢弗告。

吟完，范蠡对田恒说：“老夫为《考槃》谱了一曲，改名为《梦幻之乡》愿为国相献上。”

田恒双手击掌，连声说：“好，好！”

范蠡双手抚琴，轻拨琴弦，顿时韵律轻旋、美妙无比。

范蠡边弹琴边唱道：

在那幽幽山涧的远方，
是我心灵深处的向往，
我愿舍去尘世的利禄名望，
在那自由温馨中漫步徜徉。
啊，涓流不断的涧水啊，
我的心田像你一样恬静安详。
清纯柔美的涧水之畔啊，
你就是我的梦幻之乡。

“好一幅世外桃源的诗情画意！”田恒赞道。同时，田恒心里思忖：“好聪明的范蠡，已猜到我的来意，用《考槃》这首赞美贤者隐居自乐的诗来婉拒我。”

范蠡继续唱道：

在那绵绵山峦的远方，
是我心灵深处的向往。
我愿抛弃尘世的争斗刀枪，
在那自由和平中畅游飘荡。
啊，如诗如画的山峰啊，
我的心曲像你一样雄壮高昂。
云环雾绕的山峦深处啊，
你就是我的梦幻之乡。

乐尽曲终，田恒过了好半天才回过神来，说：“真是天堂般的梦境！先生之曲，不同凡响。先生的追求，也是我的追求，我也希望能过上安宁的田园生活。不过，当今世事纷杂、群国争雄、战事连绵，难如你我所愿。”

此时，大家心里都明白了对方的意思，田恒也就直言不讳了：“本来，成子是不想打扰少伯的，今日前来，确是迫不得已。”

“有何难处，请说。”

“大丈夫在世就要成就一番伟业，不能埋没了上天给予的才能和智慧。现齐王派成子上门求贤，请你出山辅佐齐政。”田恒不等范蠡回言，接着说，“如今中州大地，十七国林立，盟国间或分或合、聚散无常、战乱频仍。在中原，晋、宋、秦、楚与齐争霸，五强相斗，未见胜负。而齐国在这漫长的争战中消耗了巨大的人力、物力、财力，国力已严重匮乏。成子每每担心，吃不香、睡不宁，不知哪天被其他国家给吞掉。想当年，齐桓公在位之时，九召诸侯，各国诸侯都欣喜地驾车而至，这是因为当时的宰相管仲善于理政。管仲平日扶邻国、帮弱国，使其度过危难，所以邻国都公认齐国为宗主国，且个个心悦诚服。如今，成子才疏学浅、势单力薄，热切地希望有一个管仲一样的能人，来与我一起辅佐国事。齐王听闻先生贤能，欲聘先生出任齐国右国相。”

范蠡说：“多谢国相一片厚意。少伯已退隐山野，不问国事。田国相能接受我居住齐国，就是对我最大的恩惠了，少伯今生已满足，不再求仕途，只想平安度余生。如今英雄辈出，少伯年岁已高，聘请一事，还望国相婉言回禀齐王，另请高明。”

田恒说：“少伯五十正当年，历经沧桑知天命，何必空留一生才气付东流？”

范蠡笑道：“在过去的几十年里，我为越国尽心效力，家中妻儿饱受艰辛，如今我只想回报妻儿，做个先立业、后顾家的丈夫。”

田恒说：“昔日你助越王报仇雪恨，十年教训、十年生聚，使弱小的越国成为一方霸主，成就了一番霸业。如今齐王贤能英明，但百姓生财无路，国不富民不强。国富则强，国穷则弱。齐王一直在寻找能使齐国国富民强的贤能之士，今日听到你的盛名，便遣田恒前来相聘，其诚心可鉴。你集大才于一身，仅施富于一小方村民，是大材小用；你若将一身智慧造福于天下，才能功德无量。现在齐王请你出任齐国右国相，望你能够接受。你出任齐相，是顺理之事。于私，是帮了成子的忙，有你相助，成子在朝廷中的根基就能真正巩固下来，咱们不愧朋友、知己一场；于公，你辅佐齐国明君，功垂千古；于民，泽惠万民，恩德无限；于家，有了齐相的地位，你家的名望如日中天。你的财富今生今世已享用不尽，子子孙孙不会再受穷，你还有什么牵挂呢？至于生意，你的儿子们都已能独当一面，你就放手让他们去经营吧。”

范蠡说：“出任国相，确是违背少伯意愿。少伯已退出官场，专心治家。现要重涉朝廷，恐难当此重任。少伯深知，国相才华横溢，定能将齐国治理得兴旺发达。”

田恒说：“多年前，成子就说过，若有朝一日能与少伯共同治理国家，将是一件十分幸运的事。成子希望昔日夙愿今日能成真。”

田恒又说："少伯若能赴齐都就任，齐王将允许你在海滨继续开垦千亩土地和盐田，并赐一百里富庶之地为你的封地。"

"封地"也就是"私田"，属个人所有，不向国家缴纳贡赋，可以雇用农民和奴隶开垦、耕种私田。那时，只有王公贵族才能享有封地。

"感谢国相厚爱，感谢齐王厚恩，给了我一个宽松优厚的条件，感谢齐国的山水养育了我和我的家族。我在您这里，已经得到了厚利隆恩，一个人应该知足，不能奢求太多，否则会受到天谴。少伯从越国隐退，已无心仕途。但滴水之恩，当涌泉相报。齐王和挚友厚待我，我不能不报答。其实，我一直在等待回报的时机，但愿能为挚友化解一二忧愁。"

"好啊！"田恒高兴地说。

"国相当前最想解决的难事是什么？少伯看在知己的份上，愿助一臂之力。"

田恒说："今日之齐国，已不是从前之齐国。当年，在管仲的辅佐下，齐国富裕强盛，各国诸侯都不敢小看我们，但如今，国库空虚，外强中干，已经不起风吹草动，无论是战争、内乱，还是天灾。齐国希望休养生息，以恢复国力，可是天不遂人愿，据齐国最有名的相术师卜得，齐国将遇大灾大祸。明年之后的三年将是一个赤地千里的大旱之年，搞得不好，将会饿殍遍野。成子知道，只有你才能帮齐国走出困境、渡过劫难。为此，特请少伯出手拯救齐国黎民，辅助齐国走上强盛之路。"

"我也卜得齐国将有大灾大难，我愿为国相分忧解难，竭尽微薄之力保齐民安度灾年。至于相位，就不必提了，少伯对官职已经不感兴趣。"

"成子已带来相印，既然少伯不愿为官，成子也不能强求。但齐王赐给你的相印，请务必收下。一来成子不能违背王命，将相印带回；二来你有了相印，在齐国之内便无所阻碍，所想、所办的事可顺利进行。"

"多谢国相的周全安排。请国相回禀齐王：少伯暂且收下相印，但不称官、不上朝、不理政，决不坐国相之位。灾年之后，齐国渡过难关，少伯定当归还相印。"

田恒欣然同意。

当田恒一离开盐村，范蠡就开始布局了。

四十、兄弟择业

除夕之夜，在欢庆丰收的家宴上，范蠡和儿孙们喜笑颜开。大家兴高采烈，喝酒、唱歌、赋诗，孙儿、孙女们绕在父母、祖父祖母膝边，极尽欢乐。含笑把各种水果、点心、瓜子摆了一满桌。

在孙儿里头，范蠡最疼爱的是孙子北归。北归是仲楚的长子，他出生时，正值范蠡在越国辅佐越王获得笠泽战役大胜、收复全部国土之时。范蠡心想，我呕心沥血二十多年，为的是给父母报仇、为徐国雪恨，如今，实现这一夙愿的日子就要到了，回归到自己的故土徐国、回到北方已指日可待了，于是为其取名为“北归”。

北归长得龙眉虎眼，聪明敏捷。范蠡有心培养他，常在空余之时，给他传授知识、讲授哲理。他倒是一点就会，还能融会贯通。

那天，趁着酒兴正浓，范蠡对坐在身边的孙子北归，说：“来，给大家咏一首《诗经》中的《丰年》，好不好？”

“好。”北归站到堂屋中间，挺胸昂首，朗声吟咏道：

丰年黍多稌，
亦有高廪，
万亿及秭。

其他孙子孙女也一起吟诵道：

为酒为醴，
烝畀祖妣，
以洽百礼。

吟完，大家随着范蠡敲击的音乐节律唱了起来：

丰收年啊庆丰收，
黍米沉啊谷粟熟。
收进仓啊入粮库，
五谷丰啊不胜数。
酿美酒啊祭先祖，
谢苍天啊降万福。

孩子们边唱边舞，欢快不已，幸福的情绪感染着每一个人，全家男女老少一起唱了起来。范蠡沉浸在美妙的琴声和欢快的歌声中，情不自禁地用手轻拍桌子，随着韵律叩击着，也放开喉咙唱起来。幼稚的童音、粗犷的男声、婉转的女声，组成美妙无比的乐曲，再加上含笑那圆润的中音，恰到好处的和唱，使歌声更为美妙。一家人沉浸在一种无比温馨的天伦之乐中。

三个儿子频频向范蠡敬酒。大儿子孟宛说：“父亲成就了一番伟业，是孩儿的良师，孩儿对父亲佩服得五体投地。父亲辅政，能位居上大夫；征战，能统率百万大军，成为大将军；治产，能白手起家年进万金，成为大富翁。孩儿敬重父亲，也想成为父亲一样的人才，望父亲多多指导。”

二儿子仲楚说：“父亲上观天时，能测风雨；下通地理，能卜凶吉。父亲治国，能使弱国变强、称霸一方；父亲治家，家道兴旺、富甲百里。孩儿崇敬父亲的英明，愿能承袭父亲的智慧和谋略。”

三儿子季越说：“父亲博学多才、通晓百理，能为常人难为之事、成常人难成之业。孩儿愿在父亲的教诲之下，启蒙开窍、增智益慧。”

“好啊，为父望子成龙，盼你们一个个将来都比我强，青出于蓝而胜于蓝。只要你们有雄心，定能超越为父！”范蠡大笑说，“今天高兴，我给你们吟一首诗，好不好？”

“好！”大家热烈地鼓起掌来。

范蠡吟道：“常棣之华，鄂不韡韡。凡今之人，莫如兄弟。”

北归一听，高声叫道："我知道，这首诗名为《常棣》。"

范蠡笑着点点头，孟宛三兄弟一起和吟道："死丧之威，兄弟孔怀。原隰裒矣，兄弟求矣。"

孟宛敲起了编钟，仲楚吹起了排箫，季越拿起了横笛，孟宛的妻子弹起琵琶，仲楚的妻子坐到古筝前，演奏起典雅而悠扬的韵律。范蠡和含笑轻舒歌喉，一家人不约而同地合唱起来。

唱着唱着，三兄弟的手与范蠡的手紧紧握在了一起，北归和孩子们也学着大人，把小手搭在他们的手上。

唱完，一家人已是个个泪流满面、百感交集。范蠡对三个儿子说："儿子们，你们已经长大了。孟宛今年二十八岁了，仲楚二十六岁了，季越也有十八岁了。以前，你们跟我走过了艰辛的道路，现在终于有了一定的家业，你们也成熟起来了，能够独当一面了。树大分枝，人大分家，从今以后，你们应该有自己的事业，走自己的路了。"

顿了顿，他又说："在以后的道路中，也一定会有风风雨雨、坎坎坷坷。有句俗话：'团结一心，黄土变金。'你们三弟兄若能团结一心，就没有克服不了的困难。你们做得到吗?"

孟宛说："父亲放心，我们兄弟三人同甘共苦、团结一心。"

仲楚和季越说："天塌下来，我们兄弟三个顶着；地陷进去，我们兄弟三人扛着。"

范蠡欣慰地点点头，神情庄重地说："齐王和田国相执意要为父辅佐齐政，为父坚辞不得。更重要的是，明年之后的三年，天将降大灾，为父不得不竭尽一己之力，为齐国的黎民百姓化解苦难。这样，为父就不能像以前一样与你们一起朝夕相处了，以后的路要靠你们自己走了。你们也长大成人，是独当一面的时候了。"

接着，他又说道："在过去三年里，我们白手起家、辛勤劳作。功夫不负有心人，上天赐给我们丰厚的回报，现在我们的家产和积蓄价值一亿二千两银子，其中房产和盐场价值六千万两，三年来的积蓄也有六千万两。我想，房产和盐场就全部留给跟随我多年的部下和弟兄们，让他们能过上富裕的日子。那六千万两银子呢，三千万用来安排跟随我多年、年纪已大的弟兄；还有三千万，你们三人各一千万，作为经营的本钱。你们经营得好，赚了钱是你们自己的，亏了也由你们自己承担。另外，我要送你们一人一份礼物：我在齐国国都临淄置了三个店铺，是临淄闹市中心区最好的位置，你们一人一个。”

“谢谢父亲。”三兄弟异口同声地说。

“至于从事什么行业、经营什么商品，就看你们愿意做什么、喜欢做什么了。这由你们自己来定吧。我在百业之中为你们选择了三个行业，你们一人可以在其中挑一样。”

范蠡走到案台边，慎重地揭开案台上的红布，呈现在大家眼前的三个精美的盒子，一个是雕凿精致的檀香木盒，装满颗粒饱满的小麦和玉米的种子，粒粒闪着油亮润泽的光。一个是装帧考究的皮盒，一块淡黄的麻布上放着一块极薄的丝帕。丝帕细柔滑亮，一串晶莹剔透的珍珠点缀其中，透出一种华贵、温暖、柔和的光。一个是精制镂花的铜盒，装着一柄小巧精致的匕首和一束排列整齐的衣针，熠熠闪着五彩的光。

三弟兄围着案台细细地看着宝盒，看看这个、摸摸那个，一个个爱不释手。

含笑问：“你为什么为他们准备这三样礼物？”

范蠡答道：“经商者成功的奥秘就是植根于民。吃、穿、用的货物是民众每天都需要的。只有民众需要的、喜爱的东西才是好货。经营民众需要的、喜爱的货物，才能赚钱。”

“哦，原来是这样。”三兄弟恍然大悟。

范蠡说：“你们一人挑选一个盒子，选中了什么，就经营什么。选中木盒，就经营五谷粮食；选中皮盒，经营棉布、丝绸、皮货和珠宝；选中铜盒，则经营铜铁陶器具。你们认真思考、慎重选择。”

三兄弟围着桌子走了一圈又一圈、看了一遍又一遍。

“你们要认真斟酌，选择最适合自己的盒子。今天定下来，以后你们就各干一行，不能改变了。”范蠡叮嘱道。

“一言为定!”三兄弟坚定地、异口同声地说。

说完，孟宛和季越几乎同时伸出手将桌上的盒子捧在手中。

孟宛捧的是木盒，他严肃而认真地说：“民以食为天。孩儿愿经营粮食五谷，尽孩儿之力，让天下人少受饥饿之苦。”说着，便把木盒揣进怀里。

仲楚捧着皮盒，毫不犹豫地说：“父亲，孩儿愿要这皮盒。孩儿经营绫罗绸缎、布匹毛皮、玉石珠宝，给人们带来美丽和温暖，真是一件快乐而幸福的事。”

季越凝视着放在案台上的铜盒，又拿在手中细细把玩，好半天才缓缓叹道：“金银铜铁、陶瓷用具，皆农家之宝、战事之器。孩儿能与之相伴，实为万幸之事。”

范蠡见三个儿子都选择了适合自己的行业，眼中闪出欣慰的光。

范蠡说：“经商赚钱，须先立德、再立业。以智谋利者圣，以德谋利者贤，以力谋利者微，以权谋取利者鄙，以奸谋利者凶。这里，我要给你们定六条规矩，这第一条是各干一行，不可越行。你们兄弟三人所做的行业，都有旺有淡、有盈有亏。你们必须逢俏不赶、逢滞不丢，切切不可见兄弟的行当赚钱就转行，兄弟之间绝不能争生意。谁要是越行，我就没收他的店铺。”

三兄弟边听边连连点头。

“第二条是亲兄弟，明算账。兄弟之间账务往来要清楚明白，借钱、借物要立好借据、限期归还、本息结清，一分一厘不能少，切切不可因钱财上的事伤了兄弟之间的情谊。”

“第三条是盈不骄，亏不馁。盈亏本是商家常事，切切不可亏了本就丧失信心，赚了钱就耀武扬威，更不可财大气粗、仗势欺人。赚时要想着亏时，富时要想着穷时。”

“第四条是通力协作，相互配合。你们经营的品种虽然不同，但经营的门道和规律是相通的。更重要的是，你们都姓范。在考虑每一笔业务的时候，你们必须首先从三兄弟整体利益出发，要有利于兄弟，而不能伤及兄弟。当需要相互协作时，兄弟三人必须全力以赴。”

“第五条是不欺行、不霸市。我们家经商，赚钱不是唯一目的，最主要的是你们经营才华和人品的展示。有人说同行是冤家，而我们要把同行当亲家。你们的业务做得大，不要欺负小户；你们的业务做得小，也不要忌妒大户。一人富，不算富；一方富，才算富。我希望你们将来都能做本行业的领头人，带着一个行业的商家一起走，大家都能多赚钱。”

“第六条是隐姓埋名，不出风头。为父辅政朝廷，你们必须时时处处维护为父的声誉，不得胡作非为。无论是个人行为，还是经营行为，都必须恪守齐国和各经营地的法律法规。”

三兄弟一一应允，表示一定遵循。

“好吧，从今天起，你们就考虑各自的计划。一年之计在于春。过完春节，你们就到临淄去打点生意。你们兄弟三人比一比，看谁经营得好、谁的声誉好。”范蠡说。

过完正月十五，范蠡便带着三个儿子来到临淄。初来乍到，三兄弟对临淄不大熟悉，范蠡便让他们到城里调查民情、了解行情。

三兄弟忙乎了十来天，总算对临淄城的商业布局、同行业的经营状况和商家情况有了个大体的了解。范蠡把儿子们叫来，问道：“现在让你们开店，你们觉得怎么样？”

“父亲，以前做事都是您怎样说，我们就怎样做，现在轮到要自己独当一面，心里有点怯怯的。”孟宛说。

“是呀，父亲，临淄已是商铺林立，做什么生意的都有，我们新来乍到，不知道能不能插脚立足。”仲楚也感慨地说。

“人生之中没有一件事是先学好了再去做的，总是边学边做、边做边学。要么不做，要做就要做到最好。你们只要用心地去做，用心地去摸索、总结，就一定能做好。世上万事，其理相通，懂其一行，触类旁通。学一行，专一行，世上没有做不好的事。”

“父亲，您还是给我们讲讲经营之道吧！”仲楚说。

“这不是一句话、两句话说得清的，也不是一天、两天就能学得会的，这要靠你们在生意场中用心去琢磨。经商之道与做人之道是相通的，为父送你们三个字：诚、信、勇。”范蠡说。

“哦，我知道，父亲从小就教导我们：‘诚’，就是要真诚待人。”孟宛说。

“对，要会经商，必先学会做人。经商之道与做人之道是相通的。诚实，是一种美德，也是我们经商必须具有的品德。俗话说，诚招天下客。你以真诚对人，人们才会以真诚相回报。”

“‘信’，就是恪守信用吧？”仲楚问。

“没错，人无信不立，店无信不兴。一客失了信，百客不登门。你只要在一个客人面前失了信用，其他客商都不会上门了。”

“父亲，我对这‘勇’字不太理解。打仗需要勇敢和勇气，做生意也需要吗？”

“‘勇’，就是勇于决断、勇担风险。当你们自己经营以后，你们就会知道，做生意也和打仗一样，不仅需要勇气，还要勇担风险。有大智才会有大勇。每做一笔生意都有风险，生意越大风险也就越大。有胆略、有气魄的人才敢想、敢做；有智慧、有眼光的人才能做得好、做得大、赢得多。”

范蠡接着说：“俗话说，人眼是把秤。你们的一举一动、为人、品德、作风，老百姓都看在眼里、记在心里，你们要做老百姓信得过的人。赚钱事小，人格事大。正直、正派、善良、守信，是生意人的基本人格。”

“那么，父亲，我们购进什么货物才适销对路，有钱可赚呢？”

“经营之窍，归纳起来，也就是要应顺三个字：天、地、人。经商之本，植根于民。只有众人需要的东西，才有适销、才有经营的价值。否则，再好的商品也只是有货无客、有价无市的摆设品。”范蠡说，“同时，人分上中下等，货分高中低档。不同的人在不同的季节，不同的年份、月份，不同的区域要经营不同的商品。购什么货，这完全在于客人的需要。这些不是一两句话能说明白的，需要长时间从实际经营中摸索和积累。”

范蠡接着说：“这些年来，你们跟随为父经历了许多风浪，也丰富和积累很多的知识。青出于蓝而胜于蓝，一代更比一代强。为父相信你们一定能超越为父，靠自己的努力和拼搏，成就一番事业。以后，我可以为你们出出主意，但你们必须自己独立经营。”

季越说：“孩儿知道父亲重任在肩，我们理应为父亲分担身上的担子，但我们一直生活在您的羽翼之下，现在一下子失去您的护佑和指导，总不免心里发虚。”

“为父对你们的独立生活、经营能力深信不疑，判断能力和外交能力也比较放心，但决策能力和应变能力还有待提高。”

仲楚说：“父亲每遇大事有静气，总能出奇制胜，孩儿望尘莫及。”

“在关键问题的决策上要想先人一步、高人一筹，必须见多识广。”范蠡说。

“怎样才能见多识广呢？”

“见多识广不是一蹴而就的事，必须阅万卷书、行万里路，需要不松懈地学习、不间断地积累。欲聚天下财，先知天下事。这样吧，你们先了解清楚临淄的情况，为父再带你们到各地去走一走、看一看，增加一些见识。”

“太好了！”三个儿子欢喜雀跃。

四十一、盛源粮行

春节后，一场紧张的准备工作不声不响地开始了。

首先，范蠡带着孟宛和八十多名精壮将士辞别盐村父老乡亲，驾着盐船直奔齐国国都临淄。

仲楚和季越留守在莱地，加紧盘点所有的财产和账务，将其移交给刚正、热心、稳重、厚道的崖柏。

当临淄的事情理出头绪后，范蠡返回莱地，告知众人：齐王请他到临淄去辅政，现由崖柏为盐村里正，管理和处置盐村的全部事务。

他把海滨的盐场、农田、房屋全部分配给追随他来到海边的部将、兵士和当地百姓。数十条大船则由崖柏统一管理，保证盐村的生产经营有条不紊地进行。虽然在齐国经营食盐是免税的，但范蠡强调崖柏要自觉地向莱国缴税，剩下的部分为盐村留足备用金后再进行分配。

安排好盐村的事务，范蠡没有了后顾之忧，便全身心地投入到新的事业中。

范蠡答应了齐王和田恒的请求，准备到齐国国都临淄辅政三年。但他知道，齐国国都临淄与越国的会稽不一样、与薄姑的盐村区别更大。手下的部将和家人要适应新的环境，特别是自己的三个儿子将要独立支撑门户、自主经营，必须让他们进一步增长见识、开拓思路。同时，他也想带两个儿子看看生他、养他的祖籍故地。为此，他准备带仲楚、季越作一次出游。

临行时，范蠡拍了拍孟宛的肩，说："孟宛，你是老大，跟在我身边时间长、走的地方也多一些，这次你就留下来安排临淄的事务。你要做好充分的思想准备和物资准备，这三年你将承受非常大的考验。你做得好坏，将关系着齐国的国运和齐国黎民的命运，也关系着咱家的命运。这样吧，你首先抓紧时间准备粮库，越多越好，该租的租、该修的修、能借的借、能建的建。准备工作要在麦子上场以前完工。"

孟宛知道自己承担的任务非常重要，重重地点点头，说："请父亲放心，孟宛一定不负重托。"

冬末春初，范蠡和仲楚、季越父子三人上了路。范蠡要让两个儿子饱览天下山水、勘察商路商道，为他们自立门面、做大生意打基础。范蠡带他们从齐国到宋国，再到黄河之北的晋国，然后西行到秦国，南下鲁国、郑国和楚国，顺便还看看邹、滕、单、曹、许、杞、卫等公、侯小国，了解各国各地人民的衣、食、住、行所需物品及其价格、货物来源和需求量，了解当地出产何物、有何特点、价格如何、产量多少、销往何处，还要了解那里的风土人情、习俗习惯、节日庆典，王侯皇室的寿诞、家祭等，那里四时更替的早迟、水旱灾害的规律、特点，国运、民情、公室兴废、战事等，都要做到心中有数。这是为了有针对性地组织货源，避免天灾人祸，在丰收之年和饥馑灾荒之年采取不同的经营之道。

范蠡父子到鲁国洛邑，在洛邑考察了几天市场行情，然后驱车到孟津，再乘大舟北渡黄河，一路来到汾水之滨的晋国国都晋阳。

这时，晋国局势已发生了变化，晋出公已是大权旁落，军政大权尽归韩、赵、魏三家，即人们说的“三晋”。赵氏的承袭人是赵襄子，韩氏的承袭人是韩康子，魏氏的承袭人是魏桓子。当年越国在徐州会盟诸侯时，范蠡作为越国的大将军曾带兵十万北进徐州，使晋国朝野大为震惊。那时他与晋出公、赵襄子及其父亲赵孟建立了友好的关系。

他到晋国王宫拜访，晋出公喜出望外、设宴相待，席间赵襄子尽地主之谊邀其到赵宫赴宴。他应允了。

仲楚问：“父亲，您向来不喜欢繁文缛节，也不喜欢酒肉宴饮，为什么答应到赵府赴宴?”

范蠡反问仲楚说：“你知道和氏璧吗?”

仲楚点点头，说：“是楚国的玉匠卞和发现的。他将和氏璧献给楚厉王，楚厉王认为它只是一块普通的石头，便砍掉了卞和的一只脚。卞和后来又将它献给继位的楚武王，武王又砍掉了他的另一只脚。直到楚文王上位，让玉工剖开它，才得到一块美玉，它就是和氏璧。”

“对，和氏璧是玉中之王。要经营珠宝，不能不识玉璧；要识玉璧，就不能不拜见和氏璧。”范蠡说，“如果你连和氏璧都没见过，如何知道它好在哪里，为什么名贵，何以分辨真假？今天之所以到赵府赴宴，主要是想让你看看和氏璧。”

仲楚恍然大悟，连声说：“谢谢父亲！”

“这些玉璧，在王公贵族眼里，是价值连城的宝贝；在普通百姓眼里，就是一块不能当吃、不能当喝的石头。你经营珠宝，就要学会同上层人、有钱人打交道。赚钱赚钱，当然赚的是有钱人的钱。穷人本来就没钱，哪会有钱让你赚呀？”

仲楚一下子茅塞顿开：“对，赚有钱人的钱。”

范蠡父子三人奉上重礼拜见赵襄子。赵襄子隆宴相待。席罢，赵襄子将范蠡父子引入一密室，破例捧出和氏璧，让他们观赏。仲楚目不转睛地看着它，口中啧啧称奇。只见那和氏璧温润如肌、细腻如脂，散发出祥和之光，令所有人的佩玉都黯然失色。仲楚从怀中悄悄掏出自己珍藏的一双白璧，平日熠熠生辉的白璧在和氏璧面前竟然顿失光辉，显得了无生气。仲楚不禁惊叹：“真是不怕不识货，就怕货比货！”

季越边看边赞叹：“国宝！不愧为国宝！”

从赵府出来，仲楚久久不得平静，一直处于亢奋之中：“长见识了！真是长见识了！”

范蠡对他说：“你今天见识的只是中原四宝之一。”

“中原四宝？哪四宝？”

“周天子有砥厄，宋国有结绿，梁国有悬黎，晋国有和璞，均为天下名器。”

“哦。”

“砥厄，是周室的镇国之宝，相传是周文王姬昌在岐山得到的，据说能去厄辟邪；结绿，是宋国的镇国之宝，色泽犹如鲜亮的荷叶；梁国的悬黎是有名的夜明珠；和氏璧本是楚国重宝，后来楚国以和氏璧向赵氏求婚而为赵氏所有。”

范蠡对仲楚说："这四宝中，你还有三宝没见过。以后，你有没有缘、有没有福见到，就是你自己的造化了。"

他们一行三人离开泗水向南，到邹国邹邑。邹为鲁的属国。商家货源大多来自鲁、宋、越、楚，尤其从宋国陶邑进货最多。

他们从邹邑南行到滕国，小住两日，游微山、观微山湖，再南行到徐州。

到徐州，故地重游，范蠡心中有无限感慨。当年灭吴之后，身为上将军的他，安抚了吴国淮北各郡县后，亲自导演了各国在徐州的会盟，使勾践成为南方霸主。如今往事不堪回首，文种已死，计然已逝，众多的故人、兵士都已离开越国，分散到各地。

他们又策马西南，向楚国进发。

范蠡来到楚国宛地，看望了已经年迈的哥嫂，为他们的晚年做了妥善安置。他再次来到当年卖柴的饼铺，饼铺的店面没有多大改变，但饼铺老板年事已高，其儿子承接了他的手艺，依然招待着过往的来客。范蠡在宛城最繁华的地段，买下一间大酒店，赠送给那老板，兑现了当年的承诺，了却了一桩心愿。

随后范蠡带着仲楚、季越到楚都郢城考察。仲楚特别喜欢郢城，喜欢这里浓郁的楚国文化、丰富的物产和繁荣的商业气息。他看着华丽的宫殿、川流不息的人群、穿梭般的达官贵人，心中暗想："做生意、赚大钱，郢城才是个好地方。"

范蠡和仲楚、季越重点在鲁国、齐国和楚国转了几个月，最后来到宋国的陶邑。宋国是殷商之后裔，殷人善于经商。陶邑是宋国北部的重要城邑。

处于齐、宋、卫三国交叉地带的陶邑，水陆交通四通八达、货物交易便利、行政管辖鞭长莫及，是治产经商的好地方。

"陶邑貌似不起眼，实为天下之中。"范蠡展开《山水图》，对仲楚、季越说，"远古以来，江水、淮水、河水、济水称为'四渎'，它们滋润、养育着中原大地。江水、淮水东流汇入东海，河水、济水则于东北流入渤海。济水的上游实为大河分出，属于大河水系。”

“当年，夫差为了称雄中原，在江、淮之间开凿邗沟。邗沟凿通之后，使两条长期隔绝的水道联结起来，南北的交通得到很大的改善。夫差又于公元前482年挖通一条新的水道，连接了济水和泗水，这条新的水道被称为‘菏水’。菏水沟通了江、淮、河、济四大水系，使中原诸侯列国的水系四通八达，在改善交通条件方面起到了巨大的作用。”

范蠡指着图上陶邑的位置，说：“一纵一横谓之午道。济水、菏水正是一纵一横。陶邑恰处午道之中，位于济水与菏水交汇处，扼河、济之要，可谓‘天下之中’。自陶邑经水路，东抵吴越、西达秦蜀、北至齐晋、南至鲁楚，顺济水向东北可直至齐都临淄。有如此优越的交通条件，这里能不兴旺发达吗？”仲楚连连点头。

“你们要知道，陶邑不仅居于水运交通的枢纽，而且还是一个非常富庶的区域中心。陶地盛产五谷，是重要的谷仓。就地势来说，陶地四周是一望无垠的平原。由陶以东至泗水沿岸、由陶以西到黄河沿岸都是平原之地，适宜农业的发展。就大的范围来说，盛产五谷的地区：西起魏国都城大梁，东至渤海、东海之滨，而陶正处其中间地带。济水上游流经魏、下游流入齐，泗水绕经鲁国，陶在济水南岸，这一大片肥沃良田所产的五谷，自然要以陶为集散中心。”

仲楚、季越听得津津有味，范蠡接着说：“手工业也是如此，齐、鲁两国是遍野桑麻的地区，襄邑（河南睢县）和临淄更是盛产丝织物的城市，它们恰好地处陶的东西翼。这些丰富的物产大部分也会从陶邑销往中原各地。”

“父亲，陶邑有如此优越的条件，但为什么人口不多、商铺稀少，一片萧条冷落的景象呢？”季越说。

“没错。陶邑曾经是曹国的国都，后来归宋国所有。这里离宋国国都远，不受重视，而逐渐衰落。现在这里不富裕，也不繁荣，商业气氛比较淡薄。而正因此，我们到这里才能大展手脚。中原人习惯于陆路运输，不擅长快捷、低廉的水路运输，陶邑的地理优势没有完全展示出来。”

仲楚恍然大悟：“而我们擅长水路运输！我们到这里经商，仅此一点就可以技高一筹！”

范蠡看着仲楚，笑了笑说：“你们知道下一步该怎样做了吧？”

仲楚、季越点点头说：“知道了。”

最后，范蠡一行三人来到陶山脚下。陶山是范蠡出生的地方。过去，这里是一个住着七八十人的小村庄，现在却只剩下残垣断壁。他仔细辨认，依稀能识别出自家的墙基。范蠡跪在地上，深深垂下头吸着土地散发出的清香，心里呐喊道：“啊！我的故乡，我的父母，你们的儿子回来了！”

许久，他仰面躺到地上，闭着眼睛，尽情呼吸着清新的空气，心中想着：“吴国人灭了徐国，如今，我终于灭了吴国，让吴国人也尝到了失去国家、失去家园的滋味。”

范蠡翻身坐起，沉思良久，头渐渐越垂越低：“吴国虽然灭亡了，但时光荏苒，已物是人非。我的国家历经沧桑，从吴国的血洗到曹国的侵占，如今这里成了宋国的辖地，我的徐国再也找不回来了。”想到这里，两行清泪潸潸流了下来。

他用双手缓缓地、用力地擦掉眼泪，心里暗暗发誓：“不管这里挂着什么国号，她永远是我的国、我的家。我要让这里成为天下最富裕的地方，让这里的人民过上富裕的生活。”

范蠡对仲楚、季越说：“儿子们呀，为父为了回到这里，奋斗了大半辈子。往后，你们要在这里落地生根，陶邑是你们立业的地方，陶山是为父归宿的地方。”

“儿明白父亲的心意！”仲楚、季越共声应答。

时间一晃，三个月过去了，范蠡带着仲楚和季越，悄无声息地回到临淄，神不知鬼不觉地盘下十多个店铺。这时，孟宛在临淄修建起八座大粮库、租借了一二十个仓库，麦子的收获季节也到了。

四月的临淄，气候宜人、热闹非凡。孟宛的盛源粮行、仲楚的鑫隆珠宝行、季越的福悦绸缎皮草行先后低调开业了。这三兄弟没敲锣打鼓放鞭炮，也没宴请官宦宾客，甚至没有抛头露面。盛源粮行的老板是卢虞，鑫隆珠宝行的老板是铁驹，福悦绸缎皮草行的老板是海桐。范蠡带来的八十多名精兵强将一一被安排到十多个店铺当中。店铺一开张，人们对于他们的商品的摆设、货物的成色、价格的制定和门面的气势，刮目相看。特别是店铺最显眼的地方贴着红纸写的三个大字："诚、信、勇"，更是别具一格，为繁荣的临淄又增添了一道亮丽的风景。

三兄弟有条不紊地布置店铺、联系货源、清点货物。

再说田恒得知范蠡来到临淄，便与齐平公一起在齐王殿宴请他。

宴中，田恒想："齐国近十余年经济不见起色，而范蠡三年能把荒蛮之地变成有名的富庶之地，用的是何魔法？"于是便问范蠡："我齐国山海环抱、沃野千里。五谷桑麻、五畜渔盐齐备，但国民却并不富足，如何才能让齐国富起来呢？"

范蠡轻松地说："齐国有着无比优越的自然条件，南有太山、东有琅琊、西有清河、北有渤海，此所谓四塞之国也。'天下膏腴之地莫盛于齐者矣'。人们都说天下的土地没有比齐国更肥沃的了。土地是万物之本，齐国有二千余里的疆域，若开垦出来，岂能不丰衣足食吗？"

田恒说："齐国幅员虽广，但能够垦为农田的并不多，大多是没什么用途的荒蛮之地。本王早些年就颁布了鼓励开垦荒地的政令，百姓也开垦出不少土地，但收成甚少，这是为什么？"

范蠡说："天生之物，必有所用。有许多我们认为无用的东西，实际上是我们没有找到利用它的途径和办法。开垦出来的土地要获得丰收，还必须解决水涝和干旱的问题。这个问题不是普通老百姓能解决的。但您作为一国之主，有调动全国人力、财力、物力的能力，应当兴修水利。兴修水利开始投入大，但一旦修成，就一劳永逸了，这是最有价值的事。明君修水利，昏君修宫阁。水利修成，年年丰收，国家财力就雄厚了；人民安居乐业，人心所向，您的政权就巩固了。若他国来犯，全国军民为保卫幸福的生活，就会不惜生命。您看，这岂不是一劳多得、一本万利、恩泽万世之举吗？”

这时，田恒又问范蠡：“如果齐国粮库充实，百姓不再有饥馑之虑，那么，还有什么新的致富办法吗？”

范蠡答道：“百姓有了饭吃，还须有衣穿。因此，除了增加粮食收入外，还需多植桑麻。有了桑麻，百姓就会多织布、织好布，自己穿得暖、穿得好，还能用布换回各种齐国没有的东西，人民的生活就变得丰富多彩了。”

范蠡接着说：“人民有吃有穿，就会安居乐业了，但要成为一个强盛的国家，这还远远不够。您还会有外来侵扰之忧，还会因为国家财力单薄而感到心有余而力不足。要解决这个问题，就要在‘盐’‘铁’二字上做文章。”

“自管仲任齐国相以来，历代先王都十分重视盐和铁，田恒亦然。但是盐和铁的产量一直上不去，这可如何是好？”田恒又问。

“盐和铁是一个国家最重要的物产。齐国有漫长的海岸线，制盐有着天然的优势，且取之不尽、用之不竭。以前之所以产量不高，是因为没找到好的制盐方法。现在大王只要推广和普及盐田晒盐的方法，齐国就能成为天下的产盐大国了。中原各国囿于内陆，没有生产海盐的条件。虽然有些国家能生产湖盐，也是产量极少、成本极高。您若用上天赐予您的海水制盐，并以此换取中原各国的特产和货物，中原各国的钱财就会源源不断地流到您的国家，您的国家能不富吗？”

田恒点点头，脸上露出笑容。

“国库有了足够多的钱财，就拨出一部分用来开采矿产。齐国依傍泰山，山中盛产铜铁，农家可制造农具、用具，官家可制造兵器、货币。鼓励官家、农家冶炼铜铁，使您的臣民人人使用铜铁制造的工具。如果齐国的每个妇女都有一针、一刀，便能绣织出精美的锦帛花卉；每个农民都有一耒、一耜、一铫，则能精耕细作，种出好的庄稼；手工艺者都有一斤、一锯、一锥、一凿，制造出的车辆器具就会精致而耐用；每个士兵都能执有精良的长戟、飞刀、铁箭、铜盾，您想，您的国家又是一番什么样的景象！这就叫作'临苍海而有鱼盐之利，拥膏壤而宜农桑之业，占峰山而得金石之宝。'"

田恒听呆了，半晌，才从心底叹道："啊，真是太棒了！听先生之言，方知我齐国无处不是宝啊！"

范蠡再进一步强调说："一个国家，有了钱、有了精兵利器就可以所向无敌了。管仲的富国强兵政策给齐国打下了基础，但大王必须注重商业。农、工、商，国之至宝，不可偏废。农、工、商兴旺，则民殷国富。齐都临淄是中原商业最发达的都市之一，城中有民宅七万户、居民二十余万。市场在城市中有着重要的地位，从宫城出北门便是市场，车毂击，人肩摩，连衽成帷，举袂成幕，是齐国人口最密集和最繁华的地方。临淄交通便利、四通八达、吞吐顺畅，若多多与各国互通有无，各国的钱财就源源不断地流到了齐国。人民富足、国家强盛、军队精良、武器犀锐，就能立于不败之地了。"

齐王和田恒点头赞许。

后来，田恒接受范蠡的建议，将农耕、纺织、煮盐、制铁、贸易列为齐国经济的五大支柱，并持续减赋减税、大兴水利，逐步走上稳定发展的道路。

趁这机会，范蠡向田恒禀道："国相，现在范蠡需要您的鼎力相助了。"

"你需要什么帮助，尽管如实道来。"田恒爽快地说。

"少伯的要求有三条：其一，借财免灾。"

“需要多少财，才能化解灾难?”

“少伯需要十万两银子，用于收购粮食。三年之后，少伯将如数奉还，利息不少于二成，且保临淄百姓平安无恙。”

田恒点点头。

“其二，借用器械库五十栋，用于储备粮食。”

田恒说：“这个不难。”

“其三，每个器械库和粮库派重兵守护。若有变故，请立即增加兵力，确保粮库的安全。”

“行，没问题。”

田恒立即向齐平公禀告了范蠡的要求，齐平公也很爽快地答应了，说：“全凭国相作主。”

田恒下令把大部分军械库腾出来作了粮仓，除了守卫边界的军队和皇宫的侍卫外，其他兵员都派来守护粮食。

有了资金和安全保障，范蠡心安气静，坐等良机。

这天，范蠡来到店铺，孟宛问：“父亲，麦子已经上场，各个粮行都在大肆收粮，我们是不是也开张?”

范蠡说：“不急，不急，新修的仓库要晾得干透，才能储粮，看看再说吧。”

既然不急于开张，孟宛便到临淄大街小巷走了一趟，见家家粮行都挂起“仓满”的牌子，拒绝收粮。他又来到“常平仓”，这是官家粮库，也是临淄城最大的粮库。只见仓库大门前排着一长溜的卖粮农民，而大门却关着，门上写着两个大字“库满”。一群农民正和粮行老板交涉着。一个五十多岁的农民，向粮行老板乞求：“老板，我借的高利贷到期了，要债的人坐在家里等着要钱，你就把这粮收了吧。你看这粮又干净又饱满。”

另一个年轻农民也说：“老板，您行行好，我娘等着卖粮的钱看病。”

粮行老板双手作揖，连连道歉说："各位父老乡亲，实在对不起！我开粮行，哪有见粮不收的道理？实在是没有地方可装了，库里堆得连人都走不进去了，叫我有什么办法呢？还请各位多多见谅！"

原来，未、申两年风调雨顺、粮食丰收，家家余粮满仓，个个喜气洋洋。第一年农家的粮仓满了，第二年粮商的仓库满了，到了今年酉年，已是连续丰收的第三年，农家又个个喜得合不拢嘴。但很快，他们的喜变成了忧——丰收的麦子卖不出去。原来，农家、商家都是仓满库满，农民的粮食多得没有地方卖，这样一来，粮食贱得没人要。在一般年景，一石麦子值五十文银，而现在二十文银一石都卖不出去。农户向粮行商家说好话，要求卖粮；而粮行向农户说好话，连叫实在是没地方装了。

孟宛灰心丧气地回来了，见到范蠡就说："父亲，现在临淄城里的大小粮行都库满仓满，堆得像山一样，根本卖不出去。去年他们四十到五十文银收进来，今年三十文都卖不出去。今天粮价跌到二十文，商家亏得一塌糊涂，个个叫苦不迭。现在大街上只见卖粮的人，不见买粮的人。现在我们开张收粮，收进的粮食卖不出去，岂不是亏血本吗？这该如何是好？"

范蠡问："现在收粮多少钱一石？"

孟宛答道："贱得很，麦子二十文，粟十八文。"

范蠡说："你要是着急，又没什么事的话，就去看看哪儿还有可以做粮库的房屋。"

五天以后，孟宛向范蠡禀报："父亲，在城南有个兵马库，有七大间房屋，过去屯过车马、兵器，现正空着，做粮库是再好不过了。"

"好！我们去看看。"

范蠡来到兵马库，这是一个四合院，南北朝向。每间房都有窗户，通风便利、地面干燥、光线充足。整个院子只有一个门，人员进出、货物吞吐都从一个门里通过，便于看守。这兵马库虽在城郊，交通却十分便利，门前道路宽阔、通行无阻。房屋的内外还有七成新，只要略加修缮，就可以做粮库了。范蠡十分高兴，对孟宛说："你赶紧把这个院子全部租下来，即刻请人进行维修。我已择过日子，再过十天就是开张的黄道吉日。"

没等到十天，粮价又下跌了，麦子每石的收购价跌到十六七文。

六月初六，传说是龙晒衣的日子，天空晴朗得没有一丝云彩，太阳灿烂地照耀着大地。这天，盛源粮行开张了。

盛源粮行一开张就红火得不得了，卖粮的人在店门外排起了长队。为什么呢？别的粮行早已停收，而盛源粮行是打开仓门，有粮必收；别的粮行即使收一点粮，也是压级、压价，每石粮价压到十五六文银，盛源粮行出的告示是"麦、粟，每石二十文。优质加价，湿、蛀、瘪、杂不收。"这样，农家奔走相告，一传十、十传百，百里内外的粮食都汇到这里来了。为了卖个好价钱，农家把存粮搬出来，晒了又晒，选了又选，差的留给自己吃，好的卖给盛源粮行。后来，楚、赵、宋、吴等国的农民也用船、车把粮运到这里来卖。孟宛来者不拒，无论是成船成车的，还是一担一袋的，甚至三斤二斤的，都不厌其烦地收进来。人们都知道，盛源粮行出价高、质量要求高；只要质量好，有多少收多少，粮钱两清。

孟宛在店前，给排队的农民一个一个验质定价，品种好、质量好的就加价为二十二三文，最高达到三十文。农民一个个喜笑颜开，把麦子筛了又筛、选了又选、晒了又晒，甚至一粒一粒地挑，指望卖个好价钱。

盛源粮行犹如粮食市场里杀出来的一匹黑马，把那些老商家给搞懵了，不知他葫芦里卖的什么药，他们议论说："看来盛源粮行是有钱没处使，到临淄城做善事来了。"

"再多的银子也禁不住这般折腾吧。"

"再这样下去，只怕中原二十多国的粮食都给他家收了。"

看着越来越多的卖粮的农民，孟宛犯愁了："自己修仓库、租房子，收粮的本钱本来就不多，现在已用得差不多了。继续收吧，本钱从何而来？不收了吧，那诺大的仓房空着怎么办？收了粮，卖不出去怎么办？

卖出去亏了又怎么办？”正在百思不得其解、愁眉不展的时候，范蠡来到盛源粮行。

孟宛说：“父亲，孩儿正发愁！孩儿的银子已快花光了，这粮食还收不收？”

“收了几个库？”

“已装满了五个库，明天第六个库就要开仓了。”

“这样吧，我同你母亲商量一下，把她的五百两银子借出来，再把家里以备急用的一千两银子调出来，怎么样？”

“好，可这也管不了几天。”

“这些你先用着，用完之后，还需要多少，我就给你多少。你就放心地收粮吧。”有田恒做后盾，范蠡底气十足。

“父亲，有您筹措资金，钱的问题是不用发愁了，但是收这么多的粮食，不知要买到何年何月？要是卖不出去怎么办？如果亏了，我的本钱搭进去也就算了，要是连累了母亲和全家，我怎么向您交账呢？”孟宛忧郁地说。

范蠡说：“做生意最忌讳鼠目寸光。经营之窍，首要一条是通天理。俗话说：成事在天，谋事在人。要成事，必须顺应天理，顺其自然。顺其天理，事必能成；违其天理，一事无成。而要顺应天理，必须懂天理，知晓天体运行之规律。冥冥万物，皆在天象控制之中，天吉则万物茂盛、五谷丰登；天衰则稼禾萎靡、天下歉收。”

“怎样才能知晓天象之凶吉呢？”

“世上万事万物都有一定的规律，天象也是有律可循的，从太阴、五行中就可得知年岁的丰歉。我遍阅天理象书，观天象四十余年，从中悟出一套规律，即丰歉轮回。”

“丰歉轮回？”

“对，在太阴十二年里，三年丰收，三年歉收；又三年丰收，再三年歉收；六年一个小循环，十二年一个大循环。”

“哦？怎么晓得哪一年丰收，哪一年歉收呢？”

“这就要把太阴和五行结合起来看，才能明白。”

“五行？就是金、木、水、火、土。”

“是啊，五行在金，年成就好；五行在水，年成就差。也就是说，丑、寅、卯年风调雨顺，辰、巳、午年则多灾；到了未、申、酉年，年成看好，戌、亥、子年，天下歉收。而在丰收年中，数卯年和酉年最好；在歉收年中，又数巳年和亥年最差。经营粮食的，能在丰年收进，灾年售出，能不赚钱吗？经营绸缎皮毛、珠宝的，灾年购进，丰年售出，自然会有丰厚的回报。现在你知道该怎样去经营了吗？”

“孩儿明白了一点点。今年是酉年，是大丰收的一年，往后的三年都将会是灾年，是吗？”

“你明白就好，但切切记住，天机不可泄露。”

“孩儿明白。”

“收进的粮食，以后要是赚了，所有筹集的资金，都要还本付息，即使是你母亲的五百两银子，本息也一分不能少。”

“那是自然的。”

“若要富，险中求。要是赔了，我也会保证偿还你和你母亲的本金。我经手借的银子亏多少，我认多少，与你无干。”

“感谢父亲。”

“机不可失，失不再来。你现在的任务是带领众人收粮、收粮、再收粮，有多少，收多少。你记住一句话：‘贱取如玉珠，贵出如粪土。’这句话的意思是当粮食的价格已降得相当便宜时，就要尽最大的努力多收购，把每一粒粮食看得像珠宝玉石一样，一粒也不要放过。当粮食的价格涨到一定的程度，售粮利润丰厚时，就应该大量抛售出去，像清除粪土一样毫不吝惜。宛儿，现在正是‘贱取如玉珠’的时候，你千万不要错过！”

“孩儿明白了。”孟宛放心了，不再犹豫彷徨，一门心思放在收粮上。

孟宛收完夏粮，十五间仓库已装得满满的。一转眼，又到了秋天，孟宛和众人一起忙着收秋粮了。只见天南海北的粮船风一般地满载而来，船家攥着银子欢喜而归。盛源粮行的伙计们一个个忙得晕头转向、累得半死不活。究竟收了多少粮食，孟宛说不清了。

同时，薄姑的弟兄们听说孟宛收粮需要钱，二话不说，便让崖柏和苏铁把盐村的备用金和晒盐换来的银子，一一送到盛源粮行，还一再表示要多少给多少。孟宛知道薄姑的叔叔伯伯们把自家留用的盐都换了钱来支持他，十分感动。他再三交代卢虞，记好每一笔账，到时候连本带利一起偿还。

一船船的秋粮收进来，又一车车地运进仓库，一共收了多少粮食，孟宛已说不清了。盛源粮行的仓库装满后，收的粮食运到哪儿去了？官府军械库。官府也是敞开大门，不遗余力地收购粮食。这场疯狂的粮食收购战，从秋粮上场，一直持续到腊月三十，官府军械库和能腾出来的地方都装满了粮食，盛源粮行才关张。

孟宛的盛源粮行，除了收购粮食外，还大量收购当地百姓的盐、鱼和各种特产。

仲楚和季越便将孟宛收购的盐、鱼和特产运到邻近诸侯各国去销售，同时，仲楚又从各国购回珠宝、玉石、金银、丝绸等，返回临淄销售。临淄富足，经济发达，又是齐国国都，富贵人家多，贵重物品特别好销，赚头也特别大。

盛源粮行的反常举动引起了临淄城老牌商家们的关注，他们用诧异的眼光看着盛源粮行，他们不明白这家新来乍到的商铺老板，哪里来的胆子收购如此多的粮食，又从哪里来的取之不尽的钱款来收粮？

这一天，三四个粮行老板在茶馆相遇，你一句、我一句地议了起来。

裕昌粮行的黄老板经营时间长，经营规模首屈一指，说话分量重，堪称“粮行老大”。他思忖道：“盛源粮行的老板看起来倒是勤勉和善，但不像是经商老手，这般凶猛地吃进秋粮，也不怕撑爆了肚子！”

“别看他今日收得欢，只怕他明日哭瞎眼。出大钱、压重仓，商家大忌。”丰源粮行的李老板感叹说。

“他家大伙计看起来挺能干的，怎么也只是成天埋头收粮?”黄老板又说。

五谷粮行的陈老板担心地说：“整个临淄城只有他一家还在收粮，难道他们不怕卖不出去烂在仓里吗?”

“明年的年成比较差，他们多收粮食也是有一定道理的。”

“咱们库里都是满满的，明年年成差，正好把陈谷、陈米挪出去。”

“看他们，来势蛮猛的，这是想把咱们都压下去的架势呀!”李老板悻悻地说。

“压倒我们？只怕他还嫩了点!”陈老板嗤鼻而笑。

“咱们都是十几年、几十年的老手啦，什么世面没见过，像他家这样瞎胡闹的还真没见过!”黄老板说。

“奇怪，他家仓库是聚宝盆，还是无底洞？收了这么多天，一车车的粮食像潮水一样往他家仓库里涌，却总没见装满，是怎么回事?”李老板疑惑地问。

“别问那么多啦，他就算是强龙，也压不倒咱们这些地头蛇，等着看笑话吧!”陈老板笑着说。

大家也一起笑起来。

第二年是戌年，属土。这年年初庄稼长势不错，但到了麦子扬花的季节，却刮起了冷飕飕的北风，长长的穗子竟有三分之一是空穗。麦收季节又下起连绵阴雨，直下得麦秆发软、麦根发虚，一下子减产三四成。而长势看好的秋粮，到了灌浆的时候，却因雨水不足而减产。秋季收成平平，农家刚够自己吃，卖粮的人少了，京城里的人便到粮行买粮，粮价直往上扬。这样一来，农家忧、商家喜，卖粮的人少、买粮的人多。各个粮行抓住机会，纷纷抢着将库存的陈粮往外抛销。有不少粮库的粮食已储了一两年，生怕卖不出去变质，只要能保本就往外推。孟宛见了，也想往外抛粮。

他找到范蠡，说："父亲，现在卖粮的季节到了，好多商家都在销粮，价格不错，您看，我们要不要试试？"

范蠡说："你要沉住气，现在还不是出手的时候。别的粮行现在销的大多是存了几年的陈粮，而我们的全是新粮；他们储存的新粮也大多是秋初收的粮，湿度大，而我们是秋末收的干透了的粮，不易变质。他们急，我们不急。今年有粮，我们仍然收进，不要卖出。收粮的牌价与去年一样。"

"哦，父亲，今年歉收，去年的价格，今年可能收不到粮了。"

"当然，能收就收，收不到就算了，这叫'姜太公钓鱼，愿者上钩'。"

"父亲明知这样的低价收不到粮，为什么还要挂出来呢？"

"你想想，我们家挂出的收购价格是低价，其他商家售出的价格会很高吗？"范蠡接着说，"今年你的主要任务是保管好库里的粮食，防虫、防霉、防潮，保证粮食颗颗新鲜、粒粒干爽。"

这一年下来，各个粮行大都把陈货吐出去了，虽然价格不算高，多少也有点赚头。孟宛的盛源粮行按兵未动、仓满库满、平平安安，算是过个安逸年。

转眼又到了冬播时节，却一连三个多月滴雨未下，麦种播不下去，播下去了也出不了芽。到了小寒以后才见雨水，农家补种误了季节，又连遇低温，撒下的种子出不了苗。屋漏偏逢连夜雨，祸不单行，亥年一开春就又是滴水不见，地里裂得像龟背，夏粮颗粒无收。秋粮更是雪上加霜，又是水灾，又是旱灾，大批农田颗粒无收。连续两年的减产歉收，不少粮行的粮食销售一空，粮价节节攀升。到了子年春荒季节，干旱仍然威胁着庄稼，农家再也坚持不住了，粮食比金子还贵，有的粮行打出了令人惊讶的价格——每石麦子二百文。就是这个价，也是有价无货，商家也拿不出粮，粮库里早就卖空了。

这时，范蠡让孟宛打开粮仓，大量售粮，每石粮价一百五十文。这里的粮食粒粒饱满，质量高、成色新，价格又比其他粮行低二成以上，因此盛源粮行门前又排起了长队，天南海北的人都到这里来买粮。

坐等看盛源粮行笑话的老商家们笑不出来了。盛源粮行气势一发不可收，他们眼睁睁地看着白花花的银子海潮般地涌进盛源粮行，却搓手无策、妄自兴叹。他们一个个后悔没压住仓，早早地让粮仓见了底。现在行情好得炙手可热，却库空粮尽，只能眼巴巴地、忌妒地看着盛源粮行大赚特赚。

“盛源粮行的粮仓简直成了金山银山！”当几位老商家又在一起喝茶时，不由得感慨万千。

“咱们辛辛苦苦经营了几年，只赚了个蝇头小利。他家新来乍到，却赚得盆满钵满，只怕是银子多得没地方放了。”刘老板说。

“他家是何方神圣，为何能有这般大手笔？”黄老板问。

“听说他家大有来头，与朝廷、国相有渊源！”李老板故作神秘地说。

“喔?！难怪，难怪！”黄老板释然，“咱们今生有幸碰到了百年难遇的好行情，却只能干瞪眼、手中无网看鱼跃呀！”

有一天，正当裕昌粮行的黄老板无精打采地坐在店铺里无所事事时，来了两位不速之客，孟宛、卢虞上门拜见黄老板。

“裕昌粮行乃临淄粮行之首，小生叩拜黄老板。”孟宛恭敬地说。

“后生可畏，你们年纪轻轻，生意就做得如火如荼，老夫汗颜！”

“今日拜见先生，是求先生帮忙。”

“好说好说，有什么忙要帮，只管说。”

“不知您家有没有空的库房？”

“空库倒是有，不知是租还是借？”

“我家粮行还有些粮食，想请先生帮忙处理五千斤。”

黄老板以为孟宛把自己当冤大头，便冷静而决绝地摇摇头，说：“如今粮价太高了，老夫本小力微，拿不动那么多的货。不瞒你说，就是拿得动，也决不会拿！”

卢虞见黄老板误会了孟宛，便解释说："黄老板，我家掌柜的意思是，给您五千斤粮食，由您安排，处理意见由您定。若是能卖个好价钱，赚头就是您的。若是您救济了饥民，行善积德的名声就是您的。请先生不必有顾虑。"

黄老板以为自己听错了，心想天下能有如此好事？便将信将疑地问："那我什么时候、以什么价格来偿还这笔粮食呢？"

孟宛说："这粮是不必归还的。现在天下大灾、饥民遍地，官府全力赈灾，但人手有限；我家粮行还有五万斤粮食，准备全部用于赈灾，但也是心有余而力不足。您若是能加入到赈灾之中，便是帮了大忙了。"

"这样啊，黄某愿鼎力相助，尽力而为。"

"若是有钱之家，您尽可按市价或低于市价出售；若是贫困之家，您就行善施舍了。"

"好。"黄老板答应得十分爽快。

"还烦请先生相邀都城有名望的十个商家携手助力，每户发粮三千斤，不知先生为不为难？"

"没问题，我先代商友向你致谢！"

"不用谢，有福同享，有钱共赚。"

"好，有义气，够朋友！"

这一年，旱灾持续不减，各诸侯国都闹起了严重的粮荒，粮商和国库的粮食都已底朝天，民不聊生、饿殍遍野。只有齐国储备充足。

范蠡去见田恒，说："现在是青黄不接之时，也是天下百姓最艰难的时期，请国相开仓放粮，赈灾救民。"

田恒点点头。

"只要等到秋粮上市，灾荒就安全度过了。百姓在最困难的时候，能得到国相的赈救，一定会感谢您的恩德。"

"国家的钱财，取之于民，用之于民。灾年赈民，用得其所。"田恒说，"今日齐国能有粮食赈救百姓，全靠先生的神力。"

齐国打开“常平仓”和军械库，有条不紊向百姓发放粮食，按计划将粮食分配给齐民，保证每个齐民都能吃饱肚子。齐国临淄城的居民，凭齐王颁发的齐民证，每石粮只收五十文。鳏寡孤独、老弱病残者，范蠡便派人送粮上门，分文不收。遇有家境贫困的，范蠡对他们生产的纺织品、工艺品、手工品，都以高于市价的价格收购，再以低于市价的价格把粮食卖给他们。

“常平仓”开仓放粮，赈救齐国灾民，接济流浪百姓。以裕昌粮行为首的商家，也在大街小巷发放钱粮，得到广大民众的敬重和赞扬。四周邻国的百姓像潮水一样涌入齐国。对于年龄十八到四十岁的男性，愿意留在齐国的，田恒下令给予妥善安置，按齐民的标准售发粮食。齐国还在临淄市中心摆十口大锅煮粥，向老小灾民定期施舍饭粥，百姓感激涕零，无不歌颂国相田恒的大恩大德。大灾之时，齐国国泰民安、库银充裕，齐民生活稳定，人口大增。

范蠡还建议田恒在留足国内用粮的同时，拿出部分粮食卖给友好盟国。盟国在最困难的时候能买到救命的粮食，无比感谢，交口称赞齐国的仁德。田恒在诸侯国中的声誉和名望也更高了。范蠡低调行事，从不抛头露面，售粮、放赈、救援时都是打着齐王和国相的名号，但诸侯列国都知道齐国出了个“鸱夷子皮先生”，民间甚至把他传成无所不知、无所不能的财神，对其顶礼膜拜。

有一天，当范蠡正在忙碌的时候，来了一位客人要求拜见。原来是从鲁国一路来到齐国的猗顿，知道“鸱夷子皮先生”到齐国国都任了国相，又一路赶到齐都临淄求见。范蠡接见了他，他呈上满车的钱财礼物并连声道谢。

范蠡说：“我让你三年后归还十两银子，是想试试你的诚信。现在你能如约，说明你是个有信、有义的人。你的努力得到了应有的收获，可喜可贺。你今日带来丰厚的礼物，你的心意我领受了。但礼物我不能收受。这样吧，我再给你一万两银子，请你将这些钱财、礼物赠送给贫穷之地的百姓，算是你我的一片心意。”又说，“今年宋国的陶地出现旱灾，粮食减收，百姓正受饥馑之苦，你到那里散发赈灾钱粮吧。”

猗顿一听，心中十分震惊：“先生，一万两银钱，可是个大数目啊，您辛辛苦苦赚来的钱，多不容易呀，就这样一下子撒出去了，你不心疼我还真心疼！”

“舍得、舍得，不舍不得。‘舍’得恰到好处，必会‘得’得顺风顺水。”范蠡说，“再说，有赚必散是积财之道。赚了钱，要么接济贫苦百姓，要么为公众做些有益的事，多行善举才能保得住钱财，生意也会越做越大。如果一心只想自己赚钱，只进不出、一毛不拔，灾祸就会降临，要么血光之灾，要么牢狱之苦，赚得的钱财也会损失殆尽。”

猗顿听了犹如醍醐灌顶，茅塞顿开，连连点头：“多谢先生又给小人上了一课。我要以‘鸱夷子皮’先生的名义赈灾行善，告诉陶地的百姓，这是齐相鸱夷子皮先生的馈赠，让‘鸱夷子皮’名扬天下！”

“不，你只能以‘猗顿’的名义或‘陶朱公’的名义行事。”范蠡摇摇头，说。

猗顿问道：“先生，这‘陶朱公’是谁？”

“以后你会明白的。”

“好。我一定按大人的指点去做！”

猗顿进一步请教道：“小人现在已衣食无忧，本该心满意足，但男儿之志在于成就一番大事业。为此，特再次求教先生，请先生明示学生下一步的发展之路。”

“你想大有作为，其志可嘉。你若能孜孜不倦、努力奋斗，将来定能大有出息。那么，你希望做什么呢？”范蠡问。

“我到莱夷，看到您的盐田惠泽了一方百姓。我也想在海边开垦盐场、做大经营、造福黎民。”

范蠡说：“靠山吃山，靠水吃水，因势利导，才能事半功倍。现在你在河西靠养殖赚了些钱，有了一定的资本，但投到数百里以外的海边去制盐，不是明智之举。你若想从事制盐业，可往河东解州方向发展。解州池盐不也是名闻天下吗?”

猗顿一听，茅塞顿开，他想：“解州与我家仅一河之隔，我家吃的也是解州盐，我怎么就没想到去解州求发展呢?”

猗顿如获至宝，喜滋滋地往回走。走到宋国陶地，便以“陶朱公”的名义发放赈灾钱粮，一时间，宋国陶地的百姓都知道了陶地“朱公”的名声。虽然人们没见过朱公，但都交口称赞他的仁德。

后来，猗顿到解州开了盐场。他也学范蠡采用新的晒盐办法，大大提高了产盐量，十年之间，家致巨富，其名声也远驰天下。这自是后话。

再说到了秋末，齐国新粮收割之时，盛源粮行仓库里的粮食全部售罄。范蠡仅仅用盛源粮行储备的部分粮食就还清了齐王的借款。范蠡在薄姑的弟兄们，都得到了成倍的回报，一个个喜不自禁，说：“早就知道，跟着鸱夷子皮先生走，定能发大财。”

经过五六年的积蓄，再加上范蠡的馈赠和来自临淄丰厚的回报，薄姑的这些旧部兄弟和乡邻都过上了富裕的生活，许多人已家产万贯，甚至超过了那些乡绅宦官。崖柏便进一步带领大家修建公用设施，扩大盐村规模。盐村也越来越繁荣兴旺了。

齐国凭借充裕的粮食及其收入，国库充盈，人、财、物都获得丰收，实力大大加强。越国本来欲与齐国一决雌雄，企图将齐国打败，但经过这场大灾，越国国力已不及从前，越国伐齐的事也就此作罢。齐国重新成为中原七雄中经济实力最强的国家。田恒乐得嘴巴都合不拢，对范蠡说：“齐国能有今日，少伯立了大功，齐王要重重赏赐你。”

范蠡却说：“尽忠君主、泽润万民，是我的本分，无须褒奖。灾年赈民、尽力所及，也是为人之道。生财积德之事，何乐而不为？若国相开恩，少伯有一事相求，望能恩准。”

田恒连忙说："国相所求之事，哪有不准之理，快快禀来。"

"少伯在三年前，就向国相要求过：辅佐朝政三年为限。现在三年期满，齐国灾难已消，今年农业丰收的大局已定。望国相准少伯隐居乡村、颐养天年，享人生天伦之乐。"

田恒笑道："少伯，如今度过灾年，齐国的复兴才刚刚开始，你怎能离我而去呢？还请国相多多辅佐。"

范蠡笑笑，不再说什么。

过了几天，田恒派人传范蠡进宫见齐王，而进宫的却是范蠡的管家卢虞。卢虞手捧相印，慎重地交给齐王，禀道："鸱夷子皮先生托我为他向大王交还相印。"

齐王听闻，心中一惊，问："鸱夷子皮先生呢？"

"他已离开齐国，请大王见谅。"卢虞答道。

"鸱夷子皮先生怎么说走就走呢？本王正在考虑重重赏赐他！"齐王愀然地问。

"回大王，鸱夷子皮先生说，在高位坐得太久，是不祥之事。"卢虞又说，"鸱夷子皮先生说：治家，能家居万金；做官，能位居卿相，他这个出身贫寒的平民已达到顶点了。他受到大王的恩惠和重用，理应竭尽全力，不应接受赏赐，也不敢长期享受尊贵的名号，现在，他允诺大王的三年期已到，因而悄然离去。大王若要治罪，请重罚卢虞。"

齐王怅然，心中感叹不已。又见卢虞上前一步，禀道："鸱夷子皮先生临走之前交代，必将这些账簿亲手交给大王。"

齐王接过来一看，原来是各个粮库收支和盈利的明细账目。

"出售粮食所得的银两，全部都封存在粮库里，请大王派人清点。"

"鸱夷子皮先生去了哪里？"田恒问。

"这个，我真不知道。"卢虞说。

"你怎么没跟他一起走？"田恒又问。

"先生说我年纪大了，别再跟着他颠沛流离了，让我和我的子孙好好经营现在的店铺。”

“哦，鸱夷子皮先生是把这店铺委托给你经营了？”田恒问。

“回国相，不是委托经营。鸱夷子皮先生把所有店铺和家产全部送给跟随他的兄弟们了。我也分得了一个店铺，我家子孙衣食无忧了。”

听了卢虞的这番话，田恒放心了，不禁轻轻地吁了口气。

范蠡究竟为齐国赚了多少钱，齐王和田恒没有透露。只知道齐国的银库爆满，成为当时中原的第一富国。

四十二、千里贩马

范蠡到哪里去了？田恒并没有去寻找他。田恒知道，三年来，范蠡逢凶化吉、解救国难，其功劳和名望实际上都已经超过了自己，长此下去，自己在朝廷的威望和地位将会受到威胁，甚至会影响到整个田氏家族的利益。这是田恒和田氏家族最为担忧的。田氏家族七八代人打下的江山，须臾之间落到他人手里，这是不能接受的。而范蠡事成隐退，对于田恒来说最为有利，是最大的支持和帮助。田恒对范蠡由担心、忧虑变成了感谢和佩服。

而范蠡呢，当他到齐都临淄辅政时就知道，齐国不是自己的长留之地，临淄更不可久留。当还未到临淄辅政前，他就未雨绸缪，开始为自己和家人作下一步的部署了。

范蠡在来到临淄的半年后，便让二儿子仲楚把临淄的珠宝店交给精明能干的旧部将冬青经营，让他抽身到宋国的陶邑置下房产和铺面，带着他的家眷和孟宛的妻儿，先行住到那边，分期、分批地将家中细软、钱财和贵重物品用大船送到陶邑。第三年初，季越将自己的绸布店交给海桐打理，与含笑也到了陶邑。这时，陶邑的布局已大体就绪了。第三年初秋，孟宛将盛源粮行交给卢虞，并将随行的八十多位兄弟安置到其他十多个店铺里，便与父亲范蠡一起最后撤离临淄。从此，齐国临淄的

“鸱夷子皮”人间蒸发、了无踪迹。而宋国的陶地多了一位“朱公”。

宋国陶邑的街道上，近一两年陆陆续续地新开了一些商铺。新开商铺，是件十分寻常的事，并未引起人们特别的关注。但比较引人注目的是，这些商铺有一个共同点，就是商铺的匾额都是朱红底色，铺号都是以“朱公”命名，而执掌“朱公”商铺的是三个年轻、能干的小伙子。他们的父亲人称“朱老爷”或“陶朱公”。

仲楚最先来到陶邑，率先亮牌的店铺便是他的“朱公珠宝行”。仲楚虽然挂起了招牌，却犯起了愁，为什么呢？大哥孟宛做粮盐生意已是熟门熟路，粮食是秋收春售、稳收盈利。食盐的经营，从生产、收购、运输到销售，各个环节都轻车熟路，且不说这么多年来孟宛耳闻目睹父亲经商的点点滴滴，只说父亲这么多年来施舍行善结下的人缘，就让他一生受用不尽了。再说粮食、食盐，是家家户户都必需的、一天也不能少的东西，孟宛只要坐店经营，就能稳收丰厚的盈利。

而仲楚呢，就不一样了，他经营珠宝、皮革、首饰等，只有上流贵族和富足人家才会需要，这些东西有的价值连城，本钱小了根本做不出什么名堂。他想：“父亲给大哥一千两银子，他用这钱可收几大粮仓的粮食。而我拿着这一千钱，可能连一两件像样的珠宝都收不回来。本小利微，要想把珠宝、皮革业务做大是不可能的。”

他没有急于像孟宛一样红红火火地搞经营，而是再次到陶地周围的国家去游历。他周游考察的范围越来越大、越走越远，一次他向北走到狄国。

狄国一展平原，有着得天独厚的优越条件，漫山遍野长着肥美的绿草，是天然的大牧场。狄国人爱养马、会养马，马的品种又好，那马匹一头头长得高大又精壮。

仲楚对马有着一份特殊的感情。他出生在越国，从小就处在吴越之战的风云中。在备战、复仇、兴国的年月里，每个越国人对马都特别钟爱，一匹好马比任何宝贝都珍贵。当年身为大将军的父亲范蠡爱马、识马，常对他们讲马。他从小就耳闻目睹过许多好马、宝马，了解了许多关于马的知识。

北狄人过着游牧生活，擅长骑马射箭，崇尚勇武。“人不驰弓，马不解勒”。马，是北狄人的宝贝、北狄人的家，他们长年累月地生活在马背上，骑乘、驾驭、驮运、作战样样离不开马。也正因为如此，北狄人养的马又多又好。他们一年又一年、一代又一代地挑选上好的种马，培育、繁殖优良马种。北狄人能征善战，与他们拥有良马是分不开的。

仲楚来到马群中，看看这匹，又摸摸那匹，赞不绝口。

他想：“如果越国、吴国人看到这么骏的马，一定会喜欢得发狂！”

他当晚便住到狄国牧人的家里。他对彪悍的主人狄安达说：“我一路北行，走得十分辛苦，您看我的马已经累得走不动了。您养了这么多的马，能不能卖给我一匹？”

狄安达说：“哦，我家的马，匹匹都是好马，你想要就随便挑吧？”

仲楚问：“多少钱一匹？”

“好马得有一个好价。别人家的马三四两银子就能买一匹，我的马呀，不能少于五两银子。”

“五两银子？太便宜了！”仲楚在心里叫道，他拍着一匹汗血马说，“我就要这匹了！”

安达一愣，回过神来连连摆手说：“真看不出，你年纪轻轻还蛮有眼光呀，这匹可是宝马，是从遥远的外夷之国传来的，就在我们这里也是少有的，人称‘千里马’，是我最心爱的马，这匹不卖、不卖。”

仲楚说：“你刚说你的马任我挑，怎么话音未落就变卦了？”

“我们狄人说话从不反悔，除了这匹，其他的任何一匹都行。”

“可我偏偏就看中了这匹！”

安达思忖着面露难色说：“看来我只有忍痛割爱了，但这马少了十两银子连口都不用开了！”心想，这么高的价，让你打消买这马的念头。

仲楚一听，心中却暗暗吃惊："在越国，买一匹最普通的马就要花五六十两银子，像这样骠健珍贵的马，恐怕一百两银子也买不到手。"

仲楚二话不说，拿出二十两银子往桌上一放，说："这样吧，我再加十两，这马归我了！"

安达本是个生性豪爽的人，没想到仲楚也如此痛快，再看仲楚也是一表人才、出手不凡，便说："看来你是个识马、爱马之人，这马交给你，我也放心。这样吧，你买马，我送鞍，咱们做个忘年交！"当即拿出一副做工讲究、雕饰华丽的马鞍配上。

好马配好鞍，那汗血马更是威武雄健。仲楚一翻身骑到马上，英气十足。他双腿一夹，转眼间就消失在远方。

第二天晚上，仲楚又与安达聊天："主人家，我有一位老乡说想组个马队，要买几十匹马，不知这边好不好买？"

安达笑着说："你要别的我不敢说，要买马，要多少我都给你包了！这方圆十里百里都是养马的，不要说要几十匹，就是几百匹，我打个招呼，三五天就能备齐。"

"这里的马又多又好，怎么不到中原去卖个好价钱？"

"怎么没想过？但这兵荒马乱的，不是被强盗拦路抢劫，就是被士兵强行掳走，丢了马匹，还有性命之忧，还不如本本分分地在自家炖马肉。"

仲楚暗暗思忖："从狄国到吴国、越国，要经过卫、郑、曹、宋、陈等多个国家，要渡过大河、济水、淮水、大江等四大河流，迢迢千里，光行程就要二十天到一个月。这一路上人工、马匹的食宿需一大笔费用，每到一国的关费、税费、过路费、过河费又是一大笔，如果遇到官吏为难、匪徒抢劫，还可能血本无归，千里贩马，危机四伏，真不是件易事，难怪他们望而生畏！但如果能从这里把马贩到吴越之国，会有几十倍的盈利，真是一笔好买卖。而这千里鸿途，怎样才能逾越呢？"

想到此，他也一筹莫展了。

回到家，仲楚急急去见范蠡。一见范蠡，就喜滋滋地说："父亲，我给你带回一件礼物！”

“什么礼物呀？”

他把范蠡带到马厩。范蠡一看到那汗血马，双眼放出喜悦的光芒，双手摸着马的面颊，连声赞道：“好马，好马！”

接着又夸道：“没想到我儿有如此眼光，这马从何处得到？”

仲楚便把在狄国的见闻一一讲述给范蠡，把自己的想法和忧虑和盘托出，说：“父亲，孩儿难就难在不知怎样才能把那狄国的好马贩运到吴越。”

范蠡沉吟着说：“难者不会，会者不难。你我看来很难的事，有的人却能轻松解决。”

仲楚问：“谁有这本事？请父亲指点，孩儿愿拜其为师。”

范蠡说：“做生意最忌遇难而退。你想，许多人都知道狄马价廉物美，动那贩马念头的人何止一二？至今没人成功，就是遇难而退了。你要想做成功，就必须另辟蹊径，高人一筹。”

仲楚说：“孩儿听懂了父亲讲的道理，但不知道如何才能高人一筹。”

范蠡说：“你知道陶地最大的商家是谁吗？”

“姜家麻布店。”

“姜家麻布店的东家是谁？”

“姜子盾。”仲楚说，“听说，姜子盾可不是个好缠的人物，傲气凌人，没人能盘算过他。”

“当然，姜子盾不是等闲人物。多年来一直往吴越两国贩运麻布，他在本地的实力雄厚、势力强大自不必说，他在贩运货物上打下的基础也没人能与他相比。从陶地到吴越的千里行程上，他早已用金银收买了沿途强人，打通了沿途各国的关卡，从来都是通行无阻，无论是官军，还是民匪，见是他姜家的货队便一路放行。”

“他真是神力无比呀！”

“是啊，没有过人之处，哪能有万贯家产？没有过人之力，哪能成为一方巨商？"

"如果姜家能帮孩儿一把，孩儿愿与他分利。"

范蠡笑了，说："姜家是多年来用黄金、性命、血汗铺出来的通天道，傻孩儿，你出多少钱，他肯给你帮这个忙？"

仲楚的心被泼了一瓢冷水，眼神黯淡下来："那孩儿请求父亲，您能不能出面与他商议，请他帮忙关照，让我贩运的马匹也能一路顺畅地到达吴越呢？"

"做生意讲究的是自愿，己不愿或人不愿的事，都是不能成功的。人家明知有钱自己不赚，会帮你去赚吗？"

"孩儿明白了，但问题怎样才能解决呢？"

"要想走吴越道，最便捷的办法就是借用姜家的力量。但是，那姜子盾生性高傲而精明，他要是知道你的用意，是绝对不会答应帮这个忙的。他的商利心理很重，我们就利用他的这个心理，让他自己找上门来，好不好？"

"好啊！"

这时，正值秋末冬初时节，是麻布上市的大旺季节，姜家麻布店的库房里已经堆积了大批货物，店铺前每天还排着长长的队伍前来卖麻布的农民，店工忙得不亦乐乎。秋季也是马队最忙的时候，大批的粮食、布匹、食盐要运往各地，一个往返往往需要二十来天、个把月，姜子盾正为货满库满、寻找马队而发愁。

正在姜子盾一筹莫展、绞尽脑汁找马队的时候，家人报告说城门口贴出一纸榜文，有新建马队。姜子盾连忙亲自赶到城门口，一看，榜文全文如下：

> 秋喜之际，顺隆马队新成。不图旗开得胜，只图财源长流。开业酬宾，首程免费。愿交天下好友，愿行天下顺利！

姜子盾一看，喜出望外，立马揭下榜文，见是新来不久的"朱家二公子”建的马队，便径直向“朱家”奔去。

范蠡和仲楚满口承允了姜子盾的要求，说：“能为姜家承运首批货物，是顺隆马队的福气。”

姜子盾心想：“免费运货，这样的好事世上难见，他是不是还有什么附加条件？会不会中途变卦？”便问，“你还有什么条件和要求吗？”

范蠡看透了他的心思，开口便说：“当然有。第一，免费运货，远近不限，货到即止；第二，一路上马的食宿费用由您支出，马是马队的根本，别让马掉膘；第三，马要是有丢失，由您赔偿；第四，货物安全由东家您自己负全责，若有损失或损坏，概与马队无关；第五，为减少路途费用，马队只派两个人随商队而行，负责马匹的看管和喂养，食宿也归您安排。”

姜子盾一听，思忖：“马匹和两个人的食宿费用比起昂贵的马帮运费来说，实在是太便宜了。”于是，满口承允下来：“行啊，这五条我都答应。我也有几个事得说明一下。”

“说吧。”

姜子盾想：“你做这个好事，我也让你好事做到底。”他故意面带难色地说：“你既然让我沾这个喜气，我也就不客气了。不过，我这批货要运到吴越之地，行程遥远，这……”

“做生意讲的是信用，一言九鼎，这一趟您就是到天涯海角，我也承运！”

“到了吴越之后，我有些生意上的事情要处理，恐怕要耽误好些时日，马队返程……”

范蠡知道姜子盾心里打的小算盘，不愿支付马队的返程费用，大度地说：“只要您的货能安全运达，我就放心了。到了吴越，您去忙您的事，后边的事哪还能让您操心！”

“好，够朋友！七天之后上路。”

仲楚派人快马赶到狄国狄安达家，第五天，五十匹精壮好马便准备妥当。

到了约定的吉日，仲楚和随行冬青带着马队准时到姜家麻布店装货，人们都被这一支浩大的马队所吸引，前来观看，就像赶集会一样，把姜家麻布店围得水泄不通。姜子盾看到马队的马匹高大精良、装配崭新气派，满心高兴，喜得合不拢嘴。他令人装上最上乘的货物，带上最好的礼物，派上最得力、最能干的伙计，春风满面地上路了。

与姜子盾一路同行，仲楚是求之不得。仲楚一心想摸透姜子盾在各国间通行无阻的奥秘，时时、处处都长着个心眼，留心观察姜子盾的待人接物、处事方法、经营之道。姜子盾不愧是江湖老手、商界巨头，千里行程中逢关过关、逢卡过卡，所到之处都有朋友迎进送出，给养、马料的补充都有人相助，到饭庄客栈就像进自家门一样熟络。他出手也大方，只要给他办了事的，无论大事小事，都能得到赏钱。付房费饭钱，总会比别人给得多一些，且从不要找零钱。从小事中显出一种“大家”气度。每到一地，他总要挤出时间去拜访当地显贵名流和新朋老友，礼数周到、礼品不菲。遇到草莽强人，他与其称兄道弟、举杯豪饮、送上银钱，为此，商家闻之变色的强盗歹人不但不为难他，还为他一路送行。就这样，商队一路顺风，货物连同马匹都安全到达吴越。

姜子盾的麻布一到吴越，就成了抢手货，商家店铺争相购买。这批货数量大、收购价格低，省掉了昂贵的运输费用，卖价又好，真是赶上了赚钱的火候，忙得他晕头转向，喜得他心花怒放。姜子盾自己的事都忙不完，自然没有工夫顾及仲楚的马队了。他做梦也没有想到，仲楚会比他赚得更多。

马在吴越之地用途最广，作战、交通、运输都依赖于它。吴越人看到好马是不会吝啬银两的。仲楚和冬青当下就把马赶到马场，不到三天，除了留下两匹自用的外，全部卖完。他俩盘点了一下，自个儿也吃了一惊：购买五十匹马，花了五百八十两银子，加上各种花费也没达到六百两。卖出四十八匹，总共收回六千七百二十一两，平均每匹马的卖价为一百四十两。

“哈哈，我赚大钱了！”仲楚高举双手，高声笑着。

冬青也喜不自胜，不断地搓着手，感慨地说：“二公子旗开得胜，真是青出于蓝而胜于蓝呀！”

过了一会儿，冬青的眉头皱起来了，犯愁地说：“要是姜子盾知道我们把马卖了赚了钱，怎么办？下次拿什么帮他运货？”

仲楚说：“这个好办，他要问起来，就说没有他姜老板跟队，我们一大一小，怕马在路上被强人抢劫，不得已卖了。再说，他真要我们再给他运货，我再买几十匹好马不就得了！”

“也只有这样了。”

话说仲楚和冬青贩马一举成功，赚得大钱。当夜，他俩兴奋得辗转反侧，难以入睡。冬青说：“二少爷，这么多银钱，咱们怎样才能把它安全地运回去呢？赚钱容易保钱难哪，这回去的路上……”

那时的钱多为金、银、铜、布、贝，卖马所收的钱以铜币为主，体积大、分量重，携带很不方便。

仲楚说：“这钱又多又重，运回去多麻烦，如果遇到强盗，搞得不好就会钱财殆尽、性命难保，咱们岂不是空欢喜一场?！我看，倒不如就在这吴越之地购置些值钱的珍珠宝贝，把钱币花出去。”

“嗯，不错，是个好主意！珠宝值钱又轻便，贴身带在身上，神不知鬼不觉。可是，这吴越之地有些什么宝贝呢？”冬青问。

“吴越临海，盛产珍珠，一枚大粒的珍珠就会价值百金。”

“哦，除了珍珠，还有什么宝贝？”

“还有‘琉璃’。”仲楚说。

“琉璃？”

“对，我母亲佩戴的首饰就是琉璃，”仲楚说，“你知道那琉璃的来历吗？”

“不知道。”冬青轻轻摇了摇头。

“说来话长，二十多年前，越王一心想要铸造天下最锋利的宝剑，下命我父亲督造。我父亲和剑师一起呕心沥血、细心钻研，历经三年才炼成无比锋利、精致、珍贵的王者之剑。”

“是不是‘越王勾践剑’？”冬青问。

“对，王剑炼成的那天，我父亲在铸剑模内发现一种绿色粉末，在阳光下熠熠生辉，发出神奇的五彩光芒。他再仔细一看，发现炉渣内也有不少同样的细微粉末。”

“王剑之伴，自然不会是平常之物。”

仲楚娓娓道来：“我父亲让人把这些粉末收集起来，放入炉中加高温熔炼，熔化后再倒入水中，让它提纯凝结。这样熔化提炼多次后，得到一块十分纯净的深绿色的宝石一样的东西。他又加入一定比例的金、银、铜、锡，不知熔炼凝结了多少次，得到一块举世罕见的宝物。这宝物晶莹剔透，淡绿色中折射出耀眼的、五彩的光，比玉石水晶还柔滑，轻轻敲击却发出清脆的金属之音。我父亲见这宝物既有炉火百炼的刚烈之性，又有水晶的阴柔之气，既有王者的霸气，又有清水般的柔和，是天地造化所能达成的极致，欣喜不已。后来，我父亲将这宝物随同王者之剑一起进献给越王。”

“铸剑得宝，一举两得啊。”

“越王对那王者之剑爱不释手、赞不绝口，看了又看、摸了又摸，将这宝剑命名为‘越王勾践剑’。”

“越王也是个识剑、爱剑的人。”

“越王又问那宝物是什么？我父亲告诉他，这宝物以前从未见过，更无名称，因为是从铸剑的炉道、模道里生出来的，暂且叫它为‘剑道’，不知是否妥当。”仲楚说。

“剑道？”

“越王对宝剑兴趣盎然，对这似玉非玉的东西没什么兴趣。他感念我父亲铸剑有功，就把这宝物赐给了他。又因这宝物是我父亲发现的，越王便赐名为‘蠡’。我父亲哪会因功沽名，便把‘蠡’字写作了‘璃’。后来我父亲陪同越王到吴国为奴，临走之时把它制成佩件交给我母亲，说：‘我这一去不知有无归期，我把它留给你，也就是把我留在你身边了。’从此，我母亲便叫它‘琉璃’，实为‘留蠡’的谐音。”

“琉璃如此奇特，到哪里才能寻到它呢？”

“我父亲从吴国回来后，没工夫亲自炼制琉璃，他便把琉璃的熔炼方法传给工匠，让工匠在铸剑的同时留心熔炼琉璃。因此，有不少工匠都懂得提取琉璃。如果仔细察访，吴越一带应该不难找到。”

第二天，他们把钱币存到钱庄，便出发到冶炼场寻琉璃。冬青对吴越冶炼场也比较熟悉，还有一些旧识好友，查访起来还算方便顺利。但令仲楚失望的是，冶炼场大多没有提纯的技术，所能收到的琉璃，品质大多很差，数量也很少，不仅没有清脆的金属音，就连光泽都没有。原来，冶炼工匠觉得琉璃的提炼过程过于麻烦，技术要求又太高，即使费大力气提炼出来了，除了好看，能做个首饰外，派不上什么正经用场，都不愿下这个工夫。同时他们觉得丢了又可惜，便把它当作一种着色剂卖给窑场。窑工们把它添加在瓦坯里，能烧制出一种绿色的瓦，叫作“琉璃瓦”。这瓦别具一格，有一种富贵豪华的气质。王公贵族修宫殿、富贵人家修宅院，都争相购买这种瓦，卖价很高。这样一来，琉璃粉的价格自然也就高了，哪还用得着去提纯加工呢？

仲楚暗暗心疼，心想：“看来这里的琉璃提纯技术，远远达不到成宝的要求，如果能把琉璃粉运回家，让父亲指导我将其提纯，岂不是技术、宝物都到手了吗？”于是，他和冬青找到冶炼场主，请求加工提纯琉璃粉。他俩花了上十天的时间，与方圆百里的冶炼场签约，全数收购琉璃粉，多少不限、价格不限，愿出双倍价格收购粗加工的琉璃粉、三倍以上的价格收购精加工的琉璃粉。加工的成色越好、质量越好，价格就越高，半月到期，一手交款一手付货。一听有这么好的价格，冶炼场也乐不可支。

在这半个月里，仲楚和冬青便到海边收购珍珠去了。吴越之地的百姓，把珍珠看得十分寻常，大多是孩子们的玩物，价格低得很。他俩不仅收到了大量的珍珠，还结识了不少渔民朋友。有位大伯，人称“蒲翁”，住在海边，长年累月捕鱼养蚌，经验丰富、为人厚道。仲楚便拜托他，只要有珍珠就送到定陶朱公家，一定重酬相报。若有大粒珍珠，加倍付酬。

当他俩满载而回时，冶炼场也完成了琉璃粉的初步提纯工序。他俩倾尽钱币，购回一口袋珍珠、两口袋琉璃粉，愉快地回到定陶。

姜子盾回到陶邑，却迟迟未见仲楚的身影。过了二十多天，才见仲楚和冬青两人两骑慢悠悠地到了家。姜子盾以为他们在路途上遇到了麻烦，丢了马匹，连忙过去问候：“朱家二公子，你怎么今天才回来呀？一路可安好？”

“托姜爷的福，一切顺利。”

“你的马队呢？”姜子盾心想朱家的马不是走丢了就是被劫了，便故作疑惑地问。

“卖了。”

“卖了？”姜子盾心里打了个趔趄。

“没有姜爷的护佑，我哪有本事把马队带回来？”

“那可是好马呀，卖得可惜啦！”

仲楚靠近姜子盾的耳边，压低声音说：“姜爷，我背靠您这棵大树，这次可赚大了！”

“多少？”姜子盾精明的眼睛闪着光，问道。

仲楚伸一根指头晃了晃。

“一百两？”

仲楚摇摇头，说：“一千。”

“啊？！”虽然仲楚打了一个大埋伏，姜子盾心中仍然大吃一惊：“我的棉麻布匹才赚了八百两银子，你轻轻松松竟然赚得比我还多！”

“太遗憾了，我本指望与你长期合作的，不承想你只做一锤子的买卖。”姜子盾摇头叹息着。

仲楚微笑着说：“姜爷运货，我仲楚随叫随到。”

“随叫随到？你的马都卖了，还到什么到？我可是三天两头就要跑一趟的！”

“我想好了，我专为您姜爷办一个马场，行不行？”

“真的？”

“当然。”

“您什么时候要马就什么时候去拉，要多少匹拉多少匹，您有回头货驮运，把马赶回来了就再交给马场；没有回头货，您就把马卖了赚一笔。”

“这么好的生意，你让给我？”姜子盾将信将疑。

“你路子熟、人缘好，这钱该您赚。”仲楚恭敬卑谦地说。

姜子盾心里开心，却摆出一副不屑的样子，说：“好小子，你让我到你马场拉马，没钱你能让我拉？你是想赚你姜爷的钱吧！”

“哈，姜爷您说对了，我当然得赚您的钱。这样吧，您要用马只管拉，分文不取。驮运结束，马回来了，我对您减半收驮运费；您把马丢了、卖了、送人了，就按马的成本价付钱，行不行？”

“天下有这么好的事？”姜子盾按捺不住心中的喜悦，脸上露出笑意，说：“看不出你小子挺会做生意的，有志不在年高呀，咱们试试吧。”

姜子盾又拍了拍仲楚的肩膀，说：“二公子大气，姜爷我也不含糊。这马场咱们合伙办了！你我一人出一半的钱，赚头对半开！”

仲楚一听，高兴得跳起来，忙不迭地说：“多谢姜爷，仲楚跟着您吃香喝辣！”

后来，三兄弟都到了陶邑，便一起去拜见姜子盾，并隆重宴请姜子盾。姜子盾见三兄弟精明能干，处处尊重他，生意上给他提供多种便利，心中也十分高兴。趁着大家兴致正高，孟宛提议说："姜爷呀，做生意，安全为上。咱们陶邑的商户越来越多，是不是也该立个规矩，相互帮衬着。同时来咱们这地方做生意的，三教九流的人都有，您看是不是也该成立个商家盟会，组织个护卫队之类的，让陶邑商家做起生意来安全、放心。"

姜子盾一听，说："好主意，鸟无头不飞，人无头不走。诸侯国家有个盟会，咱们陶邑商家、商户也是该有个盟会，有个首领。"

仲楚说："我们推举您当盟主。"

姜子盾心中十分舒坦，假意推辞说："你们朱家三弟兄生意做得好、为人处世周到，你们当盟主更合适。"

"我们年轻阅历浅，得好好向您学习。您德高望重，资格老、威信高、路子广，盟主的位置非您莫属。"

"那你们的父亲呢？推举你们的父亲当盟主吧。"姜子盾故意推辞地说。

"父亲年纪大了，已不问商事。您如果需要的话，父亲可以帮您出出主意。"孟宛说。

"盟会的事务十分重要、十分繁杂，当盟主也是一件操心费力的事，我们愿助一臂之力。"仲楚说，"我们兄弟三人先各捐一百两银子作盟会的铺底金，供姜爷支配。姜爷也可定个条款，让各个商家每年都出一点银子，作为商盟的日常开支。"

后来，商家盟会顺利成立，姜子盾当上了盟主。在朱家兄弟的带动下，陶邑商户家家出力、出钱，商盟资金雄厚。姜子盾不负众望，成立了商家护卫队，使商家的经营安全得到了保证。

四十三、黑霸王

范蠡对仲楚的贩马之行十分满意，全数传授给他琉璃的精炼方法和珍珠的制作抛光技术。仲楚聘请了一些技术高超的工匠，把琉璃、珍珠加工成各种首饰、帽饰、衣饰、挂饰、佩饰、刀饰等，再配上香檀木或金属雕制的华丽的盒子，一枚枚饰品都让人眼热叫绝、惊叹不已。

仲楚携带了几件品质上等的饰品来到楚国国都郢城，一亮出来，就被几个侯爷、王爷家的公子、太太看上了，他们争相购买，一眨眼工夫就被抢光了。仲楚做梦都没想到，花十文钱购来的一枚普通珍珠，加工以后，竟卖了十两银子，生利百倍，直喜得他嘴都合不拢。因此，他与越国渔村保持着密切联系，渔民们要是有了珍珠就留着，等仲楚来收购。后来，仲楚的业务越来越大、越来越忙，不能经常到遥远的越国收货，便请当地有经验、有信誉的蒲伯代为收购，送到“朱家”。

有一天，越国南海边的蒲伯风尘仆仆地来到陶地，寻找仲楚。当他来到仲楚的珠宝店时，仲楚正在店里忙着。蒲伯一见仲楚，疲惫的双眼放出兴奋而喜悦的光。仲楚把他领到店内，一坐下，他就忙不迭地掏出一个小袋子，呈给仲楚说：“二公子，你看看，这是老夫按照你的吩咐，精心挑选出来的一百粒大珍珠，号称‘珍珠王’。”

仲楚一看，只见一颗颗珍珠都有食指头那么大，圆润晶莹、质量上乘，喜不自禁，孩子般开心地大声叫道：“老伯，太好了！”连声叫店小二斟茶倒水、备酒备菜。

仲楚把珍珠捧在手里细细欣赏，边看边连声赞叹：“果然是珍珠中的极品！大伯，您老费心了。”

蒲伯说：“是啊，这一百颗珠子是从一万多颗珍珠中挑出来的，每一颗都是‘百里挑一’啊。”

“那一万多颗珍珠呢？大伯没收？”

“哪能呢？只要是珍珠，我都给二公子收下了。我怕带货太多不安全，就只带了精选的珍珠王。那些普通珍珠，下次给二公子送来。”

“好，蒲伯辛苦了。”

“我还给二公子带来一样东西。”蒲伯从怀里掏出一个绢包，轻轻放到桌子上，“我在海边得到一个特大的海蚌，剖开贝壳，得到这颗石头不像石头、珠子不像珠子的东西。我思量这东西虽丑陋，却大得出奇，我不识货，今天顺便带来送给二公子，让二公子看看，这是个石头还是个宝物。”

仲楚看那物件，那物件出奇的大，呈不规则形状，足有二寸长、一寸五分宽。那物件又出奇地丑，外表粗糙、布满皱褶，黑灰黑灰的、皱皱巴巴的，怎么看都与珍珠差得远，倒是一块粗糙、黯淡的石头。

仲楚心想：“这怎么会是珍珠呢？如此丑陋，应该是一块嵌到海蚌里的石头吧。”

仲楚在心中掂量了一下，对蒲伯说：“老伯千里迢迢送宝，仲楚感激不尽，所送珍珠无论大小、好坏，全数收下。价格由您老开，您开多少价，仲楚就认多少价。”

蒲伯摆摆手说：“二公子总是厚待我，从未亏待过我，你看着给个价就行了。”

仲楚说：“大小珍珠，店里都有收购定价。您问问其他店铺就知道了，我家店铺的出价最高。您的珍珠品质好，就按最高收购价再加百分之二十为您计酬。”

“千谢二公子！万谢二公子！”蒲伯叩谢不已。

仲楚停了停，又说：“至于那个物件嘛……”

蒲伯连忙说：“那物件是我顺手带给你的，不能算钱。你看有用就留着，没用就丢了吧。”

仲楚说：“我家开店有条规矩，收货是一定要付钱的，您要不收钱，就只有带回去了。”

蒲伯无奈地说：“好，那就收一颗珍珠王的钱吧。”

仲楚说：“不行，老伯，那物件虽然丑陋，也不管它是石、是珠，但都算是稀罕之物，就按一颗珍珠王的十倍作价吧。”

蒲伯一听，吃了一惊："不行，不行，哪能让你出这么高的价？那物件是拾来的，一分钱的本钱都没花。既然拾到了，就带给你看看，没准是块没用的石头。"

"您拾到这物件，就是您的运气，就该您赚钱。"

蒲伯喜出望外，连声道谢。

接下来的好些天，仲楚忙于加工、处理蒲伯送来的珍珠，把那颗丑陋的石头放在柜里，看都没顾得上看一眼。

忙完了一阵子，仲楚想起了它，把它拿出来仔细打量，想："如果说它是石头吧，它又长在海蚌里；说它是珍珠吧，它却跟糙石一样。若将其切开看，倒是可以看个清楚明白，但整个料便切坏了。不如拿给父亲看看，听听父亲怎么说。"

仲楚向范蠡讲了这物件的来龙去脉，说："孩儿请父亲鉴定鉴定。"

范蠡一看那石头，不由得一怔，两眼顿时放出难以掩饰的惊奇的光。他沉吟着，半晌没吭声。

仲楚问："父亲，我看这丑家伙倒是丑得有些奇特。"

范蠡说："你先放在我这里，让我好好瞧瞧，过些日子你再来吧。"

一转眼半个多月过去了，这天，家人到店里传信，说是让仲楚回家见父亲。

仲楚一进门，见范蠡已在内室书房等他。待他坐定，范蠡指着一个华丽的紫檀木盒说："你拿来的石头，我亲手打磨加工了一下，你看看吧。"

仲楚打开盒子，不觉得惊呆了，两眼发直，有一种眩晕感，半晌说不出话来。盒子里红色的绢帕里，一颗硕大的黑亮黑亮的珍珠，熠熠生辉。近看，那珍珠黝黑黝黑，黑得像明净的夜空，没有一点瑕疵。离远一两尺再看它，它的外面似乎罩着一层深蓝深蓝的光晕，给人一种神秘莫测、深不见底的感觉。

好半天，仲楚才回过神来。接着，范蠡关上门窗、点上蜡烛，让仲楚更为目瞪口呆的奇迹出现了。烛光下，黑珍珠在黑暗中放射出美丽的五彩光晕，那光晕柔和而炫丽。烛光照在那黑珍珠上，主光点上的五彩光线竟射出三尺开外。范蠡手执蜡烛，围着桌子缓缓走动，那黑珍珠上射出的五彩光也缓缓移动。仲楚被这神奇的景象惊呆了，双眼一动不动地看着它，仿佛进入了一个魔幻世界。不知过了多久，他听到范蠡的叫声："仲楚，这是颗宝珠吧？"

仲楚如梦初醒，连忙说："宝珠，宝珠！原来在它粗糙的外表之下，蕴藏的竟然是如此精美绝伦的神奇宝贝呀！这是我梦寐以求的黑珍珠吗？"

"正是。黑珍珠不常见，如此硕大的黑珍珠更是世上难见的稀罕之物。"

"父亲，您估估价，它值多少钱？"

"这么大的黑珍珠，我也是头一次见到。看这珍珠的表象，似乎是把万里海洋、千年日月的精华，皆凝聚蕴藏于其中，它应该是当今世上独一无二的宝贝，是无价之宝，价值连城。"

仲楚将黑珍珠捧在手里，说："但愿这颗宝珠给我家带来更多的财气和福运。"

范蠡沉吟了一会，慎重地说："仲楚呀，这黑珍珠不能留。你现在就将它深深埋入地下，或让它重回大海，只当从未得到过一样。"

仲楚一听，急了："父亲，这么神奇的宝贝，上天赐予我家，我家要是不收，岂不是违了上天之意吗？"

"孩子，世上祸福皆不由人。祸兮福所倚，福兮祸所伏。大福之人，只是善于化祸为福罢了。你太年轻，还不完全懂得化祸为福，父亲就怕你因此而引来大祸。"

"父亲所言，孩儿牢记在心，一定小心谨慎、避祸求福。"

范蠡知道仲楚爱宝心切，割舍不得。他何尝不知道这样的宝贝是几百年、几千年才可能出现一个，是可遇不可求的，能得到它是天赐之缘。他又说："至贵之宝，只有至贵之人才能享用。不是至贵之人，得了至贵之宝，灾难就会伴随而至。”

“父亲怕孩儿将这宝珠传出去，引来麻烦，要是孩儿不让任何人知道，绝对秘不外传，不就万事无忧了吗？何必一定要将其丢掉？丢掉多可惜啊！”

“天下没有不漏风的墙，藏得了一时，藏不了一世，留下它就等于留下了祸端。再说，无论多么贵重的宝贝，也是身外之物，有什么舍不得的？听父亲的话，不要留下它。否则，就会大祸临头。切记切记。”

仲楚虽满心不情愿，但看父亲态度坚决，不好再坚持，只得答应说：“孩儿明白，一定妥善处理它。”

仲楚带着黑珍珠回到自己房里，打开盒子细细端详，更是爱不释手，越看越喜爱。他边观赏边琢磨着给它取个名字，“珍珠王”？太普通。“王中王”？太通俗。“黑霸王”？好！如今诸侯各国，英雄辈出、谋求霸业。我不求官宦功名、不当征战霸主，却想在商界显露头角，傲霸一方。想到这里，嘴角禁不住浮起踌躇满志的笑容。再看那黑珍珠，高贵的黑色中似乎透出一股浓浓的霸气。他轻声叫道：“黑霸王啊黑霸王，我也想在商界成就一番霸业！”

此后，仲楚就将黑霸王妥妥地藏在身上，一刻也不离身，打算把玩一段时间再将其归还于大海。

那蒲伯在不到一年里就成了越国富甲一方的大户。他置房置田、娶妻纳妾、有车有马，不再以打鱼为生，到姑苏城里盘起一家珠宝绸布店，在本地收购珍珠，运到陶地卖给仲楚，再从仲楚那里购回丝绸布匹，在越国销售，生意做得十分红火，日子过得十分风光。

四十四、定陶授农

陶邑，本是徐国的领土，后来变成了曹国的疆域。再后来，宋国将其收入囊中。它处于宋、齐、卫三国交界处，是水陆交通的交汇地，是治产经商的好地方。范蠡对这里有着深深的情愫，他在心里说："不管这里由谁统治、挂着什么旗号，这里永远是我的国、我的家，我要把这里变成天下最富裕的地方，让这里的黎民百姓过上富裕的生活。"

三弟兄神通广大、互帮互助，不显山不露水地把生意做得红红火火，名气也越来越大。人们只要见到红色标记，就知道这是陶邑"朱家"的商船和商铺。人们把三兄弟统称为"陶朱公"，"陶朱公"的货物质优、价廉、信誉高，受到各国诸侯和百姓的欢迎。

三兄弟乐于助人、广结善缘。百姓们曾在饥荒之年得到过范蠡馈赠的救命钱粮，心存感激之情，当时只知施主是"陶朱公"，却从未见过其人。现在他们见到了"陶朱公"，受恩、受惠的百姓更是交口相传，盛赞"陶朱公"的仁慈美德。很快，"陶朱公"的名声就传了出去，越传越远。

陶邑到齐国临淄十分方便，再加上有卢虞、铁驹、海桐在临淄接应，范蠡的商船便频繁往来于宋、齐之间。

"陶朱公"的名声后来传到田恒那里。田恒一听，就马上想到了范蠡："有谁能把生意做得这么红火，留下这么好的口碑？不是范蠡能是谁？"他立即派人打探。当他确认"陶朱公"就是范蠡和他的儿子们时，便下达了一道密旨："凡是'陶朱公'的人、马、商船、货车，齐国的关卡一律放行，不得阻碍；各地须确保'陶朱公'的商品安全，必要时可派兵士护卫；'陶朱公'的商品交易，免征赋税。"

陶邑离临淄近，水路交通方便，三兄弟对临淄熟悉，原来在临淄的店铺虽然已交给卢虞等人，但仍然是他们吞吐货物的基地，所以他们做生意往来最多的仍然是齐国临淄。不久，他们发现，其他商家进入齐国经商有诸多法令、法规需要遵守，诸多费用、税赋需要缴纳，而自己的商船、货车在齐国竟然通行无阻、事事亨通，也没人向自己收取赋税；若遇到麻烦，县郡乡绅甚至派护兵迎进送出。后来，他们打听到齐国对"陶朱公"有特惠令，才明白个中奥秘。

仲楚把在齐国受到特别惠顾的事情告诉给范蠡，范蠡知道这是田恒的深情厚意，便对三个儿子说："齐国护佑、厚待我们，我们要知足感恩，切不可恃势放任，不仅要严格遵守齐国的国规、国法，也要遵守各地的乡规、乡约。受了他人惠顾，一定加倍回报。我们在齐国的商税一分、一厘都不能少交、漏交，做到按车、按船钱税两清。"

三兄弟一一记在心上，恪守遵循。

此后，三兄弟的生意越做越旺、越做越远，名声越来越大，所到之处，广受欢迎。

仲楚说："姜子盾用了几十年的时间和数不清的金钱才铺出了一条比较顺畅的商路，而父亲轻而易举便为我们铺出了更为通达的道路。"

孟宛说："这是父亲用高尚的人格和仁德之心建立的无人能比的人脉，为我们铺下了宽广的道路。人脉是父亲留给我们的无价之宝。"

季越说："我们一定不让父亲的人格和名声沾上一点点污垢。"

范蠡到达陶邑后，把所有生意都交给三个儿子经营。孟宛经营谷粟五畜，仲楚经营珠宝皮毛，季越经营陶瓷铁业，没多久，他们便都成了行业中的佼佼者。他自己则成为位居幕后的总指挥。

范蠡对三个儿子说："治家和治国的道理是相通的，我们应该用治国的理念来治家。我们来到陶邑，陶邑就是我们的家。我们必须将陶邑建成富裕强盛的家园。"

三兄弟都点头会意。

范蠡又说："民富则国强，民富则安居乐业，我们来到这里，就要在这里立足、发展，把这里建成富裕的地方。纵观海内，利市不得交易，丰匮无以互济，物丰而无以济人，地利而无以开发，主要是因为交通不便。而之所以天下交通长期不能得到改善，是因为有权、有钱的官宦之人，坐享着富裕的生活，根本不想改变现状。百姓商贾迫切希望建立便利的交通，却无能为力。我们若能致力天下流通、调剂天下有无，让物尽其用、地尽其利、人尽其力，岂不是施福于天下的一大好事吗？"

三兄弟越听越激动，一个个摩拳擦掌。孟宛问："父亲，我们该如何着手呢？”

“从我们家门口做起。”范蠡说，“现在陶邑的道路太窄，只能行人，不能行车，这怎么做生意呢？我们先把自己家门口的道路拓宽，再逐渐扩展到整条街。”

“好，我知道怎么做了。”孟宛说。

第二天，孟宛就开始采购铺路的石料，石料买得又多又好。很快，他的店铺门前的道路就焕然一新，青石板的路面又宽又平，让人大开眼界、羡慕不已。他家的路面完成后，还剩下许多石料和糯米石灰浆。孟宛便把糯米石灰浆送给近邻，并表示：“剩下的石料请随便取用。”

同时，陶邑商盟按照陶朱公的建议，对陶邑的城池街道的布局进行了整体规划，对修建拓宽道路也作出了统一的要求。这样，孟宛作出了示范，近邻便仿照他家的样式，铺好自己门前的街道，一家接一家地铺设开来。当孟宛家留下的石料快用完时，仲楚家又购回大批的石料。仲楚家的石料快用完时，季越那里又有了新的石料。就这样，整条街道很快就全部更新完毕，变成了可以并排行走四辆马车的大道。商家们赶着马车行走在大道上，又惬意又兴奋。

接着，孟宛找到姜子盾，说：“姜主，现在咱陶地的生意越做越大，商船也越来越多了。但咱陶邑的码头太小了，一次只能容纳一条船卸货。遇到几条船同时需要卸货，就没法处理了。我家货物大多走水路，我又不愿意与别的商家抢码头，要不，我出钱重新修建一个大码头？”

姜子盾一听，喜上心头，说：“好呀，这是件大好事！”

孟宛又说：“新码头修好后，我就交给商盟管理。本地、外地的商船都可以在这里卸货，您可以定个规矩，收取一定的费用。这收取的费用归您管，让商盟的弟兄们也能有所收益。”

“好，好。姜某代表商盟的弟兄们向你道个谢！”姜子盾连声叫好，但他话锋一转，说，“大公子大气，姜某也不能亏了大公子。码头的收入不能全归商盟。大公子出钱、出力做了投资，应该得大头；商盟负责管理，理应得小头。咱们来个三七开吧，你得七，商盟得三。”

孟宛说：“如果姜主定要与我分利的话，那就四六开吧，我得六，商盟得四。”

“大公子太谦让了！那就一言为定。”

“一言为定。”

后来，三兄弟像他们的父亲一样乐善好施，把赚来的钱大部分用来修建公用设施、改善民居、捐助平民百姓。他们分别修建了商埠、码头、仓库、商铺等，除自用之外，都交由商盟进行出租和管理。本地商家和外来客商在这里进货、出货、装卸、储货、销售、陆运、水运都十分便利快捷。随着陶邑的经商配套设施越来越完善，到这里来经商的人也越来越多了。很快，陶邑焕然一新，商业布局合理、安全有序，变得繁荣昌盛起来。

后来，莱地薄姑的旧部将听闻范蠡在陶邑，纷纷追随到这里。这时，盐村的商船已发展到上百艘，频繁穿梭于宋、齐之间。“朱家”码头兴旺繁荣、商船云集；“朱家”商埠车水马龙、货堆如山；“朱家”商船、货车畅行天下，让其他商家瞠目结舌。

薄姑的部将兵士纷纷在陶邑建房安家，把家眷儿女接到陶邑居住，周边的百姓也像流水一样涌到陶邑，陶邑的人口越来越多、城域越来越大，便更名为“定陶”。

孟宛轻车熟路地经营着谷粟粮油。在商盟的主持下，“朱记粮行”与陶邑所有粮商达成统一定价的协议，同涨同跌不二价。各个粮行互帮互助、齐心协力，有钱大家赚。孟宛在经营店铺的同时，还办起饲料加工、家畜饲养、种畜繁殖、屠宰加工、酱品酒醋酿造等工场。

仲楚经营的“朱记珠宝店”赫赫有名，成了驰名中原的名店，是达官贵人最为青睐的地方。只要来到定陶的人，必会光顾“朱记珠宝店”，有钱的开单，没钱的开眼。仲楚还兴办了首饰制作、皮毛加工、锦帛织作、印染绣花、裁剪缝纫等作坊，设计、加工的金银珠宝成为各国王宫贵族最受欢迎的宝贝。

后来，仲楚又在服饰设计上下功夫，推出许多新颖、时尚的衣服款式，有适合达官贵人穿着的，配有精美图案的锦、罗、衾，雍容华贵、口味高雅、光艳照人；他设计的武士、猎人服装，上装短衣贴身，腰裹宽边腰带，下着紧腿长裤，头戴尖锥形帽，轻便敏捷而精悍干练，显得英气十足；还有各种各样的宫廷乐人的服装五彩斑斓、新颖奇特。乐工衣着为长衣窄袖，既便于演奏，又不失整齐风雅；舞女服饰是最讲究的，他设计的连衣长裙，衣领斜交，腰系宽带，袖和下脚镶有宽沿，轻盈飘逸，更显身材修长、女性柔美。再配上各种不同的帽子和饰品，显得生动而优雅。"朱记绸布店"的服饰细致奇巧，精于工，长于思。仲楚身材修长、肩宽腰窄，每次设计出的新服装，他都喜欢先行试穿一下。只要他身着新装到大街上走一趟，就会引起众人的围观和轰动。人们争相抢购，纷纷效仿其样式制作。"朱记绸布店"设计的服装和饰品一经推出，很快就能风行中原。

季越的"朱记器具店"里，商品琳琅满目，从普通民众日常所需的锅碗瓢盆到高贵典雅的瓷器、茶壶，从普通的斧头镰刀到精美锋利的匕首、刀剑、戈戟，应有尽有。他在郊外开办了窑场、冶炼厂、铁器铺等，生产出高、中、低档的铁器、铜器，满足各种不同层次的人的需求。他家生产的红色陶器更是别具一格，色泽红润、质地细腻，更配有独特的花纹图饰。几何印纹陶是百越文化的重要标识，季越将几何图形演变为各种不同的纹饰，如蛇、鸟、蛙、鳄、蟹等，既精美绝伦，又为大众所熟知。

定陶的商家跟着三兄弟经营，朱家进什么货，他们也进什么货；朱家往什么地方销货，他们也往什么地方销货。有的商家人手不够，就索性委托三兄弟代为经营，三兄弟也总能为他们赚得丰厚的利润。

仅两三年时间，定陶就变成人来车往、人欢马叫、热闹非凡的经商重地，形成了各种专门市场，陶地商家个个赚得盆满钵满。

第四年，三兄弟发出红利消息："凡是陶地百姓新建、改建住房和商铺的，朱记器具店愿半价供应优质砖瓦。"一时间，陶地掀起一股建房热潮，家家户户拆旧房建新房。人们用朱记器具店提供的红砖绿瓦和五彩的油漆，建起宽敞、美观、形态各异的屋宇楼房，一座座堪比宫殿。遇到家境不甚宽裕的农户，三兄弟便出手相援，免费为其提供砖瓦。几年以后，定陶成了宋国以至中原最豪华、最繁荣、最具特色的城市。

距定陶四五里的地方，有一座山，山虽不高，却与众不同，这便是"陶山"。陶山的石头多为片状，土质为红色，多含朱砂和硫磺，"朱家"在山的西北面建起窑场、冶炼场；南边山草长势旺盛，"朱家"便在山南养殖五牝，办起马场、猪场等，在靠近马场的西南边，办起了大型鸡场。养鸡场的东边，是一大片湖洼之地，人称"碧漾湖"。此湖占地百余亩，湖水虽然不深，却一年四季从不干涸，是养鱼的最佳场所。宋国人原本不爱吃鱼，更不会养鱼，鱼很少，捕捞也很费力。而"朱家"来自南国，老小都爱吃鱼，也是含笑最爱的食物。范蠡为满足她的心愿，一直苦苦摸索养鱼的方法。有一天，他看见一位老翁把鸡鸭圈养在竹篱里，喂养、取食都十分方便，顿时茅塞大开："鸡可以圈养，鱼也可以圈养呀。"于是他就把竹竿绑扎成栅栏并固定在湖水中，形成一个小空间，再将在外荡中捕获的鳜鱼、鲤鱼集中囤养在这里，鱼在其中可以享受天然的流动的活水，又不至于逃逸他处。

有一条河流，名叫"万福河"，它从定陶城中穿过。而碧漾湖呢，有一个地方与它的河道相距不远。于是，孟宛按照范蠡的指导，在碧漾湖办起了渔场，养鱼喂鸭，并将万福河和碧漾湖的水道挖通。这样，在碧漾湖打捞收获的鱼，可以直接装船经万福河，销售到定陶城内，更可转运到各地。他们还在湖岸、河边种桃植柳，每到春季，花红柳绿、美不胜收。

含笑、丝女都是烹鱼高手。每逢客商来访，她们都会以鱼招待，引得客商啧啧称奇、赞不绝口。逢年过节，"朱家"也会做大量的鱼丸、鱼糕等鱼宴菜品犒劳邻里乡亲。众乡亲见“朱家”养鱼赚了大钱，又惊叹鱼肉如此鲜美，一个个也想跟着“朱家”学养鱼。

某天，姜子盾拎着一瓶好酒，来到“朱家”门前。仆人一见，连忙迎上前来：“姜主，什么风把您吹到这儿来了？”

姜子盾说：“我找朱家老爷喝酒啊！快把老爷请出来！”

姜子盾与范蠡对饮畅谈。姜子盾说：“如今人心思安、人心思富，您家成了定陶民众认定的领头人。在定陶，我姜某过去也曾是自恃有财、有门路，目中无人。但自您来到定陶，我才明白您犹如一座大山，我只是一块石头。我亲眼所见，您雄才大略、商海畅游、日进千金、家累亿万，姜某对您佩服得五体投地。定陶的百姓对您家是又羡慕又敬重，今天啊，我特地代表他们向您讨教发家致富的妙计。”

“我家只是就地取材、顺势而进。”

“在您看来，做什么行当富得最快？”

“因地制宜最为重要。若要从事养殖业的话，则水畜第一。”

“为什么水畜排第一呢？”

“因为牲畜的人工饲养已经普及，水畜却仍是野生野长。而水畜又是人们追崇的美味。”

“可是，我们不懂也不会养殖水畜啊！”

“这个好说，我家已摸索多年，积累了一定的经验。只要乡亲们愿意，我家定会全数相授。”

“好啊，太好了！”

“碧漾湖和万福河都是养鱼的好地方。而养鱼，仅有天然资源还不够，必须修建鱼池。”

“修建鱼池的工程量非同小可，可不可以让定陶百姓自己开挖鱼池呢？”

范蠡摇摇头说：“不行。鱼池的修建非常讲究，不是随便围起一片水域就能养鱼的。”

“哦，这里面还有学问？”

“一个鱼池，不可太大，也不可太小，一般以六亩地左右为宜（《中国度量衡史》记载，周制一亩约等于今 0.372 亩，六亩为今 2～3 亩），鱼池不可太深，也不能太浅。池中应设有九洲八谷。”

“何谓九洲八谷？”

“就是在池中修建九个小丘、八个深凹，小丘上部为浅水区，凹部为深水区。若要鱼儿长得快、长得好，就必须为它建造最理想、最舒适的环境，提供鱼儿游玩、休息、交配的地方。设置九洲八谷，就是为鱼儿营造一种丰富多样的生活环境，鱼儿在池中围绕众多小丘逡游，如同生活在大自然的江湖中。”

“哦。”姜子盾点点头。

“我会招聘一批能工巧匠进行训练，并对鱼池进行统一规划、统一建造，让它整齐划一，成为咱定陶的一道独特、亮丽的风景。”范蠡又说，“您呢，对鱼池做好安排，凡是要养鱼的人家先到您那里登记，由您安排到户。”

“好，太好了！”

两人一拍即合。

秋冬之际，趁着河水、湖水的水位低落，范蠡组织了上百名工匠大举修建鱼池。来年开春前，万福河沿岸的鱼池全部修建完成，整齐划一，逶迤数十里，蔚为壮观。

某天，范蠡邀请姜子盾和五六个商户来到府里。一落座，范蠡就说：“姜主，眼看就要开春了，大家也决定开办渔场，现在开始要做一些必要的准备工作了。”

话音见刚落，大家伙儿就议论纷纷。有的说：“我们不知从何着手哟。”

有的说：“如何才能养好鱼，我们心里都没底，今天上门正是求教来了。”

“春天，气候开始变暖时，是种鱼繁殖的季节，各位要将种鱼放养到鱼池里。”范蠡不慌不忙地说。

“可我们到哪里才弄得到种鱼呢？”

“这个各位不必忧虑。我家经过几年的培养、繁殖，在碧漾湖喂养了大批鲤鱼的种鱼，可以满足各位的需要。”

“这太好了。”

“我们只有养鱼的热情，却没有养鱼的技术，还请朱公多多指教。”

“养鱼说是复杂，但只要掌握了方法，实则也很简单。”范蠡说，“二月上旬的七天内，要将种鱼放养到鱼池中。所谓种鱼，必须是发育成熟的鱼，雌鱼要已怀卵，雄鱼要成年。每条种鱼的身长为三尺左右（今六十厘米），体重五六斤以上的最为合适。”

“每个鱼池放养多少种鱼呢？”

“我们以鲤鱼为例，一般来说，每个鱼池放养雌鱼二十条，雄鱼四条为宜。在这个阶段，最为重要的一点是，要保持池水安静无声。鱼在池中不受惊扰，就能正常交配生产。雌鱼顺利受孕产子，这是养殖成功的第一步。”

“还有一个诀窍，大家一定要记牢，那就是：到了四月，要在鱼池内放一只鳖；六月时，鱼池内要有两只鳖；八月，则要增加到三只了。”

“为什么要往鱼池里放鳖呢？”

“有这样一种传说，当鱼池里的鱼超过了三百六十条，就会生出蛟龙，将鱼吃掉而飞走；如果池中有了鳖，蛟龙不敢入池，就能保住鱼。其实是当鱼逐渐长大，池水的活性不足，鱼就会憋死，而鳖在水的下层不断地爬行，不断地搅动底层的水，就增加了水的活性，不会出现翻池的现象。这就是鱼鳖混养的缘故。”

“为什么要养鲤鱼呢？养其他的鱼行不行？”

“为什么要养鲤鱼？简单地说，鲤鱼为水畜之王，好养、好吃、好赚钱。一是鲤鱼形体美、味道鲜，既可用于观赏，又可用于美食，最受人们喜爱，卖相好、卖价高；二是鲤鱼好养，它的适应性强，能很快适应鱼池的养殖环境；三是它食性很杂，生长速度很快，并可自行产卵繁殖，一次投放，多年受益。它的寿命很长，可达四十年以上；四是鲤鱼性格温和，不会互相蚕食，即使大、中、小等不同规格的鱼生活在一起，也不会出现大鱼吃小鱼的现象。我家养鱼多年，经过对比，养殖鲤鱼收益最好。"

"那我们养鲤鱼，一年能得多少收益呢？"

"鲤鱼的繁殖能力非常强，一条成熟的雌鱼一次能产卵二十到四十万粒。如果喂养得当、没有天灾人祸，到来年二月，可收获一尺长的鲤鱼一万五千条，二尺的一万条，三尺的四万五千条。如果二尺、三尺的鱼每条售价五十钱的话，可得钱一百二十五万。"

"哇，这么厉害？！"

"至后年，可得一尺长的鱼十万条，二尺长的五万条，三尺长的五万条，四尺长的四万条。这时我们留下二千条二尺长的鱼作种鱼，为来年繁殖鱼苗及养殖之用，做到永续经营。卖掉其余的，除去喂养成本，至少可赚五百一十五万两。再往后，各位可想想，那将不可计数了。"

听到这里，大家群情激奋，似乎看到白花花的银子像潮水般地向自己涌来。

"我家在万福河边专门设置了几个传授养鱼知识的鱼池，欲学养鱼的邻里乡亲，可随时到朱家鱼池观摩。我家将派专人在鱼池边详细讲解养殖方法，解答养鱼遇到的难题和问题。"

"好。我们跟定您啦！"

"朱公，您真是咱定陶百姓的财神爷呀！"

四十五、致富全术

人们发现"朱家"见风生风、见水生水、兴旺发达，无不羡慕之极。羡慕之余，有不少人则前来讨教致富生财的诀窍。范蠡乐于助人，对凡是前来讨教致富之路的人都耐心地指点。他知道百姓都很勤劳，只是或因经营门路选择不当，或是方法、技巧上不得法，所以收益甚微，只要稍加点拨，就能事半功倍。后来，上门讨教的人越来越多，十里、百里的百姓都到这里来取经，在“朱家”门前排起了长队。

某天，范蠡把儿孙叫到堂前，说：“我们来到这个地方落脚，多亏邻里乡亲相助。经过几年，我们家的生意越做越红火了，邻里乡亲一方面为我们高兴，一方面也希望像我们家一样富裕兴旺。让这里的百姓都过上富裕的生活，是我们的责任，但人们上门求教，我们应接不暇。现在，我想索性写一本简书，把我们多年的经验教训、技术方法和窍门写出来，一来可以造福百姓，二来嘛，”他停了停，手指点着孙子们说，“也可以传承给后辈们。你们觉得如何？”

儿孙齐声赞同。

“既然大家都同意，那么大家就一起动手。我想，这本书就取名《致富全术》吧。”

“爷爷，这么深奥的书，我们哪能写得出来？”孟宛的大儿子石松说。

“你们的父亲有着丰富的经验，这些经验就是最宝贵的财富。但他们太忙了，没有时间整理、记录。你们把他们脑袋里积累的东西记录下来，加以整理就行了。无论多么深奥复杂的东西，都是由很简单的内容组成的。只要你们认真去写，便都能写得好。”范蠡鼓励地说。

“为什么取名为《致富全术》呢？”仲楚的大儿子北归问。

“前来求教的人，生活环境、自然条件各不相同，致富的路子、方法也必不相同。所以，我们要提供多种不同的致富之术给他们。这叫作‘山地养五牝’：母马、母牛、母羊、母猪、母狗；‘平原种五谷’：稻、麦、黍、稷、菽；‘水域蓄五池’：鱼、虾、鳖、龟、蟹；‘峻岭炼五金’：金、银、铜、铁、锡。我暂且把它们分作六个分册，就是《致富道》《经营策》《殖牝法》《种谷要》《养鱼经》《炼金术》。”范蠡说。

“哦，走对路子才能取得好的收获。”北归认真地点点头。

接下来，范蠡便分配任务到人："孟宛和石松负责撰写《种谷要》《养鱼经》；仲楚和北归撰写《致富道》《殖牝法》；季越撰写《经营策》《炼金术》。"

"我明白了，这六本书分开来是一本本专业技术书，合起来是一部《致富全术》。"孟宛说。

"正是。"

"我不明白。爷爷，把我家多年摸索的经验、诀窍付诸文字、告示于众，众人都学会了，我家岂不是很难赚钱了？"石松疑惑地问。

"不用担心，大家都会了，才能创造更多的财富。大家都富了，我家的富日子才会过得安稳。大家都赚钱，财源广了，陶地就能富甲中原。再说，大家都在往前走，迫使我家子孙不得倦怠、不能坐享其成、不思进取，也必须努力往前走，这样，咱家才能不断寻求独到精湛的门道，保持先人一步。"范蠡说。

"好，我们都辛苦点，从今天起，每晚写三个时辰，行不行？"孟宛说。

"行！"大家齐声答道。

"文字要求通俗易懂、详尽明了，操作起来简单易行，让百姓看得懂、做得到。"范蠡强调说。

从这天起，"朱家"每晚灯火通明。

儿孙们写好后，范蠡一一审核、修改、补充、完善。然后，儿孙们再一字一句地写在竹简上，编成简书。

此后，"朱家"对前来求教的人，先问明详情，再选出所需要的简书，让来者学习。不识字者，"朱家"派专人将简书吟读多遍，并逐字逐句地为他们讲解，不懂的地方，为他们解疑；不对的地方，为他们纠正，直到全部领会贯通、烂熟于心为止，让他们带着所学的知识和技能，信心倍增地回到家乡。

"朱家"子孙见百姓一个个喜笑颜开，得到一门技术和诀窍就像得到奇珍异宝一样，心里也特别开心，个个兴致勃勃，越发写得认真、写得详细。后来，他们又续写了《饲禽典》《生盐谱》《珠宝鉴》等篇。每一篇又不断细化，如《种谷要》里又加写了“四季备考”“群花备考”等内容。

陶地及周围的百姓在范蠡的引导下，大多学会了养鱼的方法，办起了渔场。《养鱼经》被当地百姓广泛传抄、收藏，还有人将实地养鱼的技术和办法记录下来，对其进行补充和完善，出现了很多版本，如《陶朱公养鱼经》《陶朱公养鱼法》《陶朱公养鱼方》等，异名同书、大同小异，并逐渐流传到周边诸侯各国。

有一天，四五个身着皮袍、脚蹬皮靴、牵着高头大马的商人，来到定陶，看样子是从燕北来的山戎人。他们运来许多珍贵的猎物、皮毛和山货，在定陶市场卖出了好价钱。他们开开心心地在定陶的客栈住下，准备购买一些中原的货物带回去。他们对定陶的一切似乎都感到十分新奇，当看到一家门面大、装饰考究的店铺时，脚就像生了根似的挪不开了，不由自主地走了进去。这家店铺就是仲楚经营的“朱记珠宝店”。他们被店铺的豪华气派所震慑，发出由衷的惊叹！看着琳琅满目的、绝美精湛的工艺品，眼睛都直了。最令他们感到新奇的是挂在店铺墙壁上非常显眼的两幅长长的、古香古色的条屏，字体隽秀而娟美。一幅是《经商十八则》，全文如下：

一则：生意要勤快，切勿懒惰，懒惰则百事废；
二则：价格要订明，切勿含糊，含糊则争执多；
三则：用度要节俭，切勿奢华，奢华则钱财竭；
四则：赊欠要识人，切勿滥出，滥出则血本亏；
五则：货物要百验，切勿滥入，滥入则质价减；
六则：出入要谨慎，切勿潦草，潦草则错误多；
七则：用人要方正，切勿歪斜，歪斜则托付难；
八则：优劣要细分，切勿混淆，混淆则耗用大；

九则：货物要修正，切勿散漫，散漫则查点难；
十则：期限要约定，切勿马虎，马虎则失信用；
十一则：买卖要随时，切勿拖延，拖延则失良机；
十二则：钱财要明慎，切勿糊涂，糊涂则弊窦生；
十三则：临事要尽责，切勿妄托，妄托则受害大；
十四则：账目要稽查，切勿懈怠，懈怠则资本滞；
十五则：接纳要谦和，切勿暴躁，暴躁则交易破；
十六则：主心要镇定，切勿妄动，妄动则误事多；
十七则：工作要精细，切勿粗糙，粗糙则出劣品；
十八则：说话要规矩，切勿浮躁，浮躁则失事多。

另一幅是《经商十二戒》，全文是：

勿鄙陋，应纳无文，交关不至。
勿虚华，用度无节，破败之端。
勿优柔，胸无果断，经营不振。
勿固执，拘执不通，便成枯木。
勿强辩，暴以待人，祸患难免。
勿急趋，货重争趋，须防跌价。
勿懒惰，取讨不力，账目无有。
勿昧时，依时贮发，各有常道。
勿轻出，货物轻出，血本必亏。
勿薄蓄，货贱贮积，恢复必速。
勿贪赊，贪赊多估，承卖莫结。
勿痴货，优劣不分，贻害非浅。

这两幅条屏装裱考究、档次高雅。他们暗暗称奇，仔细研究屏文，大声惊叹起来：“至理名言、至理名言呀！”

听到他们的惊叫声，仲楚从后堂走出来。管家介绍说：“两位客官，这是我家掌柜，朱家二公子。”

“燕南山拜见朱家二公子！”

“燕骁拜见朱家二公子！”他们齐齐恭迎。

仲楚微微笑着，见他们对条屏爱不释手，便大方地说：“两位客官远道而来，莅临本店，让本店蓬荜生辉。若你们喜欢这条屏，那就送给你们吧。”

“萍水相逢，我们哪敢接受这么贵重的礼物？”燕南山说。

仲楚云淡风轻地说：“这是我抄写的父亲的经商之道。这个送给你们了，我再抄写一幅就是了。”

“原来是二公子的手迹？好才华！”

他们喜滋滋地收下条屏，在“朱记珠宝店”挑选了许多首饰珠宝，才恋恋不舍地辞别。

接下来，他们在定陶的大街小巷穿行，到大铺小摊上挑选货品。他们惊奇地发现，定陶的商铺内都挂有大小不同的屏和匾，挂得最多的是《朱公商训》。他们在一家绸布店驻足细读，其全文如下：

能识人：知人善恶，账目不负。

能接纳：礼文接待，交往者众。

能安业：厌故喜新，商贾大病。

能整顿：货物整齐，夺人心目。

能敏捷：犹豫不决，终归无成。

能讨账：勤谨不怠，取讨自多。

能用人：因才器使，任事有赖。

能辩论：生财有道，阐发愚蒙。

能办货：置货不苟，蚀本便经。

能知机：售贮随时，可称明哲。

能昌率：躬行以律，亲感自生。

能远数：多寡宽紧，酌中而行。

经打听，他们才知道，起先是“朱家”的三位公子将《朱公商训》抄写出来，挂在墙上，作为经营准则。其他商家见了，也纷纷效仿，不久便传遍大街小巷，大人孩子能读会诵，成了陶地商家的座右铭。

他们走到一家杂货铺前，店小货多，里面的货物虽挤得满满的，但摆放有序，通道窄得只能侧身而过，居然也挂《致富要领十三条》和《三谋》的条屏。他们指着《三谋》问店主：“你知道这上面写的是什么吗?”

店主用毋庸置疑的口气说：“当然。这是陶朱公的《三谋》。”

“你能把它读出来吗?”

“当然。”店主从容不迫地、一字一句地朗读起来，“‘三谋’就是人谋、事谋、物谋。人谋：用人要正，忠奸定兴废，大事要慎，妄托受大害。待人忌躁，暴躁交易少。处事宜静，浮躁误事多。言行宜和，和气能生财。做事宜勤，懒惰百事废。事谋：用度宜俭，奢华财源败。做工宜精，粗糙出劣品。货期要准，马虎失信用。交易要速，拖延失良机。进货要严，滥入货价减。出纳要谨，潦草差错多。物谋：优劣要清，混淆耗损大。存物要整，散漫难查点。价格要明，含糊多争执。赊欠要审，滥出亏血本。账目要清，糊涂弊端生。查账要勤，懈怠滞本金。”

他们对店家十分敬佩，说：“没想到店主识文断字，满腹学问啊!”

店主听了，哈哈大笑：“我是大字不识一个呀!”

他们诧异地问道：“那你怎么能倒背如流、一字不差呢?”

店主说：“陶朱公经商治家的规矩法则，成了定陶所有商家的准则。这里所有的商家老板，无论识字不识字的，都能倒背如流，说话、办事，都以此为准。”

他们恍然大悟：“难怪定陶商家个个赚得盆满钵满，原来奥妙在这里啊!”

“陶朱公还把多年经商的经验教训编成经商谚语，什么‘物以稀为贵’‘人弃我取，人取我与’‘夏则资皮，冬则资绨，旱则资舟，水则资车’‘逢俏不赶，逢滞不丢’等，满街的小孩子都背得滚瓜烂熟。”

“有了陶朱公，定陶人真是有福啊！”

“我本是晋国人，是个走街串巷卖杂货的货郎。我吃苦耐劳，家里却穷得叮当响。去年，我听人们说定陶是个做生意的好地方，出于好奇，便到这里来开眼。看到这里的商家一个个大把地赚钱，我坐在街边，羞愧得恨不得找个地缝钻进去。这时，一个年轻人对我说：‘兄弟，你是遇到什么困难了吗？’我说：‘是啊，我难在生财三无——生财无处，不知哪里有钱赚；生财无路，没有生财的门路；生财无数，一个钱子儿也难赚到，穷到了极致。’”

那几个人一起笑了起来。

店主又接着说：“当时，那年轻人也笑了起来，说：‘呵呵，你说得太妙了，生财的极致正是三无。所谓生财无处，就是没有什么地方不能生财。有山，则产林、木、草、药、菇；有水，则产鱼、虾、鳖、莲、蒲；有土，则产谷、果、花、茶、蔬。天生之地，何处不生财？’”

“听他一说，好像遍地黄金似的。”燕骁说。

“是呀，我也听愣了。他又说：‘生财无路，是说生财没有一成不变的老套路，三百六十行，行行能赚钱、路路皆通达，但没有现成的路可行，没有老路可走。生财无数，是说生财的数量是没有限制的。勤而得法，可生小财；精而得法，能生大财；智而得法，所生之财就多得没法用数字计算了。’”

“说得好，反其意而析之，真有独到之处。”燕南田赞道。

“那年轻人拍了拍我的肩膀，说：‘别沮丧了，做任意一行，只要认真去做，摸索出其中的规律和门道，都能发财。’后来，我才知道，我遇到的是朱家三公子。于是，我便动了心思，在这里开了这家小店，想在这里学点经营本领，赚点钱后再回老家。”

“哦，你来了还不到一年？你说话办事已不同凡响了。”

“我白天打理小店，还抽空到马场、鸡场、渔场、码头、仓库去参观，晚上到朱记学堂听课，忙得像个陀螺。”

“你这是学习、赚钱两不误啊。那朱记学堂学的是什么？”

“致富奇术。也就是如何发财致富的办法。读书识字的人，可以到那里抄写简书。我不识字，就去听朱公讲解致富奇术。”

“你听得懂吗？”

“听得懂啊，听懂了就记在心里。没听懂的，第二天、第三天就再去听，朱公会细心地讲解。”

“你经营这家小店，一个月能赚多少啊？”

“这里客商多、人气旺，做什么生意都赚得快、赚得多。你别看我的店小，经营的是些不起眼的小杂货，可我一天的收益，比我在老家一个月赚得都多。”

“那你准备在这里落脚了？”

“不，我会回到我的老家。我有家、有小、有老母，我要把陶朱公的致富诀窍带到我的家乡去，让我的家人和乡亲都像定陶人一样，过上富日子。”

燕南山连连点头，称赞说：“嗯，你真是好样的。我想让我儿子到这里来拜陶朱公为师。”

在一个秋风和煦的日子里，“朱家”来了一位朋友，那就是莱地的徐安公。徐安公银发飘飘、精神矍铄、面色红润、步履稳健，见到范蠡十分兴奋。两人推杯换盏、相谈甚欢。

“鸱夷子皮先生啊，不，陶朱公啊，转眼过去了多年，老朽仅增年岁，而你却建树了一件又一件大事伟业，让世人惊叹不已，让老朽膜拜至极。”徐安公万分感叹地说，“在老朽眼里，你就是神一样的存在。有些问题，我百思不得其解。你靠什么能够一次又一次地发大财？有人发大财，靠的是机遇。有了机遇能赚大钱，没了机遇便没落下去。而你，好像钱财跟着你一样，走到哪儿赚到哪儿，这是为什么？”

“这是上天给予的恩赐。”范蠡稳沉地回答。

“在越国，你在数年里，让一个落后弱小的穷国变成了富裕强盛的国家；在齐国，你让一片荒僻的海滩变成了取之不尽、用之不竭的聚宝盆；在定陶，你让一个普通的中原小镇变成了富甲天下的商业中心。难道上天独独偏爱你、独独赐给你幸运和财富？”

“当然不是。上天是公平的，它赐给天下民众同等的恩惠。但是，你必须能领悟上天的意愿，有能力承接上天给予的恩赐。如果上天赐予恩惠，而你没有去承接或不懂得如何承接的话，你就失去了运气和机遇。同时，上天给予我们的恩赐很多，有的人什么都想得到却什么都没能抓住，而我呢，没那么贪心，只是用心取其一二而已。”

“不能贪心？”徐安公若有所思地问。

范蠡点点头，说：“是呀，越国由穷变富，靠的是陶。越国的物产很丰富，我仅取了它的一种黏土，用它来做各种陶器。”

“人们传说你能指土为金，你是不是有什么魔力或神术？”

“我是一个普通的人，怎么会有什么魔力和神术？我只是承接上天的恩赐，顺应天地而为。”

“这就奇了！没有哪个国家不生产陶器，却没有哪个国家因陶而富。为什么唯独你能以陶器而集财百万、千万、万万呢？同是一坨泥巴，为什么从他人手中做出来的东西只值几块钱，而从你手中出来，就会身价百倍、千倍、万倍？”

“没错，陶器是一坨泥巴做出来的，但没有上好的泥巴，要做出上上品的陶器也是不可能的。首先，要感谢上天赐给越国优质的陶土，如果没有那种优质陶土，就不可能生产出优质的陶器。其次，越国的陶器做得好，也是被逼出来的。各地制陶，主要是用于日常生活，中、下等的陶器就能满足其需要了。而越国的陶器，主要是用于进贡。如果不是陶中的上品、上上品，哪能登上皇宫大殿之上？因此，越国陶器，追求精美的工艺、独特的个性、贵族的气质、美丽的色彩和深厚的内涵。这样，一件普通的陶器，便升华为高贵的艺术品、奢侈品。一个国君都爱不释手的东西，谁会不喜欢呢？哪个不想要呢？被人们争相追逐的东西，其价格自然不菲！”

“我明白了，越国用一坨泥巴，就能换回上千两银子，能不富吗？但我不明白，怎样才能让一坨泥巴，变成价值连城的奢侈品和无价之宝呢？”

“要让一件普通的陶器成为奢侈品，并不是件难事，这当然需要高超的技术、花费许多心血才能完成。当它的造型、雕工、品质、绘画和色彩达到一定的高度，就成了珍贵的艺术品了。这种艺术品，只有奢侈之人、奢侈之地才能享用得起。”范蠡顿了顿，又说，“而一件陶器，如果融入了天地的精华、大自然的气息、人生的感悟和人类的智慧，它便有了自己的生命和灵气，具备了一定的穿透力和感染力，可以用它的灵性穿透你的心、震撼你的心、抚慰你的心、升华你的心。这种力量不是用金钱能够计量的。这种陶器便是无价之宝。”

“这种能力不是凡人所能企及的。说你挖到了土中金，或者说你指土为金，都不为过。你两手空空地来到齐国的海滨，在一片不毛之地上，两三年的时间里就成为亿万富翁，这就是我亲眼所见的神奇。”

“这其实是逼出来的生存之道。首先得感谢上天赐给我们大海，人们靠山吃山、靠水吃水，我两手空空来到海边，就只能向大海讨生活了。有的人获取海中的鱼虾，我则获取海水中的食盐。”

“千百年来，拥海之国和滨海之民，都会用海水制盐，为什么只有你能因盐而拥亿万之利呢？”

“百姓只顾自己日日忙碌，对上天博大的恩泽视而不见、无暇顾及，也没想着去接纳。他们制盐，用肩挑车拉的办法，花费很大的气力将海水运到很远的地方，再砍伐柴薪取火熬制食盐，费力大而收效微。我感悟到上天在赐给我们海水的同时，还赐给我们太阳、海风。太阳可以晒干海水，海风可以吹干海水，而把海盐留给我们。大海无垠，海水取之不尽、用之不竭。吹风不费力、不花钱，晒太阳不费力、不花钱，而风吹太阳晒出的海盐却比金子还贵。一袋海盐能换回上百两银子，无本万利，哪有不富的理由呢?”

“制盐本是一件十分复杂的事情，你却用非常简单的办法就解决了。用简单的办法就能得到无限量的水中金，不是奇迹胜似奇迹呀!”徐安公感叹道。他接着又问：“齐国临淄，商家如云，仅粮商就有上百家。那些商家有赚有赔，而为什么独你能赚大钱?”

“这要感谢齐王给我提供成功经营的条件，更要感谢上天给予我的机遇。齐王让我有条件为天下的百姓储粮，帮天下百姓度荒。上天赐给人间的年成有丰有歉。懂得天体运行规律，就能做到丰歉平衡，丰年不奢、歉年不饥。如果你心里只想着自己赚钱，那就会挣得很辛苦，而且不一定能挣得到。如果心里想着造福百姓，你会挣得比较轻松。如果你懂得运用上天的恩赐，丰年积储、灾年发放，则无处不利、无处不富了。”

“那定陶呢，定陶是个再普通不过的集镇，土壤不算肥沃、物产不算丰富，你是怎能再次腰缠亿万的呢?”

“定陶位于天下之中，它的地理位置就是难以估量的财富。货物在这里一进一出，就会留下白花花的银子。同时，当诸侯混战接近尾声时，人们厌倦了动荡的生活，追求安定和富裕，希望住上宽敞漂亮房子的时候，建筑材料就成为炙手可热的抢手货了。感谢上天的恩赐，让我遇到了陶山。陶山虽然草木不生，却蕴藏着宝贵的矿石。富含朱砂的陶山石可以制造出彩色的建筑材料。而这些彩色的建筑材料，将房屋建成工艺品的梦想就变成现实。”

“我听说，当地百姓世世代代就用陶山上的红色石头砌房子，用红色的泥土装饰房子。”

“没错，但那只是就地取材，把红色石头当作普通石头用，并没有发现那石头中的宝贵。上天所赐之物，没有不珍贵的。人们以为它无用或无大用，是因为不懂它的作用和价值。红色的石头中蕴藏着朱砂，这是比金子还值钱、还珍贵的东西。我获得了上天赐予的朱砂，也就获得了无数的钱财。”

“你真是慧眼识宝啊！你赚的钱财若留给后代，子子孙孙都享用不尽。而你却一次又一次地将钱财散发给乡亲民众，这是为了彰显你的仁德、获取民心，还是心存慈悲，留取好名声呢？”

“我得到上天的恩赐和眷顾，但我明白上天的恩惠不是赐给我一个人、一个家族的，而是赐给普天下的民众的。上天之所以让我得到无数的钱财，不是让我一个人或者一家人享乐的，而是借我之手把上天的恩赐转赠给众人。如果我据为己有，上天就不会再眷顾我了。同时，人活一世，需要的钱财并不多。一个人拥有太多的钱财是不吉利的。我将钱财分给乡亲故友，让众人共享上天的恩赐，正是按上天的意愿行事。至于子孙后代，他们自有他们的福祉。”

“有道理。先生高明。”

后来，定陶的大街小巷传唱着一首民谣：“红兰寺，朱漆门，堂上坐着大财神。大财神，出凡尘，三聚三散越王臣。越王臣，富贵身，手里捧着聚宝盆。聚宝盆，天下闻，财源滚滚满乾坤……”据说，这民谣就是徐安公编写的。

四十六、楚国风波

仲楚的生意如日中天、利润丰厚，孟宛、季越都比不上他。每当有人称赞他“青出于蓝而胜于蓝”时，他口里谦让地说：“过奖，过奖。”心里却不无得意：“论做生意，我的确比父亲有过之而无不及。”

仲楚的珠宝销售量最大的市场是楚国。当时的楚国十分繁荣，特别是楚都郢城，更是交通便利，地理条件得天独厚，是有名的鱼米之乡。再加上楚王实行重商政策，商业发达、市场繁荣、物产丰富，人民生活富裕。王公贵族讲究穿戴装饰，对珠宝之类高档消费品看得很重，把珠宝饰品看作是身份名位的象征，若有珍贵的珠宝，往往不惜一掷千金。再加上楚国是父亲范蠡的第二故乡，仲楚对楚国也有着一种割舍不断的特殊的情感。

仲楚常到楚国做绸缎、珠宝生意，渐渐与楚国王宫的皇亲国戚、王公贵族、富家阔少、望族贵妇的接触多了起来，一来二往地都混得熟了。仲楚成了大受欢迎的人。只要仲楚一来，他们就知道有新的宝贝了。这些人往往见宝便收，价格也出得高。因此，有了好的珠宝，仲楚便径直去找他们，且总是有多少卖多少。

范蠡见仲楚在楚国的生意越做越多、越做越大，便告诫他说："久利之地勿往。你在楚国赚钱多，时间长了，必生祸患。以后别到楚国去了。"

听了父亲的话，仲楚有半年多没去楚国了。

这次，仲楚将一大袋的珍珠和一百粒珍珠王，加工成顶级精美饰品。看着这美轮美奂的珍珠饰品，仲楚心里喜滋滋地想："要是把它们全都卖出去，我就成了大富豪啦！"但接着他又犯了愁，"这么多的货要卖出去却不是件易事，到诸侯各国去卖，不知要卖到猴年马月。要想卖得快，除非……"他又想起了楚国，"楚国的皇家贵族最喜欢这种豪华精美的饰品，只有他们舍得花大价钱买这些宝贝，也只有他们买得起。若到郢城走一趟，估计要不了多长时间，就能卖得差不多。"

不过，仲楚又想起父亲的告诫。他想了又想，心中暗暗说："这次的大货太多了，孩儿再去楚国一次，仅此一次，处理完这批货，孩儿便不再到楚国了。"

话说楚国有个富家子弟叫武麟，是楚都郢城太守的四公子。这武麟在郢城是要风得风、要雨得雨，任着性子地吃喝玩乐，养成了专横跋扈、为所欲为的习惯，城里的老百姓对其避之唯恐不及，名门富家也让他三分。武麟对诗书经文不感兴趣，却嗜爱珍宝。他对珠宝及其收藏也不甚懂，但听说有什么好的珠宝，想方设法也要弄到手。一般的珠宝商都不敢与他打交道，惹不起就只有尽量躲远一点了。仲楚则不然，心想既然他爱珠宝、买珠宝，我干吗躲着他？只管卖给他不就得了？他买得越多我越高兴。

每次仲楚到楚国郢城，便先带信给武麟，让他第一个挑选，并特意推荐一两件贵重珠宝给他。他买够了，仲楚才把剩下的卖给其他人。仲楚知道他舍得花钱买宝，出手大方，是个难得的大买主，也乐得卖个人情、留个交情，对他的售价总要让个一两成。这样，仲楚卖得高兴，武麟也买得高兴。

这次，仲楚和冬青携带重宝到楚国销售，丝毫不敢倦怠和疏忽，一连忙了十来天，所带珠宝全部售罄，换得的银子就地采购了楚地的皮毛丝绸，已分批上路运回。只等最后一批货筹齐，他和冬青也就大功告成，返回陶地了。这趟生意做得顺风顺水、赚头又大，仲楚心中喜悦而且轻松。他回到客栈躺在床上，心里盘点着这次出售珠宝的赚头，估算着回头货的毛利，越想越算越兴奋，久久不能入睡。到了夜深人静时，他想起了揣在怀里的“黑霸王”，便听听窗外，万物籁寂，打开窗扇看看外面，客栈一片漆黑，人们都已入睡。他悄悄点燃油灯，拨小灯芯，小心翼翼地打开锦袋，掏出黑珍珠，叹了口气，心里轻轻说：“宝贝，明天我们就分手了。仲楚虽然万般舍不得你，却不能不听从父亲的训诫，把你送回大海。”

他就着微小的灯光，细细把玩，玩着玩着，忘记了一切，心里眼里只有那黑珍珠，万没想到窗外有人把这一切全都看在了眼里。

客栈里有个伙计，人称“阿六”，半夜时分睡眼惺忪地起床小便，忽见仲楚房中有五彩之光，十分好奇，便轻手轻脚地摸到楼上，从楼板缝隙往下偷窥。这一看不打紧，只惊得他喉咙发紧、眼睛发直：一颗黑色的小球上罩着奇异的光晕，那光晕从里到外由深变浅，呈深蓝色、紫色、红色、橙色、黄色、绿色。仲楚轻轻转动黑珠，那黑珠便射出绚丽的五彩之光。

第二天，武麟到客栈找仲楚，想让仲楚下次给他多带点珠宝。仲楚已出去办事，正好碰上店伙计阿六。阿六一见他，忙不迭地打招呼：“武公子，您贵客！”

“朱家二公子呢？”

“一大早就出去了，说是准备明天回陶地了。”

“哦，这么快？你给他带个口信：我让他下次给我带点东西，下午我再来找他。”

“您是要珠宝吧？您何必等下回？”

“此话怎讲？”

“您要敢出大价钱，那陶地二公子自然会有稀罕的宝贝。”

“什么稀罕宝贝？快快说给我听！”

阿六便把昨晚看到的情景一一告诉了武麟，说：“那宝珠比鸭蛋还大，不知武公子见过没有？小的是从没见过的。”又说，“那才是绝世之宝！您家的宝贝是楚国数一数二的，哪件不是珍贵之物、上乘之品？但要与那黑珠相比，就犹如粪土了。”

“真有其事？”

“小的说了假话，天劈五雷轰。”

“那会是什么宝贝？夜明珠？”

“不是，夜明珠我见过。夜明珠在黑夜里能放光，却没有五彩之华。”

“嗯，那会是什么呢？”

“小的平生第一次看到这么神奇的宝贝，的确不知道它叫什么。”

“好，我今天一定要看看这宝贝，开开眼界。”

阿六摇摇头，说：“我猜那宝贝一定是朱家二公子的心爱之物，你要找他要，他哪里会答应？他要想卖，早就亮出来了。”

“哼哼，他卖也得卖，不卖也得卖。到了我的地盘上，由不得他了！本公子今天就在这儿等着！”

傍晚，仲楚回到客栈，武麟一见迎了上来，劈头就问：“好啊，二公子，终于把你给等回来了！快把你的稀罕宝贝亮出来让我见识见识！”说着，伸手就往仲楚怀里掏。

仲楚大吃一惊，急忙用双手护住“黑霸王”，但哪里还来得及，他被武麟一把攥住手腕。仲楚急忙挣脱，连声说：“不行，不行，看不得，看不得！”

“什么了不起？看都看不得？你看得，我为何就看不得？今日我非看不可！”说着又上前去夺那“黑霸王”。

仲楚大叫：“武公子，快松手，听我说。”

武麟松开手，仲楚说：“实话告诉你吧，这是个不祥之物，不看则已，一看大祸临头。”

武麟从鼻子里轻轻哼了一声，说：“你看吉祥，我看就不吉祥了？本公子天不怕地不怕，还怕你吓唬？”

“不是吓唬。你我朋友相交多年，有什么宝贝不是让你先挑？”

“既然是朋友，我就把话直说了，你这颗珠子，我买了！”

“这珠子不能卖。仲楚明日就将它送往大海，心中留恋，拿出来看看而已。”

“你以为我会信吗？你口口声声说什么朋友，得了宝贝连看都不让看！你怕本公子付不起钱？”

“不是，不是……”

“哼，由不得你说。今天是你卖也得卖，不卖也得卖，本公子要定了。”说着，动手去抢，两人扭作一团。

冬青听到动静，急忙出来相劝，但哪里劝得住，急得连连跺脚。客栈里的伙计、住店的客人也被吵闹声惊动。

仲楚从小跟着范蠡练武习操，有一身好功夫。武麟人高马大、力大气粗。一个抢，一个护，一来二去动了真格。两人从楼上打到楼下，从楼下打到院子里。

院子里设有石桌、石凳，供客人休息喝茶聊天用。

仲楚开始只是被动护宝，并不出手。后来武麟不但不善罢甘休，而且越夺越急，出手越来越重，仗着一副大块头使蛮力，从背后搂住仲楚，用一只手死死卡住他的脖子。情急之中，仲楚一抖劲，猛发力，挣开武麟的手臂，回身双手向武麟全力推去。仲楚感到自己似乎发力过猛，急急收住掌力，但已来不及，说时迟那时快，只见武麟站立不住，一下子飞出一丈开外，重重地撞在石桌的角棱上，一声不吭地像只装满粮食的大麻袋一样倒在地上。

仲楚拍拍手，抖了抖衣服，向楼上走去。阿六见武麟没动静，便去拉他，却拉扯不动。冬青上来帮忙，用手一试，竟然没了气，不禁大惊失色，吓得连声大叫："不好了，出人命了，出人命了！"

仲楚听到叫声，心里一惊，浑身沁出一身冷汗，急忙赶回到武麟身边，一看，果然没了气息。他难以相信自己一掌竟要了人命，连忙叫人把武麟送往医馆抢救。

他六神无主呆呆地站在那里，半天回不过神来，心中惊慌，不禁暗暗叫道："完了完了，难道真被父亲言中了。父亲呀父亲，孩儿悔不听你的话，闯下大祸了。"

第二天，郢城中就传开了一条令人震惊的消息："宋国陶地的一个珠宝商人，为抢夺太守家的绝世珍宝'黑霸王'，杀死了太守的四公子，被定为'谋财杀人'的死罪，打入了死牢。"

仲楚被打入大牢，冬青不敢怠慢，派人火速禀报范蠡，并设法在楚国打探消息，探望安慰仲楚。

消息传到"朱家"，全家上下都十分着急。范蠡、含笑更是急在心中。孟宛、季越都回到家中，商量解救仲楚的办法。

孟宛说："杀人偿命，这是常理。但我知道，齐国、宋国、楚国、越国都有一条法规，叫作'刑不上大夫'，父亲任过越国的大将军、齐国的国相，大弟即使犯了法，也应免于刑罚。又有一说是'千金之子不死于市'，富贵之家的孩子犯了法，不至于判死罪。我家也算得上富贵人家。论官，父亲仕及国相；论财，我家财富聚万。大弟今虽犯了死罪，也应可免于一死。"

范蠡说："宛儿呀，'刑不上大夫'指的是世袭的贵族。在楚国贵族的眼里，为父只是个出身贫贱的下等人。再说，当朝则贵，在野则贱，有多少曾位居高官的大臣被论罪、治死、诛灭九族，只怕是数也数不清了。不用说为父早已弃官不做，即使如今还是越国的大将军、齐国的国相，对于楚国来说也如同一介草民。楚国刑法只会宽宥楚国当权的贵族，我们哪能指望楚国赦免仲楚的死罪呢？"

季越说："民富官妒，贱富贵妒。我们家生意做得红火，二哥在楚国赚了大钱，楚地的商家、官家都嫉妒得眼红心恨，巴不得找碴子。如今二哥出了事，他们不落井下石才怪呢？"

含笑说："话虽这么说，但事关人命，总不是一件小事，而在楚国，我们又是朝中无人，没有得力的人在楚王面前说话，二儿子也许就在劫难逃了。"

范蠡心中最喜爱仲楚。孟宛善良正直，秉性憨直朴实、节俭勤勉，但机灵不足。季越乖巧伶俐，但自幼就生活富裕，未受到苦难的磨练，经事不足。而仲楚聪睿过人、胆略不凡、决策果断，膝下长孙北归更是逗人喜爱，平时指教加倍。今日出此大祸，范蠡心中自然是痛惜之至。

含笑又说："你平生结交过许多朋友，不知谁能帮得上忙？楚国的庄先生，与我父亲有过一些交情。他现在颇得楚王信用，不知他肯不肯帮忙。"

"庄生性格乖僻，为人虚伪；外图清高，实图名利；貌似圣人，实为小人。他近年来一直在楚国，楚王对他倒是言听计从。仲楚的事到了他手里，他若肯帮忙，也许会有办法减缓刑罚；他若不肯帮忙，定会置仲楚于死地，再无救药了。"范蠡说。

"哪怕有一线希望，也要全力以赴呀。"

“事已至此，只有试试了。但夫人不要抱太大的希望。”

范蠡知道，计然与庄子曾有交情，但计然看不惯庄生故弄玄虚、装模作样的做法，在政见上也有一些分歧，所以关系并不密切。庄生向来看不起商人，认为商业是最低等的“末业”，商人乃唯利是图的下等人。范蠡知道庄生也会用同样的眼光来看待自己，但如今仲楚有难，范蠡只有硬着头皮向庄子求助。他修书一封，大意是计然已故，但计然大人与您的交情还在，现其孙仲楚囚于楚，将治于死罪，万望大人出手相救，不胜感激。

第二天天没亮，范蠡把季越悄悄叫到堂前，说：“你二哥重刑在身，我和你母亲都焦急万分，但我们年岁已大，你大哥要主持家中里里外外的大事，只有让你到楚国去探视你哥哥，并想办法救你二哥一命。”

季越坚定地说：“父亲，我一定按您的话去做。”

于是范蠡对季越一一交代了到楚国去的各种事项，为他打点行装，将二万四千镒黄金用不显眼的粗布袋装好，藏在褐色的器具里，用一辆牛车载着，上面再堆上柴草。

正准备出发，孟宛听到季越要到楚国去的消息，匆匆赶了过来，一把拦住牛车，跪在范蠡和含笑面前，说：“父亲、母亲，孩儿请求到楚国去救大弟。”

含笑说：“别争了，你俩的心情是一样的，都是为救楚儿的一条性命。你们兄弟情深，也难能可贵。但还是先让季越去一趟，把消息打探清楚，你再去也不迟。”

季越说：“大哥，家中百事要靠你担当，父母年迈要靠你慰藉，我先去看一看二哥，了解了解情况，再作理论。”

“不，大弟命在旦夕，无论什么事，都比不上大弟的性命。”孟宛听后，跪拜在地，坚求不起，说，“从定陶到楚都，往返千里，若让三弟去，有了问题再回来，只怕是来不及了。请父亲让孩儿担此一任。”

范蠡扶起大儿子，说：“孟宛哪，为父已经考虑过了，让季越去会更合适。”

孟宛急了，声泪俱下，长跪不起，说：“在一个家庭里，长子有督导家事的义务，所以长子又叫‘家督’。现在大弟死罪在身，出了这么大的事，父亲不派我去，而派遣弟弟去，那就是我太不成器。既然我不能帮助父母解忧，不能救大弟性命，我还有什么脸面活在世上？”

含笑说：“儿呀，老二出了这么大的事，你又离开我们一去多日，我们更操心了。”

孟宛说：“我愿用我的性命换回大弟的性命。我如果不能去救大弟，还不如死了的好。”说着就要往墙上撞。家人们七手八脚地拉住了他。

含笑见事情搞僵了，就对范蠡说：“现在派越儿去，能不能保住楚儿的一条命还说不准，而你不让宛儿去，宛儿闹着要寻死。搞得不好，老二没救成，又搭上老大一条命。这如何是好？”

范蠡长叹一声，不得已地说：“事已至此，也罢，让他去吧。”

范蠡将信交给孟宛，说：“这是写给庄先生的信，你一定要亲手交给他。”又再三叮嘱道，“你到了楚国，就径直去找庄先生。找到庄先生，就把所带的金子全部送到他的住所，听任庄先生处理。他要怎么做就怎么做，千万不要自行其是，也不要询问他办事的方法。”孟宛一一应允。

临行时，孟宛生怕带的钱不够，为以防万一，他又私自带了几百镒黄金，赶着牛车上路了。

到了楚国，孟宛便去拜见庄先生。孟宛想，父亲全权委托的庄先生，一定是一个权威显赫的大官，深得楚王信任，是能直接向楚王进言的宠臣，至少也是楚国有数的富贵人家。可没想到，庄先生家十分贫寒，住在城墙脚下，利用城墙做房屋的后墙，门口长满了藜藿杂草，拨开荆棘才能走到他的门前。他住的地方是城外一个十分僻静的地方，离国都少说也有五六里路，周围石砾遍地，连庄稼也长不起来。孟宛心想：“父亲的朋友原来这般穷困潦倒，也许他原来很有权势，现在已受冷落了，而父亲不知，才叫我来找他，如今靠他能办得成大事吗？”

但孟宛为遵从父亲的旨意，还是完全按照父亲交代的一一办理，拜见了庄先生，说明了来意和父亲的拜托，打开信匣，拿出父亲的信交给他，并把所带的二万四千镒黄金全部呈送上来。庄先生听了孟宛的叙述，未置可否，送上重礼时也不作推辞，只是漫不经心地说："就放在那儿吧。"然后板着脸，冷冷地、严肃地说，"我知道了，你赶快离开这里吧，小心地走开，千万不要逗留，不要让别人知道你找过我，也不要去找其他人，如果以后你弟弟从监狱里放出来了，你也不要探究事情的来龙去脉。"

孟宛口里答应着，心里却犯嘀咕："他能办成事吗？大弟的性命是件大事，他却看起来一点儿也不上心。"

告辞庄生后，孟宛越想越不对劲，庄先生素以廉洁正直闻名，而二万四千镒黄金却轻易收下，连推辞的客套话都没有一句，便对庄生打心眼里看不起："哼，什么清廉高洁之人？表面上是个谦谦君子，实为贪图钱财的小人。看似道貌岸然，实际只是伪君子一个。靠这样的人办事能行吗？如果仅仅依靠他来救大弟，恐怕难以成事。大弟的性命岂不白白丢在他的手中？"

他又想："我带着全家人的重托，日夜兼程赶到这里，他几句轻飘飘的话就把我给打发回去，我如何向父母小弟交代？"

于是，他下定决心："我既然来到这里，就要与大弟一起回家。不管大弟是生是死，生要见人、死要见尸，要我一个人两手空空地回家，是不可能的。"

四十七、仲楚之死

孟宛离开庄生家，便不再去拜访庄生，心里也没对庄生抱什么指望。

庄生以为他已离开楚国回定陶去了，其实，他还逗留在楚国国都。他悄悄住到离国府最近的客栈，找他生意上有权有势的大户帮忙找关系，多方打探，寻找楚王身边的重臣。几经周折，找到一个楚令尹公孙宁身边的一个重臣，专管内务、财务的大夫昭西。昭西是令尹公孙宁的贴身要臣，深受令尹的信任。孟宛便把私自带来的几百镒黄金全部送给大夫昭西，请他在楚国令尹公孙宁面前为保仲楚性命多多美言。

再说那庄生，虽然穷居于里门，然而他的廉洁耿直闻名全国。在楚国，所有的人都以师礼尊崇他。当孟宛把重礼送到他那里时，他早已知道陶朱公之子杀人入狱之事。他心想，神通广大的范蠡一筹莫展的事，我却易如反掌。仲楚的小命犹如就攥在我的手里一样。但他十分轻贱商人，对资产巨万的范蠡心理上平添几分反感。他本不想帮这个忙，但拎了拎沉甸甸的钱袋，心想："我这一辈子恐怕都挣不到这么多钱啊。送上门来，不要也是白不要。"

庄生心里盘算着："我要是能将仲楚从狱中放出去，收这些钱财实不为过，谅他也不会将此事抖搂出去。再说收他宋国陶朱公的钱财，与楚国无关，不会影响我在楚国的名声。我要是救不了他儿子，将这钱财还给他也不迟。"于是他就先收了下来。但没有把事情办好，他是不会轻易动用这钱的。

孟宛一走，庄生就对他的妻子说："这是范蠡的钱财，是用来办大事的。事情办不办得好，现在还很难说，你不要去动用。就像生病不能预测能不能治好一样，我现在也没法预测能不能帮他把事情办好，说不定哪天要把这钱还给人家的。"

孟宛通过贵族打通关节，到监狱去探望老二，悄悄告诉他："父亲请庄生正在设法救你，不知成否。"并讲了自己对庄生的看法和疑虑。仲楚听后，对庄生也极为反感，说："哥，为弟出了事，伏法是理所当然的。虽然我希望能保住性命，但也不能为此把我们辛辛苦苦挣来的钱财，白白拿出来养肥那些贪官。我们的钱用来帮助穷人、散财行善，是用得其所；用来行贿养贪，是养奸纵患。钱财要来得正、用得正。你若用大钱送礼，楚王和那些贪官们当然会收，但收了也不见得会赦免我，甚至会倒打一耙，定我们一个行贿罪。与其那些金子被贪官白白吞掉，还不如拿回去救济那些穷苦百姓。弟已至此，就没想生还。再说，因行贿而得到赦免，我活在世上也感到羞耻。”

话说庄生找到一个适当的时机去见楚惠王，诡称天上有不祥星宿出现，楚国将有灾难。楚惠王平素对庄先生十分信任，便问其解禳之法。说：“那现在该怎么办呢？”

庄先生说：“惟德政可以除之。大王若能大赦天下，让上天感受到您的大恩大德，便能化解天降的灾难。”

楚惠王说：“好，本王将广施恩德、大赦天下。”

于是，楚惠王就派使者将储藏金币的府库严密地封了起来。楚国的令尹公孙宁将楚王计划大赦天下的消息透露给昭西，昭西立马告诉了孟宛，说：“大喜了！你大弟有救了！楚王将大赦天下了！”

孟宛十分惊喜，但又不无担心地问：“此消息准确吗？你怎么断定楚王就一定会大赦天下呢？”

昭西说：“这消息千真万确。你知道令尹是干什么的吗？”

“当然知道，楚国令尹为百官之长，相当于齐国的国相吧！”

“没错，令尹的权力最大、消息最灵通。”昭西又神秘地对孟宛耳语，“每次大王要实施大赦，怕人乘机在大赦之前抢劫，所以常常先把藏金币的府库封闭。昨晚楚王已派使者去封府库了！”

孟宛不禁大喜，他想：“楚王大赦天下，我大弟自然应当放出，不需要做什么工作了，而我们的二万四千镒黄金白白给了那庄先生，岂不是太可惜了吗？”

这一夜，他想来想去，越想越觉得可惜。第二天一早，他就去看庄先生。庄先生见到他，大吃一惊，说：“你怎么还没离开楚国呀？”

孟宛说："当然还没有离开！我来楚国是为了救弟弟，弟弟生死不明，我怎么能走呢？现在弟弟的罪，大家都说会自动赦免了，所以来向先生辞别。"

庄先生知道他的意思是想重新取回所送的财物，就黑着脸冷冷地说："既然你弟弟的罪可以赦免了，你就把送来的财物取回去吧。呶，那包东西原封未动地放在那里，你自己去取吧。"

孟宛也不管三七二十一，就径直走进去取走了那包黄金。他十分高兴地想："我真是太走运了，既没用父亲的一分钱，又保住了大弟的性命。"

而庄生先生呢，觉得自己从来没有受过这样的羞辱和玩弄。愤愤地骂道："小子，你竟敢在老夫面前玩花招，看我怎么收拾你！"

于是孟宛前脚走，庄生后脚就入宫面见楚惠王，说："禀大王，大王特赦天下，但有一人不可赦。"

"谁？"楚王问

"陶朱公之子仲楚。"庄生说。

昭西一听，心中不禁一紧，担心事情有变，便不动声色地反驳说："陶朱公之子仲楚属过失杀人，本在特赦之列。即使大王不特赦天下，刑不上大夫，也该对其手下留情。"

"对，刑不上大夫。但试问，他仲楚位尊大夫吗？"庄生停顿了一下，用自问自答的口气强硬地说："不，他仲楚是一个从商的下等人，与大夫毫无关联。"

"没错，他是商人。但……"昭西还想解释什么。

庄生不等他说出来："算你说对了！朱家二公子是从商的下等人。他家祖上是王公贵族吗？不，他家三代无显贵，祖辈为庶人，怎能跻身于'大夫'之列，享受'大夫'之惠？"

"但他与一般商人不一样。"昭西从容地说，"他家令尊曾位居显赫，担任过越国的上大夫、大将军，齐国的国相。"

“你说的不就是范蠡吗？”楚王问。

“嗯，听说过。”庄生故意沉吟了一下，边踱步边反问道，“他现在是什么？大将军？大国相？上大夫？”

“他年岁已高。”昭西说。

庄生从鼻子里哼了一下，斜眼瞟了瞟昭西，说：“哼，原来只是老朽而已！怎么，还想拿那个老朽来吓唬我？笑话！那范蠡是楚国的大夫吗？不是。他为楚国征战过吗？没有。他为楚国出过良策吗？没有。越国、齐国认他是‘将军’‘国相’，我大楚不认！楚国只认他是我宛地的草民。”

庄生接着说：“再说，仲楚是范蠡的儿子吗？他自己称是陶朱公的二儿子呀，与范蠡没有半点关系。”

“陶朱公就是范蠡。”昭西说。

“有证据吗？谁能证明？”庄生环顾大堂，大声问。

昭西一时无语，略一沉吟，说道：“要知道，他家贵比王公，富胜皇族。‘千金之子，不死于市。’就凭他家的财富，也不至于定朱家公子的死罪。”

“没错，他家很有钱，家财亿万。”庄生停下踱着的步子，冷笑着说，“你不说，我还不气，你这一说，我恨从心起！‘千金之子，不死于市。’是指为咱楚国赚钱的千金之子。他和他家为我楚国挣了一个子儿吗？没有。反而是他把我楚国、楚民、楚宫的钱财，想方设法赚到了他家的口袋里，这本就十恶不赦，罪该万死。”

众臣听了，也义愤填膺，说：“哼！他有本事把我楚国的膏脂金银装满他家的口袋，楚国就能割掉他的脑袋。”

“杀了他！看他还怎么贵比王公、富胜皇族！让他尸首分家，看他怎么还一天到晚地赚我楚国的钱财！”

“他仲楚犯下的是死罪，就是吐出他家全部钱财，也不能用来换他的一条狗命！”

楚王听了，点点头说："本王用的是楚法，不是越法、齐法。他犯了我楚国王法，就要拿楚法来惩治他！"

随后，庄生话锋一转，对楚惠王说："大王颁布特赦令后，我到各个街道走访了一下，到处都听说宋国定陶有个叫朱公的，他的儿子杀了人被囚在楚国，他家里拿了许多金钱贿赂了大王的左右，还说大王您并不是体恤楚国人民行赦令，而是因为朱公的儿子的缘故。"说着，还一再用眼睛瞟看昭西，看得昭西一脸尴尬。

楚王听了，不禁怒火冲天，十分气恼地说："本王再没有德性，也不会滥用国家王法。下特赦令，是为楚国人民免除灾乱。作为一国之主，莫说什么朱公的儿子，就是王子犯了法，本王也决不会徇私。"

庄生说："那您如何才能使上苍感动，使楚民相信您呢？"

楚王下令道："今天先杀掉朱公的儿子，再实施特赦令吧。"

孟宛从庄先生那里出来后，就赶着马车到大狱门口等仲楚，盼望仲楚及早出来。但他左等右等，见其他囚犯鱼贯而出，唯独不见仲楚的身影。他一直等到傍晚，才见狱吏出来，叫他进去收拾仲楚的尸首。

孟宛万万没有想到结果竟会是这样，后悔不已、悲痛万分。他载着仲楚的尸体，一路哭回来。

含笑和陶邑的人知道了消息，都十分哀伤。只有范蠡独自笑着说："我早料定了这个结局，日日夜夜就在等待着丧车的到来。"

孟宛跪倒在他面前，泣不成声地说："父亲，是我害死了弟弟。我千不该万不该从庄先生那里把钱拿回来呀！"

范蠡扶起孟宛，说："我老早就知道，你去楚国，是救不回仲楚的，所以让季越去。不是因为季越比你能干，也不是对你不信任，而是季越不会舍不得那些钱。"

孟宛哭着说："父亲哪，我哪里知道这钱能换仲楚的命哪！我要是早知道，倾家荡产也心甘情愿呀！"

范蠡说："孟宛，你也别伤心了，这不能怪你。这是因为你从年少的时候起，就和我一起遭受磨难、亲历艰苦、心地善良、爱憎分明，眼里揉不得沙子，让你去做这件事，怎么能办得成功呢？假若派季越去，情况就不一样了。他生来就生活富有，从来不为生计发愁，成天坐着豪华的车，驾着精良的马去打猎、游玩，不懂得钱财是怎样积聚起来的，所以他也不会吝惜心疼的。其实，季越也救不回仲楚，只不过仲楚不会死得那么快。"

"为什么？"季越问。

"庄生本想借楚王大赦天下之手，在混水摸鱼中放出仲楚，心安理得地、不显山不露水地得到那笔钱财。可孟宛把钱一收回来，他定是恶从胆边生，必置老二于死地，老二的死期也就提前了。"

"这庄生太可恶了！可父亲为什么去求一个伪君子呢？还不如直接拿钱去为仲楚赎罪！"季越气愤地说。

"将钱赎罪，古已有之。在一般情况下，犯了过失杀人的罪，是可以用钱赎罪的。"范蠡说。

"那把我们家所有的钱都拿出来救仲楚也值得呀！"

"但我们用再多的钱，也赎不了仲楚的命。"范蠡肯定地说。

"为什么？"

"因为他是范蠡的儿子。一个从楚国乡下走出来的穷光蛋，让楚国的一个属国成了一方霸主，楚国反而要年年向它进贡，楚王心里能舒服吗？早就想寻机报复，只是没找到借口。现在仲楚落在他们手里，他们能放过吗？恨不得置之死地而后快，哪能赎罪、赦免呢？再说，我这个穷光蛋，如今比他楚王更富有，他恨得牙痒，无罪无过都欲加之罪，岂会放过我的儿子？即使庄生纵容楚王大赦天下，楚王大意赦了他，那些皇族官宦们也会想方设法地置他于死地。只有我最明白，仲楚是为我赴死呀！"

当事情安顿完毕后，孟宛按仲楚心愿，将二万四千镒黄金分发给当地的贫穷百姓和乡亲。定陶百姓无不动容，为仲楚之死而痛惜，念及“朱家”和仲楚平日里的种种好处和惠泽，前来送行悼念的人络绎不绝。

远在薄姑盐村和齐都临淄的将士们，听说仲楚被杀的消息，纷纷赶到定陶吊唁，要为仲楚报仇。范蠡留下了卢虞、海桐、铁驹和丝女，让其他人回到原地。

四十八、归宿

仲楚的死，引起全家莫大的悲痛。孟宛因没能救回仲楚而难过万分，一病不起，痛不欲生，不吃不喝，只求一死。全家人劝的劝、责的责、骂的骂，好不容易才让他放弃了求死的念头。但他万念俱灰、一蹶不振，口里成天喃喃地念叨着：“大弟，是我害死了你！我宁愿为你死一千次。”

季越要照管范蠡夫妇，又要照顾子女们，还要照顾安慰孟宛，一夜之间似乎成熟了许多。

这天深夜，范蠡和季越来到孟宛的床边。

孟宛心中还淤结着深深的愧疚，眼睛低垂、目光黯淡，颓废消瘦得不成人样。他一见范蠡和小弟，不禁又悲从心来，抽泣着说：“父亲，这全是因为我的过错，而连累了全家。孩儿愧疚啊！孩儿的魂跟着大弟走了，孩儿只求一死以赎罪。”

“仲楚的死，不是你的过错。这本来就是天意。水满则溢，月满则亏，这是不可改变的规律。现在我家威比诸侯、富可敌国、名震天下。兴旺之极，必有一泄；树大招风，财多惹祸，错就错在为父没有在灾祸降临之前化解它。”

范蠡一只手拉着孟宛，一只手拉着季越，期许地说：“孟宛、季越呀，仲楚已经走了，再痛、再悔也无济于事，我也老了，一家人的重担落在你俩的身上，前面的路曲折而艰难，你们必须负重向前。”他看了一眼孟宛，说，“你在这里痛不欲生，有人却在你背后拍手称快。”

范蠡顿了顿又说，“其实，我家仅仅失去仲楚，还是不幸中的大幸。”

“为什么？”季越问。

“我们家在定陶，属宋国，楚国鞭长莫及。我们家要是在楚国，楚王不仅会杀了仲楚，还会立马株连九族，把我们全家、全族赶尽杀绝，恐怕现在已是鸡犬不留了！”

“啊？”季越惊愕地叫道。

“这种危险已摆在我们面前，利剑已经悬到了我们的头上。你们应该明白，想灭掉我范家的绝不只是楚国的武家，也不只是楚国。”范蠡顿了顿，说，“这不是一个人、一个家族、一个国家对我范家的仇恨，而是多个国家、多个家族、多个弄权者和富商的同盟。平时，他们没有找到出气的时机，现在范家一出事，他们一定会蜂拥而上，不置我范家于死地而不休。”

“为什么啊？我们没有伤害任何人、任何家族、任何国家呀？我们做了那么多的好事、善事，我们把自己辛辛苦苦挣来的钱财都给了平民百姓，多少百姓和亲朋好友受到大益！多少国家得到大利！为什么那些达官贵人还恨不得把我们给活活吞掉，置我们于死地而后快？”季越问。

“世俗的等级观念是恶魔，在那些人的心中已根深蒂固，他们不能容忍我们超过他们；嫉妒是毒蛇，它能撕毁人性、残杀善良。”范蠡说。

“父亲，我希望这世上没有战乱、没有妒忌、没有尔虞我诈，我希望过宁静、平安的生活。”孟宛说。

“孩子，这何尝不是为父的愿望呢？又何尝不是天下百姓的愿望呢？也许，总有一天，这个愿望能实现。但现在，我们必须面对现实。你们也知道，我们家富有，许多人妒嫉得发疯。他们不知道我们的艰辛，只知道我们赚钱。他们认为，我家赚得的每一分钱都是他们的，把我们当作强盗、劲敌。嫉妒之火烧红了他们的眼，他们心狠手辣、不择手段，恨不得把所有的钱财全攥到他们手里。仲楚就是死在这种人手里。有句俗话叫‘墙倒众人推’，我们如果仍然留在这里，他们必会不顾一切地联起手来扑向我们，把我们赶尽杀绝。”

自怨自艾的孟宛也紧张起来，坐起身问道：“那我们该怎么办？”

“我们决不能让这种悲剧发生。”范蠡斩钉截铁地说，“现在，我们的唯一目标是延续范家血脉，决不可断宗绝代。人是最可贵的，没了人，有再多的钱财又有什么意义呢？你们必须繁衍范家后代，保护好范家的血脉，做到人丁兴旺。谨记：一切皆可放弃，唯有血脉必须延续。”

“如何才能延续范家血脉？”季越问。

“离开这里，销声匿迹。你们化整为零，各自带着儿女，找个安宁的地方，隐姓埋名，过平民的日子。”

“如今天下战乱，哪里还有安宁之地？”季越说。

“是，天下战乱、战火纷飞，难有安宁之地，但总有战火烧不到的地方。天下战乱，为的是争地、争利、争权、争霸，而这是国君和霸主的事，不是老百姓的事。你安心地做一个老百姓，就与争战无关了。当然，老百姓虽与争战无关，却不能不遭受战乱之灾。为避此灾，只有寻找远离争战之地，到偏远的地方去、到人烟稀少的地方去、到贫穷的地方去。”范蠡接着说，“俗话说，富不过三代。这是因为第三代的孩子坐享其成，从小生活在富裕的条件下，不知钱财来之不易，便也不会珍惜。所以，我家传承后代的不是钱财，而是智慧、技能和品德。为了我家子子孙孙有所作为，为了家族的安全，也必须改变现在的环境，重新从一无所有做起。”

“我们一家人辛辛苦苦创下的家业、产业，又这样白白丢掉吗？”孟宛问。

“钱财皆身外之物，弃之何为可惜？”范蠡语重心长地说，“孩儿啊，留得青山在，不怕没柴烧。你们的安全，比金子珍贵一千倍、一万倍。”范蠡说。

“父亲，我懂，我们在这里能治产兴家，到其他地方也一定能。”季越说。

“对，为父相信你们到任何地方都能扎根，无论是深山老林，还是贫瘠荒野。”

“父亲，我家就这样在世上消失了吗？”

“当然不是，这是以退为进之计。为父正是为了我们家族将来能够传承、繁衍和兴盛，才作出这样的决定。天下事，合久必分、分久必合。天下战乱已长达近三百年，再过若干年，天下就会呈现大合之象。当天下太平、国泰民安时，你们就可以再次成就自己的事业了。我们需要时间和机遇，需要等待。在等待中，你们要把子孙抚养长大、培养成人。他们是我家的根苗、我家的根本、我家的希望。我们今天不惜舍弃一切，就是为了他们的将来。”

见孟宛一声不吭，范蠡看着孟宛说：“孟宛，如果你的死能让仲楚重生，那你就去死，我们谁都不会拦着。可你即使死了，什么也都不能弥补。我只有三个儿子，已经死了一个，难道还要死第二个、第三个吗？我们的对手和敌人没能把我们逼到绝境，我们难道要自己寻死吗？死，是很容易的事，每个人都必有一死，而要活着却很难。范家的人，从来就是不怕难的。为了我们的子孙后代，我们必须好好地活着。”

孟宛慢慢抬起头，眼中闪出泪花。

范蠡看着孟宛的眼睛，殷切地说：“在这家族生死存亡的关头，有种，你就站起来，挑起家族的重担，带领家人往前走。如果你经不起挫折，在挫折面前当懦夫，你就不配为范家的人，就让悔恨伴你走向死亡。”

季越拉着孟宛的手，说：“大哥，父母年纪大了，你是我们家的顶梁柱，快帮父母带领我们家躲过劫难吧。”

孟宛的眼泪夺眶而出，“扑通”一声跪在范蠡脚下，声泪俱下地说：“父亲，孩儿明白了，孩儿的命不仅仅是自个儿的，也是整个家族的。孩儿要为家族的生存而努力奋斗。”

范蠡点点头，一把扶起他，说：“你明白就好了。事不宜迟，你们各带一份钱财，今夜就出发，远走高飞吧。有了这份钱财，你们和子孙的生计就不用发愁了。十年以后，子孙想做生意、置田地、开作坊，本钱也足够了。”

范蠡接着说：“不过，你们不能掉以轻心，天有不测风云，人有旦夕祸福，你们能不能保住手里的钱财，还得看你们自己的造化。同时，你们必须自力更生，在落脚的那一方土地上寻找自己的生活、生存的根基和财路，切切不能依赖手中的那点钱财。手中的钱财再多也有用完的时候，而自己拥有生财之道，就会取之不竭、用之不尽了。”

孟宛和季越连连点头。

“今后，为父就帮不上你们了，你们好自为之。”范蠡叮嘱道，“十年内，你们都不要再露面，更不要做生意。你们的任务和目标就只有一个，活下去，把子孙培养好，把我们的文化和智慧传承下去。当天下不再战火纷飞时，让我们的子孙后代为天下人创造财富，造福黎民吧！”

“孩儿明白。”孟宛和季越齐声应道。

“你们兄弟三家，不能一起同行、不能去南方。你们分别往东、西、北三个方向走吧。”范蠡说。

范蠡对着孟宛说：“宛儿，父亲懂你，去寻找你想找的地方吧。太阳每天从东边升起，往西边落下，没人见过落日的尽头。大河滔滔东流，没人见过它的源头。天的尽头、大江的源头都在西方。你可以逆水西行，寻找你梦想中的家园。西行之路最为艰辛险阻，让海桐陪伴你吧。你一定要记住：活着，为范家留下根。范家的子嗣要繁衍，范家的智慧要传承。”

“我要去寻找没有欺诈、没有战乱的地方，哪怕走到天的尽头，也心甘情愿。孩儿恪守父命！”孟宛眼中的萎靡之色尽褪，双膝跪地，叩拜范蠡。

“季越由卢虞陪伴向东走吧。”

“遵命。”

范蠡看了看仲楚的妻子瑞香，慈爱地说："瑞香呀，没有了仲楚，一家的重担落在你的肩膀上，你一定要坚强。"

瑞香重重地点了点头，说："瑞香明白。不管遇到什么困难，我都不会害怕。"

"让铁驹和丝女陪伴你一家向北去吧。"

"遵命。"

范蠡拿出早已绘制好的三幅《山海图》，一一交给他们，说："有了这图，就不会迷路了。"

"父亲，我们这一走，不知什么时候才能再团聚，也不知还有没有再团聚的时候，您和母亲年事已高，孩儿放心不下呀！"孟宛说着，泪水又涔涔地淌了下来。

"你们只管各走天涯，不必挂记老父、老母。"

孟宛看着满头白发的范蠡，问："那，您将作何打算？"

范蠡指了指陶山的深处，说："陶山山高林密，我将隐居山林。"

"我们都走了，而您还在这里，灾祸、磨难岂不都落到您身上？"

"你们都走了，这里反而是最安全的地方，人们不会想到我还会留在这里。我自有办法避开灾祸。"

"您与我们一起走吧，活在一起，死也在一起。"

范蠡摇摇头，说："我老了，不管发生什么事，我都不离开这片土地了。俗话说落叶归根，我的根在这里。我不愿也不能离开这里了。这里永远是我心中的国土、永远是我的故乡。你们走吧，为了子孙后代，你们走吧！不管你们走到哪里，记住，你们都是范家的后代！"

瑞香知道，在孙辈里，范蠡最疼爱、最看重的就是自己的大儿子北归，便执意让北归留在范蠡身边，服侍、照顾范蠡夫妇，为其养老送终。范蠡点头同意了。

孟宛、瑞香和季越领命而去。

瑞香带着小儿子和女儿一路向北前行，铁驹和丝女伴随着他们。走了五天，已离定陶有四百多里，到了一片崇山峻岭之中。这里山峦起伏、山高谷低，最高的山峰名叫岱山（今泰山），是齐宋交界之处。在岱山的西麓，有一大片东北略高、西南略低的坡地，树木苍翠、土质肥沃，一条汶河从这里流过。四周山高林密，只闻鸟鸣兽啼，不见灯火人烟，是个与世隔绝的地方。瑞香牵挂着范蠡夫妇和大儿子北归，不肯再往前行，见这里人迹罕至，便安顿下来，盖屋开荒，植树种地。

丝女和瑞香都爱吃桃，铁驹和仲楚的小儿子苏铁便在山上遍种桃树。一年又一年，这里漫山遍野长满桃树，春季桃花开放，满山满川一片粉红，犹如天上飘落的彩云一般。夏秋之时满山结出又香又甜的水蜜桃。他们种出来的桃子个儿大、水分足、味道甘甜。瑞香和丝女学着婆婆含笑用桃花花瓣制成膏丸，吃了后一个个面若桃花。后来，人们见到丝女和瑞香，惊为仙女。民间便有了仙女下凡来到岱山脚下，为王母种蟠桃的传说。后来，陆续有不少难民、贫民也在这里落脚，同他们一起开荒、种地、植树，这里的水蜜桃越种越多，逐渐名闻天下，被人们称为“仙桃山”“桃花沟”。

此外，铁驹和苏铁还在深山挖煤、炼铁、采摘草药。他们又把草药治病、水果种植、采煤冶炼等技术传授给当地百姓，当地百姓都过上了富裕的日子。

瑞香惦念北归，也惦念年迈的范蠡，每年的秋后就让苏铁和铁驹前去探望。

季越与妻子茑萝、卢虞等人东行，一路艰辛跋涉，走了二十多天，来到黄山脚下。这里山峰奇绝，苍松翠柏，云遮雾绕，犹如仙境。十里百里，只见飞鸟禽兽，杳无人烟。他们便在这里落下脚。

他们在这里开垦山地数百亩、造屋数栋。季越所建的宅院，传承和借鉴了父亲范蠡在越国建造勾践城、蠡城的经验，其建筑质量、建筑风格、建筑工艺和房屋结构都新颖、别致、精细、实用，设有防火墙、下水道、饮水井、防火池等，屋顶、屋檐配有精美的图饰和彩绘，舒适、美观、质朴、大方。多年后，季越有了十几个孩子，发展出一个大家族。他们虽然深居简出，但名声还是传了出去。十里、百里的百姓络绎不绝地前来参观，纷纷效仿。据说，这就是具有独特风格的“徽派”建筑的起源。后来，季越还把炼铁、养鱼、织桑、绘画、建筑等技艺传授给当地百姓，受到人们发自内心的尊敬。

再说孟宛，带着家人和随行人员驾着大船，由济水出发，一路向西，逆水行舟。不知经过了多少艰险曲折，也不知行驶了多少时日，这天，他们行至一个蛇形的深谷，这里水道急转、水流湍急。他们齐心协力向前撑着船。眼前的山脉南北贯通、山高谷深，真可谓山高水险飞鸟尽。穿过峡谷，地势变得开阔起来。突然，孟宛的儿子石松叫了起来：“父亲，你看！”

孟宛抬起头来，不禁愣住了。

“红土山！”石松又兴奋地叫了一声。

大家不由自主地举目前望，只见大江两边山脉起伏，一边是黑黝黝的大山，山上的石头和土壤都是黑色的；一边是铁红色的大山，山上的石头和土壤都是红色的。澜沧江从它们中间流过，又壮观又神奇。

孟宛呆呆地看看右边的红土山，又看看左边的黑土山，眼前浮现出越地宜兴的红土、宋地陶山的红土，喃喃地说：“红土，红土……”一阵凉风吹过来，他立刻觉得心里清新而舒适，他发出的声音坚定而有力：“停船！”

他们登上了红土山。这里杳无人烟，山上只见荆棘野草不见树木。

“父亲，恐怕这百里之内一户人家也没有。”石松说。

“嗯，正好。”孟宛说，“这里没有战争，没有乡邻、亲戚、朋友，所及之地只有我们自己。没人管、没人妒、没人争，我们想做什么就做什么！”

“可是，这山上什么也不长哦!”海桐说。

“世上难见红土山，既有红土山，必有奇特处。我们在这里落脚吧!”孟宛说。

孟宛在山上见到一股水从红色砂砾层中渗流出来，他用铁镐刨了刨，水越流越多。石松掬起一捧喝了一口，立刻吐了出来。“呸，这是什么水?!咸死人了!”

孟宛听后连忙尝了尝，面露喜色，又细细品尝，然后说：“这不就是卤水吗?”

“什么？卤水？这远离大海、远在天边的山上怎么会有卤水?”海桐问。

孟宛说：“太神奇了，太神奇了！我们来到这里，是上天的指引。这里就是我们要寻找的地方!”

原来，这非同寻常的横断山脉，是三江交界处，东边的金沙江、西边的澜沧江，在这里汇入大江，山高谷深。岸边的红色山石是三叠纪红色砂砾层形成的，卤水丰富，含盐量高。

这里山高坡陡，孟宛带着家人，仿照在齐国海边建造盐田的方法，在澜沧江畔依江劈山。他们选择江岸较为平缓的山坡加以平整，并就地取材，开采山石筑造梯田。他们先在梯田里铺上一层厚厚的红色山土。红色山土黏性强，夯实以后便密不漏水。然后将卤水引流到梯田里。这里山高风大，卤水干得快、产量高，没有砂石杂质，晒出的盐品质好、纯度高。这盐呈红色，被称“红盐”“桃花盐”。几年后，这里建成了规模宏大的高原盐田。据说，他们生产出来的盐，装上大船顺江而下，出售给西戎，很快便富甲西域。

又据说，那里居住着一些土著居民——纳西族人。纳西族人见他们垦出盐田，十分惊讶。孟宛对当地纳西族人十分和善、和睦相处，经常赠送盐巴和食物给他们，还教给纳西族人制盐的方法，让纳西族人与他们一起修建盐田，得到了纳西族人的拥戴和敬仰。就这样，他们日复一日、年复一年，建成梯田式的千亩盐田，层层叠叠、蔚为壮观。他们还在崇山峻岭间开山辟路，在刀削斧劈般的峡谷里，修出蜿蜒曲折的通往东西的百里栈道。有了栈道，大船逆江而行时，船工在岸上背纤助力，减少了许多风险和艰辛。

渐渐地，他们与纳西族人融为一体、繁衍后代。这里成为人丁兴旺、生活富裕的地方。

后来，盐田的名气渐渐越传越远，引来了外族的眼红嫉妒，于是外族人纠集起来，想用武力赶走他们，抢夺他们的盐田，霸占这块宝地。而孟宛有着丰富的征战经验，纳西人也勇敢善战、严密防备、奋力保卫，凭着范家精良的武器、精湛的武艺和军事策略，抵御了一次又一次的武装争夺和进攻。外族人始终不能得手，最后只得与他们握手言和、和平共处，纳西人成为当地各族的首领。范家人混迹于纳西平民之中，时间长了，没人知道高原盐田的来历，也没人知道哪些纳西人是范家的后代。

范蠡带着含笑和北归隐居到陶山深处一座山峰的半山腰里，以石窟为屋。据说，范蠡将自己养老和留给北归的上百万贯金币埋藏在陶山，而范蠡在山中自种自食，从来未曾动用过。

北归跟着范蠡，由范蠡亲自教授各种知识。北归十四五岁，虽未成年，但身体强壮、聪明睿智、勤奋好学、悟性极高，深得范蠡喜爱。范蠡把经商之道、天地之术、兵法战术、人文伦理尽数悉心教给他，并让他把自己多年的经验和知识记录整理成书。相传，先后著有《通天书》《岁星纪年法》《货殖要诀》《辨货经》《易货经》等二十多部、八十多卷。北归将每卷简书都誊抄了三部，连同原始简书一起交给范蠡妥善收藏，他心想，要给大伯、小叔家各准备一份，有朝一日相见时把祖父的心血之作、传家之宝交给他们。据说后来北归历经千辛万苦找到了孟宛和季越，把自己誊抄的珍贵文简交到了他们手里。但沧海桑田、世事变迁，这些文简在漫长岁月的颠沛流离中不知所终。

时间在不知不觉中飞快流逝，北归在不知不觉中长大成人，长得五官俊郎、身材挺拔，修炼得武艺高强、满腹经纶。范蠡发现北归白天做事专注而认真，深夜却常常辗转难眠。

有一天，范蠡问北归：“你是不是有什么心事？”

北归看着范蠡，说：“祖父，我想为父亲报仇。”

范蠡说：“说到报仇，我也曾用大半生的时间报国恨家仇。你如今失去的是父亲，而我当年失去的不仅是父亲、母亲，还有祖国、土地、家园和所有的亲人。你要报的是杀父之仇，而我报的是灭族、灭国的大仇。我用人生最宝贵的二十多年，灭掉了仇人和仇国，而我和我的族人什么也没有得到。原来的徐国已几易国号，我再也找不回自己的祖国；我的父母和亲人再也不能复活；徐姓族人再也不可能拥有徐国了。我见过的复仇的事太多了，结果都是怨仇越结越深，仇杀的双方都付出了沉重的代价，却没有任何收获。所以，复仇是一件愚蠢的事，凡事往前看，走自己的路吧。至于恶人，作恶自有天报应。你不灭他，天也会灭他的。”

北归听了，认可地点点头，却心有不甘。

范蠡拍了拍北归的肩头，说：“小雏鹰长成了雄鹰，你已长大成人了，该出山去见世面了。秋收后，你铁驹叔会来看望我们，你就跟着他一起出山吧。”

“您和祖母也出山吧。”

“我们是哪儿也不去了。”

“可是，我怎能把你们留在这里呢？”

“我们有自己的事要做。”范蠡说，“人活七十古来稀，天赐洪福，我们的身体还算康健，而剩下的日子也不多了，趁着还有一口气，我们还想做一件事。”

“祖父、祖母，我陪你们一起做。”

范蠡摇摇头说：“祖父不用你陪了。”

“那您要做的是什么？”北归问。

“我有个问题，一直没有弄明白，那就是关于人的生存问题。”范蠡说，“上天创造了人类，也同时创造了人类生存所必需的食物：动物和植物。这些食物存在天地之间，似乎到处都有、举手可得。而实际上人类却活得十分艰难，一年四季的辛苦劳累，换来的食物仍不得饱腹。人们一辈子都在为自己的生存、繁衍而忙碌，仅为解决一日三餐就耗尽全部生命和时间。我想，这一定不是上天的本意。我们一定是没有找到生存繁衍的最佳方法。现在，一个人必须每天进食二到三餐，每餐进食大量的食物，才能具备正常的精力。”

“是呀，一餐不吃就饿得慌。”

“用什么样的方法，能让人类不再整天为饥饿而发愁呢？有没有什么食物能让人类只需一日一餐或几日一餐？有没有什么东西替代大量的植物和动物，让人能不食而活呢？至今无解。”

“能有办法让人不吃不喝还能正常生活、劳动的话，那就太好啦！”北归说。

“人们细心地观察到，蝉可以不吃食物，只需汲取晨露就能生存，便采用辟谷断食的方法，默坐练功，汲取天地自然之精华来维持生命。但实验结果是失败的，人可以断食几天，却不能长期断食。”

“人每天耗费的精气神都太多了，需要大量的食物来补充，仅靠汲取自然气息远远不够！”

范蠡又说：“我们都知道，人是有灵魂的。说白一点，就是灵魂附着在躯体上，就生成了人。当人的躯体衰老以后，灵魂不得不脱离旧的躯体，去寻找新的附着体。而每一次转体都是一次折腾，都需要一定的时间，并要重新经历一次从小到大、从幼稚到成熟的过程。要使人类快速进化，就要减少转体的次数，延长躯体的使用时间。”

“哦。”

“也许，解决这问题的办法，就在我们身边，就在自然之中，只是我们还未找到它而已。”范蠡又说，“上天造人必有用，人类应该是负有一定使命的。这使命是什么，我们还不知晓。而人为了活命就得耗费一生的时间和精力，没有能力和精力来承担使命。如果人只是为了活着和繁衍而忙碌，那活着有什么意义呢？我常常望着满天星斗，不明白为什么通过遥远的星辰能卜知我们的农事丰歉。我面对大海，不知海底藏着多少我们未知的奥秘。我坚信，一旦人从低级的延续生命的状态下解脱出来后，上天一定会引导我们去解析一个又一个的奥秘。如何才能从苟活的循环中解脱出来呢？必须改变人的生存方法。”

“人的食物无非两大类：动物和植物。而动物置源于植物，植物置源于土地。”北归说。

“对。也就是说，土地里蕴含有人类生存的所有物质。而我们不能直接吃‘土’，人类的胃接受不了，必须进行转化。植物的转化过程中少不了阳光和水，这个上天已赐予我们，且容易得到。而不容易做到的是如何转化。上天又赐给我们‘种子’。我们将种子播种到土壤里，种子吸收土壤中的水分和营养发芽，长出茎、叶，开花、结果。神奇的种子把土壤里的养分变成了我们喜爱的食物。可是通过种子转化的过程复杂而漫长，短则需要几个月，长则一年甚至几年。能不能跳过这复杂的过程，直接从土壤里提取出人类生存所需要的营养呢？有没有一条便捷的方法替代植物生长的过程呢？能不能做到不食人间烟火而能长命百岁呢？为此，寻找能替代一日三餐的食物和长生不老的方法，便成了历代智者的夙愿和前赴后继的奋斗目标。无数学识渊博的智者、术士、巫师、方士进行了锲而不舍的探索，采用各种不同质地的土壤和矿石，加上不同分量的水，添加各种不同的配方，用不同温度的火力进行冶炼、熬制、蒸煮、炙制，试用了各种各样的办法，期望得到人类能够直接食用的丹、丸、液、膏，金丹就是其中的一种。历朝历代，无数智者耗尽毕生智慧和心血，锲而不舍地炼制金丹，可都铩羽而归、无一成功。他们屡战屡败、屡败屡战。有的为测试金丹的功效，不惜拿自己的性命做实验，而致残、致命。”

“难道成功无望了吗？”

“其实，金丹的探索也取得了一定的成效。现有的金丹，已囊括了人体需要的金、木、水、火、土，虽然其比例配方还不够完善，有待进一步优化，但人仅仅靠食用金丹就可以存活十几天、几十天，甚至几个月。但是，金丹中含有一定的毒素，若长期服用能致人死命。如何有效地提炼出金丹中的毒素，至今未能找到良方，也未找到金丹毒素的解药。金丹，似乎离成功只有一步之遥，而这一步却如同天堑、鸿沟一般，至今无人能逾越。这是一道千古难题。”

“哦。”北归若有所思地应着。

“我相信总有一天，金丹会炼制成功。我虽已年迈，但也想在有生之年为此进行一些探索。即使以失败告终，我也了无遗憾。”

北归眼里流露出敬佩之光。

“我会把炼金丹的所有细节记录成册、藏于密窟。你回到这里时可以细细研读、熟记于心，但切切不可付诸笔端。我死后，你要将此书随葬棺中，不可抄写、不可带入世间。”

“祖父，我会循着您的脚步向前走。”

“凡事不可强求，你去做你最喜欢的事情。你若有一天也想炼金丹，一定不能奢望成功，只求能有点滴进步。你若遇到有智、有志者，可联手研制。而这些只能秘密进行，断断不可泄漏，否则你将大祸临头。”

北归十分慎重地点点头，说：“孙儿牢记在心。”

“每隔三年的冬天，你回来一次吧，我们会在这里等你。如果我们不在这里，就一定在密窟。密窟的地点只有你我知道，无论出现任何情况，都不能告知他人，你一定要铭记在心。切记。”

“孙儿明白，孙儿永远铭记在心。孙儿还能为祖父做些什么呢？”

“出陶山，向西南方向走三里，有一片洼地。我和你祖母去世后，你把我们葬在洼地的最低处。”

“洼地最低处？这可是丧葬风水的忌讳呀！”

“你照办就是了，祖父自有讲究。”范蠡说，“你要为我们打造一口石棺，要用全石做成，要用最好的糯米稠浆调生石灰粉封住棺盖。墓穴要深十二尺，最下层三尺用白色观音土夯实，然后放入石棺。石棺上面再填上三尺观音土夯实。接下来用纯净的黄泥夯实。上层用墓地土覆盖上就行了。”

“我该为你们准备什么随葬品呢？”

“你用白蜡把密窟里的所有简书封好，放入棺中，与我们一起下葬。其他的一概不用。”

“祖父，我会为你们准备丰裕的珠宝钱财随葬，孙儿不会让你们到阴间挨冻受饿。”

“傻小子，你以为随葬的钱财越多，祖父、祖母在阴间的日子就越富裕？你想想，祖父在阳间能白手起家成为亿万富翁，到阴间岂会受穷？再说，还有那么多的简书陪葬，一书抵万金呢！”

“孙儿明白了。祖父、祖母的墓碑如何立？”

“不用设墓碑。墓地与原地面相平即可，且要不露痕迹。”

“哦。祖父，那我以后如何来祭祀你？”

“傻孩子，祖父、祖母不用你祭祀。你在心里记着祖父，按照祖父的教导去生活，就是对祖父最好的祭祀了。”

“孙儿将为你们守孝三年。”

“不必，也不可！”范蠡口气坚定地说，“守孝是世俗之人的做法，我们家从来就不循俗规，我们在这里清静而安宁，你该做什么就去做什么。落葬后你要立即离开这里，走得越快越好，不要犹豫、不要留恋。要是思念祖父、祖母，你就在心里悼念吧。”

若干年后，范蠡、含笑老死在密窟里。当北归找到他们时，他们并排躺在石床上，面色平静，尸身不腐不僵。北归按照范蠡的嘱咐把他们葬在洼地里。

安葬完毕后，北归就离开了陶山。半个月后，天降大暴雨，一连下了十多天，河水暴涨、多处决堤，定陶西南洼地全部被淹没。一年后，北归、铁驹回到陶山为范蠡扫墓，只见范蠡的墓地竟成一个大湖。北归不禁再一次从心底钦佩祖父的智慧和神算，他在心里说："祖父，我终于明白您为什么带简书了。沧海桑田，今日的大湖，来日的高山，今日您隐匿湖底，若干年后，您的智慧还有可能昭然问世，千百年后仍不至于失传。"

北归担心日后找不到他的墓址，刻了一块"范蠡归湖处"的石碑，驾船沉放到范蠡墓葬的湖中。

北归来到当年范蠡在陶山的故居。范蠡故居的房屋位于陶山主峰西麓，屋基方方正正，地势平坦开阔。由于经年无人居住，房屋已破旧倒塌。他们便索性撤掉屋顶，对四周的外墙进行补修，砌成一米高的围墙，并在其中心位置，立上一方刻有"范蠡宅"三个大字的石碑。他又在墓址边栽上八棵翠柏。至此，北归轻轻舒了一口气，心里叹道："祖父，这里曾是您居住的地方。以后，我们会来看您的。"

为了纪念范蠡，瑞香、铁驹带领家人在桃山修建了一座"范蠡祠"，为范蠡塑造了金身。季越得知范蠡已过世的消息后，也在黄山为范蠡修建了宗祠。百姓们崇敬范蠡的智慧和人品，感恩范蠡造福黎民的功德，不远十里、百里地前来敬拜，香火长盛不衰，被尊为护佑天下百姓的大财神。

又相传，多年以后，北归在楚国郢都立足，经商起家，多在魏、楚之地做生意，成了名扬天下的大富豪。后来还在魏国魏惠王初年任国相。据说，北归便是史书上记载的"白圭"。"白圭"的经商之道、致富策略、道德思想与范蠡的一脉相承。又据说，北归晚年将熟记于心的炼丹术用于养生，享年九十余岁。